赛迪智库　年度巨献

赛迪回眸2015

——中国特色新型工业化道路的探索与思考

中国电子信息产业发展研究院　编著

主　编/ 卢　山

副主编/ 宋显珠

中国经济出版社
CHINA ECONOMIC PUBLISHING HOUSE

图书在版编目（CIP）数据

赛迪回眸 2015——中国特色新型工业化道路的探索与思考 / 中国电子信息产业发展研究院编著 .
北京：中国经济出版社，2016.6
ISBN 978-7-5136-4276-7
Ⅰ . ①赛… Ⅱ . ①中… Ⅲ . ①工业化—中国—文集
Ⅳ . ① F424-53

中国版本图书馆 CIP 数据核字（2016）第 134683 号

责任编辑　赵静宜
责任审读　贺　静
责任印制　巢新强
封面设计　佳艺时代

出版发行　中国经济出版社
印 刷 者　北京力信诚印刷有限公司
经 销 者　各地新华书店
开　　本　710mm × 1000mm　1/16
印　　张　29.75
字　　数　500 千字
版　　次　2016 年 6 月第 1 版
印　　次　2016 年 6 月第 1 次
定　　价　98.00 元
广告经营许可证　京西工商广字第 8179 号

中国经济出版社　网址 www.economyph.com　社址 北京市西城区百万庄北街 3 号　邮编 100037
本版图书如存在印装质量问题，请与本社发行中心联系调换（联系电话 :010 -68330607 ）

序

2015年是我国“十二五”收官之年。工业和信息化领域认真贯彻落实党中央、国务院决策部署，在保持工业平稳运行、调整优化产业结构、加快产业转型升级等方面取得积极进展，确保了“十二五”主要发展目标的基本完成，为我国经济社会发展实现稳中有进、稳中有好奠定了重要基础。《中国制造2025》的出台，更为我国制造业实现提质增效、由大变强，指明了思路目标、主攻方向和推进路径。

“十三五”时期，国内外发展环境将发生深刻变化。从国际看，新一轮科技革命和产业变革蓄势待发，新一代信息技术和制造业深度融合带来生产方式革命性变化，不断孕育出新的增长点、增长极、增长带，但世界经济发展整体放缓，全球贸易持续低迷，给包括我国在内的新兴经济体带来更多挑战。从国内看，我国经济长期向好的基本面没有改变，发展前景依然广阔，但经济增速换挡、结构调整阵痛、动能转换困难等挑战需要有效应对，稳增长、调结构、扩内需、促改革的任务艰巨。面对重要战略机遇和多重挑战，我们工业和信息化系统必须将推进实施制造强国和网络强国战略作为主要任务，围绕结构深度调整、振兴实体经济，推动传统产业改造升级，拓展网络经济空间，优化现代产业新体系，全面提升产业核心竞争力，提高工业和信息化领域的发展质量和效益。

2016年是“十三五”起始之年，要实现我国全面建成小康社会决胜阶段的良好开局，就必须按照《中国制造2025》中提出的“创新驱动、质量为先、绿色发展、结构优化、人才为本”的总体要求，紧密围绕工业和信息化发展中的重点、热点、难点问题，深化制造业与互联网融合，推进供给侧结构性改革，推动我国工业和信息化向高端、智能、绿色、服务方向迈进，培育产业竞争新优势，抢占未来竞争制高点。

本书是工业和信息化部赛迪智库的年度研究精选成果，既突出工业经济平稳运行与转型升级、创新创业等重点主题，又聚焦“互联网+”、机器人、信息安全等新兴领域，并跟踪关注重点企业发展战略与国外先进发展经验，涉及领域广泛，分析深入具体，希望能够为各级政府部门、行业企业2016年及“十三五”发展提供参考借鉴。

工业和信息化部副部长

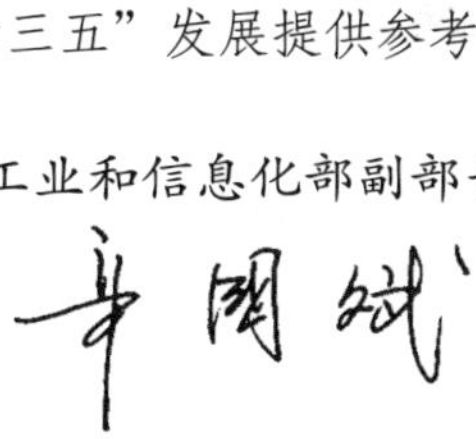

目　录

新兴领域篇

“互联网 +”篇

机器人篇

信息安全篇

企业战略篇

国际借鉴篇

工业经济篇

工业生产指数应成为我国重要经济指标

近年来，统计界对我国现行工业发展速度计算方法争议较大。国家统计局2014年1月16日下发的《全面深化统计改革总体方案》中提出，加快研究以工业生产指数替代工业增加值增长速度的方法。工业生产指数是国际上分析工业发展速度的重要指标，也是西方国家景气分析的首选指标。编制和推行工业生产指数，使其既符合我国国情又能更好地与国际接轨，对于完善我国工业统计指标体系具有重要意义。

一、工业生产指数已成为各国重要经济指标

工业生产指数历经近百年发展已趋成熟。工业生产指数最早由美国联邦储备局于1922年12月首次编制，英、法、德等国也在随后几年陆续编制。20世纪50年代，联合国统计委员会提出工业生产指数编制方法，并大力推动统计部门规范化编制该指数。伴随全球经济形势发展，工业生产发生巨大变化，联合国统计司工业统计专家组于2007年进一步确定工业生产指数修订办法，并于2010年发布具有国际权威性的《编制工业生产指数的国际建议》。经过近百年的动态改进和持续优化，工业生产指数编制方法日趋成熟。

工业生产指数已成为发达国家反映经济发展状况的强有力指标。工业生产指数是反映经济周期波动的重要标志，也是分析判断投资市场的主要参考指标，目前应用较成熟的有美国、英国、日本、德国等。2001—2007年，美国工业生产指数年均增长1.9%，2008—2009年年均降低7.4%，2010—2014年年均增长10.2%，这与美国GDP和工业总产值增速走势高度一致。英国工业生产指数月度数据在2000—2007年基本保持在110以上，受2008年金融危机影响，工业生产指数开始走低，而近几年指数回升趋势明显，表明英国经济复苏势头较为强劲。此外，加拿大、韩国、非洲国家、中国港澳台地区等也都发布了适用于本国或本地区的工业生产指数。G7国家、欧盟、经合组织等也编制和发布了具有较强影响力的工业生产指数。可见，工业生产指数在国际上的地位举足轻重。

二、我国迫切需要推行工业生产指数

现行工业发展速度计算方法存在局限性。2002 年以来，国家统计局采用价格指数缩减法计算工业发展速度，即用报告期现行价格工业总产值乘以工业增加值率得到现行价格工业增加值，再除以报告期工业品出厂价格指数以剔除价格变动因素，得到可比价格工业增加值，并据此计算工业发展速度。从国际比较和实际效果来看，该方法存在一定局限性：第一，价格指数缩减法的核算标准和计算方法与国际上有很大差异，大大降低了我国与国际的可比性。第二，价格指数缩减法不能有效解决总量指标统计不准确的问题，严重影响工业发展速度统计的准确性。第三，工业品价格指数统计基于代表产品，总量统计基于全部工业品，统计对象的差异导致该方法存在很大误差，且影响时效性。可见，改革工业发展速度计算方法已迫在眉睫。

推行工业生产指数具有重要意义。工业生产指数法是我国工业发展速度计算方法中最主要的试行方法，是根据报告期各种代表产品产量与基期相比计算出个体指数，用衡量各种产品在工业经济中重要性不同的权数，加权计算出工业发展速度。工业生产指数法是工业产品产量的综合发展速度，其计算是基于实物量指标，而非总量指标，可有效突破价格指数缩减法的局限性。第一，工业生产指数是国际通用指标，多数国家用其反映工业发展速度，以进行国际间工业发展能力和综合国力的比较，我国推行工业生产指数有利于与国际接轨。第二，工业生产指数可以真实反映我国工业发展情况。工业生产指数可免受企业拆并、专业化生产等非生产性因素影响，并降低乡镇企业和小企业统计工作难度，有利于提高数据真实性和抗干扰性。另外，工业生产指数法时效性强，可大大节省统计工作量。因此，加快推行工业生产指数是当务之急。

我国编制工业生产指数具备坚实基础。第一，我国工业生产指数已具备一定研究基础。我国自 1994 年开始对工业生产指数法进行试算研究。1995 年，各地根据国家统计局发布的《关于改革工业发展速度计算方法的通知》开展工业生产指数试算工作。1997 年，各省市全面进入工业生产指数试编阶段。当前，工业生产指数已成为中国经济景气监测中心编制景气指数的重要构成指标。第二，我国工业生产指数编制原理与国际趋同。从代表产品物量指数看，我国采用固定样本法计算物量指数，再用间接指标法、代表系数法等进行调整，以有效反映我国产品结构变动，这与国际通用方法相似。从权数确定来看，国际上主要采用工业增加值、工业总产值等作为权数。我国工业增加值与国民经济核算体系相协调，能客观反映产品在工业经济中重要程度，因此，以工业增加值作为确定权数的依据，能切实反映我国工业发展趋势，也符合国际通用做法。

三、编制和推行工业生产指数的几点建议

促使工业生产指数与其他经济指标相融合，是指数编制的前提条件。一方面，工业生产指数是相对指标，衡量工业发展速度时较为抽象，必须引入绝对指标，将工业生产指数与GDP、工业增加值等综合分析，才能切实反映工业经济发展情况。另一方面，工业生产指数的行业划分要切实满足国民经济核算分类体系，保证分行业工业生产指数与其他分行业指标相衔接，以全面、客观地判断行业发展趋势。

做到工业产品实物量和价值量核算相统一，是指数编制的基本要求。我国工业生产指数的计算依据是工业产品产量和产品价格或增加值，而二者统计对象的不一致增加了分行业指数编制难度。要做到实物量和价值量统计相一致，一方面，要保证各统计部门相统一，避免多部门统计，从而降低指数编制难度，提高时效性。另一方面，要保证工业产品统计分类和工业品价格和增加值统计分类相一致，以提高指数合理性。

解决好政府层级间衔接问题，是指数顺利推行的重要保障。工业生产指数必须推行到省、市、县级，一方面便于对指数进行横向和纵向对比，另一方面能加强基层单位对指数的重视程度。在指数编制原理方面，各级政府的编制依据要相一致。指数编制方法方面，要做到工业统计超级汇总和逐级汇总相结合，国家统计局直接依据企业上报的数据实行超级汇总，省、市、县级按自身需要制定产品结构调查目录，实行逐级汇总。在指数效果评估方面，要保证工业生产指数横向和纵向均可比，实现各级指数的良好衔接。

本文作者：赛迪智库工业经济研究所　张文会　关　兵

警惕工业企业陷入“增收不增利”困境

2015年8月，我国规模以上工业企业实现利润总额4481.1亿元，同比下降8.8%，降幅比7月份扩大5.9个百分点。我国工业经济持续不景气，企业盈利能力减弱。目前，石油、煤炭、铁矿等原材料行业利润减半，国有企业经营出现了一定的困难，工业企业利润持续下滑。如何破解当前我国工业企业利润负增长困局，已经成为当前社会各界关注的焦点问题。

一、基本情况

（一）全国工业企业利润持续负增长

进入2015年，我国工业陷入“增收不增利”困境。2015年1—8月，我国规模以上工业企业主营业务收入699743.4亿元，同比增长1.3%；主营业务成本602670.7亿元，同比增长1.4%，成本上升幅度快于销售收入。核算后，每百元主营业务收入中成本为86.13元，较2015年初增加0.58元。规模以上工业企业实现利润总额37662.7亿元，同比下降1.9%（见图1）。我国工业企业陷入无利润增长困局。

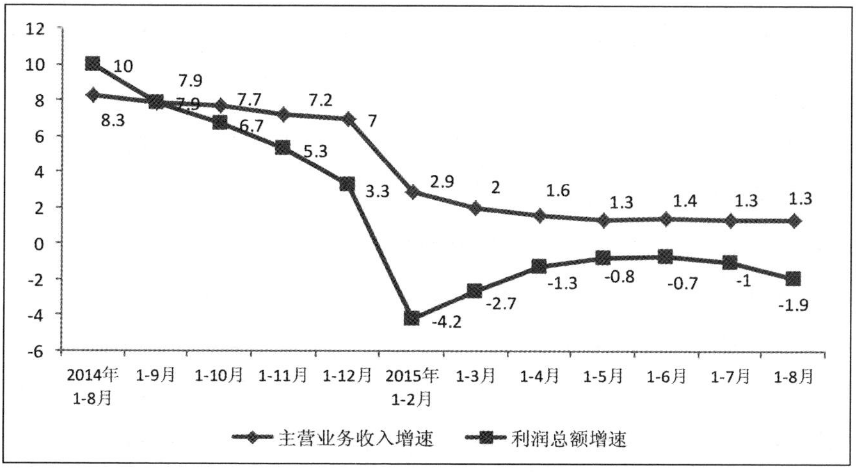

图1　2014年各月累计主营业务收入与利润总额同比增速

数据来源：国家统计局，赛迪智库整理，2015年10月

（二）高耗能、高污染和资源性行业盈利较差，民生消费行业保持较快增长

总体看，轻工业的企业盈利情况好于重工业。重工业中的加工行业利润情况好于采掘行业和原材料行业，其中“两高一资”重化工业的利润下滑最为明显。

原材料行业利润剧烈下降。矿产行情普遍低迷，油气、煤炭、铁矿石、有色金属等行业遭受重创。2015 年 1—8 月，石油和天然气开采业、煤炭开采和洗选业、黑色金属冶炼和压延加工业、黑色金属矿采选业、有色金属矿采选业，五大行业利润总额同比分别下降 67.3%、64.9、51.6%、44.4% 和 19.9%。汽车相关行业利润低迷。汽车市场销售不景气，汽车、橡胶和塑料制品业遭受打击。2015 年 1—8 月，汽车制造业的利润额同比下降 4.5%，与去年同期 22.6% 的增速相比，降幅明显；橡胶和塑料制品业的利润额同比增长 6.3%，增速较去年同期放缓 3.3 个百分点。机械行业利润不振。2015 年 1—8 月，专用设备制造业的利润额同比下降 3%，较去年同期回落 5.4 个百分点；电气机械和器材制造业、通用设备制造业的利润额同比分别增长 12.1% 和 0.6%，增速较去年同期回落 8.9 和 12.6 个百分点。生活消费行业利润增幅有所加大。2015 年 1—8 月，医药制造业、农副食品加工业、酒饮料和精制茶制造业的企业利润额分别增长 13.2%、11.7% 和 10.9%，增速较去年同期加快 0.4、7.5 和 10.6 个百分点。

（三）私营企业保持稳定增长，国有企业利润降幅最大

在宏观经济由高速增长转入中高速增长后，我国经济进入“三期叠加”的调整阵痛期，不同所有制企业在的表现差异较大。其中，私营企业利润情况表现较好，外商投资企业利润保持小幅增长，集体企业利润微幅下降，国有控股企业利润降幅最大。

2015 年 1—8 月，私营企业实现利润总额 13319.4 亿元，同比增长 7.3%，该类企业经营效率较高，债务风险控制较好。同期，产成品存货周转天数 12 天，资产负债率为 52.5%，均在各类企业中表现最好；外商及港澳台商投资企业实现利润总额 9313.4 亿元，同比增长 0.7%；集体企业实现利润总额 299.2 亿元，同比下降 0.3%，资产负债率为 62%，为各类企业的最高值；股份制企业实现利润总额 25282.6 亿元，同比下降 1.7%；国有控股企业降幅最大，实现利润总额 7564.2 亿元，同比下降 24.7%，同期主营业务收入利润率为 4.94%，应收账款平均回收期达 39.5 天，均在各类企业中表现较差。

二、原因分析

（一）大宗商品价格暴跌拖累国内原材料行业

受全球经济持续低迷、美元走强、能源供给能力持续增强等因素影响，原油价格下跌直接带动全球大宗商品价格走弱，拖累了国内原材料行业。我国经济增长放缓，大宗矿产品需求增长有限。据海关统计，2015 年 1—8 月，原油、铁矿砂、煤炭进口价格分别下跌 45.3%、43%、20.5%，国际大宗商品价格已跌破国内企业生产成本线，煤炭、铁矿石等企业停产，压制了原材料行业的利润空间。

（二）外贸下降导致企业利润下滑

全球经济增长动力减弱，我国外需短期内难以复苏，工业企业订单减少、利润下滑。据海关统计，2015 年 1—8 月，我国进出口总值 15.67 万亿元（人民币），同比下降 7.7%。其中，出口 8.95 万亿元，下降 1.6%；进口 6.72 万亿元，下降 14.6%。同时，汇兑损失使财务费用增长较快。受人民币汇率波动影响，部分外向型企业汇兑损失明显增加，对传统出口产品贸易冲击更大，使其财务费用明显上升，2015 年 8 月份，规模以上工业企业财务费用同比增长 23.9%。

（三）工业投资边际效应加速递减

长期以来，我国粗放的经济发展方式导致了高端产业发展不足，低端产业相对过剩。随着国内要素成本上升，以及全球其他新兴经济体所形成的替代效应，国内投资收益率日益下降。同时，多年来地方政府以土地要素的垄断供给来引导投资，土地财政和抵押借债的财政方式使得地方政府债务风险加大，从而抑制了新增投资，工业企业的投资回报率下降。比如，湖北省“十二五”（2011—2015 年）期间，前四年全省的工业投资回报率分别为 56.3%、48.6%、48.8%、42%，呈现逐年下降态势。

（四）产能过剩影响工业盈利增长

一是新兴产业领域存在大量重复建设。近年来，地方在工业项目选择和建设方面重复率较高，产业雷同情况严重，比如风电、多晶硅、光伏等产业。二是低端产品产能过剩，导致企业产成品存货增加，传统产业产能闲置问题严重，主要表现为过度投资和层次过低的投资所导致的产能过剩，比如，煤炭、水泥、电解铝等行业产能闲置超过了 30%。

（五）人力成本上升限制工业利润增长

一是人工工资保持增长。劳动力成本的持续上升已经成为长期趋势。自2005年以来，我国工业行业工资总额年平均增速为21%，高于销售收入和现价工业增加值增速；2014年工业行业工资总额约为3.7万亿元，占整个主营业务成本的4%左右，高于2013年3.5%的水平。二是社保支出扩大，加重了企业缴费负担。随着各地社保缴费基数不断上涨，企业为职工缴纳的“五险一金”已超过平均工资40%，个人缴纳部分超过20%。

三、对策措施

（一）减税、降费、降低社保费用支出等多项财税政策并举，扶持企业渡过难关

一是对经营出现一定困难的原料行业进行税收扶持。2015年1—8月，全国煤炭开采和洗选业、黑色金属冶炼和压延加工业的主营收入利润率仅为1.5%和0.8%，大幅低于社会融资成本。建议采取暂时扶持政策，研究煤炭、钢铁、原油等资源税减征和企业所得税优惠政策，出台具体执行政策，开展减量计征；考虑将部分原材料行业纳入到固定资产加速折旧优惠范围，允许缩短折旧年限或采取加速折旧方法，促进企业技术改造。二是进一步落实结构性减税和普遍性降费。继续深化“营改增”，推进增值税转型，促进产业结构升级优化，加强对生产性服务业的扶持力度，促进企业加强研发和技术引进。进一步落实普遍性降费和费改税工作，降低企业费用负担，进一步为企业尤其是小微企业减负添力。三是适当降低社保费用支出。现阶段“五险一金”已占到工资总额的40%左右，建议临时性调低企业社保征缴费率或者基数，降低企业负担。

（二）适度放宽货币政策，降低企业资金使用成本

一是降低企业融资成本。2015年8月，全国居民消费价格指数（CPI）同比上涨2%，建议继续宽松货币政策，采取降息和下调存款准备金等形式，降低企业融资成本，鼓励金融企业放贷。二是保持人民币币值基本稳定。相关部门应研究汇率政策，将人民币汇率波动保持在一个稳定区间内，避免人民币汇率大幅波动。

（三）推进基金等金融创新，扩大企业融资渠道

一是设立扶持工业企业转型升级的产业投资基金。尝试采用风险投资模式，

增强重大关键性项目和具有良好发展前景企业的孵化培育能力，重点关注智能制造、“互联网+”等前沿领域，以工业云、大数据等互联网思维，投资和改造制造业，投资科技创新、技术改造、产业转移等项目。二是鼓励银行业金融创新，提供差异化服务，支持重点领域重大工程建设。三是提出加快发展融资租赁和金融租赁，为中小微企业提供融资服务，更好地服务实体经济。四是扩大人民币跨境结算规模，加强银行、企业间合作，加快推出避险产品，帮助中小企业减少汇兑损失。

（四）加快落后产能淘汰，加速技术升级改造

一是强化政策约束机制。制定和完善相关行业落后产能界定标准，加强对企业能耗限额标准和安全生产规定的监督检查，发挥差别电价、资源性产品价格改革等价格机制，提高落后产能企业的能源、资源、环境、土地使用成本。二是支持产能国际输出。借助“一带一路”战略，向境外转移产能，放宽产能过剩类别的境外投资项目的外汇、税收管理，研究提高境外利润留成比例等政策，境外收益不缴纳企业所得税。三是完善政策激励机制。中央财政利用现有资金渠道，统筹支持各地区开展淘汰落后产能工作，支持企业升级改造，统筹安排技术改造资金，支持符合国家产业政策和规划布局的企业，运用高新技术和先进适用技术，对落后产能进行改造。

（五）发展混合所有制经济，提高国有经济活力

结合国企改革，推进企业兼并重组，发展混合所有制经济。针对不同类型企业，综合施策，分类、分层推进国企混合所有制改革，加快推进非公有资本投资主体可通过出资入股、收购股权、认购可转债、股权置换等多种方式，参与国有企业改制重组或国有控股上市公司增资扩股，以及企业经营管理。

本文作者：赛迪智库工业经济研究所　赫荣亮　徐铭辰

我国劳动生产率增速持续减缓原因分析

随着我国人口红利逐渐消失，劳动力成本进入加速上升通道，企业收益空间受到挤压，以往单纯依靠成本优势的发展模式已难以为继。在此背景下，作为反映国家经济发展效率和生产力发展水平的核心指标，劳动生产率的提升已成为转变增长方式、提升发展质量的核心举措。鉴于当前我国劳动生产率偏低且增速减缓的不利局面，深入研究其变化规律和影响因素，提出现阶段提升劳动生产率的建议，对新常态下保持经济良性运行和更好地实施制造强国战略具有参考意义。

一、我国劳动生产率变化趋势分析

（一）从变动态势看，我国劳动生产率增速波动变化，但总体呈快速减缓之势

据世界银行公布的数据，1992—2012 年的二十年间，我国劳动生产率增速波动幅度较大。1995 年这一数值达到 14.07%，接近二十年里的峰值，但 1996 年骤降至 0.94%，尽管 1997 年略有回升，但 1998 年亚洲金融危机爆发，使劳动生产率增速下降到历史最低的 -0.92%。此后，我国政府通过出台一系列措施恢复经济，劳动生产率增速逐年回升，2003 年达到 14.43%，此后波动区间维持在 9 ～ 14% 之间，且总体上呈现出减缓趋势，2012 年降低至 7.37%（图 1）。

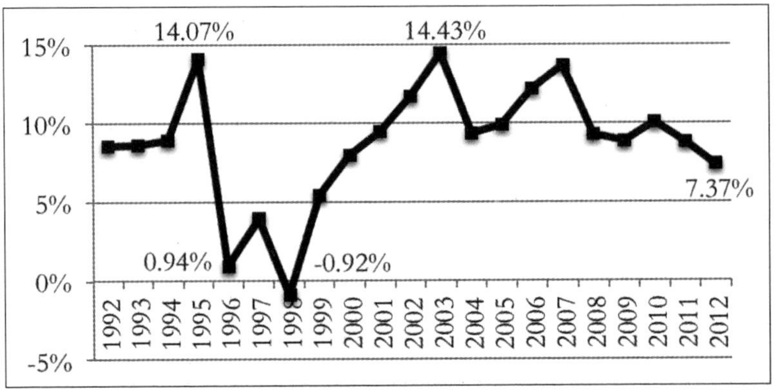

图 1　我国劳动生产率增速变动趋势

数据来源：世界银行（1990 年不变价格计算）

（二）从国际对比看，我国劳动生产率绝对值较低，但增速位居世界前列

1980 年我国劳动生产率仅为 0.17 万美元 / 人，只有美国同期的 4%，2012 年达到 1.53 万美元 / 人，是 1980 年的 9 倍，为美国同期的 22%。与世界其他主要经济体相比，尽管劳动生产率绝对值较低（图 2 左），但增幅极为明显，甚至高于美国、日本、德国等经济强国（图 2 右）。

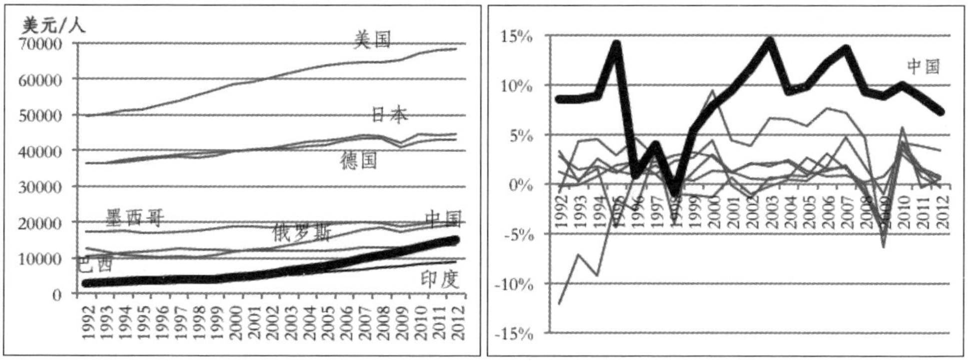

图 2　世界主要经济体劳动生产率及增速变动趋势

数据来源：世界银行（按 1990 年不变价格计算）

（三）从行业比较看，我国工业劳动生产率绝对值最高，但增速最低

从劳动生产率绝对值来看（图 3 左），各产业逐年递增。其中工业劳动生产率最高，其次是服务业，农业最低。2012 年我国劳动生产率约为 6.77 万元 / 人（其中工业劳动生产率 10.52 万元 / 人，服务业 8.38 万元 / 人，农业仅 2.03 万元 / 人）。我国各产业劳动生产率增速变化趋势基本一致（图 3 右），自 2005 年持续升高后，在 2008 年达到峰值，随后因受金融危机影响产生波动，整体呈现持续减缓趋势。

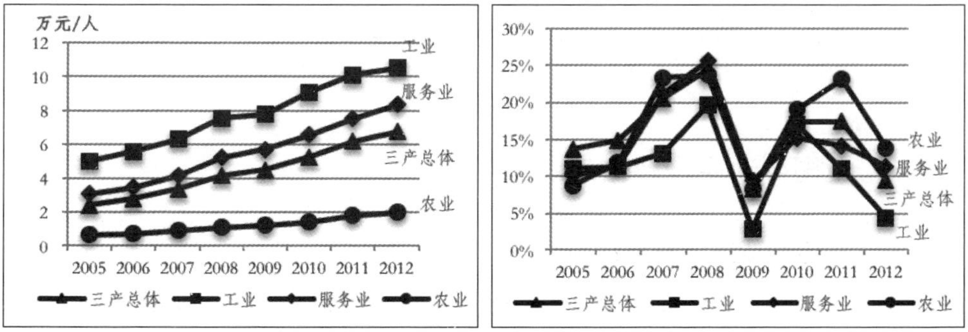

图 3　我国分产业劳动生产率及增速变动趋势

数据来源：中国统计年鉴（按当年价格计算）

（四）从区域比较看，各省市差别较大，从东到西梯度递减态势明显

在劳动生产率排名前十的省区中，除内蒙古、陕西两省区作为中西部地区入围外，其他均处于东部沿海地区，以上海、北京、天津为首，江苏、辽宁、广东、浙江次之。在低于全国平均水平的 17 个省区，除河北、海南外皆为中西部省区。这表明劳动生产率的高低在一定程度上反映了区域经济发展水平和质量（表 1）。

此外，中西部地区产业结构层次低，企业科技化水平低，就业人员科技创新能力不高，产业增加值主要依靠大量的劳动力投入，这必然导致劳动生产率增速较低。

表 1　全国各省（市、自治区）劳动生产率

地区	省份	总体	单位：%		地区	省份	总体	单位：%	
			工业	服务业				工业	服务业
东部地区	上海	16.51	16.73	18.51	地区	江西	4.68	6.99	4.65
	北京	15.06	19.15	15.60		河南	4.38	12.41	5.03
	天津	14.43	17.59	14.44		安徽	3.79	9.63	3.43
	江苏	10.42	12.82	12.94		平均	4.62	9.20	5.01
	广东	8.82	36.07	12.44	西部地区	内蒙古	11.33	10.12	11.09
	浙江	8.56	8.05	11.63		陕西	8.75	29.07	10.46
	山东	7.08	22.57	8.92		新疆	7.08	25.85	7.17
	福建	7.05	21.08	7.95		重庆	6.48	14.62	6.95
	河北	6.05	8.11	7.13		宁夏	6.42	21.17	7.79
	海南	5.80	12.35	6.60		青海	5.61	12.74	4.92
	平均	8.78	13.03	11.35		四川	4.66	8.67	5.00
东北地区	辽宁	9.41	12.62	8.39		广西	4.51	11.14	5.75
	吉林	8.21	8.34	7.69		贵州	3.69	9.31	7.87
	黑龙江	7.02	7.12	15.75		甘肃	3.66	9.84	6.08
	平均	8.46	8.53	9.17		云南	3.46	10.42	4.73
中部	山西	6.24	6.85	6.85		西藏	3.35	7.17	4.44
	湖北	5.68	9.44	6.19		平均	5.36	12.02	6.55
	湖南	5.20	8.70	5.89	全国平均		6.77	10.52	8.38

数据来源：2013 年中国各省（市、自治区）统计年鉴

二、我国劳动生产率增速放缓的原因

（一）重点行业产能严重过剩

产能过剩是我国必须面对的严峻问题。国内外诸多因素共同作用导致了产能严重过剩，不仅在钢铁、汽车、造船、电解铝等传统重工业十分明显，在碳纤维、光伏、风电、多晶硅等战略性新兴产业中也有所蔓延。不仅导致市场疲软、产品

价格下滑、企业盈利能力大幅降低，还使得以设备形式投入的资本由于很难转用于其他产业而成为企业的不良资产，致使这些行业工业增加值增长率及经济发展速度减缓，严重影响了劳动生产率的提升。

（二）全要素生产率转负

从制造业整体来看，创新驱动对经济增长的贡献不足，纯技术效率增长率仍然为负。自国际金融危机以来，我国实际全要素生产率转为负增长，从2001—2007年3.3%的平均值变为2007—2012年的-0.9%，这意味着创新和技术进步对我国经济增长的贡献减小，经济增长主要还是依赖政府主导的规模扩张和投资驱动，然而，资本报酬递减使得这种低质量、低效率的增长模式逐渐进入瓶颈且无以为继，导致了经济增长和劳动生产率增速的放缓。

（三）快速上升的要素成本不断挤压企业利润空间

近年来，我国人工和资源价格、环境保护成本等综合成本的快速上升，使得企业生产成本增加、利润空间被不断挤压，最终导致制造业产值增加值率的下降和劳动生产率增长的放缓。比如，我国工业行业平均利润率持续下滑，从2010年的7.6%，下降到2011年的7.3%，2012年、2013年的6.1%，2014年又进一步下降到5.91%。此外，快速上涨的生产要素成本也使我国在资本和要素投入增速未减的情况下，平均资本回报率从2007年的26.7%大幅下降至2013年的14.7%。投资收益的下降打击了社会资本投资实业的积极性，导致资本逃离成本上涨快、利润被削薄的实体经济，进而使得制造业丧失了推动技术创新和产业升级的动力，阻碍了劳动生产率水平的提高。

三、几点建议

（一）把提高劳动生产率作为引导制造业转型升级的重要指标

新常态的核心内涵就是经济发展方式的转变，带来经济发展平衡性、协调性和可持续性的增强，以及经济质量和效益的提高，其最重要的实现途径就是制造业的结构调整和转型升级，最终通过劳动生产率的提高来体现。因此，必须在经济转型升级监测指标体系中突出劳动生产率的核心指标地位，更要在“十三五”等相关战略和规划中着重强调，通过劳动生产率提升的目标导向引领未来制造业发展战略和路径，转变以往单纯追求总量增长的经济发展方式，不再走要素投入和规模扩张的老路。

（二）把自主创新和品牌建设放到更加突出的位置

未来要愈加重视创新对经济增长的引领和带头作用，加快技术、管理和制度创新步伐，进一步推动“双创”，不断提高自主创新能力和核心竞争力，提升企业生产效率和产品附加值，促进我国制造业向全球产业链中高端攀升，实现从“中国制造”到“中国创造”转变。培育、管理和发展自主品牌，建立我国产品的质量声誉。加快实施“走出去”战略，鼓励优秀企业开拓国际市场，促进制造业产业升级、突破发展瓶颈。

（三）改善制造企业的政策环境

通过全面深化改革破除体制机制束缚，为制造企业营造良好的政策环境。一是进一步简政放权，营造良好市场环境，确立市场在资源配置中的决定性作用，激发市场和企业的发展活力。二是建立多元投融资体系，创新投融资模式，充分发挥政府投资的引导效应，使金融资本向制造业流动和集聚，鼓励社会资本以多种形式促进制造业发展。三是通过财税改革有效减轻制造企业特别是中小企业的税费负担，有效发挥政府资金对推进制造业转型升级以及新业态、新模式发展中的引领作用。四是促进生产要素价格改革，规范能源、资源等各类产品价格形成机制，打破行业垄断，通过市场竞争形成合理定价。

（四）既要着眼当前更要兼顾长远

我国经济转型升级具有紧迫性、艰巨性和长期性，要把稳增长和调结构结合起来，把近期发展目标与长远发展战略统一起来，在保持宏观经济运行平稳的前提下转变经济发展方式，实现产业结构优化，逐步淘汰效率较低、产能过剩的行业和企业，提高劳动生产率，以及经济增长的质量和效益。统筹考虑各阶段、各地区、各行业面临的突出矛盾，在解决长远产业结构优化、资源配置效率等问题的同时，也要兼顾近期经济增长率下降、失业率上升等困难。不能强制与急于求成，要找准当前与长远的平衡点，对低效率及产能过剩落后企业的淘汰要循序渐进、区别对待，协调好劳动生产率提高与稳增长、保就业之间的关系，实现稳中求进。

本文作者：赛迪智库规划研究所　李　杨　邵立国　念沛豪　乔　标

人民币贬值对我国工业经济的影响分析

自央行 8 月 11 日开启人民币中间价报价制度改革之后，人民币兑美元汇率连续三个交易日大幅贬值，11 日贬值近 2%，12 日贬值近 1.6%，13 日贬值 1.1%，创下 20 世纪 90 年代以来最大的贬值幅度。多家机构都下调了人民币对美元汇率的预期，考虑到当前的国内外经济形势、人民币汇率形成机制改革，以及美元和其他主要货币走势，未来人民币仍存在一定贬值空间。人民币汇率贬值将给我国工业经济发展带来深远影响。

一、本次人民币汇率贬值的背景和成因

（一）完善汇率形成机制引发人民币汇率出现短期波动

市场化的弹性汇率是经济发展的稳定器。近期，人民币汇率中间价偏离市场真实水平较大，影响了中间价的基准性。此次人民币汇率中间价报价方式的变化，提高了中间价的透明度和市场化程度，减少了人民币汇率中间价的政策性扭曲，实质上推动了人民币与强势美元脱钩，回应了国际社会反对人民币加入“特别提款权[①]”(SDR) 的质疑。这一改革，一定程度扩大了人民币兑美元汇率的波动幅度，在新兴国家对美元大幅贬值的市场环境下，短期内限制了热钱的流入，从而推动了人民币汇率的走低。

（二）美联储加息预期和中美利差大幅收窄造成人民币贬值压力日增

2014 年底，美联储宣布结束第三轮量化宽松政策，结束此前每月从市场购买 850 美元负债资产的计划。美国正式退出 QE，预示着美联储将缩紧货币流动性。受此影响，美元从 2014 年末开始出现持续攀升的态势，至今美元指数已累计升值 25%左右。随着国内经济好转，美联储将逐渐采取周期性加息政策，美元走强已成为现实。如此，将刺激更多美元回流，对于人民币将构成贬值压力。中国

① 特别提款权（Special Drawing Right，SDR），是国际货币基金组织根据会员国认缴的份额分配的，可用于偿还国际货币基金组织债务、弥补会员国政府之间国际收支逆差的一种账面资产。

人民银行自去年11月以来已经四次降息、三次降准，中美一年期国债利率差大幅缩至2%左右。美联储加息预期发酵、中美利差不断缩减，以及欧盟、日本和一些新兴国家采取的低利率政策使央行维持人民币汇率的压力不断加大。

（三）国内经济下行压力客观上支持人民币汇率适度贬值

从国内看，我国经济发展步入新常态，面临"三期叠加"的风险挑战，经济下行压力较大。2015年上半年我国国内生产总值同比增长7%，经济增速明显放缓。经济低速增长意味着我国国民收入和产品价格存在下行压力，推动货币贬值预期形成。一方面，最近几年，人民币升值速度较快，导致部分具有出口优势的传统企业面临成本上升的压力；另一方面，近期CPI仍存上涨趋势。根据2015年8月9日国家统计局数据，7月份全国居民价格指数在保持了联系11个月低位运行后重新抬头，涨幅达到1.6个百分点。此时央行主动引导人民币汇率适度贬值，客观上起到了缓解国内经济下行压力的作用。

二、人民币汇率贬值对我国工业经济的影响

（一）有利于提高出口企业的市场竞争力

人民币汇率一定程度上影响了我国出口产品在国际市场上的价格竞争力。近年来受人民币对美元升值以及国际市场需求影响，我国工业品出口呈下降趋势，2015年上半年规模以上工业企业出口交货值累计下降0.4%，6月份同比下降2.8%。本次人民币贬值会对我国纺织服装、机械以及原材料制成品等出口产生一定促进作用，有助于提升企业的利润空间。以纺织业为例，其出口总额占行业总收入的37%以上，根据以往经验，人民币对美元汇率每降低一个百分点，该行业的销售利润相应提升2%～6%。此外，对机械及运输设备中需求价格弹性大的产品出口也是利好。尤其是在"一带一路"战略的背景下，人民币贬值有助于相关企业拓展海外市场，改善国内部分工业产品需求环境。

（二）进口产品价格上升将增加部分行业企业生产成本

人民币对外贬值意味着铁矿石、石油、煤和其他大宗商品的进口价格将有所提高，一定程度增加企业的生产成本。以煤炭进口为例，人民币汇率单次贬值2%，对用煤企业而言每吨成本将增加至少0.5到1美元。进口产品价格提升对高度依赖原材料或能源进口的行业将产生不利影响。以钢铁行业为例，目前国内钢

铁企业对外矿的进口依存度远远高于钢材出口的依存度，人民币贬值将使国内钢铁企业为进口国外铁矿石而增加购汇支出，对目前处于困境的国内钢铁企业极为不利。同时，人民币贬值还将增加我国企业走出去的投资成本和债务成本。人民币对外贬值意味着“走出去”企业将不得不以更多的本币购买美元进行对外投资，使企业面临汇兑损失；前期产生的以美元计价的贷款、债券等债务，到期还款时将提高偿付成本。

（三）有限度地扩大工业利用外资规模

人民币实际有效汇率波变动是影响外商直接投资的重要因素，实际有效汇率一般与外商直接投资（FDI）之间存在负相关关系。此次人民币贬值意味着实际有效汇率的下降，与此相联系的生产成本效应和收益效应将促使外商投资者加快向国内的投资速度。但是，人民币汇率贬值对 FDI 流入的影响将是有限的。一方面，从工业固定资产投资资金来源看，我国工业投资利用外资的占比目前已经非常低，近年来维持在 1% ～ 2% 左右的水平，短期内不可能有大幅提高。另一方面，FDI 流入主要受到国内经济基本面的影响，如对国内经济景气状况的预期和稳增长政策的实施效果等，人民币贬值因素只有在海外资金认同国内经济向好趋势的情况下，才有可能进一步产生较为显著的影响。

（四）一定程度上缓解资金配置“脱实趋虚”现象

从本质上看，这次人民币汇率贬值是我国汇率形成机制走向市场化的重要举措，将在一定程度上促进我国经济中资金配置结构的优化。过去较长时期，由于国内金融和房地产行业发展速度较快，在人民币持续升值条件下，导致银行、企业及大部分民间资金流向炒房、炒煤、炒矿等投机活动，相对挤压了实体经济的资金资源空间，造成资金“脱实趋虚”现象，产业面临着“空心化”风险。此次人民币汇率调整，将有利于使一部分资金从房地产和其他重资产行业回流到中小企业和一些新兴产业，对房地产和虚拟经济泡沫起到一定的挤压作用，从而在一定程度上促进经济结构的优化。

三、对策及建议

（一）借势扩大工业出口，积极推进优势产能输出合作

面对国内经济下滑和传统行业产能严重过剩的巨大压力，应当把握人民币

贬值的有利时机，加快高铁、电力、通信、工程机械、汽车、飞机、电子等中国装备和优势产能“走出去”，扩大优势产品出口。鼓励工业企业加快发展高技术含量、高附加值产品，依托“一带一路”国家战略实施，利用中国与沿线国家既有的双多边合作机制，积极拓展新兴市场，提高中国制造的市场占有率和国际影响力。政府部门进一步健全完善企业“走出去”服务体系，在整合并扩大现有贸易平台功能基础上，建立制造业对外投资公共服务平台和出口产品技术性贸易服务平台，完善应对贸易摩擦和境外投资重大事项预警协调机制，提升我国开放型经济发展水平。

（二）建立预警监测机制，避免汇率异动影响工业平稳健康运行

在经济全球化的背景下，人民币汇率波动涉及到贸易、金融、投资等多个领域，特别是对进出口活动频繁的工业行业将产生较大影响。在汇率市场化的情况下，由相应金融机构对汇率走势进行预判，并及时与航空、航运等美元依赖性行业沟通，进行预警预判。建立一套高效、灵活的人民币汇率变动对工业行业影响的风险预警机制，定期监测人民币汇率波动对工业企业生产成本、利润、出口额等方面的直接影响，以及对宏观经济、就业、通货膨胀等方面的间接影响，增强预先指导性和可控性。

（三）合理运用金融衍生工具，增强企业风险防范控制能力

对于外向型工业企业而言，为防范汇率变化带来的支付风险和偿债风险，合理控制债务成本，避免加重企业负担，应当合理运用远期结售汇[①]、远期外汇买卖、掉期等金融衍生工具对债务币种、利率、期限结构进行调整，对冲汇兑风险。政府部门应建立健全“产业 + 金融 + 服务”模式，完善支持政策，做好配套的财政金融风险保障措施，为企业合理规避或减轻汇率风险损失创造良好条件和环境。针对需要进行远期结汇等业务的铁矿石、煤炭进口行业，强化保险措施，避免由于汇率变动所带来的进口原材料成本上升。

（四）实施进口替代和国产化战略，降低关键技术装备进口依赖

一直以来，我国在航空装备、精密仪器、医疗设备、核心芯片等部分关键领域技术自给率低、严重依赖进口，受人民币贬值、进口成本上升影响较大。建

① 远期结售汇：远期结售汇是确定汇价在前而实际外汇收支发生在后的结售汇业务（即期结售汇两者同时发生）。客户与银行协商签订远期结售汇合同，约定将来办理结汇或售汇的人民币兑外汇币种、金额、汇率及交割期限。

议针对各行业所需核心关键技术、零部件和设备，在综合分析紧迫程度、国内产业发展基础和潜力等因素基础上，加快制定进口替代的时间表和路线图，集中优势资源和力量取得突破，分步并最终实现国产化替代，规避汇率变动风险的同时提升产业安全保障能力。同时，对于有一定优势的国产替代产品，如自主研发的芯片、通信设备、新能源汽车等，优先或强制在党政军、金融、电力、公共交通等领域推广应用，通过税收优惠、消费补贴等经济手段鼓励企业和消费者加大采购力度，不断壮大国产技术装备的应用基础。

（五）深化外汇等金融市场改革，营造健康投融资环境

继续完善人民币汇率市场化形成机制，进一步扩大人民币汇率双向浮动区间，不断增强汇率弹性，改进和完善外债管理体制，最终实现人民币资本项目可兑换，稳步推进人民币国际化。建立跨境资本监测预警体系，完善对外汇市场、货币市场、资本市场等国际投机资本流动的监管。提高资本市场运作能力，合理引导资本流向，尽可能减小国际游资的大规模进出对我国资本市场的冲击，保持国内资本市场的相对稳定，增强资本市场服务实体经济的能力。

本文作者：赛迪智库　乔　标　李　燕　秦海林

如何看待中国制造业部分外资撤离

新年伊始，关于西铁城、诺基亚、松下、夏普、优衣库、三星等外资企业加速撤离我国的消息充斥各大媒体。毋庸置疑，外资的撤离会带走资金与市场，也可能使我国制造业陷入倒闭潮和失业潮“双夹击”的困局。然而，这真的意味着我国制造业将步入寒冬吗？这一现象背后的原因是什么？其他国家是否也遇到过同样的问题，如何应对？这些问题值得我们深入思考和研究。

一、外资撤离的深层次原因解析

（一）从宏观层面看，全球经济正处于后危机时代的缓慢复苏期，市场需求明显放缓

国际金融危机之后，全球经济处于深度调整期。从贸易增长看，2003 年以来全球商品和服务出口增速保持在两位数以上，受 2008 年金融危机影响，2009 年全球商品和服务出口出现了负增长，随后两年受到较低基数因素影响增速重回两位数，但 2012 年随即保持在 1.5% 的低增速区间，进口增速仅为 1.3%[①]。此外，最新一期《全球投资趋势监测报告》显示，受全球经济疲软、政策不确定性和地缘政治风险等多种因素影响，2014 年全球 FDI 较 2013 年下降 8%，且全球部分发展中国家也面临市场需求不足导致外资撤离的严峻挑战。

（二）从微观层面看，部分企业自身竞争力明显减弱，导致企业收缩生产规模

当前，大数据、云计算等信息技术加速普及，制造业网络化、智能化、服务化、绿色化的趋势逐渐显现。在本轮工业革命浪潮中，不少制造业昔日巨头由于未能及时跟进，已经在市场竞争中处于劣势，例如诺基亚、摩托罗拉的手机业务就被出售。与此同时，松下、夏普等企业撤离中国的生产能力绝大多数属于低端制造领域，而我国本土企业竞争能力已经较强，这种情况下外企的盈利空间和市场竞

① 数据来自世界银行。同时，WTO的统计数据也显示出同样的走势，全球商品贸易出口总额和制造业出口在2009年出现负增长，随后两年仍维持了两位数的高增长，但2012年和2013年均保持在0.4%—2.3%左右的低速增长水平。

争能力都明显下降，受利益驱动的企业必然要转移生产能力，重新配置资源。

（三）从战略角度看，部分发达国家通过制定各项政策来鼓励先进制造业回流

2008 年的经济危机促使不少发达国家更加意识到实体经济的重要基础性作用，美、英、日等国家纷纷推出制造业回归战略，以求其制造业重振。值得关注的是，这些发达国家计划将先进制造业转移至本国进行生产，不仅保证了较高的产业附加值，而且也维持了较强的研发创新实力，同时还带动了本地就业。当前，全球正处于以信息技术为主导的新一轮工业革命浪潮中，发达国家制定的制造业回归战略意图在更加激烈的市场竞争中抢夺战略制高点，树立长远的竞争优势。

（四）从发展规律看，在经济发展到一定阶段后，土地、劳动、资金等要素成本刚性上涨，加速了产业梯度转移

从经济学的一般规律出发，随着经济发展水平的不断提高，土地、劳动、资金等要素成本不断攀升，产业将从成本较高的发达地区逐渐转移至相对较低的欠发达地区。例如，当前我国东部沿海地区的部分产业就逐步向我国中西部地区和东南亚部分国家转移，这既符合资本的逐利性，也实现了资源效用的最大化。从地区发展阶段看，一般会经历生产要素驱动、投资驱动、创新驱动和财富驱动四个阶段，即随着产业结构的不断优化升级，部分地区在享受到后发优势实现快速发展后，必然会经历低端产业向外转移的过程，从而步入创新和财富驱动的高级阶段。

此外，当前我国经济发展存在的一些问题也不能回避。从发展方式看，以重化工和房地产为代表的投资拉动经济增长方式难以为继，特别是低效益的增长模式导致结构性问题不断显现。从发展环境看，我国已经走过了简单的扩大再生产环节，而保护技术创新成果和维护市场竞争秩序的各项体制机制仍不完善，与结构优化的要求和产业层次水平不相匹配。综合来看，本轮外资的部分撤离，主因是在于外部环境变化和发展阶段转换，辅因则是内部发展方式的不合理和发展环境的不完善。

二、东亚国家①的FDI历史走势与相关举措

（一）整体对FDI的吸引力不减，但受国际政治经济形势等多种因素影响，流入规模及占全球比重也曾出现暂时性下降

从规模看，2000年以前，东亚FDI流入量基本呈稳步提高态势；受世界经济形势恶化和恐怖事件影响，从2001年开始连续两年大幅下降，降幅高达25%以上，直到2006年才恢复并超过2000年的水平；受国际金融危机拖累，2009年和2012年又出现暂时性下降，分别下降16.82%和7.17%，降幅比上次明显放缓。

从占比看，1994年东亚FDI流入量在全球占比达到峰值为17.11%，随着亚洲金融危机的爆发，1999年占比比峰值下降近10个百分点；此后随着东亚各国外资政策的逐步调整，占比基本逐年提高，但在2005—2007年占比出现回落，2008年以来占比在波动中有所恢复，近四年一直维持在15%左右。

图1　东亚FDI流入规模及占全球比重

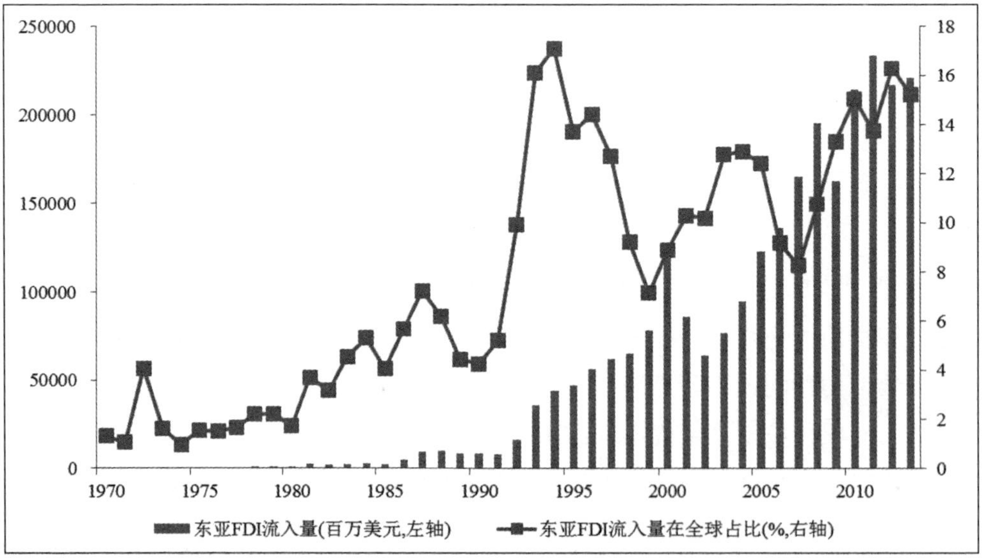

数据来源：联合国贸易和发展会议，赛迪智库工业经济研究所整理

① 东亚数据包括中国大陆、中国香港、中国澳门、朝鲜、日本、蒙古和韩国。

（二）主要国家 FDI 流入和流出情况表现各异，但随着发展水平的提高，会逐渐由 FDI 净流入国转变为净流出国

从发展阶段看，日本和韩国分别在 1973 年和 1995 年进入后工业化时期，中国到 2020 年基本实现工业化。从 FDI 流向看，1970 年以来，日本一直是 FDI 净流出国，且 FDI 净流出量不断扩大；1990 年以来，韩国主要是 FDI 净流出国，只在部分年份（1998—2001 年、2004 年）是 FDI 净流入国；中国一直是 FDI 净流入国，但规模明显缩小，2013 年净流入量不足峰值的 40%。

（三）主要国家 FDI 流入与人均 GDP 之间的关系表明，在人均 GDP 达到 3 万美元之前，FDI 流入量不会出现趋势性下滑

图 2　FDI 流入量与人均 GDP 之间的散点图

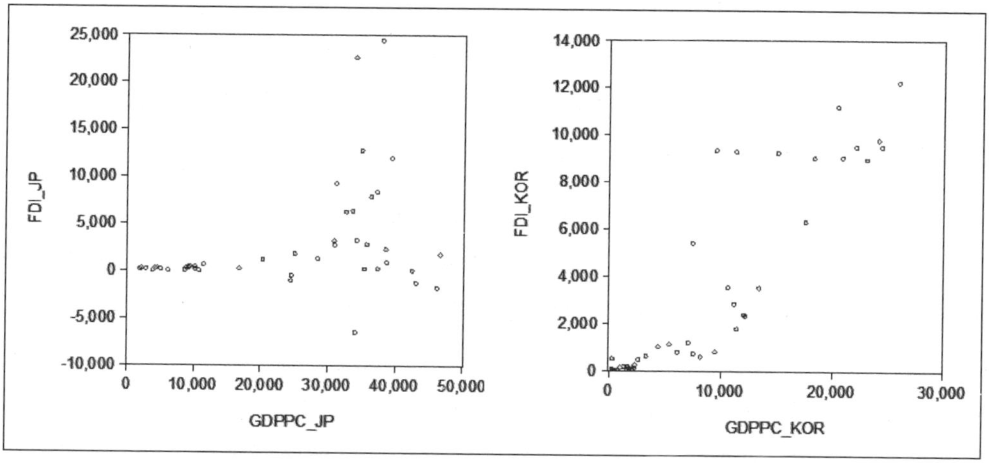

数据来源：联合国贸易和发展会议，赛迪智库工业经济研究所整理

从散点图看，日本人均 GDP 在 3 万～ 4 万美元时，FDI 流入量达到峰值；随着人均 GDP 水平的继续提高，FDI 流入量有所下降。目前韩国的人均 GDP 还不到 3 万美元，韩国 FDI 流入量基本还呈上升趋势。从日本和韩国的经验看，对于人均 GDP 还不足 1 万美元的我国来说，FDI 流入量还有很大提升空间。

（四）东亚国家通过调整外资政策改善投资环境以吸引 FDI 流入

1994 年日本成立“对日投资会议”专门研究如何扩大外商对日投资；1997 年再次修订《外汇及外国贸易管理法》；通过税收、金融和信贷政策促进外资流入；建立中央和地方统一的引资体制，设立 5 个“促进对日投资地区”；通过减政放

权提高行政效率，改善外国投资者在日生活环境等优化投资环境。

1997 年亚洲金融危机后，韩国通过大幅调整相关政策来吸引外资：1998 年实施新的《外国人投资促进法》，2002 年公布新的税收优惠政策，2013 年调整外国人投资支援制度中的相关投资促进政策，2014 年公布《促进外国人投资方案》，吸引更多跨国企业在韩国设立企业总部，提高韩国对外商投资的吸引力。

三、外资撤离事件引发的思考

（一）从短期看，应密切跟踪动向，规避大规模撤资风险

首先，要密切跟踪本轮外资撤离进展，建议分行业、分区域监测外资企业运行情况和供应链异动情况，实时汇总，并对可能产生的工业经济运行风险进行预判。其次，要针对重点地区展开专项调研工作，了解外资撤资的深层次原因，协助提供针对转股、资产处置、就业安置等问题的决策参考。最后，建议完善外资企业破产清算的相关法律法规，避免由撤资尤其是非正常撤资带来的风险，以及可能给供应商和员工带来的连带风险。

（二）从长远看，应加快产业升级，振兴制造业

首先，要加快国家层面制造业发展战略的出台和落实，从国家战略的高度重视制造业的发展，并做好相应的政策、资金和技术储备，以提振实体经济的信心。其次，针对国内产业转移趋势，给予中西部地区交通、信息等基础设施建设支持，通过投资硬环境的打造，将资金向中西部地区引导。最后，针对经历了“腾笼换鸟”的广东、江苏、浙江等东部地区，要依托自贸区、港口、欧洲干线等区位交通优势，加快高端制造业的生产布局，加大产品设计能力建设，加强数字化工厂改造，通过技术、产品和生产方式的转变提振制造业。

（三）从外部考虑，应改善投资环境，提高外资利用效益

首先，逐步放开一般制造业，放宽对投资领域的限制，通过新市场吸引新的海外投资进入，实现 FDI 的基本平衡。其次，探索除投资建厂之外的其他投资渠道和方式，降低外资参与基础设施建设、服务行业等领域的投资门槛，并鼓励外资企业技术入股本土企业或与本土企业共建研发中心，提供满足本土需求的高质量产品，实现外资的高效利用。最后，要加紧完善和出台新《外商投资法》，同时加快有关知识产权保护和维护市场竞争秩序的体制机制建设，为外资营造好

的环境。

（四）从内在考虑，应多措并举，提升本土企业实力

首先，支持本土企业做强。要充分利用好外资撤离的市场真空，梳理产业链，掌握重点领域的话语权，并解决遗留问题，建议政府对于有效衔接原有供应链、解决就业等问题的企业或项目，给予税收等优惠支持。其次，支持本土企业走出去。一方面是参与全球市场的竞争，抢占因外资撤离带来的海外市场缺失；另一方面，鼓励制造型企业在海外建厂，寻找生产要素的相对洼地。建议政府在法律保障、配套金融政策、海外投资保险政策等方面给予支持，并鼓励有关国际政策和法律研究、海外投资咨询等相关服务业的发展。

本文作者：赛迪智库工业经济研究所　徐光瑞　乔宝华　文　芳

从所谓“倒闭潮”看我国制造业的危与机

随着我国经济发展进入新常态，经济增长的内外部环境、要素条件、动力机制都在发生相应变化。在结构调整出现积极变化的同时，企业生产经营困难也在增多，结构调整的阵痛开始显现。2014 年底到 2015 年初，广东等一些工业大省出现了小范围的企业关门、外资逃离等现象，与相对走低的制造业短期数据相联系，有舆论就认为我国制造业已经陷入大规模“倒闭潮”。理性地看，制造业“倒闭潮”实际是新常态下我国工业转型升级过程中的节律性调整，经过市场发挥决定作用的多轮次优胜劣汰，我国制造业将逐步实现由大到强的历史性转变。

一、看现象

（一）在小范围内集中出现加工制造企业倒闭现象

2015 年春节前后，我国加工制造业较发达的珠三角、长三角等地区相对集中地出现了一股老板跑路、企业倒闭的风潮，以东莞、苏州、温州最为突出。2014 年 12 月，苏州的诺基亚手机零部件供应商闳晖科技宣布停产；知名手机零部件代工厂苏州联建科技宣布倒闭，位于东莞的兄弟公司万事达和联胜也相继关门。2015 年 1 月，东莞手机零部件制造商奥思睿德世浦电子的老板欠债 1.35 亿元跑路。在以制造眼镜、鞋、打火机等闻名世界的温州，2009 年以来，每年都有数十家大大小小的加工制造企业倒闭。此外，另外一些企业则由于订单不稳定，用工量持续降低，临时工、暑期工数量加大，厂房分租的情况越来越多。

（二）外资退出中国大陆的步伐近期有所加快

在这次“倒闭潮”中，外商资本的撤离起到了很强的催化作用。1 月 10 日，微软计划春节前关停诺基亚东莞工厂，部分设备转移到越南河内，位于北京的微软诺基亚工厂也将同步关停。春节前夕，西铁城在华生产基地西铁城精密（广州）有限公司宣布清算解散。此外，日本制造企业松下、夏普、TDK、大金等也都有把制造基地回迁日本的计划，松下将把立式洗衣机和微波炉生产从我国转移回日本国内，夏普计划在日本本土生产更多机型的液晶电视和冰箱，TDK 也将把部分电子零部件的生产从我国转移至日本秋田等地。其他如优衣库、耐克、三星、船井电机、富士康等世界知名企业，则纷纷在东南亚和印度开设新厂。

（三）资金人才等要素资源“脱实入虚”明显

由于近年来制造业利润率持续下降，对资金和人才缺乏足够的吸引力，致使大量要素资源了脱离实体经济。比如，近年来温州服装、鞋业、眼镜、打火机等传统制造业的利润率只有1%—3%，部分企业出现了“赚快钱”的浮躁心态，银行、企业资金以及大多数民间资金流向了炒房、炒煤、炒矿等以钱生钱的投机游戏，资本和人才要素游离于实体经济之外，产业面临“空心化”风险。

二、剖原因

（一）尚未摆脱产业链低端困局，传统扩张发展模式难以为继，优胜劣汰是市场竞争的必然结果

不可否认，以低技术含量、低附加值为特征的低端制造业仍然占据了我国制造业的较大部分。在鼎盛时期，温州制造业生产了全国30%的服装、鞋，全球90%的打火机。现在，我国制造业整体上处于全球产业链低端环节的情况并未得到根本改观，大量的资源能源被消耗在低端制造领域。比如，为国外品牌代工是东莞、温州等地制造业的主要模式。代工制造利润微薄，每生产一部苹果手机，全部利润的90%以上被美、日、韩等国分割，我国企业所得利润仅3％左右。

国内资源、环境、成本等多种要素的约束日益趋紧，已经使传统的扩张式发展道路越走越窄。2013年，我国固定资产投资占国内生产总值的比例达到了76.7%，远远高于世界平均水平。仅依靠投资刺激却忽视质量与缺乏创新的生产方式，已无法适应我国经济“三期叠加”阶段的发展需求。强调市场的决定性作用，优胜劣汰应成为制造业结构调整的常态表现。“小、散、多”的加工企业生产规模和水平参差不齐，如果不能在转型升级中采取主动，将不得不面对限产或倒闭的结局。一些低端加工制造企业的倒闭，也将相应释放出部分相对稀缺的要素资源，在一定意义上有助于推动制造业整体转型升级。

（二）高端制造回流发达国家，中低端产业向中低收入国家转移，我国面临“前后夹击”的双重挑战

随着新一轮科技革命和产业变革的兴起，全球制造业产业格局正在发生重要变化。一方面，欧美日等发达国家实施“再工业化”战略，纷纷强化制造业技术创新，吸引高端制造业回流，力图在新的技术平台上提升制造业和发展新兴产业，巩固其技术和产业领先优势，受此影响，一些原本在我国生产的外资高端制造业向发达国家回流。另一方面，越南、印度等一些东南亚国家正在中低端制造业上发力，在我国传统比较优势不断减弱的背景下，其利用成本优势积极承接产业和资本转移，并在能源资源与市场空间上与我国展开激烈争夺，从而导致当前我国制造业正处于发达国家和发展中国家“前后夹击”的双重挑战之中。

（三）原有比较优势逐步削弱，新的竞争优势尚未形成，制造业处于新旧两种优势的交替期

长期以来，相对较低的生产成本和低廉的资源价格是我国制造业在全球制造业竞争中拥有的强大比较优势。随着人口红利的消失和要素成本的全面上升，这种优势正在逐渐失去。比如，国内劳动力供给出现缩减趋势，2014 年劳动年龄人口的数量已从 2011 年的顶点下降了 560 万。劳动力供给不足直接导致用工成本上升，目前我国制造业工资普遍达到 3000 ～ 4000 元，远高于东南亚各国。此外，融资、水电、用地、物流等各种成本的提高，也加重了企业负担，挤占了制造业的利润空间。

重塑我国制造业新竞争优势的出路在于科技和产业创新。近年来，我国制造业以创新为驱动，寻找新增长点的努力取得了一定成效，但创新能力较发达国家仍有较大差距。比如，制造业关键共性制造技术薄弱，设计技术、制造技术、工艺流程、标准体系等发展滞后；重点行业研发创新仍受制于制造强国，我国绝大多数企业处于跟随模仿阶段；研发基础薄弱、顶尖创新人才不足，我国每百万人口中的研究人员数仅为日本的 15.2%、韩国的 17.0%、德国的 20.2%、美国的 23.0%。目前，我国正处在原有竞争优势渐次减弱、新的竞争优势尚未确立的过渡时期。

三、谋出路

（一）推进结构调整，坚持调整存量和优化增量并举

积极推进产业结构向中高端迈进。一是淘汰落后产能。完善激励和约束政策，研究建立利用节能环保标准促进落后产能退出的机制。发挥资本市场作用，帮助企业从低附加值领域向高附加值领域转型，从传统加工制造业向新兴领域拓展。二是推进企业兼并重组。支持兼并重组企业整合内部资源，优化技术、产品结构。

鼓励和引导非公有制企业通过参股、控股、资产收购等多种方式参与企业兼并重组。三是大力发展新兴产业。抓住新技术革命和产业变革的机遇，发展七大战略性新兴产业，在新技术、新能源、新材料等的融合创新中积极寻找新的经济增长点。

（二）促进转型升级，加快向智能化、绿色化、服务化转变

智能化、绿色化、服务化是未来制造业发展的核心特征。一是大力发展智能制造。加快数字化网络化智能化技术的应用，实现产品的智能化设计、生产、营销和服务；推行小批量定制化生产，实现协同生产新模式，加快建设“智能车间”和“智能工厂”。二是大力推进绿色制造。着力提高钢铁、石化等流程制造业的节能减排能力，发展大型流程制造装备，提高三废深度处理与循环利用的能力；推进绿色装备制造业发展，创新再制造产业，研发再制造装备。三是大力发展服务型制造。以拓展产品功能、提升交易效率、增强集成能力、满足深层需求为重点，引导和支持制造业延伸产业链条，推动制造企业完善研发设计、生产制造、市场营销、售后服务、回收处理的产品全生命周期服务；发展在线监控诊断、健康维护、系统运行维护、网上支付结算等新业务；发展壮大生产性服务业。

（三）强化创新创业，激发工业发展内生动力和活力

必须转变要素驱动的传统思维，把增强产业创新能力作为制造业未来发展的关键。一是推进产业创新体系建设。以新模式、新机制重组国家制造业创新体系，考虑设立由国家级产业研究院、区域级产业研究院和企业研究院等组成的多层级产业研究体系。二是推进产业技术创新。从创新全产业链出发，着力提高基础研究、技术创新、组织创新、模式创新及创新设计能力；加强基础前沿和关键核心技术研发，大力推广应用先进设计技术。三是推进业态融合创新。顺应产业跨界融合趋势，鼓励发展基于互联网的新业态，如小米手机、开源硬件等基于社交化生产的新业态，互联网汽车、智能手表等基于用户体验的新业态，O2O服务、大数据等基于平台经济的新业态。四是激发大众创业热情。加强政策创新集成，增进公共服务效能，努力构建一批低成本、便利化、全要素、开放式的新型创业平台，在全社会营造良好的创新创业生态环境。

（四）推动开放合作，在全球视野中开辟新的比较优势

一是推进“一带一路”战略实施。积极推进周边基础设施互联互通，加强与沿线国家在产业、园区、能源资源等方面的合作和对接发展，培育新的经济增长点，实现我国与沿线各国的共同发展。二是推进企业国际化发展。支持制造企业在海外包括非洲等欠发达国家和地区进行融资并购、绿地投资、技术合作，促进企业海外股权投资和创业投资发展，构建全球性的资源供应保障、研发、生产和经营生态体系。三是创新开放合作模式。由传统的市场换技术引进模式向研发设计、市场营销、品牌培育等高端环节延伸，注重对引进技术的吸收、消化、融合和创新。

本文作者：赛迪智库规划研究所　谢振忠

如何走出工业物流“短板”困境

在我国全社会物流总额中，工业品物流始终是构成主体且占比不断上升。有关数据显示，20 世纪 90 年代初工业品占物流总额比例为 70%，至 2013 年该比例已上涨至 91.8%，可以说，工业物流的发展决定了物流业的整体水平。与此同时，工业物流在工业生产中扮演的角色也日益重要，与工业生产各环节紧密相连，甚至已成为推动工业发展方式转变和产业结构升级的重要突破口。我国如何加快走出工业物流“短板”困境，以充分保障生产要素在各领域实现高效配置，值得我们深入思考与积极探索。

一、当前工业物流领域存在的主要问题

（一）物流成本高企且效率偏低

受人工成本上涨和流通领域各项费用高企的影响，我国工业物流成本居高不下。首先，物流行业属于劳动密集型行业，人工成本上涨必然会显著推高物流成本。数据显示，2013 年我国物流从业人员劳动报酬同比增长 10.9%，提高了 3.8 个百分点；在物流业务收入中，物流从业人员劳动报酬占比也呈逐年上升趋势，2013 年该比值达到 9.0%，比 2012 年提高了 0.8 个百分点。其次，不合理的超前布局也在一定程度上推高了物流成本。前些年，为了拉动经济增长而将大量资金投资于各种基建项目，但这种超前性的基建布局未能与经济发展相适应。为了尽快消化前期不合理的基建布局，保持投资收益率，流通领域中的各种费用必然不断上涨。自 2010 年以来，保管费用和管理费用增速始终高于运输费用增速。快速增长的成本背后并非服务质量的提升，而是超前投资带来的高建安成本[①]。最后，物流信息技术相对落后、企业管理费用过高也是推高物流成本的原因之一。目前，我国多数物流企业主要采用条码技术等低端技术，2011 年约 80% 的工商企业拥有此项技术，运用其他技术如 ASS（自动分拣系统）和 RFID（无线射频识别）

① 建安成本是建筑安装工程成本的简称，包括建材费、人工成本、机器使用费、水电线路安装费等。

的工商企业比重仅占15%左右。由于物流信息技术相对落后，我国物流企业管理费用占比远高于美日等发达国家。

（二）物流服务专业化能力不足

首先，物流外包比例整体偏低且行业间存在较大差距。工业物流正在由“小而全，大而全”向“主辅分离，服务外包”的方向发展。有关数据显示，2013年工商企业外包物流运输量同比增长11.6%，运输业务委托第三方已占到企业运输业务的79.6%。但制造业的外包物流比例依然较低，约为60%左右，美、日等发达国家这一比例均超过了70%。从不同行业看，各行业物流外包发展程度也有明显差异。在几个重点行业，除了汽车、造纸印刷行业的外包率超过70%外，其他如钢铁、医药、农副食品等行业的物流外包率均处于较低水平，电气机械行业仅为40%多①。其次，低端物流服务环节仍是主流。目前，我国大多数物流企业仍是从事低端物流服务的中小物流企业，组织规模较小，综合效益低，服务同质化严重，低成本和价格竞争仍是这类企业的主要关注点。由于企业在低端、粗放、高耗、离散的物流功能上消耗了过多精力，其专业化和服务化水平偏低，也难以满足制造企业对“采购—生产—销售”一体化的要求。在我国2013年物流业的收入结构中，占比最大的为运输收入（约为60%），而一体化物流业务收入占比仅在10%左右，信息及相关服务收入占比仅为1%。这表明，提供简单运输服务和仓储服务的辅助性生产活动依然是多数物流企业的主体业务，而物流信息服务、成本控制、流通加工等物流增值服务环节依然缺失。

（三）工业物流生态圈尚未形成

首先，物流基础依然薄弱。我国物流能力与工业产能匹配度不够，两者协同发展能力较弱。一直以来奉行的“重生产，轻流通”理念致使工业物流生态明显失衡。部分地区由于工业布局缺乏合理的配套物流服务，工业企业在原材料和成品运输上需要支付高额的物流成本，压力巨大。其次，缺少成熟高效的物流服务平台。物流服务平台是工业物流生态圈的重要组成部分，在降低社会物流成本、为制造业提供优质服务方面发挥着重要作用。但目前我国物流平台发展混乱、质量参差不齐。对于有物流需求的工业企业，找到信用度高、性价比合理的平台依然比较困难。最后，物流商业模式发展相对滞后。我国只有少数物流公司加强了

---

① 行业物流外包比率部分年度数据缺失，因此该值并非特定年份之值，为2008年以来各行业非空数据的均值。

业务集群和商业模式创新，但多数却依然沿用传统、单一的发展模式，不利于工业物流生态圈的形成。

二、工业物流“短板”对工业发展的不利影响

（一）从宏观层面看，工业物流成本高企将削弱工业经济发展效率

中国物流与采购联合会发布的《中国采购发展报告（2014）》显示，2014 年我国社会物流总费用已高达 10.3 万亿元，物流成本明显偏高。长期以来，我国物流成本占 GDP 的比重基本保持在 20%，约为美、日等发达国家水平的两倍。2012 年，我国 GDP 中物流总成本占比 18%，美国仅为 8.5%。其中，运输成本为 9.4%，美国仅为 5.4%。当前发达国家制造业回流潮的兴起，除了受劳动力成本明显上涨的影响外，与我国不断高企的物流成本也有很大关系。综合考虑油价、过路费以及运输网络等基础设施的配备情况，美国某些地区的物流成本已经低于我国。例如，位于美国南部的印第安纳州，凭借其天然的区位优势和完备的基础设施，已成为此次美国制造业回流主要的受益地区之一。工业物流成本长期居高不下，势必会弱化我国工业的软实力，并在一定程度上制约我国工业经济发展。

图 1　中美运输成本 GDP 占比对比（%）

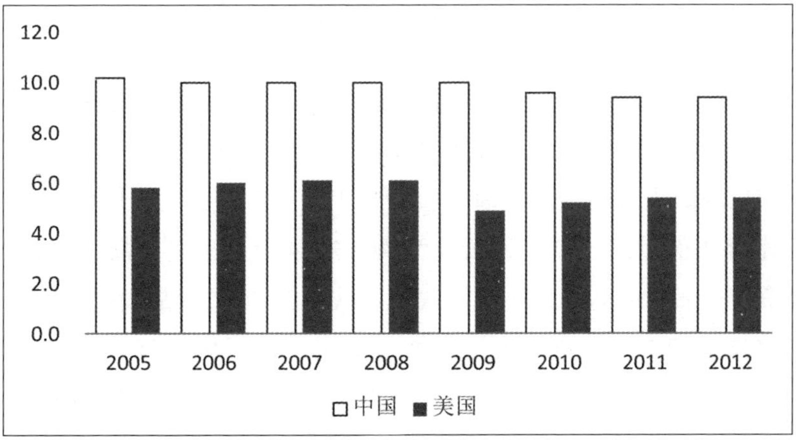

资料来源：Wind 数据库，赛迪智库工经所整理计算

（二）从产业层面看，物流专业化能力不足导致行业间发展不均衡

随着专业化分工的发展与深化，物流业与制造业的有效融合，以及这一趋

势下所产生的专业化经济①，将有助于工业企业降低成本，提高生产效率与竞争力。数据显示，在几个主要行业中，汽车行业的服务外包比率高达82%，其运输成本为48%；农副食品行业服务外包比率为57%，运输成本高达58%。在这两组数据中，农副食品行业的服务外包比率低于汽车行业25个百分点，其运输成本则高出汽车行业10个百分点，即物流外包比率与运输成本在一定程度上呈反比关系。这表明，当前物流外包程度水平偏低不利于专业化经济的形成，同时也成为行业发展不平衡的原因之一。

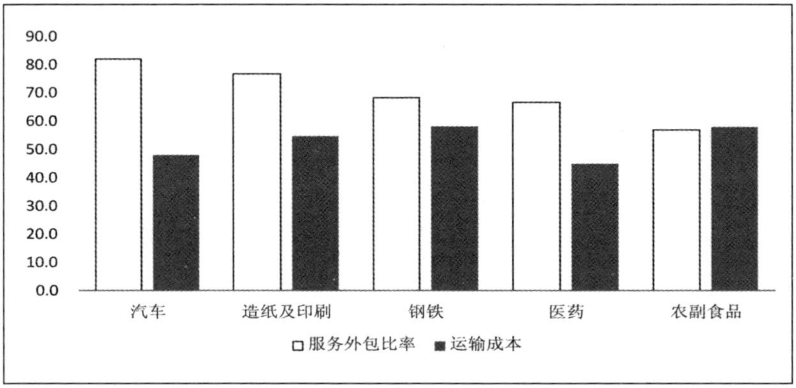

图2　不同行业服务外包比率与运输成本对比（%）

资料来源：Wind数据库，赛迪智库工经所整理计算

（三）从企业层面看，低端物流服务模式会引发企业综合竞争力的恶化

低端、粗放式的物流服务模式对工业企业有着不利影响。信息化管理滞后、物流数据信息的缺失或传递不及时，会导致工业大宗商品物流周转速度慢、资金占用多且库存比例过高。以钢铁行业为例，2014年，黑色金属矿采选业的企业平均流动资产周转次数仅2.2次，钢铁企业铁矿石与产成品库存量明显上升，黑色金属矿采选业产成品存货同比平均增长14%，显著高于2013年7%左右的增长水平。资金周转速度和产成品库存是判断企业盈利能力的重要指标，周转速度缓慢与库存占用比例高企，会导致企业流动资金出现严重沉淀，企业不得不进一步补充流动资金实现周转，这在客观上就造成了资金浪费，弱化了企业的盈利能力和综合竞争力。因此，物流增值服务特别是物流方案设计及一体化物流服务的

① 专业化经济指劳动生产率随专业化水平的上升而提高的规律现象。

缺失，将影响工业企业获取超额利润的能力，给企业生产经营带来较大压力。

三、走出工业物流“短板”困境的几点思考

（一）强化政府科学规划引导作用

建立促进物流业发展的政府管理机制，强化组织保障。支持有关各方加强跨行业与跨区域合作，打破不同地区、行业之间的割据，实现资源整合。重视物流产业的统筹规划，加强有利于物流产业发展的政策研究。与工业物流发展特点相结合，建立科学的工业物流产业体系，提高物流产业供应链的运行效率，降低不断上涨的工业物流成本。将工业结构调整与物流管理水平提升相结合，实现物流业与工业的联动、融合发展。

（二）促进工业企业物流的社会化

鼓励工业企业剥离重组物流业务，加速推进工业物流外包进程，促进工业企业物流的社会化和专业化。物流企业要加大物流设备的投入，提高专业性，使第三方物流发挥更加充分的作用。通过兼并重组，培育一批技术先进、业务突出、竞争力强的现代物流企业，淘汰规模小、服务功能单一、经济效益低下、分散的小型物流企业，推动产业集群加快发展，打造有利于物流企业发展的市场竞争环境。

（三）推进第四方物流等高端服务发展

首先，工业企业要加强供应链管理，并在此基础上建立公共信息服务平台，有效促进工业企业和物流企业之间的信息、资源共享。其次，物流企业要加强技术改造，利用规模不断扩大的制造业外包趋势，切实融入工业企业生产的前期采购、订单环节，从取送货阶段融入至生产阶段，为工业企业提供流程优化、周转灵活、物流费用率低的高质量物流服务。再次，积极推进第四方物流发展，为制造业和物流业双方提供物流规划、咨询、物流信息系统、供应链管理等高端增值服务。借助第四方物流的专业化服务，物流企业在保持运输、仓储、联运等传统业务的基础上，向上延伸业务链，实现由传统物流企业向现代物流企业的转型。最后，应发展物流金融服务，将丰富的金融工具引入到供应链业务活动中，实现物流服务与金融服务相互融合，通过金融服务模式创新有效缓解企业资金压力。

（四）培养本土物流产业所需人才

在物流人才培养上，采取订单式人才培养模式。通过加强“产学研”之间的合作，重点培养与我国本土物流产业和市场需求相适应的物流人才。同时，应积极开展国际交流与合作，利用多种方式打造沟通平台，借鉴先进的国际物流专业技术和物流经营理念，促进我国物流产业发展。

本文作者：赛迪智库工业经济研究所　韩　力

美国加息预期对全球工业的影响

自2014年10月美联储正式宣布结束QE3以来，美联储何时加息就成为全球市场讨论的一大热点。近期，随着美国经济形势的不断好转，加息的呼声越来越高，全球各大国际机构均预测，美联储在2015年12月底或2016年3月启动加息的可能性较大。美联储加息预期加大了全球市场的波动，导致国际大宗商品价格暴跌、新兴经济体股市及汇率剧烈波动，给全球工业发展带来了一定的影响。研究分析美国加息预期的成因及后果，对正处于转型攻坚期的我国工业发展具有重要意义。

一、美国加息的背景及意图

（一）防止通货膨胀是美国加息的直接动机

自2008年国际金融危机爆发以来，美联储先后推出三轮资产购买计划，将

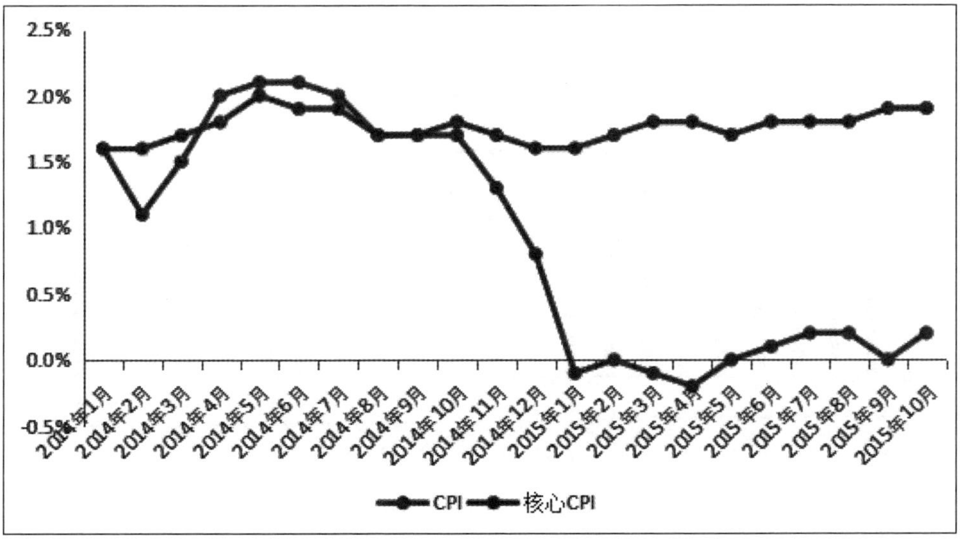

图1　2014年1月—2015年9月美国CPI同比增长率

数据来源：美国劳工部，2015年11月19日

短期利率一直维持在接近于零利率水平以刺激经济增长。2009 年下半年美国经济开始复苏，2015 年上半年其 GDP 增幅达到 2.8%。在这一背景下，若继续维持超低利率政策，则很可能引发通胀问题。1993 年至今，美联储共计四次步入加息周期，以防范通胀。当前，随着美元升值及国际大宗商品价格的持续下跌，美国通货膨胀数据整体疲软。2014 年，美国 CPI 和核心 CPI 分别达到 1.6% 和 1.7%。进入 2015 年以来，美国 CPI 和核心 CPI 没能延续 2014 年的走强趋势，2015 年 9 月美国 CPI 同比增速为零，核心 CPI 同比增长达 1.9%。通货膨胀率恢复速度较缓，在一定程度上加大了美国加息的难度。

（二）就业市场持续改善是美国加息的充分条件

美联储把实现低通胀下的充分就业作为政策目标，并以 2% 的通货膨胀率和 5% ～ 5.4% 的失业率作为具体目标。美国劳工部数据显示，2015 年前三季度，美国新增非农就业人数平均每月分别为 24.7 万、23.9 万和 18.7 万人，虽然增幅不断下滑，但人数还是实现了逐年持续好转；失业率也在稳定下降，2015 年 9 月份降至 5.1%，低于 5.5% 的失业率目标，创下 2008 年 4 月以来的最低，接近充分就业终点。就业数据的持续改善表明，美国经济复苏强劲，成为美联储加息的充分条件。

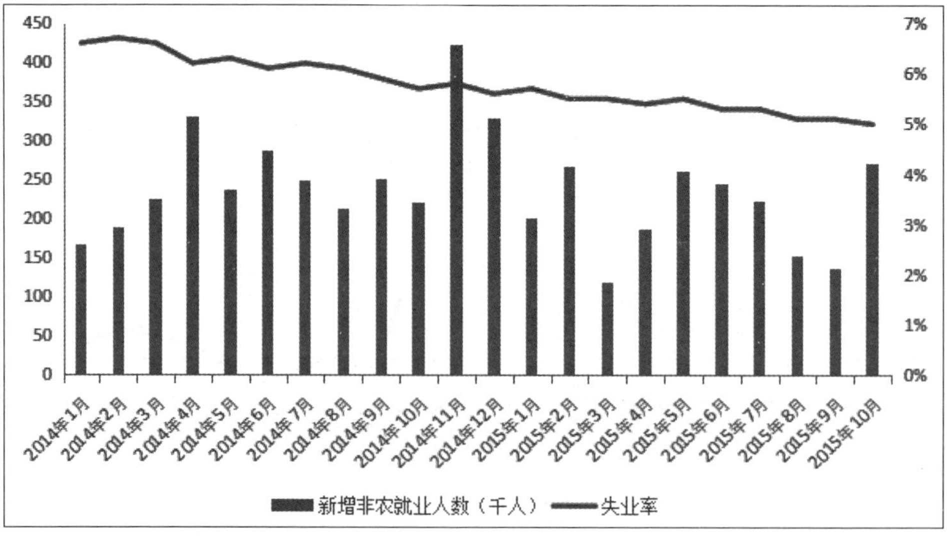

图 2　2014 年 1 月—2015 年 10 月美国失业率同比增长率

数据来源：美国劳工部，2015 年 11 月 19 日

（三）减轻债务压力及提升企业实力是美国加息的最终目的

2014 年 10 月，美联储在完全停止资产购买计划后，开始强化对加息预期的引导，尤其是利用 FOMC 会议纪要中的措辞及经济预测，反复暗示加息进程。纵观当前美国国内形势，一方面，5.1% 的失业率已达到美联储目标，但 1.8% 的核心 CPI 还处于较低水平；另一方面，2014 年美联储资产负债达到 4.5 万亿美元，2015 年 8 月份美国贸易赤字达 483 亿美元，环比大幅增长近 16%。加息可以加快全球资本回流美国，减轻美国债务负担，降低国债利率。同时，还会引爆全球泡沫，促进美国大企业和银行利用充足的美元在全球收购资源和企业，推动美国经济持续复苏，增加政府收入，减轻债务负担。可见，较低的通胀水平、较高的债务负担和贸易赤字，使得加息对美国而言更多是一种长远的国家战略选择。

不过，随着美国经济复苏步伐的加快，在就业和通胀逐渐改善的条件下，美联储进入加息轨道是必然趋势。美联储主席耶伦 2015 年在公开讲话中称，“尽管全球大背景下有许多风险点，但美国经济和劳动力市场在改善，相信通胀将逐步重返 2%，2015 年某时加息很可能是合适之举”。2015 年 9 月，美联储在 FOMC 声明中称，“鉴于金融市场的混乱形势和中国经济增速放缓，对美国经济增长和通胀前景的忧虑加重，决定将基准利率维持在接近于零的水平不变”。然而，包括耶伦在内的 FOMC 多数成员均预计，将在 2015 年晚些时候首次加息。加息已成为当前美联储的紧要任务。

二、美国加息预期对全球工业发展的影响

（一）威胁新兴经济体工业增长

由于美元在国际货币体系中具有重要地位，美联储加息必将使得美元走强，从而增加美元资产的吸引力，吸引国际资本回流美国。美国作为全球第一大经济体，国际资本的大量回流不仅会波及国内经济，还会波及世界经济，尤其是新兴经济体。据统计，2015 年第二季度，我国外汇储备下降至 3.65 万亿美元，为七个季度以来的最低水平；俄罗斯央行预计，2015 年俄罗斯资本流出规模约为 850 亿美元。新兴经济体面临资本急剧外流、股市下跌、货币贬值、外债偿还压力增大等各种挑战，并将处于两难境地：若不加息，则资金外流，企业债务负担加重，投资意愿下降，影响工业产能扩张；若加息，则融资成本上升，抑制工业发展活力。新兴经济体金融市场的剧烈动荡，将减少其工业品的投资和出口，减缓国际

贸易步伐，进而威胁工业增长。

（二）重压大宗商品价格

大宗商品多以美元计价，美元走强将使其价格走低，形成打压效果。截至2015年10月22日，CRB指数已从2011年4月末的高点370.72点跌至195.58点，累计跌幅超过45%；2015年10月，布伦特油价自2015年1月以来首次跌破48美元/桶；伦铜自8月底急跌至六年低位后，一直陷于4800—5400美元的区间内；黄金累积下跌近7%，为2013年6月以来的最大跌幅。追踪19种商品表现的汤森路透/核心商品CRB指数触及2003年来的最低水准。大宗商品价格的急剧下跌，使得资源出口型国家出口收入下滑、汇率贬值，进而阻碍了这些国家的工业复苏进程。

（三）全球贸易不均衡加剧

加息预期使得美元汇率进一步上升，美国的贸易逆差将进一步扩大。据美国商务部统计，2015年1—8月，美国贸易逆差开始扩大，进出口降幅创2010年以来的新高，贸易不平衡逐渐加剧。2015年前三季度，我国进出口总值17.87万亿元人民币，同期下降7.9%，其中，出口10.24万亿元，下降1.8%；进口7.63万亿元，下降15 .1%。美元升值将使其他国家货币的汇率进一步下降，较高的利率差刺激美国商品进口，不利于商品出口，将加剧美国国内的贸易不平衡，同时也会影响到其他国家的贸易平衡和进出口平衡。全球贸易不均衡的加剧，势必给工业发展带来负面影响。

三、对策建议

（一）深化人民币汇率形成机制改革，有效扩大内需

美国加息预期将吸引国际资本回流美国，使得未来我国跨境资金流动将面临很多不确定和不稳定因素。加之人民币国际化进程的不断推进，“贸易顺差、资本流出”的格局必然会更加常态化。为了更好地应对资本外流，一方面，我们要继续深化人民币汇率形成的市场机制改革，增强人民币汇率弹性，稳步有序地促进人民币汇率市场化和国际化，有效避免持续、单边的人民币贬值或者升值预期。另一方面，应不断扩大内需，改变依靠大量发行货币刺激经济发展的模式，抓好智能制造试点示范、工业绿色发展等重点项目，完善和落实家电、汽车、农机等

消费政策，依靠真实内需，实现工业持续健康发展。

（二）完善国内大宗商品战略储备体系，优化调整产业结构

国际大宗商品价格不断下跌，虽然有利于降低消费者购买成本及下游企业的生产成本，但持续暴跌很可能导致煤炭、钢材、铜等大宗商品生产企业的盈利能力的下降，导致企业融资链条断裂，长皮以往很可能加剧我国经济通缩的风险。因此，为了化解大宗商品下跌可能带来的冲击，需做好以下几项工作：一是尽快完善由政府主导的国内大宗商品战略储备体系，保持工业发展所需铁矿石、煤炭、钢材、铜等重点资源类大宗商品供给的多样性和丰富性。二是利用先进的信息管理技术和制造技术改造传统产业，深化信息技术在各行各业的集成应用，加快推进钢铁、化工等资源型制造企业调结构、去杠杆、转业务，淘汰过剩产能，加快转型升级。三是大力发展战略性新兴产业和高科技产业，以上海自贸区战略为核心，设立外汇投资产业基金，加大资源能源及高附加值设备和技术的进口，提升出口产品的附加值及国际竞争力，用高附加值的产品抵消汇率波动和成本上升带来的经济损失。

（三）深化产学研合作，鼓励企业进行科技创新与自主品牌的国际化推广

要削弱美国加息预期产生的负面影响，就要努力增强经济发展的内生动力，不断提高我国制造业的技术含量，提升自主创新水平，减少对外部环境的依赖。一方面，要深化产学研合作，集中社会创新资源，加大对重大产业技术研发的力度，完善产业技术创新体系，不断加大对关键技术领域的创新投入，加快技术密集型产业的创新步伐，积累制造业自主创新能力。另一方面，鼓励企业进行科技创新与自主品牌的国际化推广，拓展企业的营销思路，提高研发和产品创新能力，提高企业的国际市场竞争力，以及抵御外汇市场风险能力和资本市场运作能力。

（四）积极推动双边外汇互换协议及应急安排机制，加强与新兴国家的国际合作

目前，新兴经济体正面临持续的经济低迷，失业率和物价水平不断上升，美联储加息预期的临近，进一步加剧了市场恐慌情绪。为了应对加息可能带来的资本外逃现象，一方面，我国应加强与巴西、印度尼西亚、南非等新兴经济体货币政策的沟通与协调，积极推动在其他新兴国家建立和发展多种形式的双边外汇互换协议，减缓短期内因资本外逃导致的工业企业融资成本上升压力。另一方面，

积极拓展海外市场，特别是成长性好、潜力大的新兴市场，借助“一带一路”战略，加强与周边新兴经济体工业领域的相互投资和贸易，扩大轻工业、机械、电子信息产品等领域的出口，推动与周边新兴经济体的贸易合作，缓冲新兴经济体因美元升值造成的债务成本上升压力。

本文作者：赛迪智库世界工业研究所　任　宇

我国如何应对美国高科技封锁

2015年4月9日，美国商务部决定禁止向我国4家国家超级计算机中心出售高端服务器芯片，这是美国对华高科技封锁的又一举措，也是我国核心技术受制于人的一个缩影。虽然我国在信息技术领域取得了长足的进展，但短期内尚无法突破美国的封锁线，极端情况下仍可能对我国经济社会发展形成重创。为此，有必要分析我国受制于高科技封锁的深层次原因，并提出相应的对策，尽快扭转我国高科技发展的不利局面。

一、高科技封锁是美国遏制中国的杀手锏

是美国孤立中国的重要手段。美国高科技封锁政策源于“冷战”，而在冷战结束后，该政策则成为美国制裁和孤立他国的工具。当今世界已经向全球化发展，我国加入WTO之后，与全球经济已经密不可分，但在美国高科技封锁政策的影响下，很多美国的盟友与我国开展的经济贸易和技术合作遭到限制，如以色列媒体于2014年报道，以色列扩大对华经济联系的努力遭到美国的阻拦。为了发展正常的经济贸易，美国的盟友不断争取解除对华禁运的政策，如欧盟于2005年就曾尝试取消相关政策，但因美国对其施加强大压力而失败。至今，美国始终对我国实施高科技封锁，并于2013年7月发布《对华高科技出口管制政策》。

是美国阻碍中国发展的重要工具。美国长期将我国作为假想敌，在打压我国发展方面可谓不遗余力，高科技封锁是其采取的重要举措之一。依据瓦森纳协议和美国出口管制政策，美国以国家安全为由限制对华出口材料、电子器件、计算机、信息安全等多个领域的“所谓”军民两用技术，涵盖了高端芯片、高安全等级的操作系统和数据库等技术产品，并根据技术发展情况不断增补，以维护其技术霸权。随着我国经济实力和技术能力的不断增强，美国也不断扩展其封锁手段，包括限制我国企业收购美国高科技企业和限制我国高科技产品进入美国市场等，如美国先后阻止华为收购美国3COM和3LEAF等公司，2015年5月美国海军提出要弃用联想服务器。

是美国与中国博弈的重要筹码。当前，我国核心技术受制于人的情况仍较为严重，高科技封锁是美国对华政治外交中争取利益的重要筹码。2014年以来，在“棱镜门”事件的推动下，我国政府在网络安全方面采取了一系列有力的措施，如出台网络安全审查制度、高通反垄断调查等。这些政策措施影响了国外企业在华市场份额，欧美政府及企业反弹强烈，并借银监会发布《银行业应用安全可控信息技术推进指南(2014—2015年度)》之际集中向我国政府施压。而美国政府在此期间发布禁售决定，明显有借此对中国政府施压从而换取政策调整的含义。

二、我国受制于高科技封锁的主要原因

基础核心技术仍存在重大缺失。我国当前在基础的材料、物理、数学等基础科学上存在较大缺失，从根本上限制了核心技术的发展。以芯片为例，我国已经具备了较高的芯片设计能力，在国际主流的X86、ARM、MIPS、Power PC等架构上也均有布局，但芯片的流片封装主要在境外，一些重要的材料和制造装备也基本依赖进口，在美国高科技封锁政策下，国内外多数芯片生产厂商都要接受监督，这就意味着，在战争等极端情况下美国是有可能掐断我国高端芯片供应的，这将给我国经济社会发展甚至国防安全埋下严重隐患。

跟随型发展思路导致体系性依赖。作为信息技术领域的后来者，我国一直处于模仿和学习阶段，特别是核心技术方面，往往在没有消化和吸收的情况下就拿来使用，并在此基础上发展上层应用技术，从而形成体系性依赖，容易受到高科技封锁政策的影响。以超算为例，虽然我国的“天河2号”已经在国际TOP500组织的排行榜中获得四连冠，在体系设计层面已经是国际领先，但其核心元器件仍严重依赖进口，这次的禁售事件就将打乱其升级计划，被迫选择替代方案，更换芯片也势必影响系统的性能和完善程度，进而影响到我国超算产业的快速发展。

高科技协同创新机制尚未形成。高科技产业的发展需要良好的生态环境，需要深厚的技术积累，国内目前尚未形成良性的、共赢的产业环境。实际上，国内高科技企业很多，但专注于基础核心技术研发的企业很少，大多数都集中在产业链的末端，在狭小的市场上做“零和游戏”。以芯片为例，当前国内已经有4大技术路线在并行推进，涵盖了国际上主流的技术方向，但若相关企业不能实现合作共赢，则难以在知识产权、技术标准等方面形成核心竞争力，无法从根本上摆脱受制于人的局面。

三、应采取的对策

大力发展基础核心技术。一是潜心发展基础技术，充分发挥中国科学院、中国工程院等国家核心科研机构的作用，实现在材料、物理和数学等基础理论和技术上的突破，为发展高端技术产业提供支撑。二是重点突破高端芯片、操作系统、数据库等核心技术，充分利用国内外现有资源，在消化吸收基础进行再创新，实现核心技术产品的可知、可编、可重构、可信和可用，形成自主知识产权，打造自主产业生态。三是加强前沿科技布局，当前硅基信息技术已经到了瓶颈，我国应加强对量子计算、光计算、生物计算等新兴技术的研究，抢占下一代信息技术制高点。

加快形成自主技术优势。一是大力发展自主优势技术，着力发展云计算、大数据等所涉及的核心技术，通过新兴优势技术逐步替代传统的大型机等受制于人的技术，从而实现弯道超车。二是推进国际技术合作，依托华为、阿里巴巴等国内龙头企业，不断加强国际技术交流合作，积极争取国际技术标准话语权，实现“你中有我，我中有你”，突破美国的科技封锁。三是推动国内企业的国际化发展，通过技术合作、资本运作等手段争取国际先进技术和人才等，充分利用国际资源，实现跨越式发展。

积极营造良好发展环境。一是争取更有利的国际贸易环境，作为世界经济发展的中坚力量，中国应积极参与国际合作，争取更多的合作伙伴，打破以美国为首的技术封锁同盟。二是优化自主厂商的生存环境，从供应链安全的角度考虑，应将与美国出口管制政策相关的技术产品纳入网络安全审查，并以此为契机推进国产化替代。三是强化企业的创新主体地位，对于信息技术产品而言，企业一直处于市场最前沿，应着力构建以企业为主体、市场为导向、产学研相结合的技术创新体系，使得企业成为科技创新活动中的主导者。

本文作者：赛迪智库网络空间研究所　王　闯

亚太自贸区对我国工业发展影响若何

2014 年 11 月，亚太经合组织（APEC）第 22 次领导人非正式会议在北京召开，这是该会继 2001 年在上海举办后时隔 13 年再次来到中国。目前，亚太地区经济总量占到全球的 57%，贸易总量占到 48%，已成为全球经济增速最快、发展潜力最大的地区。此次北京会议通过的亚太自贸区路线图，对改善亚太地区的贸易环境和增强全球影响力具有重要意义。我国如何借力亚太自贸区建设，推动经济结构调整和工业转型升级，值得深入思考和探索。

一、亚太自贸区发展历程

（一）2014 年以前的亚太自贸区发展

1994 年，印度尼西亚 APEC 会议通过的《茂物宣言》勾勒了 APEC 合作的方向和长远目标，促使实现“亚太地区贸易和投资自由化”成为历次会议的核心议题。亚太自贸区的概念是由美国 2006 年在河内 APEC 会议正式提出，并被列为长期目标。2010 年日本 APEC 会议讨论了实现亚太自贸区的可能路径，并确定了几个备选方案。虽然各方普遍认为，亚太自贸区的建立能够促进地区间经济技术合作和投资贸易往来，但随后几年，由于各种原因导致自贸区建设无实质性进展，直至 2014 年北京峰会才有了较大突破。

（二）亚太自贸区的最新进展

2014 年北京 APEC 会议进一步明确了亚太地区经济合作的发展方向和目标，从经济角度看，主要取得了以下三个重要突破。

一是正式启动了亚太自贸区进程。亚太自贸区将整合现有地区间的自贸安排，改变机制碎片化现状，打破地区投资贸易壁垒、促进要素自由流动，激发亚太地区新活力。二是为亚太地区未来发展确定五大新支柱。现有经济发展模式与当下的环境和资源状况不匹配的矛盾越发突出，亚太地区将以经济改革、新经济、创新增长、包容性支持、城镇化为五大支柱，进一步巩固全球经济引擎地位。三是勾画亚太地区互联互通新蓝图。批准了《亚太经合组织互联互通蓝图（2015—2025）》这一里程碑式文件，将大大促进各方在基础设施建设、融资渠道、区域财政金融等方面开展深层次合作，并通过实施全球价值链和供应链领域合作，使各成员国特别是发展中成员能更好地融入区域经济一体化进程。

从整体看，亚太自贸区的加速推进将有效连接我国和亚太地区其他的增长极，实现内外呼应、联动发展，共同推动亚太地区经济向更高水平发展。

二、亚太自贸区对我国工业发展影响深远

（一）持续促进我国工业创新发展，加速转型升级

长期以来，我国工业创新能力始终不强，不少关键核心技术和关键零部件都需要进口，对外技术依存度保持在高位。亚太自贸区的建设和运行将有力推动我国工业加速创新发展。

一是亚太自贸区基础设施建设促进技术升级。2014 年亚太经合组织领导人非正式会议批准的《亚太经合组织互联互通蓝图》重点聚焦基础设施建设，以期构建复合型亚太互联互通网络。纵观英、美、德等国家的工业革命历程，都无一例外地表明，大规模基础设施投资不仅能拉动经济持续增长，而且还能带来一系列前沿技术的开发、应用和产业化。

二是亚太自贸区企业投资合作加速技术转让。在亚太自贸区内，各种要素流动将更加自由，技术领先国家的知识密集型产业将与我国工业的优势领域开展合作，境内外工业企业将更加便利地“引进来”或“走出去”，企业之间通过多种方式开展协同创新。境内企业将更多地以并购、参股等形式开展技术合作，设立海外研发中心、合资企业，提高工业附加值。

（二）有效化解我国工业过剩产能，推动结构调整

近几年，由于国际市场低迷和国内需求趋缓，我国部分工业品产能过剩问题比较突出。自 2011 年以来，我国工业产能利用率持续下降；2012 年，粗钢、水泥、平板玻璃产能利用率分别为 72%、73% 和 68%，与国际公认的 80% 的合理水平尚有一定差距。亚太自贸区 21 个成员国将逐步消减关税以及其他贸易和投资障碍，为我国化解过剩产能、加快结构调整提供机遇。

一是工业产品贸易壁垒减少，促进出口。2013 年我国进出口总额为 41600 亿美元，占世界货物贸易的 12%；出口方面，工业制成品占比超过了 95%。与

此同时，国际贸易保护主义有所抬头，我国对外贸易形势更加严峻。亚太自贸区将逐渐降低成员国的贸易关税和非关税贸易壁垒，可使我国工业产品的流动效率更高、成本更低，减少贸易争端，促进过剩产品出口。

二是境外基础设施建设增多，拉动需求。世界经济论坛《2013—2014 年全球竞争力报告》的相关数据显示，亚太经合组织 21 个成员基础设施发展水平差异较大，亚洲国家基础水平普遍较低。（见图 1）考虑到互联互通将带来亚洲发展中国家和地区更大的基础设施需求，而我国在相关领域具有丰富经验和扎实基础，参与亚太自贸区建设有利于带动钢铁、水泥等过剩行业产品出口。

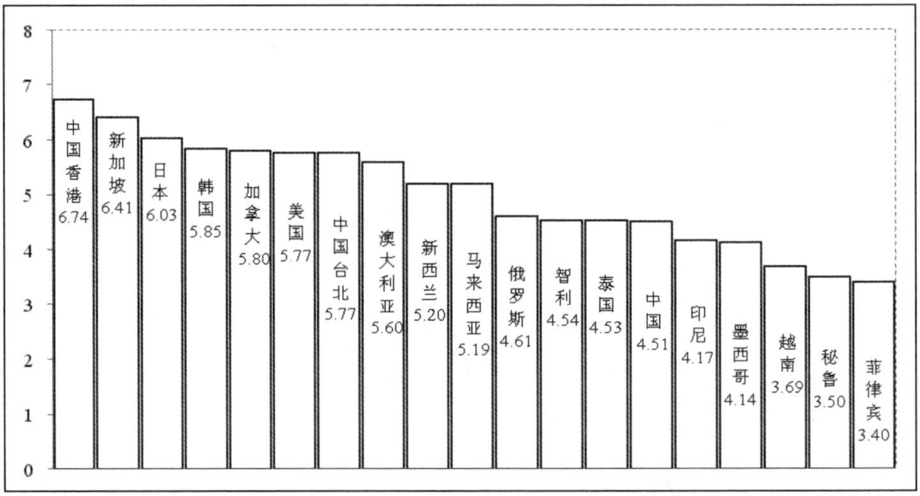

图 1　亚太自贸区成员基础设施情况

资料来源：Wind 数据库、世界 . 经济论坛《2013—2014 年全球竞争力报告》（文莱、巴布亚新几内亚除外），赛迪智库工业经济研究所整理

（三）推进我国工业参与国际分工，助力企业做强

近几年，我国不断加大“走出去”力度，参与国际分工活跃度不断提升，亚太自贸区将加速推动我国工业企业更好地融入到全球供应链和区域生产网络中。

一是区域内成员垂直分工，有助于我国企业发挥传统优势。亚太自贸区各成员国之间发展水平相差较大，但各国之间具有良好的经济互补关系，比如，澳大利亚有着丰富的自然资源，日本有先进的技术和投资优势，东南亚国家具有潜在的“人口红利”，我国则拥有完整的制造业生产体系。亚太自贸区将理顺不同主体的责任、互补的功能和禀赋，使我国在工业领域尤其是制造业领域的传统优势得以发挥。

二是依托区域内生产和供应网络，加速我国企业做强。亚太自贸区内的区域经济一体化和基础设施互联互通，加速企业在世界重要“通道”节点和沿线布局，推进我国工业企业与境外企业的合作进程，工业投资领域将进一步扩大，工业“走出去”逐步获取海外的资金、技术和市场，加速海外扩张。

亚太自贸区在为我国工业发展带来机遇的同时，也极有可能带来区域产业发展不平衡等问题。由于贸易壁垒的下降和要素流动的加快，境内工业企业尤其是高新技术企业，将面临更加激烈的直接竞争，如果部分核心技术和关键零部件发展持续滞缓，那么，我国将极有可能被长期锁定在全球产业价值链的中低端环节。同时，发达国家通过其技术优势以及再工业化、高端制造等战略，将巩固其全球价值链高端环节的地位。亚太自贸区给我国工业发展带来的严峻挑战具有不可回避性，我们必须将其作为加速创新和转型的倒逼机制，理性看待、沉着应对。

三、对策建议

（一）抓好基础设施建设，形成互联互通新格局

一是加快建设亚太示范电子口岸网络和亚太经合组织绿色供应链网络。通过建立统一的亚太电子口岸管理系统，为亚太经合组织各经济体之间实现基础设施互联互通创造条件。通过建立亚太经合组织绿色供应链网络，实现产品在全生命周期中对环境影响最小、资源利用效率最高的目的，提高我国工业产品的国际竞争力。二是提高钢铁、建材、工程机械、高端装备、通信设备等行业企业与公路、铁路、航路、港口和信息网络等企业合作建设的能力，形成互联互通格局，为区域经济一体化提供保障。三是鼓励相关工业企业提高在国际投资、贸易方面的项目开发建设能力，推动我国工业快速发展。

（二）发展高附加值产业，打造国际竞争新优势

伴随亚太自贸区建设的不断推进，国际经济体系将重新分工，形成新的贸易方式。我国作为世界第二大经济体和最大的发展中国家，应抓住发展机遇，调整自身的产业结构，把加工制造等附加值相对较低的产业环节转移到周边发展中国家和地区，我国部分地区特别是沿海发达地区应重点开发高科技含量、高附加值产品，大力发展生物技术、新能源、新材料、高端装备等技术密集型产业，逐步占领产业链的高端环节，增强产业竞争力，从规模速度的粗放型增长方式转向

质量效益的集约型增长方式，打造参与国际竞争的新优势。

（三）预防规避潜在风险，谋划企业发展新途径

一是完善对外贸易相关配套政策，构建企业“走出去”的服务保障和风险防御控制体系，保障企业对外投资的主体地位。二是通过政策综合培训，让企业了解重点投资国别和行业，掌握东道国（地区）的最新政策和投资环境，培育工业企业的风险承受能力，把“走出去”风险减小到最低程度，保障工业企业在境外的合法权益。三是工业企业自身要提升在资金、技术、管理，以及商业信誉等方面的能力，增强企业守法意识和严格履约意识，提升自身的对外贸易能力和跨国经营能力，真正融入到经济全球化的浪潮中。

（四）完善对外贸易体制，构建贸易发展新机制

随着亚太自由贸区的建设，市场准入、投资、服务、海关程序等将发生一定的变化，相关部门应完善进出口贸易体制，推动多边贸易体制发展，大力加强同亚太经合组织其他成员国的合作关系。在关税减让、服务业开放等方面，做好有利于贸易便利化的修订工作，改善和营造公平、稳定的市场环境和贸易环境，促进我国工业产品、投资资本等自由便捷地流动，减少因贸易流动障碍而造成的损失。

本文作者：赛迪智库工业经济研究所　韩建飞　张亚丽　徐光瑞

TPP协议达成对我国产业影响几何

2015年10月5日，跨太平洋伙伴关系协定（TPP）12个谈判方在美国亚特兰大举行的部长级会议上达成基本协议，标志着一个基于全新贸易规则、规模占全球四成的巨大经济圈即将形成。此后，美国贸易代表办公室公布了TPP协议文本概要，就相关议题进行了概括性总结。那么，TPP协议的主要特点是什么？将对我国产业产生怎样的不利影响？我国应如何应对？深入研究这些问题，对我国产业发展及相关政策制定具有重要意义。

一、TPP协议涵盖范围广，自由化水平高

（一）货物贸易自由化水平非常高

一是农产品和工业品大部分产品实现零关税。大部分工业产品和农产品的关税将在协议生效后立即降税为零，部分产品关税消除可有较长的过渡期，同时不允许采取与WTO规则相违背的进出口措施。

二是纺织服装原产地规则约束性较高。TPP将制定统一的棉纱和织物原产地规则，以确保区域内成员享受零关税待遇。同时会通过加强海关合作、打击税收侵蚀、走私和诈骗，包括特定纺织品的保障措施。

（二）服务贸易和投资开放度较大

一是跨境服务和金融服务贸易高度开放。不允许参加方实施任何服务限制，或采取特殊法律准入或必须在当地设立合资企业等要求。服务开放采用负面清单形式。在金融服务方面，允许各方跨境提供金融服务，允许开展保险、债券业务、电子支付卡服务和电子数据信息交易。

二是电信服务开放度较高。允许其他方电信服务提供商在本国领土内提供互联网接入、线路租用、主机代管（co-location）、电塔电杆和其他设施的使用等服务。如果需要牌照管理，应确保管理程序的透明性和非歧视性。对于稀缺电信资源的分配和使用，应承诺客观、及时、透明和非歧视。如果一方就国际移动漫

游批发服务实行价格管制，应允许其他参加方运营商享受低价优势。

三是投资采用负面清单模式，自由化水平高。TPP 参加方同意在投资领域采用非歧视性和最惠国待遇原则，禁止采用当地成分、技术当地化等绩效要求。投资开放采用负面清单模式，除例外领域，各方将充分对外商开放。

（三）新议题框架逐步清晰，规则标准较高

除自由化水平较高之外，TPP 协议最大的亮点在于初步构建了“21 世纪新议题”的框架，包括国有企业、环境、劳动等。

一是电子商务和数据流动更为自由。一方在另一方经营时无需建立数据中心，无需提供软件源代码，禁止对电子交易征税。

二是对国有企业严格监管。确保其国有企业从事商业买卖，国有企业或指定的垄断集团不应对其他方企业形成歧视。各方对国有企业提供非商业援助时，不应对其他方产生负面影响。各方同意共享国有企业名单，对其政府所有权和政府提供的非商业性援助提供相关信息。

三是环境承诺标准较高。各方同意不以鼓励贸易或投资为由削弱环保法律的力度，承诺采取措施打击并联手遏制野生动植物非法贸易，保护濒危野生动植物，同意实施可持续的渔业管理，打击非法捕捞，禁止危害的渔业补贴，保护臭氧层等。

四是劳工标准较为严格。各方同意在其法律中采用和维持基本的劳工权利，如组织和参与工会的自由和集体议价权利、消灭强迫劳动、消灭童工现象、消除雇佣歧视。限制进口强制劳工或童工生产的产品或中间品。此外，还就最低工资、工作时间、职业安全和健康问题上制定了相关法律。

二、TPP 协议的达成将给我国产业带来一定影响

（一）部分产品出口将受到冲击

在 TPP12 个成员国中，仅有美国、日本、加拿大和墨西哥四国未与我国达成自贸协议。由于这四个国家纺织服装等产品关税较高，TPP 协议达成生效后，我国向北美、日本出口的纺织服装、电子产品等低端制造品面临越南、马来西亚、墨西哥的竞争。同时，我国的半导体、计算机、机械设备、移动电话等中高端机械电子产品将面临日本、美国等国的竞争。同时，也应看到，TPP 严格的环境和劳工标准规定，也将影响我国劳动密集型成本的出口。我国国有企业产品向 TPP

国家出口将受到更为严格的监管。在我国制造业整体经济不景气的情况下，我国工业产品的出口将雪上加霜。

（二）部分敏感产业开放压力加大，亟待加快转型升级

TPP 协议货物贸易自由化水平非常高，工业品原则上全部开放。在我国已有的自贸协定中，工业品均未能实现全面对外开放，其中化工制品、汽车、机床、部分电子和机械等敏感产品的关税水平基本保持不变。在我国加快推进自贸区战略过程中，这些产业的关税减让问题进一步凸显。尤其是面对美欧日等发达国家和地区，这些产业是否应取消关税，以及关税减让后产业如何设计未来的发展路径，是我国关税减让谈判中一直纠结的难题。在我国“逐步打造覆盖全球的高水平自贸区”的过程中，必须进一步加快这些产业的转型升级步伐。

（三）我国对外投资战略及全球价值链布局将受到深远影响

2014 年我国对外直接投资 1231.2 亿美元，成为世界第一大资本输出国，其中东南亚国家是我国劳动密集型产业转移的主要地区。TPP 协议对我国影响最为深远的，是其高水平的投资开放带来的投资转移效应，将直接影响我国企业对外投资战略和全球价值链的布局，进而影响各国进出口流向。目前，美国、日本等企业正加速其在东南亚的产业布局，TPP 协议无疑为其产业转移和全球价值链布局提供了更为有利的投资环境，东盟国家也急于借助 TPP 获得美日等国的投资、先进技术和产品，以促进自身的发展，这将使我国企业在亚洲地区的投资受到长期而深远的影响。此外，TPP 协议服务、电子商务和数字贸易等领域开放性较高，为美日等国家工业与服务、信息化的融合创造了更为有利的条件，也对我国相关产业及信息安全等提出了更为严峻的挑战。因此，投资及相关服务的开放给我国产业带来的影响将比货物贸易转移更为深远。

（四）将给我国现有自贸区战略带来一定不利影响

TPP 协议自启动以来，我国就开始制定应对策略，如启动中日韩自贸区谈判、参与区域全面经济伙伴关系（RCEP）谈判、启动中国—东盟自贸区“升级版”谈判、提倡建立亚太自贸区等。但目前来看，我国自贸区整体市场准入门槛较高，在国有企业、劳工等新议题领域停滞不前，与 TPP 协议存在较大差距，这将直接制约我国参与制定国际贸易新规则的能力，也将导致我国现有的自贸区战略难以抗衡 TPP 协议新议题带来的负面影响。

总体看，TPP 协议的达成对我国产业产生的短期和直接影响有限：一方面，目前我国已与或正在与大部分 TPP 参加方达成自贸区协定，关税削减产生的影响有所稀释；另一方面，我国产业正在转型升级，产业将从单一要素成本优势转向综合比较优势，在短期内，我国完善的基础设施和巨大的市场仍具有显著优势。但 TPP 投资开放和新议题领域的标准值得关注，因为这将给我国产业和自贸区战略带来长久而深远的影响。

三、应对建议

（一）落实已有的自贸区协议，稳步推进自贸区战略

TPP 本身是自贸谈判，是产业利益驱动的结果。我国自贸区建设不应受到其干扰，而应结合产业特点，稳步推进我国特色的自贸战略。一是加快推进现有自贸区谈判。大力推进 RCEP、中日韩自贸区、中国—东盟自贸区“升级版”等谈判，降低 TPP 对我国产业的影响。二是加快研究下一代贸易投资、环境、劳动等领域议题。积极参与规则制定，强化谈判能力建设，以便更好地应对高水平自贸区带来的挑战。三是充分落实已有的自贸协定。在推进我国自贸区战略的同时，注重跟踪评估已有的自贸区效果，总结我国自贸区建设经验，使企业真正从自贸区建设中获益。

（二）加快产业转型升级步伐，积极应对 TPP 带来的挑战

国际贸易格局的演变，归根到底是由国际产业结构的调整和各国产品的国际竞争力决定的。加快产业转型升级、培育我国新的竞争优势，是我国应对一切挑战的根本。一是夯实国内产业基础，加快促进制造业转型升级。集中资源、完善政策，加快战略性新兴产业发展；探索资金利用方式，稳步发展优势产业。加快国际产能合作，有序转移我国过剩产能，在全球范围内合理布局我国优势产能。二是甄别不同产业特点，有选择、有策略性地开放。深入研究工业、技术、服务等领域的市场开放承压能力。对于个别弱势产业，强化扶持政策，通过设置门槛逐次开放，给予其成长的空间。积极探索化工、电子、高端机械、汽车等敏感产品未来发展路径，以更高的水平应对开放。

（三）加快探索对外投资开放模式，为企业“走出去”创造有利的国际环境

如果说 WTO 主导的是边境贸易开放，关税减让是核心，那么 TPP 主导的

将是全球价值链的开放，投资开放是其核心。今后，我国应高度重视投资战略。一是探索投资“负面清单”模式。对内，在上海自贸区等基础上，评估负面清单模式效果，探索进一步开放的范围和内容。对外，借助中美、中欧投资协定谈判，探索国内产业承受能力，为我国企业“走出去”创造有利的国际环境。二是积极布局海外投资。通过产业投资基金形式，协助企业开拓国际市场，重点加强适用性先进技术的引进、消化和吸收，加快培育新的比较优势。同时，借助“一带一路”及亚投行建设契机，推动区域内贸易机制建设，消除TPP对我国的不利影响。

（四）探索部分领域改革，为构建高水平的自贸区奠定基础

TPP协议旨在制定国际贸易新规则，而目前的进展离新规则的确立仍有较大差距，但国有企业、环境、劳工等议题已有雏形，我国开展的自贸区谈判也迟早将涉及这些议题。因此，我们必须加紧准备：一是认真研究发达国家自贸协定中这些新议题的规则，对比我国存在的差距及困难，探索可否将这些议题纳入我国自贸协定框架中。二是探索国有企业、环境和劳工等领域的国内改革，逐步缩小与发达国家的差距，为构建高水平的自贸区奠定基础。

本文作者：赛迪智库工业经济研究所　关　兵

国际半导体业并购潮对我国投资的影响与启示

2015年上半年，国际半导体行业并购案频发。据IC Insights统计，千万美元以上的并购多达14起，涉及金额700多亿美元，远远超过2014年169亿美元的并购额。目前看，由于市场行情变化太快，有意出售的企业不希望其经营业绩持续恶化，投资企业希望其筹措的资金能够尽快发挥作用，减少资金风险。因此，多数半导体并购案从接触到达成协议历时很短，即便是恩智浦118亿美元收购飞思卡尔、安华高370亿美元收购博通这样的大型交易，也都在一个月左右就达成一致。“短平快”的交易特点，使并购事件显得更加频繁且势头迅猛。那么，并购浪潮对半导体行业将产生哪些影响？这一问题值得高度关注和认真研究。

一、半导体行业并购频发的原因

（一）企业利润下降催生出售意愿

2009年以后，全球半导体行业增速放缓，增长率逐渐下降到5%以下。尤其是近几年，随着移动通信设备芯片市场走向成熟，市场竞争更加激烈，芯片设计企业营收增速放缓，不少企业出现利润下滑甚至亏损，从而促使股东产生了出售企业或拆分相关业务部门的意愿。

（二）市场需求集中化促使企业整合

一方面，苹果、三星等大型整机厂商的崛起使得芯片需求市场集中度进一步提高。整机厂商为了提升利润空间而希望扩大订单规模、减少产品供应来源，芯片厂商为了争夺订单而不得不扩大规模。另一方面，市场需求的集中化主要体现在对集成更多功能芯片的旺盛需求上。芯片企业不断推出新产品，其生产和设计成本相应增加，而通过兼并重组获得技术是降低成本的一条捷径，它同时还可扩充产品功能，提升服务质量，满足市场需求。

（三）保障竞争优势需积极扩充产品线

从全球发展情况看，半导体行业已相当成熟，市场竞争格局基本成型，企业内生式增长开始遭遇瓶颈。半导体产品有着典型的规模经济特点，企业要想不被市场淘汰，就必须抢占尽可能多的市场份额来保障自身的竞争优势。通过并购迅速扩充产品线，不仅能使半导体企业为客户提供尽可能完整的解决方案，而且在客观上也增强了企业的规模效应，可迅速加大企业的竞争优势。比如，恩智浦正是通过并购飞思卡尔，打通了汽车芯片从界面到引擎控制的全产业链。

（四）寻找新增长点，争相拓展物联网应用市场

随着传统应用市场的成熟，半导体公司亟需寻找新的利润增长点，广阔的物联网市场便成为此轮投资的重点。为减少对成熟 PC 市场的依赖，英特尔积极开拓新市场，最后因看中 FPGA 在智慧城市、工业物联网以及通信基站中的应用，收购了阿尔特拉。恩智浦获得飞思卡尔嵌入式系统、MCU 等领域的技术后，有望在车联网、可穿戴设备等领域取得进一步突破。安华高也是因为瞄准了物联网市场，才准备依靠收购博通形成完整的联网技术，打造云端存储的物联网解决方案。

二、并购潮给我国半导体投资带来的影响

（一）全球市场竞争格局发生变革，我国面临投资新机遇

企业并购尤其是大型并购，必然会对相应领域的产业格局产生较大影响。阿尔特拉作为全球第二大 FPGA 厂商，在全球市场所占比重超过 30%，被英特尔收购后，FPGA 市场的竞争态势也必然发生改变。同时，英特尔的竞争对手 IBM 和 ARM 作为阿尔特拉的客户，也将不得不改变经营策略，寻求其他 FPGA 供应商。这表明，并购在给其他厂商带来竞争压力的同时，也会放开一定的市场机会。再如，恩智浦通过收购飞思卡尔，将赶超瑞萨、英飞凌等企业，直接跃升为车用半导体市场的龙头老大。与此同时，为避免形成垄断，它也将自身的 RF 部门出售给我国建广资产，使我国成功打入高端射频功率器件领域。可见，国际上的并购整合有可能给我国半导体行业投资带来新机遇，但投资后要面对的市场竞争压力也不容忽视。

（二）市场预期波动风险加大，投资选择难度提高

并购潮影响着企业对未来市场的预期判断，从而加大了企业选择投资方向的难度。一方面，并购企业越来越庞大，整合难度不断提升，企业花费在调整磨

合方面的时间与精力日益增多，尤其是管理层与业务部门大幅变动带来的不稳定性造成的负面影响，无疑会加大市场对整合失败的担忧。另一方面，大型企业合并扩充产品线，虽然对提升市场竞争力有明显带动作用，但技术的融合与进步并非短期内能够完成的事。长期而言，市场对企业并购后技术能否有实质进步，看法并不一致。当某一领域主要企业的发展前景预期产生波动时，势必会影响到后续我国对该领域企业投资的判断。

（三）收购主体实力不够强大，投资规模受到制约

从国外的并购案例可以发现，收购一方通常为具备相当实力的企业，相比之下我国半导体企业的竞争力亟待提高。自国家集成电路产业基金成立以来，国内对外投资并购的热情持续走高，出现了并购星科金朋、豪威科技这样的成功案例。不过，这些都只是中小型并购交易。我国未能参与大型并购交易的原因之一，就在于缺乏经济技术实力强大的收购主体。一方面，大型并购所需资金量巨大，过多的现金交易可能影响公司流动资金并影响经营，因此国际大型并购多以换股为主，而我国迄今还没有市值如此巨大的半导体企业。另一方面，对外并购后存在企业整合问题。我国企业缺乏此类经验，贸然投入大型并购交易所要承担的风险过高。因此，短期内我国参与的投资并购规模会受到限制，一时还不适合参与大型并购交易。

（四）国外企业并购意愿增强，对外投资竞争风险提升

国外企业大多早前就有私募基金投资背景，有着丰富的投资经验。我国企业虽然有国家基金杠杆作后盾，已经具备了一定的投资基础，但比之于国外企业进行的半导体投资，实力仍显单薄。在当前半导体行业并购意愿强烈的情况下，我国企业如果在收购中遇到国外企业的投资竞争，很可能陷入竞价漩涡，导致资金风险加大。例如，2015 年 3 月 12 日武岳峰资本领衔 eTown Memtek、清芯华创、华清基业等宣布，计划以 6.4 亿美元并购美国上市半导体公司 ISSI，遇到了美国赛普拉斯（Cypress）的竞争。双方你来我往，竞相提高报价，已持续几个月之久。尽管双方都有足够的资本进行竞购：武岳峰有多家基金的配合与支持，赛普拉斯也可通过出售部分股权以及长期债务融资的方式筹措大量资金。但如果一直拉锯下去，难免会使我国几家基金公司陷入更大的资金风险之中。最终，武岳峰资本以 7.64 亿美元达成了收购协议，比最初报价溢价 19.5%。

三、思考与建议

（一）紧抓变革机遇，收拢高端人才与技术

国际市场并购频发，其实也是我国网罗高级人才、获取技术的良好时机。从国外知名半导体企业高管的履历看，其丰富的任职经历有助于他们更好地把握市场形势与机遇。此前的几桩大型收购能在外界尚未获知信息的情况下就迅速完成交易，与几家受邀企业高管与被购企业管理层有一定的任职交集不无关系，而我国企业参与国际市场竞争就明显缺乏这类经历丰富的人才。国际企业变革带来的管理层及业务部门人员变动，将为我国引进具有敏锐市场嗅觉及全球经营视野的管理人才、精通资本市场的人才，以及极具创新精神的技术领军人才和团队提供机会。为此，我国应强化高端人才引进政策，比如提供税务、保险、福利等优厚待遇吸引优秀人才，并落实保障其配偶及子女与当地居民享受同等福利待遇等。

（二）依托需求市场，判断投资方向

就市场波动预期而言，并购频发导致的不稳定性确实增加了对投资方向选择的风险，但我国有着多数国家无法比拟的应用需求市场优势，完全可以从国产化和先进性两方面考虑投资领域，进而利用市场的波动预期。就国产化技术而言，因市场预期变坏可能导致一些处于竞争劣势的企业不被国外投资者看好，而它们手中恰好握有国外较为成熟的技术，对我国而言，这可能正是实现技术国产化的大好机会。例如，当车用芯片市场将被恩智浦占据，其竞争对手瑞萨、英飞凌、TI 的市场预期并不乐观时，就有可能成为我国企业实施收购的机会。就先进性而言，某些先进技术可能因为短期内市场应用不广而在并购中被剥离，对于这类确实先进且我国也有希望消化吸收的技术，建议可以率先购买布局，后期再从我国应用市场培养用户。

（三）先期整合形成合力，提升对外竞争力

增强自身企业竞争力是我国参与国际资本市场竞争的关键。一是凭借广阔的消费市场吸引国外企业进行合作，获取部分关键技术后，以点带面逐渐提升企业整体水平。当两家企业的技术紧密结合后，进行完全收购也会更加方便。二是可以先在国内并购整合形成合力，再对外进行收购。值得注意的是，国内企业的先期并购不仅可以缓解“小散弱”的弊病，还可发挥各企业优势，有利于对外收购后拆分吸收对应的技术及部门。从投资的角度看，先期整合形成合力后，企业

整体实力增强，在对外谈判磋商中更有底气，也才能获得更加有利的局面。

（四）积极打造对外合作联盟，减小投资风险

对资金风险过大的投资而言，组建对外合作联盟完成收购，不失为一条化解风险、互利互惠的有效途径。一方面，合作收购的投资风险要小许多，风险共担可有效缓解双方的资金压力，还可利用双方的经验更好地整合及运营被收购企业，达到更好的收购效果。另一方面，合作联盟还可互利互惠。外国企业拥有较先进的技术，我国企业拥有广阔的市场和渠道，双方合作完成收购，则均可获利：我国企业可获得先进的技术产品，并在关键技术上得到一定的帮助；外国企业能获得更好的市场保障。

本文作者：赛迪智库电子信息产业研究所　史　强

转型升级篇

“一带一路”给我国制造业带来新机遇

“一带一路”建设已成为我国的国家战略。随着中巴经济走廊等重大工程逐步落实，“一带一路”已由战略构想进入全面实施阶段，目前我国已与哈萨克斯坦、塔吉克斯坦、卡塔尔等部分沿线国家签署了合作备忘录。那么，“一带一路”建设将为我国制造业带来哪些新机遇？有哪些政策可以促进制造业在“一带一路”中发挥更大的作用？值得深入研究。

一、“一带一路”的内涵及实现路径

（一）“一带一路”的内涵

我国建设“新丝绸之路经济带”和“21 世纪海上丝绸之路”的战略构想，旨在借用古代“丝绸之路”历史符号，主动发展与沿线国家的经济合作伙伴关系，共同打造政治互信、经济融合、文化包容的利益共同体、命运共同体和责任共同体。目前，“一带一路”已成为我国广泛开展对外经贸往来，推进国际合作，形成全方位开放新格局的国家战略。

（二）“一带一路”的实现路径

一是成立推进机构，明确建设思路。中央已多次召开推进“一带一路”建设工作会议，并成立建设工作领导小组，明确了推进“一带一路”的重点方向，“陆上依托国际大通道，以重点经贸产业园区为合作平台，共同打造若干国际经济合作走廊；海上依托重点港口城市，共同打造通畅安全高效的运输大通道”。

二是通过国家外交，达成战略共识。我国国家领导人已先后出访了哈萨克斯坦、印度尼西亚、巴基斯坦等 20 多个国家，出席加强互联互通伙伴关系对话会、中阿合作论坛第六届部长级会议，就双边关系和地区发展问题，多次与有关国家元首和政府首脑进行会晤，深入阐释“一带一路”的深刻内涵和积极意义，达成了广泛共识。目前我国已与哈萨克斯坦、塔吉克斯坦、卡塔尔签署了共建“一带一路”合作备忘录，与科威特签署了共同推进“丝绸之路经济带”与“丝绸城”

有关合作的备忘录，与俄罗斯签署了地区合作和边境合作的备忘录，并提出了中（国）哈（萨克斯坦）、中（国）吉（尔吉斯斯坦）毗邻地区合作规划纲要。

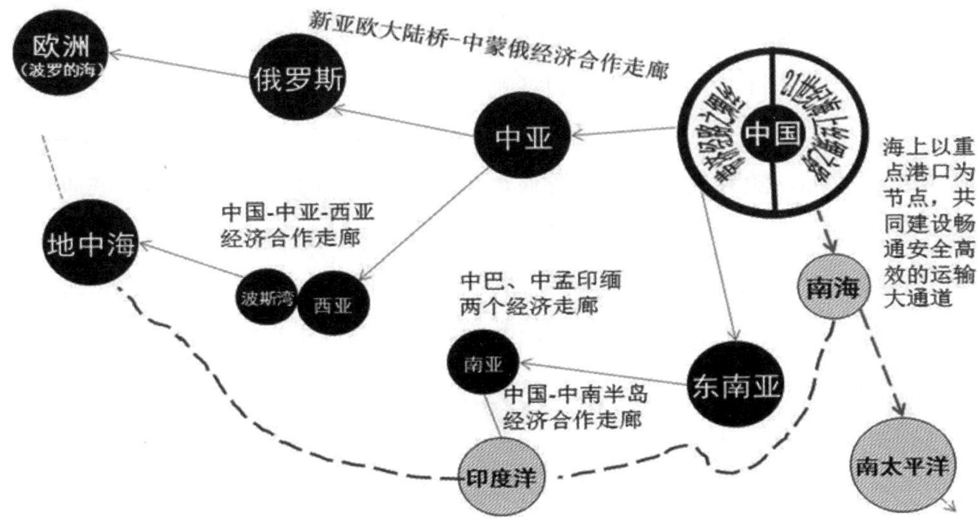

图1 “一带一路”合作方向示意图

三是构建支撑体系，开发重点项目。政府统筹各种资源，强化对“一带一路”建设的政策支持，如推动亚洲基础设施投资银行的筹建工作，发起和设立了400亿美元规模的丝路基金，强化中国—欧亚经济合作基金投资功能，推动银行卡清算机构开展跨境清算业务，以及支付机构开展跨境支付业务等。在基础设施互联互通、投资贸易合作、金融、人文、生态环境保护等领域，我国正在加快与“一带一路”沿线国家的交流与磋商，推进了一批条件成熟的重点合作项目建设，2015年中塔公路二期、喀喇昆仑公路、瓜达尔港项目等一批重点项目将集中开工。2015年一季度，我国企业承接“一带一路”沿线国家服务外包合同金额和执行金额分别为33.3亿美元和20.1亿美元，同比增长分别为30%和8.1%。

二、“一带一路”战略有助于重构我国制造业发展新格局

（一）扩大我国优势制造业，提供多重市场机遇

目前，“一带一路”沿线国家以发展中国家为主，总人口达44亿，占全球的63%，而经济总量仅占全球的29%，普遍面临发展工业经济和建设基础设施

的任务,“一带一路”将给我国带来多重市场机遇。第一,交通运输是“一带一路”建设中的优先发展领域，我国交通基础设施建设和运营“走出去”，将带动铁路建设与相关设备，航空服务、设备及整机生产等产业增长。第二，基础设施建设是“一带一路”战略的基础，我国建筑业（建筑及基础设施工程）、装备制造业（设备及配套类装备制造）、基建材料（钢铁、建材、有色等产能过剩行业）将迎来更为广阔的市场空间。第三,拓展稳定的油气资源进口途径是我国“一带一路”的重要战略目标，随着我国海陆能源通道的建设，能源管道建设的相关产业，比如，电站建设、电力设备等都迎来重大的市场机遇。第四，“互联互通”是加强全方位基础设施建设的关键，“一带一路”国家之间的深度互通，将为我国通信行业特别是像华为、中兴和信威等通信基础设施提供商带来重大利好。

（二）促进我国产业转型升级，抢占全球制造制高点

当前，在新一轮工业革命的推动下，美国加速“再工业化”、和“制造业回流”，德国推出“工业 4.0”，我国提出“制造强国”战略，人工智能、数字技术、“互联网 +”等新兴技术和智能制造成为各国争夺的制高点。“一带一路”战略与我国制造强国战略相得益彰。从区域上看,“一带一路”战略向东连接日本和韩国，向西通过俄罗斯延伸到欧洲地区。其中，日本和德国正是新一轮技术革新的关键国家。日本的优势在于掌握电子信息、汽车、智能机器人等产业高端技术，而且在核心技术及零配件、原材料方面占有绝对优势；德国计划利用物联信息系统等方式提高制造业智能化水平。在“一带一路”战略指引下，我国高端制造业将积极参与国际合作，利用海上丝绸之路的优势加大出口，通过上海、福建和广州等重要自贸区走出国门，与日本、德国企业同台竞技。“一带一路”在迫使国内生产企业深化创新、促进产业结构转型升级的同时，也有利于我国企业吸收周边国家的新兴技术，为产业转型升级和新的优势产业提供技术支撑。

（三）扩大制造业参与国际投资和金融合作的空间

“一带一路”战略的提出，进一步打开了我国制造业参与国际投资的空间，在资金、技术以及人才等领域，为相关企业与周边国家展开深度合作创造了契机。此外，人民币国际化进程加快，也将为我国企业海外投资、并购带来更多的融资途径。从资本市场看，有投资者和私募基金参与的海外并购交易活动规模不断扩大，以产业投资基金等形式聚合了大量的政策性资金和民间资本，支持企业跨国投资，有利于实现国家海外投资战略。未来，我国企业将充分利用陆上、海上丝绸之路的优势，通过合作投资沿线国家基础设施建设，鼓励企业进行海外兼并重组，特别是具有自主知识产权的轨道交通、核电等行业的跨国投资。同时，还要采取市场化方式，拓宽外汇储备使用渠道，推进闲置资本流向资源富集区域，从而形成由中国—沿线发展中国家—发达国家组成的制造、资源、科技、资金的新格局。

三、政策建议

（一）构建“一带一路”支撑平台

一是加快“一带一路”的合作机制平台建设。“一带一路”沿线国家与我国有着悠久的经贸文化交流历史，经济结构互补性高，在能源、资源、设备、技术等方面均有广阔的合作空间。“一带一路”也是我国开拓对外开放新模式、实现全方位开放新格局的战略要求，我国政府已建立了上海合作组织、中国与东盟“10+1”、亚太经合组织等合作平台，在此基础上，还应充分发挥已有的双边、区域、多边合作机制，共同谋划和推动“一带一路”建设。二是完善“一带一路”金融扶持平台。我国已成立“丝路基金”和亚投行等融资平台，目前还应强化项目开发和融资方案的研究工作，在试点工作中抓出样本，明确资金供需双方的责权利、项目运营人的权利和义务，从而提高资金的使用效率，尽快形成可推广的实施范例，以提高金融机构在基础设施建设、资源开发、产业合作等领域的运营效益。三是加快互联互通平台建设。积极推进亚欧大陆桥、新亚欧大陆桥、孟中印缅经济走廊、中巴经济走廊等骨干通道建设。具体地，要加快国际公路、铁路等交通设施建设，完善“一带一路”的交通路网；加快互联网、通信等领域建设，实现国际信息高速公路的畅通；加快跨国的输电、输油、输气等能源运输设施建设，贯通能源大通道。

（二）借力“一带一路”建设，加快培育我国制造业新优势

一是加快为我国制造业打造更加广阔的贸易空间。把握我国推进“一带一路”基础设施建设的难得机遇，加快推进我国与基础设施相关产品的出口；积极推进我国与东盟、印度、巴基斯坦、斯里兰卡、海合会、欧盟、欧亚经济联盟等沿线国家和地区的自贸区谈判与升级，尽早启动亚太自贸协定谈判，提高贸易、投资、人员往来的便利化水平，为优势产品提供更为广阔的出口空间；发挥我国在大型设备、工程建造等方面的技术优势，推动装备等资本密集型产品出口，培育新的

优势产业。二是借力“一带一路”战略，加快对外投资，合理构建我国产业链布局。应推进国际产能合作，将钢铁、水泥、平板玻璃等行业的富余产能转移与沿线国家的建设需求相结合，形成政府指导、企业主导的商业开发输出模式，将过剩产能输出到中亚、东南亚等地区。三是从“一带一路”区域角度出发，借助周边国家和地区资源、资本和地缘等优势，重构我国制造业布局，积极融入全球产业链，并向中高端环节延伸。

（三）建设境内外双边合作产业园区

通过建设境外经济合作园区和国内示范园区，构建跨国产业链，形成“一带一路”大区域合作的供应链、产业链和价值链。一是加快与周边国家自贸区建设合作，建立境外经济合作园区。参照我国与新加坡共建的苏州工业园区建设模式，创新对外投资和合作方式，鼓励我国产业园区“走出去”，依托“一带一路”沿线国家产业园区开展项目合作。在政策层面，加快与“一带一路”周边国家自贸区建设的合作，鼓励我国地方政府及产业园区与沿线国家建立对等产业园区试点，依托园区输出我国具有竞争力的产品和产业。二是根据对等原则，允许相关国家入园投资，在国家和省级的产业园区中进行试点，引导该国优势产业落户我国生产，形成产业示范区和特色产业园，打造我国与沿线国家的姊妹产业园发展模式，推动我国产业园区的转型升级。

本文作者：赛迪智库财经研究所　赫荣亮　马雪娇

借力"一带一路"推进绿色产能国际合作

"一带一路"战略，标志着我国的对外合作从引进发达国家技术与装备阶段，转向对外特别是向广大发展中国家输出生产要素和优质产能的阶段。该战略一经提出，就在国内外引起了强烈反响。2015 年 3 月底，商务部、国家发改委、外交部联合发布了《推动共建丝绸之路经济带和 21 世纪海上丝绸之路的远景与行动》，制定了"一带一路"战略实施的时间表与路线图。这是有关中国未来 30—40 年发展的大事。"一带一路"为我国要素输出提供了重大机遇，但要抓住这一机遇，需要具备绿色思维，对外输出的产能

需要具有"绿色"特征。

一、落实"一带一路"战略需具备绿色思维

(一)绿色思维顺应了国际绿色低碳发展潮流的需要

随着人们对经济发展和环境保护关系认识的日益深刻，追求绿色低碳发展已成为国际潮流。世界各国纷纷制定相关法律法规、发展规划来推动本国经济的绿色低碳发展。2015 年 5 月，《中国制造 2025》明确提出全面推行绿色制造，努力构建高效、清洁、低碳、循环的绿色制造体系。2015 年 9 月，我国又发布《生态文明体制改革总体方案》，为推动形成人与自然和谐发展的现代化建设新格局进一步指明了方向。

实际上，"一带一路"战略顺应了国际绿色低碳发展的大潮流，它倡导的"人与自然和谐发展"的生态文明理念，既有利于促进我国生态文明战略的落实，也符合沿线国家经济绿色转型的发展目标，让亚洲和非洲地区发展中国家搭上中国生态文明建设的便车，给他们提供更加清洁的技术，提供更好的绿色服务，加强国际绿色产能合作，跟其他发展中国家一起努力，使产业转移更加绿色环保。

(二)符合"一带一路"沿线国家可持续发展要求

整体上，"一带一路"沿线国家多属于发展水平落后、发展方式粗放、生态

环境脆弱的地区。“一带一路”沿线国家GDP总量约占世界的1/3，而人均GDP只有世界平均水平的1/2左右。单位GDP能耗、物质消费和二氧化碳排放都高出世界平均水平的一半以上，单位GDP钢材消耗、水耗、有色金属消耗、水泥消耗，都是世界平均水平的2倍或2倍以上。

中科院对“一带一路”沿线包括我国在内的38个主要国家的资源环境绩效进行了评估，结果显示，“一带一路”沿线国家总体上处于经济增长与资源消耗和污染物排放的挂钩阶段，资源消耗和污染物排放依旧保持快速增长势头，资源环境压力不断加大，可持续发展面临非常严峻的形势。这些地区在绿色产能合作方面，潜力巨大，空间广阔。

（三）设置绿色门槛是“一带一路”国际产能合作的必要前提

延续以前先污染后治理的老路是不可持续的。在过去30多年的改革开放实践中，我们对西方发达国家向我国转移污染产业多有愤慨，对国内东部地区向中西部转移落后产能的一些案例也有许多自我批评。“一带一路”战略的实施，必然会伴随产能大规模地“走出去”，如果仍然延续以前先污染后治理的老路，势必影响这一战略的实施效果和持续性。

倡导绿色化的“一带一路”，在产能国际合作上必须设置绿色门槛。实施“一带一路”战略，包括输出我国过剩产能的内容，但过剩产能不等于污染产能，即使是向中亚和非洲等发展中国家和地区输出相对低端的产能，也需要设置绿色门槛。例如，在基础设施建设中，要有节水、节地、节能、节材、环保的标准；在资金流通中，要有绿色金融概念；在政策沟通中，要强调资源环境问题上的价格政策。

二、我国具备参与绿色产能国际合作的产业基础和管理经验

（一）绿色制造水平较高

近年来，我国一直致力于全面推进绿色制造，加快传统制造业的转型升级，建立高效、清洁、低碳、循环的绿色制造体系，成效显著。虽然绿色制造平均水平与发达国家仍有差距，但在很多领域取得了极大进展与突破，已接近或达到世界先进水平。

我国在绿色设计、绿色工艺、绿色回收资源化、再制造等关键共性技术方面，取得了突破性进展。其中很多都是“一带一路”沿线国家推进绿色发展迫切需要

的技术与装备，例如，工程机械、机床、汽车、电子电器等典型工业产品的绿色创新与优化设计技术；铸造、锻造、压力成形、焊接、切削加工、表面处理等传统制造工艺绿色化转型新技术与装备；钢铁、建材、有色、石化等重化工业的绿色生产技术设备与工艺。

（二）节能环保产业已成为我国产能国际合作的重要领域

我国节能环保产业规模不断扩大，预计 2015 年我国该产业产值将达到 4.5 万亿元。技术装备迅速升级，节能环保产品种类日益丰富，节能环保服务水平显著提高，节能环保产业已成为我国产能输出的重要领域。

在节能领域，干法熄焦、高炉煤气发电、纯低温余热发电、等离子点火、变频调速等一批重大技术装备，已经实现国产化及推广普及，具备了成套装备出口能力。在高效照明产品、家用电器与办公设备、节能汽车、新型节能建材等高效节能产品推广方面，也取得了较大突破，并逐渐与国际接轨。在环保领域，我国已具备自行设计、建设大型城市污水处理厂、垃圾焚烧发电厂，以及大型火电厂烟气脱硫设施的能力，关键设备具有自主生产能力。此外，我国的环保服务市场化程度与水平不断提高。在资源综合利用领域，“三废”综合利用技术装备大多实现国产化，并得到推广应用，再制造表面工程技术装备达到国际先进水平。总体上，我国节能环保技术装备与服务已经具备了“走出去”的能力与水平。

（三）拥有丰富的绿色法律、法规及标准体系建设经验可资分享与借鉴

我国与环境保护、绿色发展有关的法律、法规，现已形成较完整的体系。建立了由《宪法》《刑法》《环境保护基本法》、环境保护单行法、环境保护行政法规、环境保护部门规章等组成的完整的法律法规体系。在制定和实施绿色法律法规过程中，积累了丰富的经验，可与“一带一路”沿线国家分享与交流。

我国环境标准经历了从无到有、从少到多、从单一标准到基本形成环境标准体系的过程。现已形成由国家标准、行业标准、地方标准三个层次构成，主要包括环境质量标准、污染物排放标准、基础标准和方法标准四大类别的环境标准体系。这些对沿线国家建立和完善环境管理制度具有很大的借鉴价值。

三、政策建议

（一）以区域环境合作机制为支撑，打造绿色产能合作平台与依托基地

一是以现有区域合作组织为平台，建议将东盟国家作为我国绿色产能“走

出去”的重要目标国。当前，我国与“一带一路”沿线国家之间，有多个稳定的环境保护区域合作机制，比如，上海合作组织、中国—东盟（10+1）、中日韩自贸区、大湄公河次区域等，都是区域环境合作的重点机制。建议抓住当前已经在进行的中国—东盟环保技术和产业合作交流示范基地试点机遇，促进绿色产能的国际合作。二是建议开展上海合作组织成员国绿色经济与环保产业现状调查研究，开展产业政策交流，做好顶层设计，成立上海合作组织绿色产业与节能环保技术合作示范基地。三是在中日韩环境部长会议机制下，广泛吸纳三国拥有优质绿色产能的企业参与其中，结合我国发展的实际需要，推动中日韩之间绿色产能合作与技术交流。

（二）充分发挥政府引导作用，为绿色产能“走出去”营造良好的支撑环境

一是完善绿色产业相关标准，并推动其国际化，为绿色产能“走出去”提供技术支撑。建议政府组织相关研究咨询机构，对“一带一路”沿线国家的环境保护法律法规、制度、标准等进行全面了解和研究，掌握沿线国家环保法规与制度标准的水平与完善程度，抢占进入其市场的先机。

二是建立国家环境保护对外援助计划，将环境保护和绿色发展作为重要支撑内容，推动绿色产能“走出去”。“一带一路”战略将涉及大量的投资，与沿线国家共同建设开发一批环境保护基础设施和示范项目，提升中国绿色产能技术和水平的知名度。

（三）完善市场机制，发挥企业主体作用

一是继续完善市场机制，为我国绿色产能“走出去”创造良好的市场环境。鼓励具有资本、技术优势的大企业集团依靠自身产能布局和海外投资经验率先“走出去”；通过提升产业链分工与合作，促进企业“抱团出海”，通过产业链将企业的优质资源整合在一起，发挥企业集体优势。二是结合“一带一路”沿线国家的实际需求，指导中小企业向精细化、特色化、专业化方向发展，提升“走出去”的能力与水平；鼓励规模化企业利用资源帮扶中小企业，实现以大带小、促进共赢。

（四）借助“一带一路”战略金融服务项目，拓宽绿色产能“走出去”的融资渠道

一是积极申请国家开发银行、丝路基金、亚洲基础设施投资银行等金融机构的支持，获取金融服务。二是抓住中资金融机构在海外布局网点的机遇，积极争取海外抵押贷款。三是大力发展国际债券市场，结合“一带一路”沿线国家的资源特征，运用创投基金、产业基金、保险资金等推动资产证券化，大力拓展直接融资渠道。四是不断探索新的融资模式，大力推动国际绿色产能合作的 PPP 融资模式。

本文作者：赛迪智库工业节能与环保研究所　李鹏梅

长江中游城市群如何打造制造业创新集群

2015年4月5日，《长江中游城市群发展规划》（国函〔2015〕62号）经国务院批复实施。这意味着长江中游城市群被正式定位为中国经济发展新增长极、中西部新型城镇化先行区。我国将加快实施新型城镇化、促进中部地区崛起、创新驱动发展的“三大发展战略”，着力推进城乡、产业、基础设施、生态文明、公共服务“五个协同发展”，积极探索科学发展、和谐发展、转型发展、合作发展新路径和新模式，努力将长江中游城市群建设成为长江经济带重要支撑、全国经济新增长极和具有一定国际影响的城市群。

一、长江中游城市群具备打造制造业创新集群的基础条件

（一）成为支撑未来中国经济发展的关键区域板块

长江中游城市群是以武汉城市圈、环长株潭城市群、环鄱阳湖城市群为主体

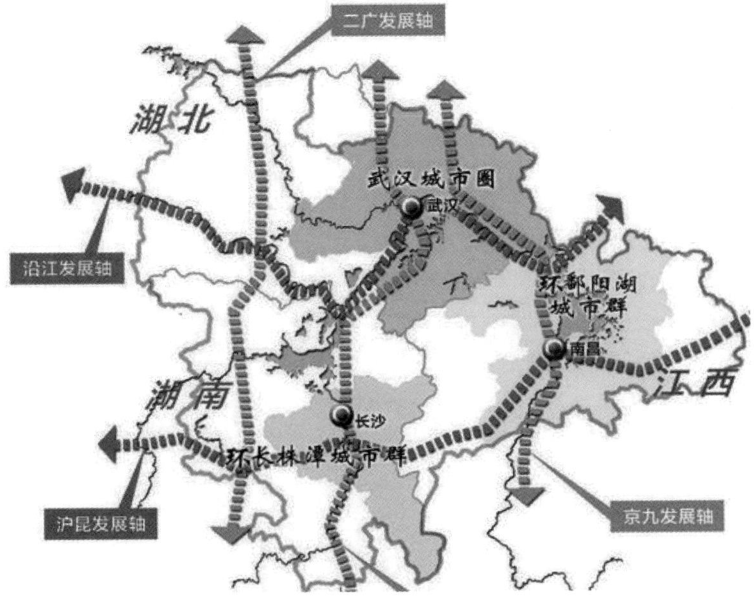

图1　长江中游城市群区位情况

形成的特大型城市群，国土面积约 31.7 万平方公里，总人口近 1.1 亿，承东启西、连南接北，是长江经济带三大跨区域城市群重点支撑点，也是实施促进中部地区崛起战略、全方位深化改革开放和推进新型城镇化的重点区域，在未来全方位开放格局和支撑中国经济发展方面十分关键。

2014 年，继长三角、京津冀、珠三角之后，长江中游城市群的经济总量超过 4.5 万亿元，进入了我国第四大城市群阵列。其中，武汉经济总量首次突破万亿大关，达 10069.48 亿元，名列全国第 8 位；长沙经济总量 7824.81 亿元，名列全国第 15 位；南昌经济总量 3667.96 亿元，名列全国第 44 位，增长势头明显。

表 1　2014 年我国长江中游城市群主要城市 GDP 排名情况

<table>
<tr><th colspan="2">主要城市</th><th>武汉</th><th>长沙</th><th>南昌</th></tr>
<tr><td colspan="2">人口（万人）</td><td>1033.80</td><td>731.15</td><td>524.02</td></tr>
<tr><td colspan="2">面积（平方公里）</td><td>8494</td><td>11819.5</td><td>7402.36</td></tr>
<tr><td rowspan="3">地区生产总值</td><td>（GDP）（亿元）</td><td>10069.48</td><td>7824.81</td><td>3667.96</td></tr>
<tr><td>年增长</td><td>9.7%</td><td>10.5%</td><td>9.8%</td></tr>
<tr><td>排名</td><td>第8位</td><td>第15位</td><td>第44位</td></tr>
</table>

（二）成为承接沿海地区产业转移的第一梯队

由于人口红利逐渐消失，东南沿海地区劳动密集型、资源密集型及内需依存型产业发展的比较优势明显减少，逐步向内陆转移。同时，长三角、珠三角大城市的部分产业发展相对饱和，也在逐渐向周边外溢。长江中游城市群既处于长三角“西向”转移和珠三角“北向”转移两大轴带式产业转移的交汇节点，也处于中心城市向腹地圈层式外移的有效辐射范围以内。两大主流轴带式转移和中心城市向腹地圈层式外移的叠加效应，为长江中游城市群加速培育国家制造业创新集群提供了新的发展机遇。

长江中游城市群承东启西、连南贯北，交通发达，物产、水资源丰富，气候宜人，文化底蕴比较丰富。从地理位置来看，与沿海地区离得较近；从劳动力成本来看，该地区人口比较密集。从产业梯度转移的角度来看，该地区承接产业转移比较优势明显。

（三）成为我国重要的科技创新投入和产出区

长江中游城市群科技方面的人才与资源条件较好，依托众多高校、科研院所开展的产学研科研活动极为活跃，产出也较为丰富。

表 2　2014 年长江中游城市群各省科技创新要素资源情况

	全　国	湖北	湖南	江西
R&D经费支出（亿元）	13312	510	368.0（预测）	157
R&D经费投入强度（%）	2.09	1.86	1.36（预测）	1.0
国家工程研究中心（个）	132	19	14	8
国家级重点实验室（个）	154	19	12	2
国家认定企业技术中心（家）	1098	38	33	4
全年共签订技术合同（项）	297000	21969	4879	—
技术合同成交金额（亿元）	8577	601.74	97.7	50.8

数据来源：赛迪智库根据 2014 年全国科技经费投入统计公报、各省统计公报整理

二、长江中游城市群打造国家制造业创新集群存在短板

（一）长江中游城市群正处于工业化实践后期向后工业化阶段迈进，缺少带动作用和辐射能力强的制造业创新中心

2014 年，在武汉、长沙、南昌的产业结构中，第二、第三产业占比较大，尤其是长沙、南昌的第二产业比重均在 55% 左右，远高于第三产业的占比。根据西蒙•库兹涅茨等人的工业化阶段分析模型，人均地区生产总值、三次产业结构、城市化率等指标一致表明，在长江中游城市群中，武汉处于后工业化阶段，长沙、南昌处于工业化实践阶段的后期：工业结构需要不断优化，加工度水平亟需不断提高，服务业尤其是与制造业关联性较大的生产性服务业需要进一步加快发展，尤其缺少带动作用大、辐射能力强的区域制造业创新中心。

表 3　武汉市、长沙市、南昌市工业化阶段判断

指标	前工业化	工业化实践阶段			后工业化阶段	武汉	长沙	南昌
		初期	中期	后期				
人均GDP（万元）	720–1440	1440–2880	2880–5670	5670–10810	>10810	15691.56	17347.73	11717.4
产业结构	A>I	A>20%，A<I	A<20%，I>S	A<10%，I>S	A<10%，I<S	3.5：47.5：49.0	4.0：54.3：41.7	4.5：55.0：40.5
人口城市化率	<30%	30 ~ 50%	50 ~ 60%	60 ~ 75%	>75%	79.3%	72.34%	70.86
工业阶段特征		原材料工业为重心的重工业化	以加工为重心的高加工度化	技术集约化		汽车、船舶、电子信息制造业、食品加工	工程机械、轨道交通、电子信息	汽车、生物医药和食品工业、有色金属及稀有金属工业

资料来源：赛迪智库根据钱纳里等（1989）、库兹涅茨（1999）、科迪等（1990）等有关资料整理；A，I，S 分别代表第一、第二和第三产业增加值在 GDP 中所占的比重

从以上分析来看，长江中游城市群目前还缺少辐射带动能力强的中心城市。相较于长三角地区的上海，珠三角地区的广州、深圳，京津冀地区的北京，武汉、长沙、南昌作为长江中游三个省的省会城市，是本省经济总量最大的城市，但目前这三个城市向周边辐射的能力仍有待加强。

（二）城市群内结构趋同化十分明显，急需搭建制造业协同创新平台

长江中游城市群涵盖区域广，产业布局分散，尚未形成方向明确的产业协同创新格局。目前，长三角和珠三角区域内的产业已呈现出相互补充、相互依托、协同发展的格局，而长江中游城市群主营业务收入主要集中于汽车、纺织、化学制品、金属制造、电力等行业，结构趋同化十分明显，竞争大于合作、协同创新难度大。

（三）高效配置资源能力偏弱，创新创业服务能力亟待提高

实践证明，科技企业孵化器等创新服务载体发展与产学研创新活动的活跃程度呈正相关关系。相比于全国发达地区，在对接早期项目、投融资、技术交易、高效配置资源等专业化高端服务方面，长江中游城市群创新创业的服务载体能力偏弱，尚不能为创新创业提供强有力的支撑。2014 年，同样作为国家自主创新示范区的中关村自主创新示范区，诞生科技企业 1.3 万余家，平均每天诞生科技型中小企业 49 家；而武汉东湖仅为 5000 余家。湖北省国家级孵化器达 32 家，湖南省国家级孵化器达 16 家，江西省国家级孵化器仅为 8 家。

三、几点思考

（一）力争建成国家级制造业创新中心

我国在推进落实《中国制造 2025》中提出，到 2025 年，力争建成若干家国家级制造业创新中心。长江中游城市群应抓住这一战略机遇：一是瞄准智能制造、绿色制造、服务型制造，促进优势产业向集群化、生态化方向转型发展。二是通过大力发展高附加值、高技术含量、高效益的先进制造业和战略性新兴产业，推动制造业与现代服务业融合发展。三是构建面向长江中游城市群一体化的主导优势产业链，建成几家国家制造业创新中心，把长江中游城市群打造成支撑未来中国产业发展的核心板块和经济增长第四极。

（二）搭建对接国家重大发展战略的协同创新平台

在协同创新平台的搭建上，长江中游城市群要站在全国经济发展新常态和新一轮大发展的背景下，紧紧抓住中央实施“一带一路”、长江经济带等发展机遇。一是通过实施新型城镇化、促进中部地区崛起、创新驱动发展“三大战略”，补短板、扶弱项，进一步加强城市群内的关联度。二是学习长三角如何在跨省域的情况下进行资源配置、协同发展、创新发展，提升城市群内各城市统筹协调发展水平。三是依据产业轮动发展规律，按照“打造产业链、提升价值链、完善供应链”的思路，打造智能装备制造、新一代信息通信技术、纺织服装、食品医药等消费品、新材料、电力装备、节能与新能源汽车、航空航天等优势产业集群，谋划对接国家重大发展战略。

（三）搭建创新创业服务平台，释放人口红利优势

前不久，国务院常务会议专题研究了大众创业万众创新，对发展“众创”空间等创新创业服务平台作出部署。为了更好地释放人口红利，一是应抓住“大众创业万众创新”的机遇，通过拓展城市群内的创新群体、提升创新效益，推动产业结构迈向中高端。二是最大限度地盘活利用长江中游城市群内的东湖国家自主创新示范区、相关国家高新区、大学科技园、科技企业孵化器的创新创业资源，激励高校、院所开放科研仪器设备和科技服务，完善现有创业服务机构的服务业态和运营机制，发挥创新创业资源的集聚效应和创新创业活动的规模优势，为创业者提供低成本、便利化、全要素、开放式的创业服务平台。三是通过鼓励创新创业，提升人口就业水平，不断扩大“众创”群体，催生新的产业形态，在互联网、智能制造等新兴产业及传统产业与新兴产业跨界融合领域，让众多初创企业健康成长，培育出一批新的经济增长点。

本文作者：赛迪智库工业科技研究所　曹　方　何　颖　杨　舟

产业投资基金如何助推“中国制造2025”

目前“中国制造 2025”已经成为提升我国制造业国际竞争力、增强综合国力的重要战略。作为一种投融资工具，产业投资基金能够提升社会资本配置效率，满足企业运行中的融资需求，同时满足政府引导资金投向、提高制造业整体水平的目标，对实现“中国制造 2025”具有积极的推动作用。因此，探讨产业投资基金扶持产业发展的途径及配套措施，对于助推“中国制造 2025”、完善财税金融政策具有重要的意义。

一、产业投资基金对推进“中国制造 2025”的意义

引导资金投向，推动新兴产业发展。一是产业投资基金可以借助差异化的投资收益来引导社会资本走向鼓励产业发展。目前，以智能制造为方向的工业进化路线，已经成为了全球工业发展的重要趋势。设立相应产业投资基金能够有效地将聚集的资金分配到“中国制造 2025”战略重点发展的智能制造、“互联网 +”等新兴领域中，在带动相应产业发展的同时，使投资者获得收益。二是产业投资基金是对传统金融缺陷的补充。当商业性金融机构无法为未上市新兴企业提供融资贷款支持并承担相应风险时，产业投资基金，尤其是政府发起设立的特定行业投资基金将成为促进产业发展的有力杠杆，为企业发展提供了资金保障，对经济转型起到积极作用。

促进技术创新，加速传统产业转型升级。一是产业投资基金可以促进产业技术创新。随着信息技术、3D 打印技术以及智能制造的快速发展，无论是技术创新、流程改造还是节能环保都需要资金支持，生产与金融的关联性日益加深。产业投资基金通过直接融资方式，有利于减轻高技术企业在技术研发与生产过程中的融资压力，为资金与产业的结合提供有效途径，从而进一步推动落实“中国制造 2025”战略。二是产业投资基金有利于促进技术产业化。产业投资基金除具有支持产业发展的功能外，还要追求一定的盈利性。在项目选择时，会选择对企业发展最关键、技术前景最好的项目，这不仅为重大技术提供了更好的资金保

障，还有利于通过资金管理和风险控制，最终加速技术的产业化。

二、产业投资基金推动“中国制造2025”的途径

直接设立重点领域国家产业投资基金。针对重点领域直接设立国家产业投资基金，财政资金参与投资，在拓宽企业直接融资渠道的同时，进一步强化政府对产业发展的引导和示范作用，为实现“中国制造2025”战略提供资金支持。例如，我国设立国家集成电路产业投资基金后，带动了北京、四川、湖北等地纷纷设立地方集成电路产业投资基金，京东方也将与国家集成电路产业投资基金等共同发起设立规模超过40亿的集成电路基金。这种引导和带动作用，将有力推进我国集成电路产业的发展。其他重点产业也可成立类似基金。

鼓励民间私募基金参与产业投资基金。据初步统计，我国民间金融市场规模2014年就已超过5万亿人民币。吸引民间资本进入重点产业，将为产业转型升级提供巨大的资金支持，因此应鼓励民间资金通过对私募基金进行股权和项目投资等方式参与新兴产业发展。目前我国民间资本已开始逐步参与到私募基金中，并呈现蓬勃发展之势。截至2014年，我国2170只私募基金产品的投资规模达到397.16亿美元，同比增长120.8%。应通过政策性担保等措施进一步吸引民间资本进入产业投资基金领域。

鼓励产业投资基金入股公私合作模式（PPP）项目。目前PPP模式已成为地方政府吸纳社会资本、加快基础设施建设、扶持重点产业发展的重要手段。产业投资基金作为一种融资媒介，可以吸纳更多社会资本以股权形式参与PPP项目建设，减轻PPP项目的财务压力。目前，我国已有多省产业基金入股PPP项目，通过募集产业资本，将各类资源进行整合，共担风险、共享收益。该模式对转变“低端锁定”和“路径依赖”的产业发展模式以及促进融资渠道多元化具有重要意义。

探索“互联网＋产业＋基金”的未来之路。随着大数据、云计算的发展，“互联网＋”计划已成为新常态下我国重要发展战略之一，并成为资本市场聚焦的热点。借助互联网手段，产业投资基金，尤其是民间私募可以更好开展线上平台营销，为企业提供增值服务和风险管理。通过互联网、现代金融和产业的跨界融合，实现制造业融资、发展的新模式，推动互联网行业与金融行业为工业发展提供服务，形成更广泛的以互联网为基础设施和实现工具的经济发展新形态

三、我国产业投资基金发展的配套措施建议

设立多层级的产业投资基金体系。目前我国的产业投资基金大多集中在战略性新兴产业，支持传统转型升级产业的基金很少，应建立多层级的产业投资基金体系。一是建议针对传统工业转型专门设立国家级产业投资基金，以工业云、大数据等互联网思维，投资和改造我国传统制造业，提升制造业价值链，实现工业化和信息化更好地融合。二是加大已有产业投资基金对高技术产业、高端装备制造业、生产性服务业等科技含量较高的行业的服务力度，提高基金利用效率和管理水平；积极发展中外合资产业投资基金，通过国际资本的导向性作用引导高端人才、先进技术等要素流向国内相关产业，提升产业发展信心。

平衡产业投资基金的杠杆作用。一是产业投资基金的投资方向应与产业转型升级和产业结构调整趋势相吻合。二是合理分配投资比例，加大对资金和技术密集型产业的投资；通过基金加快产能过剩产业兼并重组，提高行业集中度。三是平衡地区间产业发展步伐。重点扶持长三角、珠三角和京津冀地区自主创新型的高技术产业，以及中西部地区和东北老工业基地的亟待转型升级的产业，加强已有基金对资本和就业的配套功能。

加强风险控制，营造良好的投资环境。一是应对产业投资基金的投资方进行资格评审。制定规范的产业投资基金准入门槛，确保投资方有足够投资能力的同时，也具有一定的风险承担能力。二是要加强产业投资基金风险管控。针对我国资本市场的不稳定，应对产业投资基金的风险投资管控加以规定，银行向产业投资基金投资方提供的信贷额度应限制在一定范围内，投资方应提高其自有资金比重，从而降低银行过度贷款所造成的金融风险。

畅通产业投资基金退出渠道。一是逐步完善创业板市场。建立一个有活力、规范化发展的创业板市场有助于实现投资方和被投资企业双赢，也有利于吸引更多资本进入到实体经济。二是完善私募基金退出中介服务。相关监管机构应加强对基金退出涉及的券商、银行、律师和会计师事务所的监管，并加强风险评估机构、知识产权评估机构、融资担保公司和信息咨询机构的建设。

本文作者：赛迪智库工业经济研究所　关兵　赫荣亮

加快推动我国制造业服务化的政策思考

制造业服务化是制造企业从满足客户需求、实现价值增值、提升企业竞争力等动因出发，由提供产品为中心向提供服务为中心转变的一种动态过程。制造业服务化是制造企业的战略转型和服务创新，它使企业的收入来源从有形的产品拓展到无形的服务，它延伸了制造业的价值链，促进了工业经济向服务经济的过渡。我国制造业长期处于国际价值链的中低端，亟需完善相关政策，加快服务化进程，为建设制造强国奠定坚实基础。

一、对现阶段推动制造业服务化的几点认识

制造业服务化是引领我国制造业升级的重要途径。发达国家制造业服务化的实践始于20世纪六七十年代，进入九十年代以来，随着生产过程自动化、智能化程度的提高以及大型装备复杂化程度的加深，制造环节在整个价值链中的比重日趋下降，产品的研发设计、交付、安装、维护和服务等各环节需求及所占价值愈加提升。相关资料表明，在发达的制造业市场上，产品生产所创造的价值仅占总价值的1/3左右，而基于产品的服务所创造的价值占到了2/3。我国制造业结构中一般加工制造业占较大比重，只有将“中国创造”和“中国服务”融入“中国制造”，向价值链“微笑曲线”两端延伸，才能实现“中国制造”的高端转型。

高度重视“互联网+”为制造业服务化发展带来的机遇。当前，在以互联网与制造业深度融合为代表的新工业革命推动下，全球制造业服务化进入加速发展新阶段。服务形态进一步创新，涌现出众包设计、网络协同研发、基于工业云的供应链管理、工业互联网等新型服务模式和服务业态。服务价值进一步倍增，如巴西的戈尔航空公司利用GE提供的工业互联网远程管理平台跟踪和分析飞行路线和油耗，预计未来五年将节约成本9000万美元。服务主体更加多元化，众多中小企业凭借云计算、云服务平台开展面向客户需求的定制化服务，大幅提升了市场竞争力。基于互联网的制造和服务模式创新也造就出耐克、小米等一批无工

厂化生产者，并重塑制造业竞争格局。

从国家战略层面推动制造业服务创新。从经济绩效上讲，服务创新的价值往往不亚于技术创新，有时甚至高过技术创新。芬兰早在2005年就先后部署创新制造(SISU2010)、创新服务(Serve)、创新运营模式(Concept of Operations)等三项工作计划，并设立了每年一度的制造服务企业日。欧盟将发展“高附加值的欧洲制造”以及“知识为基础的工厂”放在制造业创新的突出位置，并通过FP5-FP7等研究计划加以落实。日本重点完善制造业服务化发展环境，完善基础设施和相应的行业标准，制定了25种与企业相关的认证体系，以促进市场的规范化发展。

二、当前推动制造业服务化的重要着力点

把创新放在制造业服务化的核心位置。基于产品的复杂系统创新和管理创新、服务模式创新、商业模式创新是制造业服务化的重要源泉。在这一过程中，不可避免会涉及创新要素的投入，需要整合、汇集相应的知识、技术、信息和人才方面的资源，也需要一些创新服务的载体比如创新服务中心和平台的支持，政府应在创新要素投入、资源整合、营造创新环境方面给予大力支持。

把融合发展作为制造业服务化的重要突破口。一是促进两化深度融合，发展数字化设计、网络协同研发、现代化供应链管理、个性化定制、在线检测、远程诊断和维护等基于互联网和信息技术的服务功能创新。二是促进制造企业与生产性服务企业的资源整合和业务融合，通过深度合作，使制造企业能够进一步涉足设计、制造、运维、营销、培训等全产业链业务，实现从制造企业向制造服务企业的战略转型。

发挥重点行业领域的示范引领作用。结合不同行业和领域的产品特征，大力推广应用不同的典型制造业服务模式。引导装备企业以服务产品全生命周期为目标，做好技术支持、故障诊断、检测、维护、保养等产业链延伸服务；鼓励汽车企业依托无线通信技术和卫星定位系统开展远程诊断、安全援助、定位导航等安全信息服务；支持节能环保企业开展系统设计、成套设备、工程实施、维护管理等环保总集成、总承包服务，发展合同能源管理等新型服务模式。鼓励企业开展面向客户需求的个性化产品定制、零部件定制服务；开展融资租赁、消费信贷、仓储物流、电子商务等便利交易过程的服务；不断提高制造企业产品设计、技术

开发、信息服务等投入的比重，提高产品竞争力和附加值。

强化制造企业核心能力建设。我国制造业服务化转型滞缓的一个重要原因就是企业核心能力的不足，在转型所需的技术、人才以及运营管理经验方面都远远不够。一要加强企业技术和专利建设，提高面向服务的技术开发能力；二要加强创新型人才队伍建设，培养具有制造业背景又能针对客户需求开展服务和商业模式创新的高端复合型人才；三要加强企业运营管理体系建设，从投入产出、风险控制、运营管理等方面为企业服务创新提供支持。

三、相关政策建议

进一步放宽市场准入。打通现有条块分割的管理体制，放宽制造企业开展服务业务和涉足生产性服务领域的准入门槛，减少不必要的前置审批和资质认定条件，促进制造业与服务业融合发展。支持装备企业取得工程和设备总承包资质，积极拓展总集成总承包服务；支持制造企业开展融资租赁和消费信贷业务，涉足金融服务领域；支持汽车企业开展车载信息服务，获得互联网信息服务相关资质。

完善制造业服务化的财税政策。设立制造业服务化专项资金，重点用于支持制造企业服务创新的研发投入，对制造业服务化功能区、公共服务平台等载体建设给予支持。政府采购大力支持服务型制造发展。进一步扩大营业税改征增值税的覆盖范围，鼓励制造企业加大服务创新相关投入。在高新技术企业认定和相关税收优惠政策中，进一步加大对技术研发、工业设计、检测认证、节能环保等科技型、创新型制造服务企业的支持。

强化制造业服务化的金融支持。引导金融机构创新金融信贷产品和服务，为制造企业服务化转型提供有效的金融支持。支持有条件的制造企业通过债券融资、股权融资、项目融资等多种形式，以及并购重组等多种资本运作方式，获得服务化转型所需的资金支持。

加强公共服务平台建设。聚焦重点产业基地和园区，建设一批制造业服务化示范功能区和公共服务平台，整合科技和服务资源，为园区内制造企业开展服务创新提供支撑。特别是面向广大中小企业产业集群，推动建设一批集基础研发、工业设计、试验检测、计量认证等于一体的综合性公共服务平台和服务功能区，从投入和产出两个方面推动制造业服务化转型。

健全制造业服务化标准管理体系。加强基于服务质量的制造业服务标准化管理。推动工业互联网、车载信息服务、制造业物流等制造服务标准的制（修）订。加强标准的运用，完善相关标准认证认可体系，促进制造业服务化市场健康规范发展。

本文作者：赛迪智库产业政策研究所　李　燕

信息经济催生经济发展新思维

在过去一年中，全社会对信息经济的理解不断深化，实践探索不断推进。实际上，信息经济是以信息资源为核心要素、以信息技术为主要驱动力所进行的经济活动的总和。信息经济作为一种新的经济形态，可能成为新常态下我国经济发展的新阶段，将塑造全新的经济发展模式。与发展信息技术产业相比，发展信息经济需要哪些新思维？创新发展信息经济需要重点做好哪些引导和支持工作？在大力推动信息经济发展的背景下，当前亟需强化对这些问题的思考与认识。

一、信息经济带来经济发展新模式

（一）由信息资源及其应用能力决定竞争力强弱的发展新模式

在传统经济模式下，对劳动力、资本、土地等要素的掌控能力决定着一个国家、地区、企业或个人竞争力的强弱，而信息及其应用仅被用作统合、优化的手段。在信息经济模式下，信息资源已成为一种基本的生产要素和重要战略资源，信息技术成为直接促进经济社会发展的通用性技术，在宏观经济决策、生产经营决策和个人消费决策中的应用正日益广泛深入。一分钟消息量超过 1000 万条的微信社交平台，一天交易额达到 571 亿元的阿里电商，一年交易量超过 1800 亿条的电子支付系统，使交互、消费、缴费、理财方式产生了巨大变革，并不断催生着新的经济增长点。它基于云计算和大数据服务，能够为完善企业生产流程、优化市场推广决策提供强大支撑。可以说，未来所有企业都将成为由信息驱动的企业，信息资源及其应用将成为评价企业竞争力的关键指标。

（二）产业跨界融合与竞争成为常态的发展新模式

在传统经济中，农业的个性化、分散化生产模式与工业的大规模标准化生产模式迥然不同，产业界限清晰而难以僭越。在信息经济模式下，无形资源与物质资源的融合日益紧密，并对部分物质资源形成替代，使工业、农业等产业越来越“无形化”，进而逐渐打破产业边界，实现传统产业的价值提升。例如，这种加速渗透带来了消费电子的互联互通、汽车生产供应服务的智能化、金融服务的互联网化，推动了信息技术产业与生活消费品产业、汽车产业、金融等领域紧密融合。随着信息经济向更广、更深、更新的领域延伸，产业界限将加速实现“破”与“立”，原属不同领域的企业进入到同一市场，企业竞争将会更加激烈，跨界深度融合的产业发展新模式也将更加清晰。

（三）从企业创新向万众创业创新拓展的发展新模式

传统经济构建了以科研院所、企业为主体的创新体系，实验室和研发部门是科技创新的主要阵地。信息经济则实现了创新资源的开放共享和创新平台的建立优化，将所有个人、企业和组织都纳入到创新主体范围，打破了既有创新思维和创新方式，激励企业加速从封闭式创新转为开放式创新。众包、创客提供了支持鼓励全社会参与的创新模式，成为2014年最受关注的关键词。深圳柴火创客空间通过提供自由开放的协作环境、跨界交流和基本的原型开发工具，为极客、创客、自由职业者提供创业环境；小米MIUI操作系统、搜狗输入法皮肤和词库则都采用了“众包”模式，在实现更高效创新的同时，培养出高粘度的粉丝群。

（四）迈向低能源需求、低资源消耗的发展新模式

传统经济以木材、煤炭、石油三次能源革命为驱动，却也受到不可再生能源的束缚，以及劳动力、土地等资源成本不断增加的阻碍，发展面临天花板。信息经济的核心要素是信息与信息技术，天然具有能源需求少、资源消耗少等优势，有利于推动建立绿色节能可持续的发展新模式。在能源利用方面，基于互联网构建的能源互联网，能够将风能、太阳能、海洋能等可再生能源输送到各种集中式、分布式电源的用户，实现安全可靠性高、绿色低碳的全球能源配置。在日常办公方面，通过运用云计算平台实现企业、组织办公系统等应用的数字化和云化，能够大大降低纸张的使用量和由此造成的环境压力。在交通出行方面，智能交通系统将提高人、车、路的协调能力，有助于削减每年交通堵塞造成的高达几百亿升的燃料损失，对节能环保发挥巨大作用。

二、壮大信息经济需要新思维

（一）既立足信息技术产业，又超越信息技术产业的新思维

一方面，信息经济的发展必须以新技术、新产品、新业态发展为基础，要

继续将信息技术产业作为信息经济的根基，持续创新产业业态，持续推进信息技术应用实践。另一方面，信息经济的内涵、外延远超信息技术产业，以信息资源为基础、以信息技术为核心的所有产业形态都属于信息经济范围。因此，发展信息经济不能自我设限，既要发展信息技术产业、推进各领域的信息化，也要扶持电子商务、数字内容、互联网金融、智能汽车等新领域发展。

（二）既重视核心技术创新，又加强发展模式创新的新思维

一方面，信息经济发展是以信息技术为核心的新一轮科技革命发酵的结果。以数据营销、处理、分析等为核心的新兴信息技术进入成熟期，云计算、大数据、移动互联网和物联网的技术、产品、服务从概念萌发期向实际应用期过渡，为信息经济的发展提供了不可或缺的技术基础，使其创新发展成为可能。另一方面，模式创新及其与科技创新相融合的实践已成为信息经济的重要组成部分。海尔以“企业平台化、员工创客化、用户个性化”搭建起企业的内部创新组织模式，阿里巴巴以云计算设施为基础实践了从电子商务向云计算领域的业务创新模式，服装企业青岛红领以定制化协同生产构建了市场反馈创新模式，它们都验证并展示了技术创新与发展模式创新融合的巨大价值。

（三）既注重可统计经济规模，又注重整体发展质量的新思维

一方面，传统经济的规模建立在以价格体现的统一价值的统计体系基础上，表征最终产品和劳务价值的国内生产总值（GDP）成为衡量经济状况的主要指标。作为一种新兴的经济形态，信息经济的发展也需要考虑产业规模的扩大，以此增强产业发展信心。另一方面，信息、信息技术应用的特性对传统统计体系提出了挑战。随着信息技术的持续进步，信息、信息技术产品及其应用的绝对价格整体呈下降趋势，依传统统计方法看，相对应的经济规模也似乎在“萎缩”。但实际上，信息及其应用对经济社会发展的作用在不断增强，对传统产业渗透融合所带来的经济贡献更加巨大，对经济发展质量和社会发展质量的提升作用日益重要。如何革新统计和评价体系，反映整体发展质量的提升，则是全面认识信息经济并推动其发展的重要基础。

（四）既提供政策资金支持，又完善法律机制的新思维

一方面，在传统经济中，投资与消费、出口并列为“三驾马车”，社会资金与政府投资共同推动着基础设施建设、成熟产业的扩大再生产和幼稚产业的保护与扶持。信息经济作为一种经济形态，也需要灵活的社会投融资和政策资金支持，以推动产业兼并重组和跨界并购，提升产业链竞争能力。另一方面，与资金相比，信息经济更需要灵活机动、普惠性、高度自洽的体制机制和法律规范。例如，智能制造和工业机器人、服务机器人对劳动力的替代，就需要全新的社会就业与保障措施；无人驾驶汽车的发展与应用，需要对交通事故责任划分给出新的明确标准；云计算带来的新安全挑战，需要从制度和技术等方面统筹建立信息安全保护体系；政务大数据与个人信息数据的整合与管理，需要实现数据使用和隐私保护间的均衡。所以，必须通过相关政策及其方向、重点的确定和调整，来提升信息经济的发展高度。

三、创新发展信息经济的对策建议

（一）以智能制造为突破口，拓展信息经济内涵与外延空间

一是以我国较完善的制造业体系和全球领先的信息技术产业体系为基础，以智能制造为突破口，深化数据资源（信息资源）和信息技术应用，推动传统制造智能化升级、新型制造协同化发展和面向制造业的服务业务发展，催生信息经济新业态。二是逐步加强信息和信息技术在现代农业、服务业的应用示范和推广，加强智能软硬件产品的广泛应用，结合现代农业、现代服务业发展新的信息经济业务。三是加强云计算、大数据、移动互联网的创新应用，拓展各产业的信息技术水平和融合发展能力，构建全新的信息经济产业体系。

（二）推动两种创新融合，构建体系化、综合化竞争能力

一是以推动技术创新和商业模式创新融合为目标，发挥企业等创新主体在基础研究、核心技术开发、专利布局、开放性平台建设等方面的作用，与合作伙伴一齐构建包含研发能力、工艺水平、营销渠道、客户需求管理、标准体系建设等在内的全向度创新系统。二是引导鼓励产业界建立跨越现有产业边界的产业创新组织，统合学界、产业界和中介组织优势，建立跨学科、跨产业、跨资源的创新平台。三是政府应进一步推进科技支撑体系的分类改革，鼓励具备条件的企业和创客主导应用类研发与创新，推动商业模式创新纳入科技创新评价体系。

（三）革新统计指标体系，推动发展速度与发展质量协同

一是在现有国民经济核算体系上创新指标，突出信息资源和信息技术的价值，科学全面地测算信息经济规模。二是在国家和地方统计现有的调查制度基础

上，调整反映经济发展质量的价格体系，鼓励技术创新、模式创新引领的劳动生产率提升。三是建立更加完善的社会经济效应反馈指标体系，全面考量信息经济的协同共享效应具有的正外部性。

（四）健全政策法律体系，提升适应性、灵活性、普惠性

一是鼓励大众创业万众创新，制定适应众包、众筹、创客的产业政策和投融资政策，为新业态新模式留有较为宽松的试水区，营造鼓励创新创业的配套环境。二是加强研究智能制造、无人驾驶汽车、云计算大数据等发展带来的社会挑战，形成灵活反应、兼容与可持续的政策法律体系。三是推进全社会信息资源的协同共享，提升信息资源开发与共享的认识水平，制定国家信息资源共享的政策及运行机制，以政府大数据共享共建为表率，建立惠及全社会的“信息共享、协同服务、节约高效”的信息社会体系。

本文作者：赛迪智库电子信息产业研究所　李艺铭　安　晖

以工业云推动智能制造加速发展

智能制造是实现制造强国的必然路径，工业云通过云计算模式可以为企业提供优质、高效、低成本的信息资源，帮助生产经营各环节智能协同，促进数据、产能等制造资源的共享，推动企业智能化生产、个性化定制、精益化管理、服务化转型、网络化协同，是实现智能制造的重要手段。那么，工业云是如何加速智能制造发展的？工业云发展面临的瓶颈是什么？如何推动工业云快速发展？这些问题值得高度重视和深入思考。

一、工业云是加速智能制造发展的重要手段

（一）降低信息化建设成本，加快制造各环节信息技术应用

目前我国中小型工业企业在信息化建设方面面临诸多问题，比如，信息化基础差，无力支付高昂的建设维护费用，信息化需求随时改变等。大型工业企业信息化建设则呈现出分散化的特点，信息资源无法统一整合和协同管理，IT 设施利用率不高。

通过将大规模分散的 IT 资源整合为可以按需提供服务的资源，使计算、存储、工业软件等 IT 资源成为社会化的服务，工业云能够大幅度降低工业企业实施信息化的成本，帮助企业建设更灵活、更高效的信息化基础设施，极大地促进 ERP、CAD、CAPP 等工业软件在制造各环节的应用的广度与深度，加速研发、设计、生产、产品等制造各环节的信息化和智能化。

（二）推动建立先进生产体系，实现智能生产和个性化定制

工业云在推动工业软件等 IT 资源在研发设计、工艺流程、生产装备、过程控制等各环节深度应用的同时，还可以整合集聚生产制造各环节的数据。通过对各环节制造数据的集成分析，进而推动制造生产全过程的自动化控制和智能化控制，促进信息共享、系统整合和业务协同，实现制造过程的科学决策，最大程度地实现生产过程的自动化、个性化、柔性化和自我优化，从而降低生产成本，提

高精准制造、高端制造、敏捷制造能力，加速智能车间、智能工厂等现代化生产体系的建立，最终实现智能制造。

同时，通过云平台，企业还可以收集用户的个性化产品需求，并利用柔性化、个性化和自我优化的生产流程，生产出为用户量身定做的产品。这样，就可以改变传统固化的供需模式，使“个性化”和“规模化”相辅相成，实现个性化定制。

（三）优化经营管理体系，实现精益化管理和服务化转型

以工业云为基础的业务系统，能够串联企业生产、采购、销售、管理、人力资源、安全等各个环节，整合企业生产数据、财务数据、管理数据、采购数据、销售数据和消费者行为数据等资源，使企业通过数据挖掘分析，找到生产要素的最佳投入比例，实现研产供销、经营管理、生产控制、业务与财务全流程的无缝衔接和业务协同，促进企业组织扁平化、决策科学化和管理精益化。

基于工业云平台，企业利用生产、管理、服务等环节的无缝衔接与业务协同，可开展故障预警、远程监控、远程运维、质量诊断等在线增值服务，不断扩展产品的价值空间，实现以产品为核心的经营模式向“制造＋服务”的模式转变，最终向制造业服务化转型。

（四）促进企业间制造资源整合共享，实现网络化协同

工业云平台集聚不同企业的数据资源、设计资源、产能资源，以及工艺知识库等制造资源，能够促进不同企业之间制造资源的交换和共享，解决制造企业普遍存在的创新力低、成本高、产能过剩等问题。

云制造模式可帮助企业内部或区域集群企业之间，实现产能资源共享、工艺知识库共享和数据资源共享。基于工业云平台的众包研发，帮助企业利用社会化资源，提高自身研发能力。供应链协同云平台，打通供应链企业间的端到端信息流，加强供应链企业间的配合和协作。中小企业则可利用云平台加强与龙头企业的合作，并通过发展众包众筹，打通与社会创意和资金的合作通道，提高自身创新设计和成果转化能力。

二、发展工业云亟须突破三大瓶颈

（一）市场推广面临障碍

一是企业对工业云的理解和认识亟待加强。企业对如何利用工业云的机制、

做法和路径的理解还不够深入。多数企业已经认识到应用工业云有助于促进信息数据的流动和集成，加强工业各流程环节的资源和知识共享，提升运作效率。但是，要真正实现数据驱动，还必须实现业务模型的重构和企业流程的重组。在工业云应用方面，不仅要在信息化系统的建设上重视互联互通，还应站在企业发展战略的高度，谋划对业务流程的重塑，制订强有力的制度，打破部门、企业、行业之间的壁垒，从利己主义思维转向利他主义思维，把被动协同变成主动协同。

二是缺乏好的商业模式。目前已有的工业云平台大多是参考通用云平台的发展思路，提供集成的工业软件和计算服务。尽管售卖的产品和服务越来越丰富，但客户数量仍然没有较大规模的增加。理论上，以 SaaS 模式为中小企业提供工业软件服务是一种降低企业信息化成本的好方法，但现实是，中小企业不仅需要工业软件和计算服务，更希望获得根据分析结果进一步得出的设计改进建议。在通用云平台上，云计算和数据分析之间的业务界限比较清晰，而在工业云平台上，由于工业软件与用户企业的具体业务联系非常紧密，工业软件服务和工业数据分析之间的融合也就更加紧密。这表明，工业云发展需要一种云计算与咨询服务相融合的商业模式，同时更需要大量的应用人才作为支撑。

（二）技术服务能力有待提升

一是自主产品较少。工业企业对信息化系统的建设和应用较为重视，在具体选型的过程中，企业 CIO 和 IT 部门虽能提出要求，但真正可供选择的产品并不多，尤其是在自主可控的总要求下，可选择的产品更少。基于此，有实力的企业开始自建研发队伍，但由于刚刚起步，对软件及其平台技术和产品的开发、研究经验和投入都较少。另外，无论是工业控制系统底层的精密传感器、控制器、执行器等核心零部件，还是工业云服务核心的数据库、虚拟化、工业软件等先进技术产品，我国的自主产品目前还不能实现全产业链覆盖。由于支撑工业云发展的产业链中存在不可控却又必须的环节，因此，我国的自主技术标准形同虚设，实际上还是由国外产品主导事实标准。

二是定制化服务能力不足。我国的工业体系庞大，不同行业对工业云的具体需求千差万别。比如，离散制造行业希望借助工业云实现协同设计、协同制造、协同服务，帮助企业提高经营管理能力，拓展商业模式，提升核心竞争力；流程制造行业则更希望借助工业云打造工商一体化的电子商务平台，帮助企业整合供应商和批发商，拓展销售市场。目前我国工业云服务商侧重关注通用功能、通信及信息服务，对工业企业具体需求的了解和服务能力还显不足，具体产品和服务的开发与工业过程联系不够密切。

（三）发展环境有待优化

一是保护数据安全的法制环境建设有待加强。目前，在保护创新和企业数字资产安全方面，我国还存在立法空白。企业对信息服务市场的诚信程度疑虑重重，不愿意把核心数据托管到云，担心数据泄露造成无法估量的损失。不少企业计划搭建专网并以私有云的方式应用工业云，但实际上，企业自建私有云和专网的信息安防和灾备能力并不比专业的公有云服务商能力更强，同时在数据的分析挖掘方面的能力也显得薄弱。

二是标准体系尚未建立。互联互通包含了两层意思：互联是技术体系标准，互通则是数据体系标准。实现互联可以要求系统使用标准化接口，而实现互通则需要围绕产业链建立跨行业的数据标准结构。由于我国各行业的发展长期各施其政，行业之间存在较高的壁垒，信息化技术能实现互联却不能解决互通问题，是我国工业云发展的突出障碍之一。工业云作为新兴事物，天然具有为产业链提供服务的属性，而不是面向某一个行业，这无疑是一个重大变革，也是建立产业链跨行业统一标准的契机。

三、四点建议

（一）制定工业云发展路径

按照标准先行、技术突破和市场拓展的路径，规划工业云发展。一是抓住在我国市场制定竞争新规则的机会，加快建设工业云、工业互联网发展的相关法规、技术标准体系和数据标准体系。二是聚焦重点行业领域工业云发展，形成我国自主的核心工业信息技术体系，打破西方主导的格局。三是瞄准国内用户需求与本土环境特点，打造具有中国特色的工业云服务，实现规模化市场应用。

（二）深化工业云平台试点

继续深化各地工业云平台的试点工作，针对中小企业发展需求，支持建设一批高质量的工业云服务平台，推进制造资源、服务资源的开放共享。要求大型国有企业加强信息化建设顶层设计，支持企业建设工业私有云或混合云。

（三）推动软件企业和工业企业协同发展

探索建立软件企业、互联网企业和工业企业的协同发展机制，支持引导软件和互联网企业深入工业领域，与工业企业探索在技术、资本等层面的跨界战略合作，支持重点行业龙头企业部署规划互联网与工业各行业融合发展的技术路线图，支持相关企业开展工业互联网、工业云和大数据关键技术的研究和产业化探索。

（四）围绕两化融合管理体系，积极推广工业云应用

要求贯标企业在研发设计信息系统建设过程中，强调协同和共享。在生产过程自动化系统建设过程中，突出传感数据集成和工艺知识集成；在管理信息系统建设过程中，重视企业内部和外部的数据反馈和数据驱动。

本文作者：赛迪智库软件产业研究所 陈 光 安 琳

中韩自贸区助力中国制造“走出去”

自贸区是全球自由贸易发展和区域一体化的重要平台，也是我国作为世界制造业大国最重要的对外贸易战略。随着“一带一路”战略的实施，我国加快了与周边国家自贸区的谈判进程，并相继与多个国家签订自贸协定。2015 年 6 月 1 日，中韩自贸协定正式签署，并将于 2015 底或 2016 年初生效。未来，中韩自贸区作为我国对外覆盖领域最广、涉及贸易额最大的自贸区，必将对我国经济发展尤其是制造业发展产生重大影响。基于此，积极探讨如何借助中韩自贸区建设，切实推动我国制造业走出国门，就具有了更

深远的战略意义。

一、中韩自贸区的主要特点

（一）涉及的经济体量巨大

中韩两国是东亚和亚太地区的重要经济体，也互为重要的贸易伙伴。建交 22 年以来，两国贸易总额保持着 20% 以上的年均增速。2014 年，中韩双边贸易额已达 3000 亿美元，是两国建交之初的 55 倍左右。中国已成为韩国最大的贸易伙伴，而韩国是中国第三大贸易伙伴和第一大进口来源国。随着中韩自贸区的建设和完善，未来中韩之间将会建成一个人口 13.5 亿、GDP 高达 11 万亿美元的共同市场。中韩自贸区的发展将对两国乃至亚太地区的经济发展产生重大影响。预计，中韩自贸区对中国经济增长的贡献率在 0.5% 左右，对韩国经济增长的贡献率高达 2% ～ 3%。

（二）协定范围涵盖领域广泛

由于中韩两国的合作基础和水平较高，比之于我国与巴基斯坦、秘鲁、智利、冰岛等签署的自贸协定，中韩自贸协定是一个更高水平的自由贸易协定，其范围涵盖货物贸易、服务贸易、投资和规则四大方面 17 个领域，除了包含传统农业和制造业以外，还包含了电子商务、竞争政策、政府采购、环境保护等“21 世

纪经贸议题”。在发达国家推动全球贸易规则重塑的背景下，中韩自贸区对我国适应贸易规则的变化、加快与周边国家进行区域经济合作具有重要示范作用。

（三）对敏感行业进行一定保护

中韩自贸区将通过大幅降低或取消关税，提高中韩两国互贸市场的开放度。根据协定内容，在未来 20 年内，中韩两国将分别对占产品品目 91% 和 92%、进口额占 85% 和 91% 的产品撤销关税。但由于中韩在承接电子、钢铁等行业国外订单和占领国际市场过程中存在竞争关系，两国一些具有比较劣势的产业将受到一定的负面影响。具体而言，韩国的农产品和轻工产品将受到我国出口产品冲击；而我国的电子信息、汽车、化工、钢铁和服务业等行业将受到来自韩国的冲击。为此，中韩自贸协定设立了过渡期，将部分农产品、汽车及零部件等对双方而言都高度敏感的产业作为例外选项，依然保持较高关税，实现对这些行业的保护。总体而言，短期内这些受保护的行业受到的冲击并不大。

（四）重视区域经济合作示范效应

中韩自贸区虽然是国家之间的双边协议，但由于地理位置的缘故，它更为我国东部沿海地区与韩国深化合作提供了新机遇。为了更好地推动区域经济合作，中韩自贸协定将中国威海与韩国仁川自由经济区列为中韩自贸区地方经济合作示范区，该协定还包括将在两国设立中韩产业园，以发挥经济合作示范效应。这是中国对外自贸区谈判的重大创举，也是我国在建设自贸区历程中最重要的突破之一，对未来我国与其他国家自贸区建设和制造业合作具有重要的借鉴意义。

二、中韩自贸区助推中国制造业“走出去”

（一）推动中韩贸易水平进一步提升

中韩自贸区建设有利于提升我国制造业对韩国的出口水平，降低对韩贸易逆差。长期以来，我国对韩出口的比较优势集中于以农产品加工、纺织、服装、矿产资源加工和木制品为主的初级产品以及劳动密集型产业，附加值相对较低。在具有贸易壁垒的情况下，我国对韩贸易逆差逐步加大，但自贸区建设带来的关税减免、贸易自由化和投资便利化，将大大降低这些产品的对韩贸易成本，提高两国制造业的互补性，扩大中韩两国的贸易合作空间，有利于推动我国具有传统比较优势的制造业进一步打入韩国市场。此外，我国和韩国的产业内贸易也不断增加，自贸区建设将进一步拓宽两国的贸易合作领域，加强两国在汽车、电子等新兴产业内部的互补性，从而提升我国产品对韩的出口水平。

（二）为我国企业扩大对韩投资提供更多便利

韩国是我国重要的海外投资国之一。近年来，我国对韩直接投资快速增长，2014年达到12亿美元，同比增长147%，企业数量达到2002家。我国在韩投资已经覆盖IT、服装、化妆品、机械、食品、生物等领域，呈现出多样化趋势。根据自贸协定，中韩双方承诺，在协定生效后将基于准入前的国民待遇和负面清单模式进行投资谈判，这些将为我国企业扩大对韩投资提供更多机会与便利。

（三）为进一步开拓国际市场提供新平台

作为后发的制造业大国，韩国目前已与47个国家签订了自由贸易协定，也是唯一与美国、欧盟都有自贸区协定的国家。而我国与发达国家的自由贸易发展面临诸多困难，贸易争端频发，自贸区建设进展缓慢。在这种情况下，中韩自贸区将成为我国与其他发达国家贸易的重要枢纽，我国可借助韩国已建立的发达自贸区网络间接开拓发达国家市场，还可在韩国生产产品并以零关税进入欧美市场，为我国制造业“走出去”开辟更广泛的市场空间。

（四）加快推动我国区域经济一体化步伐

近年来，以美国为首的发达国家正在推动以TPP和TTIP为代表的自贸协定谈判，试图将我国排除在新一轮的全球贸易规则之外。中韩自贸区的建立将加快推动中日韩自贸区谈判进程，促进东盟自贸区升级和两岸经济合作框架协议的后续协商。尤其是我国正在加快推动“一带一路”战略，中韩自贸区的签署对我国与沿线国家建立自贸区提供了很好的示范作用。另一方面，中韩自贸区是我国第一次与发达国家建立自贸区，其谈判方式和过程以及重要议题的设置等，都将为我国未来双边或多边自贸区谈判及建设积累宝贵经验，特别是会为我国与美、日等国家的自贸区谈判提供重要参考。

三、对策建议

（一）健全中韩产业对话合作机制

中韩两国产业发展处于不同阶段，互补性强，合作潜力巨大，双方需进一步发挥行业主管部门的作用，加强政府间对话交流与合作。建议在中韩产业合作部级对话的基础上，结合中韩自贸区建设的需要，重点就先进制造业发展、新一代信息技术、新能源等重点领域的产业政策进行对话交流，化解双方疑虑，寻求更多合作机会。要探讨建立联合工作组，开展智能制造、新能源汽车、5G等标准的联合研制。对于敏感行业的开放进度，还需进一步加强政府间的协商交流，分阶段开放相关市场，降低敏感行业开放对我国制造业发展可能带来的负面影响。

（二）继续深化重点领域产业合作

中韩产业合作空间巨大，需要借助自贸区平台，在大力推动现有产业合作的基础上，进一步拓展合作新领域。一是加强两国具有显著互补性产业的合作，促进轻工、纺织、服装、化工等劳动密集型产业与韩国先进技术的结合，应通过技术改造延长产业链、提高产品附加值，以及打造品牌等方式推动双方优势互补。二是对装备制造、电子信息等竞争性产业，加强研发创新，利用中韩自贸区新平台，开展更广泛的产业分工合作，提升产业链整体竞争实力。此外，还要发挥韩国生产性服务业的比较优势，加强中韩在研发设计、电子商务、节能环保、第三方物流等生产性服务业领域的深入合作。

（三）加强对企业“走出去”的引导和扶持

长期以来，我国对韩出口以资源和劳动密集型产品为主，技术含量和附加值较低，导致我国贸易逆差不断扩大。与韩国的对华投资规模相比，中国对韩投资还有很大提升空间。政府应引导企业充分利用中韩自贸协定提供的优惠，重点指导纺织服装产品、农产品、机电产品等行业，用好用足自贸区的优惠关税政策。鼓励实力较强、资本雄厚的制造企业开展跨国并购和绿地投资，鼓励国内企业与韩国企业进行产品和研发方面的战略合作，利用韩国企业先进的技术、管理经验，进一步推动我国制造业转型升级，利用韩国企业的国际营销网络和市场渠道拓展发达国家市场，提升我国制造业的国际竞争力。

（四）打造中韩产业合作示范园区

中韩自贸协定的重要内容之一，就是两国合建中韩产业园，并将威海和仁川作为合作示范区。我国东部沿海地区是重要的制造业基地，一些省市已经聚集了大量韩资企业。应继续发挥山东、辽宁、江苏等省与韩国企业合作的优势，继续引进韩资企业，逐步在威海、青岛、大连、烟台、盐城等沿海城市开展中韩产业园共建项目。同时，要加大对韩国仁川、釜山等港口城市的投资力度，依托园区建设，加强产业合作，共同打造装备制造、海洋综合开发、生物工程、新材料和新能源等方面的产业集群，形成中韩制造业利益共同体，共同开拓国际市场，进一步推动我国制造业“走出去”。

本文作者：赛迪智库世界工业研究所　丁　悦　陈永广

如何推动我国自贸区服务型制造发展

服务型制造是制造与服务相融合的新产业形态，通过分散化的制造企业、服务企业和顾客的协同，形成服务型制造网络，其目的是使产业价值链各个环节都成为价值增值环节，从而达到产品增值和价值链提升。当前，我国正处于制造强国建设的关键阶段，不仅需要关注技术水平的提升，更要通过发展服务型制造来提升产品的附加价值，实现转型升级和提质增效。加强对我国自贸区服务型制造的研究，对推动我国自贸区发展和增强制造业的国际竞争力具有重要意义。

一、我国产业转型升级迫切需要服务型制造支撑

（一）服务型制造已成为跨国企业全球竞争的范式

在全球化竞争背景下，企业的竞争已经从产品品质的竞争转向以研发设计、生产制造、售后服务为一体的全生命周期的竞争，“产品+服务”已成为很多跨国企业开拓全球市场的普遍做法。一大批老牌制造企业的服务收入超过了制造产品收入，比如，在发动机制造商GE和罗罗公司的收入结构中，维修和服务的占比均超过50%，PC制造商IBM早已从硬件制造商转型为系统服务提供商。特别是新一代信息技术的广泛应用，培育出了基于互联网的个性化定制、众包设计、云制造等新型制造模式，将推动形成基于消费需求动态感知的研发、制造、服务新方式。

（二）服务型制造发展不足导致我国处于全球产业链中低端

从国际上看，生产性服务业在发达国家和地区普遍达到“两个70%”，即服务业占国内生产总值比重70%以上，生产性服务业占服务业比重70%以上。发达国家凭借在研发设计、品牌推广和维修服务等领域的竞争优势，占据了全球产业链的中高端。自2010年以来，虽然我国超越美国成为世界第一制造大国，但产品附加值明显不高。目前，我国制造业还缺乏国际竞争力，长期处于全球产业链的中低端。我国自贸区制造企业大都从事出口业务，企业赚取的仅仅是一些加

工制造环节的微薄利润，随着发达国家大力推动先进制造发展，如果我国不加快发展服务型制造，不能提升产业价值链，势必将面临低端锁定风险。

（三）推进中国制造 2025 需加快服务型制造发展

为加速实现制造业转型升级和创新发展，我国发布了“中国制造 2025”规划纲要，目标是通过三个十年的努力，实现中国制造由大变强。该规划提出，要坚持把结构调整作为建设制造强国的关键环节，大力发展先进制造业，改造提升传统产业，推动生产型制造向服务型制造转变。引导和支持制造业企业延伸服务链条，从主要提供产品制造向提供产品和服务转变。鼓励制造业企业增加服务环节投入，发展个性化定制服务、全生命周期管理、网络精准营销和在线支持服务等。随着各项政策措施的不断落实，服务型制造的发展将为中国制造 2025 的实现提供重要支撑。

二、我国自贸区发展服务型制造的优势与不足

（一）主要优势

一是自贸区改革创新政策迭出。近年来，为推动自贸区建设，我国（上海）自贸区不断加快政策制度的创新步伐，积极探索试验以“负面清单”为核心的投资开放、贸易便利化、金融创新制度。成立不久的天津自贸区近期也规定，在现行政策框架下，对自贸区内生产企业以及生产性服务业企业进口所需的机器、设备等货物，将予以免税。随着我国自贸区改革创新政策的不断推出，服务型制造的发展面临新机遇。

二是服务业领域的对外开放加快推动。随着我国自贸区建设的加快，我国将在服务领域进一步加大对外资企业的开放，推动服务贸易发展。比如，目前对外开放的 7 项增值电信业务中，已有 5 项取消了外资股比限制。我国可充分拓展自贸区的开放空间，积极引进和鼓励各种服务型制造新业态的发展。此外，还可借鉴国外高端管理模式和管理经验，采用最新服务贸易规则，以拓宽民营企业进一步发展的空间。

三是先进制造业和生产性服务业发展已经具备一定的基础。近年来，天津、上海等地大力发展先进制造业与生产性服务业，并取得了明显效果。以上海为例，自“十二五”以来，生产性服务业多年连续呈现高增长态势，增加值年均增速维持在 10% 以上。2015 年一季度，以总集成总承包、供应链管理与服务、电子商

务与信息化服务、研发与设计服务、检验检测服务、节能环保服务等为代表的十大重点领域，实现资产总额1.36万亿元，同比增长4.6%；营业收入5265亿元，同比增长17.0%，为推动服务型制造发展提供了重要支撑。

（二）存在的不足

一是对制造业的服务化转型重视不够。长期以来，我国对制造业服务化的认识不到位，“重工业、轻服务”的思维惯性普遍存在。虽然上海、天津等自贸区对生产性服务企业的发展采取了不少支持措施，制造业企业服务化转型意识不断加强，但仍缺乏完善的对制造业服务化的政策支持。企业专业化分工与合作意识淡薄，对生产性服务的需求仍以传统服务为主。另外，在科技创新、品牌建设等方面的投入不足，也制约了服务型制造的发展。

二是互联网与制造业的融合创新有待加强。随着新一代信息技术的广泛应用，基于“互联网+”的网络化、平台化、智能化现代服务业正在快速兴起。与跨国公司利用现代信息技术加快服务化转型相比，我国自贸区加工制造企业向集成服务延伸的力度仍然不够，特别是在提供集成服务和整体解决方案、零部件定制服务等方面，差距明显。自贸区需加大利用互联网技术来改造和提升传统制造业，进而强化产业配套服务能力，使集群由单一的制造或服务，转变为集成制造与服务功能的产业链集合，不断提升全产业价值链的竞争力。

三是支撑服务型制造发展的人才不足。相对于制造环节，服务型制造需要更多的专业化人才做保障。我国自贸区建设还大都处于基础设施建设和产业培育阶段，尚未形成对国内外高端服务型人才的集聚效应。另外，高端人才缺乏已成为自贸区服务型制造发展的重要制约因素。原因在于，我国教育体系还比较偏重于对制造业技术人才的培养，缺乏对工业设计、现代物流、电子商务等生产性服务业领域专业人才的培养。

三、对策建议

（一）加强扶持引导，推动自贸区制造业服务化转型

加快自贸区政策创新和经验推广，进一步简化海关报关审批程序，实行“负面清单”的投资管理制度，创新金融服务和外汇管理，搭建制造业服务化支撑平台，鼓励制造企业与生产性服务业的分工协作和共同发展，努力为自贸区服务型制造发展营造良好的政策环境。引导自贸区加工贸易从加工制造为主向研发设计、

品牌营销、物流配送等环节延伸，鼓励企业充分利用互联网技术，构建在线监测和远程维护服务体系，拓展制造业服务价值链。

（二）明确发展定位，形成服务型制造的特色集聚区

一是建设若干具有世界影响力的创新设计集群。培育一批专业化、开放型的工业设计企业，鼓励代工企业切入研究设计环节。大力发展基于互联网的工业众包、众设等众创空间。二是大力发展信息技术服务业。鼓励云计算、大数据相关软件的开发，提升软件服务、网络增值服务等信息服务能力。三是推动利用电子商务进行生产、制造、经营销售等各环节应用模式的创新。加快发展电子商务O2O服务，依托电商企业的平台优势，提高线上线下服务的对接能力。四是推动港口物流服务创新发展。发挥我国自贸区港口优势，大力发展国际中转、仓储租赁、保税物流等多层次业务，推动与内陆口岸通关协作，充分发挥自贸区对周边区域的辐射带动作用。

（三）培育技术和品牌优势，提升中国制造的附加价值

一是大力发展高端制造业。围绕当前国际产业竞争的热点领域，继续加大研发投入，在集成电路、航空航天、新材料等领域突破关键核心技术，大力提升中国制造的技术含量，提升制造业产品的附加价值，着力优化产品结构和改善品种质量，生产更多具有自主知识产权的产品。二是加大对自主品牌的培育和推广。加大对企业品牌培育的政策扶持力度，引导企业增强以质量和信誉为核心的品牌意识。研究和发布品牌培育管理体系实施指南和评价指南。三是要充分利用行业中介组织的作用。发挥其专业优势，广泛开展信息、咨询、交流、培训等各类促进活动，为企业开展品牌建设活动提供服务。

（四）深化国际合作，推动服务业对外开放

一是加强与跨国企业合作。借助跨国企业的营销和服务网络，进一步扩大我国制造产品和服务的市场空间。二是加强对服务标准的制定和规范化管理。借鉴国际经验，依托行业协会和中介组织，加强对服务型制造标准的制定。积极开展国际认证工作，推动服务标准的国际化。三是扩大制造业服务外包业务。细化出口产品市场，深入挖掘自贸区产品和服务的市场潜力，推动制造业服务外包向工业设计、检验检测、生物医药研发等高端领域拓展，推动国际服务能力的提升。

（五）重视人才储备，积极引进和培养高端服务人才

一是加大对海内外高端服务人才的引进力度。结合自贸区国际化的特点，采取优惠措施，吸引更多研发设计、金融服务、信息服务、现代物流等领域的高端人才，吸引海外高级人才和留学人员回国工作和创业。二是加强对服务型制造人才的培养力度。发挥自贸区的人才集聚优势，在重点院校、大型企业和产业园区，建设一批产学研结合的专业服务人才培训基地。三是深化人才体制改革，完善股权、期权等激励机制，以及创新风险共担和收益分享机制，努力营造服务型制造发展的宽松环境。

本文作者：赛迪智库世界工业研究所　陈永广

多哈回合谈判重启：我国制造业的机遇与挑战

多哈回合谈判是 WTO 成立以来第一轮多边回合谈判。然而，谈判一波三折，曾一度陷入停滞。2013 年底 WTO 达成“巴厘一揽子协定”，多哈回合谈判开始重新启动。如果此次多哈回合重启能顺利达成，对未来全球贸易发展会有什么影响？对我国产业转型升级是利是弊？我国作为贸易大国应如何参与多哈回合？探究这些问题，对我国正确看待和参与多哈谈判，并制定恰当的产业政策具有重要意义。

一、WTO 多哈回合谈判背景及最新进展

2001 年 11 月，WTO 在卡塔尔首都多哈举行了第四次部长级会议，启动了新一轮多边贸易谈判，称为“多哈发展议程”，简称“多哈回合”。此轮谈判旨在促进 WTO 成员削减贸易壁垒，通过更加公平的贸易环境来促进全球尤其是贫穷国家的经济发展。谈判包括农业、非农产品市场准入、服务贸易、争端解决、知识产权、规则谈判、贸易与发展，以及贸易与环境等八个议题。多哈回合原定于 2005 年前结束谈判，但因谈判内容多、标准高、成员多、各利益集团就农业、非农业市场准入问题分歧严重（见表 1）而被无限搁置。

在非农市场准入问题上，各成员方关注的焦点是非农产品的降税问题。2008 年，各方曾通过以“瑞士公式”为基础的关税减让模式达成初步意见，但在关税减让幅度和灵活性方面未能达成一致。总体上，美欧等发达国家和地区成员处于攻势，要求大幅度削减非农产品关税，并对发展中国家成员的灵活性设置门槛和条件；印巴等发展中成员处于守势，坚持给予发展中国家成员灵活性，降低关税削减幅度。

2013 年 12 月，在巴厘岛举行的第九届部长会议上，WTO 达成了成立以来的首份多边贸易协定“巴厘一揽子协议”，多哈回合谈判实现了 12 年以来的零突破。各方部长代表一致同意在 2015 年 7 月底前拟定详细的谈判工作方案，并预期在 2015 年底于内罗毕举行的 WTO 会议上达成协议。目前，各成员方正就非

农产品关税减让模式进行密集磋商。

表 1 多哈回合谈判中部分利益集团与国家和地区谈判关注点

集团	议题	关注焦点	攻防类型
G33农业集团	农业	以印度尼西亚为代表，强调发展议程是多哈回合谈判的核心，关注特殊与差别待遇、食品安全以及城村发展问题	防守
G20农业集团	农业	以巴西为代表，主张农业问题是多哈谈判的核心并且是其他议题的“着陆地”，出口补贴应尽快取消	进攻
G10农业集团	农业	以瑞士牵头，同样关注农业领域国内支持、出口竞争和市场准入之间的协调发展	防守
新成员集团（RAMs）	所有议题	以中国台北为代表，主张将农业、非农业市场准入与服务贸易相结合谈判	防守
凯恩斯集团	农业	以澳大利亚为代表，表示多哈工作计划应关注可行性议题，同时关注农业领域国内支持、出口竞争和市场准入三大基石的平衡发展	进攻
最不发达国家集团	所有议题	以乌干达为代表，表示最不发达国家集团的全球贸易占比较低，服务出口并未改善，融入全球服务贸易仍是最大挑战	防守
非洲集团	所有议题	希望在灵活度上能维持原有标准	防守
弱小经济体（SVEs）	所有议题	以危地马拉为代表，关注农业领域，呼吁在非农业市场准入中给予弱小经济体更多灵活性	防守
发展中成员非农议题11国协调组（NAMA11）	非农	以巴西、印度、南非、阿根廷和印度尼西亚为代表，主张降低发展中国家市场开放水平，提高发展中成员国灵活度	防守
美国	所有议题	呼吁各成员方在雄心水平和可行性之间找到平衡点，放弃“一揽子”方式，小步前进，并鼓励ITA等诸边谈判	进攻

资料来源：赛迪智库整理 2015 年 3 月

二、多哈回合谈判如果达成，我国制造业将机遇与挑战并存

（一）带来的机遇

一是有利于推动世界经济复苏，为我国产业发展创造良好的外部环境。首先，多哈谈判的顺利结束将直接创造不菲的经济收益。据 WTO 估计，多哈回合谈判成功将使世界经济每年获益 500 亿～ 1000 亿美元。其他机构的研究也表明，多哈回合成功将给不少国家和地区带来贸易利益（见表 2）。其次，WTO 的三大职

能将齐头并进，有利于共同营造良好的外贸环境。多边贸易谈判、贸易政策审议和争端解决机制是WTO的三大功能，虽然多边贸易谈判发展滞缓，但贸易政策审议机制对贸易保护主义起到了监督作用，争端解决机制可为WTO成员解决贸易分歧。如果多边贸易谈判能够重启，三大职能共同发挥作用，将进一步推动世界经济的复苏与稳定，为我国产业发展营造良好的外部环境。

表2　多哈回合农业自由化和非农市场准入将带来的利益（单位：亿美元）

	国际信息和展望中心——法国国关研究所		彼得森研究所		世界银行
	GDP	出口	GDP	出口	GDP
美国	53	356	93	60	64
中国	159	694	97	143	57
欧盟	118	627	163	92	184
日本	101	407	56	72	296
世界	696	3346	555	544	935

数据来源：彼得森研究所报告《Will the World Trade Enjoy a Bright Future》

二是有利于加速我国制造业融入全球价值链，促进产业转型升级。首先，多哈回合谈判顺利达成将为我国优势产业带来更为广阔的发展空间。巴西、印度、阿根廷等发展中国家关税（见表3）普遍较高，这些国家如果降低关税，我国纺织品服装、摩托车等优势产品将会赢得更大的出口市场。其次，全球贸易自由化将为外国产品进入我国市场提供便利，势必加剧国内外企业的激烈竞争，从而迫使我国相关产业加大技术创新，加速淘汰落后低端产品，向生产高附加值产品转型。最后，全球范围内关税的降低和投资环境的改善，有利于加快我国企业“走出去”步伐，转移过剩产能，优化产业布局，积极嵌入全球价值链。

表3　2013年部分发展中国家的关税水平

新兴经济体	2013年约束关税	2013年实施关税	新兴经济体	2013年约束关税	2013年实施关税
巴西	32.4%	13.5%	南非	19%	7.6%
印度	48.6%	13.5%	墨西哥	36.2%	9.9%
阿根廷	31.9%	13.4%	土耳其	28.6%	10.8%

数据来源：WTO年度关税报告

三是有利于缓解区域贸易集团给我国产业带来的贸易转移效应。多哈回合谈判陷入僵局期间，一些发达国家和新兴经济体开始转而打造区域经济集团或双边自由贸易区。其中，美国主导的跨太平洋伙伴关系协议（TPP）和跨大西洋贸易与投资伙伴协议（TTIP）旨在打造全球新的贸易规则，稀释部分新兴大国的区域影响力，从而严重压缩包括我国在内的区域外经济体的发展空间。多哈回合谈判重启并取得成功，可在一定程度上缓和区域性贸易集团的排他性，促进多边和双边贸易的双轨融合。

（二）带来的挑战

一是非农产品大幅降税将给我国产业带来较大冲击。自加入 WTO 后，我国经历了十多年的高速增长，已成为世界最大的贸易国。但国际金融危机爆发后，整个世界经济形势发生了较大变化：欧美发达国家纷纷提出“再工业化”战略，鼓励制造业回归，并加速在智能制造等领域抢占制高点；发展中国家则以成本优势加快引资力度，积极发展劳动密集型产业，逐渐瓜分和蚕食我国加工贸易订单。现阶段，我国劳动密集型产业优势日趋丧失，新的优势产业尚未完全形成。在多哈回合谈判中，如果进一步大规模降税，我国制造业双重夹击的窘境势必进一步加剧。

二是欧美发达国家力推的部门谈判将对我国制造业产生较大影响。多哈回合停滞多年，各国对多边谈判的雄心水平已大打折扣，并且变得更加实际，更加注重自身的核心利益。近年来，美国一方面通过 TPP 和 TTIP 等区域贸易协定谋求打造全新的贸易规则，使 WTO 逐渐被边缘化；另一方面，它对自身大规模的降税也比较谨慎，在发展中国家成员的抗衡下，转而力推部门谈判或诸边谈判，为其进攻利益产品争取更多的市场，并以此种方式避开纺织品等防守产品的降税。对于发达国家的这种策略，如果应对不当，将直接导致我国参与多哈回合的利益失衡，对我国未来重点发展的机械、电子、医疗、环保等产品造成较大冲击。

总体上看，WTO 多哈回合的顺利达成，将使我国制造业机遇与挑战并存。不过，在世界经济复苏乏力、各经济体发展多元化的情况下，多哈回合的达成仍然面临重重困难。因此，一方面，对多边谈判我国应抱有适当的雄心水平，根据各方的态度立场以及我国产业实际情况制定谈判策略，趋利避害；另一方面，我国应加快产业转型升级步伐，培育新的优势产业，为我国参与多边谈判打下良好的产业基础。

三、我国参与多哈回合谈判的政策建议

（一）从谈判策略看，坚持“发展”核心，争取灵活性

WTO 拥有多达 160 个成员方，各利益集团关系错综复杂，在敏感议题的谈判上互不相让。同时，WTO 谈判又要求协议需经所有成员同意才能生效，难度可想而知。此外，虽然多哈回合停滞多年，但与 2008 年谈判停滞时相比，目前各成员方的立场并未发生根本变化：美欧等发达国家希望获得更多的市场准入机会，为其制造业回归打下良好基础；发展中国家仍关注灵活性、特殊和差别待遇等议题；新兴经济体还在积极利用成本优势发展劳动密集型产业，整体上仍处于防守之势。可见，多哈回合谈判依然面临众多困难，我国仍应坚持一贯策略。一是团结其他发展中国家，坚持“发展”的核心立场，争取发展中国家的特殊和差别待遇。二是在产业可承受范围内，制定合理的降税幅度，并以此积极推动其他成员方降低关税，为我国优势产品争取更多的市场机会。三是应坚持“高税多减，低税少减”的原则，坚持承担与关税水平、降税贡献相当的义务。

（二）从谈判准备看，做好产业调研，夯实谈判基础

在非农产品谈判中，关税减让是最重要的环节。应充分研究我国进攻利益和防守利益产品，做到心中有数。一是持续跟进多哈回合谈判进度，加大宣传力度，引起行业协会和企业的关注和重视。二是打造政府、企业、行业协会联动机制，深入了解产业情况及企业利益诉求。三是研究产业发展规律，预测产业趋势，做好前瞻研究。四是在充分深入了解我国产业现状和发展趋势的基础上，对比其他 WTO 成员方的关税水平，梳理出我国进攻利益产品以及防守利益产品，为关税减让和非关税壁垒的消除，以及将谈判过程中的利弊权衡提供重要参考。

（三）从产业发展看，把握机遇，加快产业转型升级步伐

产业发展现状及趋势是各方参与谈判的基础，也是我国谈判要达到的最终目的。我国制造业应抓住多哈回合谈判重启的机遇，加速实现技术和价值链的突破，加快产业转型升级。一是加强自主创新和技术进步，培育国际竞争新优势。完善产业支撑政策体系，积极引进国际先进技术，增强企业的资源全球化配置能力，推动产业转型升级，打造一批新的具有国际竞争优势的企业。二是积极引导企业“走出去”，运用全球资源优化产业布局。2014 年我国对外直接投资超过 1400 亿

美元，已成为资本净输出国，在多哈谈判重启之际，应积极推动 WTO 成员方非关税壁垒的削减，释放我国企业境外投资活力，引导企业调整优化产业布局，逐步参与到全球价值链的高端环节。

本文作者：赛迪智库财经研究所　周　祺　关　兵

创新创业篇

国家制造业创新中心知识产权不可缺位

2015年3月，美国先进制造国家项目办公室（AMNPO）知识产权工作小组公布了《国家制造创新网络知识产权指导原则》（以下简称《指导原则》），旨在为美国制造业创新中心可能面临的主要知识产权问题提供指导。早在宣布建设制造业创新中心时，AMNPO就已开始研究制定制造业创新中心知识产权指导原则。英国在建设弹射中心即英国国家级技术创新中心时，也形成了知识产权指导原则。另外，被美国总统科技顾问委员会列为全球最成功的两大研究机构——德国弗劳恩霍夫协会（“工业4.0”主要发起机构之一）与我国台湾地区工业技术研究院（以下简称“台湾工研院”），也都有着适合自身特点的知识产权制度。知识产权被视为制造业创新中心建立、管理和运行中的重要环节，美、德、英等制造强国与我国台湾工研院的做法值得研究和借鉴。

一、知识产权对国家制造业创新中心意义重大

（一）知识产权是衡量制造业创新中心创新能力与水平的重要标准

《中国制造2025》将制造业创新中心（工业技术研究基地）建设工程作为亟需推进的五大工程之一，其重要使命就在于整合国家创新资源，突破重点行业、重点领域关键共性技术与关键核心技术，掌握自主知识产权。诸如专利、软件著作权等知识产权，其产出数量、质量及运用效果，应作为评价制造业创新中心创新能力和水平的重要指标。

（二）知识产权是制造业创新中心建设与运行的基本保障

知识产权是制造业创新中心创新成果的体现，也是持续保持创新能力的关键性资源。运用和保护知识产权，建立完善的管理体系，比如，知识产权信息利用制度、知识产权风险防范与纠纷应对机制等，能够为制造业创新中心的技术创新成果提供有力的保护，并为转移转化知识产权、实现知识产权的商业价值提供可靠保障。

（三）知识产权是一种粘合剂，连接国家制造业创新中心与产业，促进产学研用各方协同创新

创新中心项目的科学设定，应建立在一定的基础之上，比如，已全面了解产业发展前沿技术、关键核心技术知识产权现状，以及突破点，否则就可能造成侵权或重复性研究；要使各方的合作研发顺利进行，就必须清晰界定知识产权权属，否则就可能面临意想不到的纠纷；要体现技术创新成果的价值，就要有合理合法的制度，统筹各方的知识产权利益分配，否则就可能导致创新成果难以实现有效转化、转移和产业化。

二、一些国家和地区制造业创新中心的成功做法

（一）定位清晰，以掌握关键核心技术知识产权为重要使命

创造和保护知识产权，利用关键核心技术知识产权占据产业竞争制高点，提升制造业竞争力，引领相关产业发展，是美国构建国家制造业创新网络的政策目标。德国弗劳恩霍夫协会、英国弹射中心以及我国台湾工研院成立的目的也在于此。

在信息与通信技术、生命科学、材料与部件等诸多制造业战略研究领域，德国弗劳恩霍夫协会积累了丰富的专利，并成功地应用和推广这些专利技术，在“德国制造”的品牌塑造中功不可没。我国台湾工研院的研发几乎涉及到台湾所有重要技术领域，比如集成电路、精密加工、光电等，并取得了一批具有自主知识产权的技术创新成果，累计获得的授权专利位居世界同类机构前列。它对前瞻性、关键性的产业共性技术专利进行积累与应用推广，提升了我国台湾地区产业技术的整体水平。

（二）扩展概念，加大知识产权保护力度

美国的《指导原则》对知识产权的界定比法律概念更为广泛，也明显超出《与贸易有关的知识产权协议》（TRIPS 协议）的界定范围。创新活动中所产生的一切智力成果，比如记录、设计、图画、备忘录、报告、试验或计算结果，以及数据、发明、软件、发现等，无论是否经申请获得专利、著作权、商标等，都属于《指导原则》所指的知识产权，都将受到严格保护。

英国在弹射中心的知识产权指导原则中，要求记录和保护由中心和合作方投资项目的现有（含背景）知识产权，包括商业敏感信息。所谓商业敏感信息，

既包括商业秘密，也包括其他被认为具有商业价值的信息，范围广泛。德国弗劳恩霍夫协会称，“我们的知识就是我们的未来”，所以，“我们必须保护我们的知识产权、发明和专利”。不仅如此，为了保障“工业 4.0”战略的实施，保持德国制造业的创新领先地位，目前该协会已经将数据保护和网络安全作为研究的重点之一。我国台湾工研院的知识产权保护意识同样强烈，早在建院之初，它就制定了知识产权规划，对研发产生的各类智力成果进行大力保护。

（三）以用为本，合理界定知识产权归属

美国的《指导原则》凝聚了各方共识，其中一个观点就是，国家制造业创新中心的知识产权应与国家制造创新网络加快技术转化的目标保持一致。《指导原则》规定，国家制造创新网络组成机构应在《拜杜法案》框架内，促进联邦政府资助项目知识产权的商业化和基于公共目的的利用。对于制造业创新中心资助的项目，应采取合理措施，促使知识产权所有者进行许可授权，以实现知识产权的商业化。

英国弹射中心根据项目资金的不同来源，以知识产权运用便利为核心，对相应知识产权进行区别对待。德国弗劳恩霍夫协会是以应用开发、促进技术创新转移转化成效显著而著称，它不鼓励员工的非职务发明。因为，除了难以证明员工的发明创造与该协会毫无关系之外，根本原因还在于对知识产权转让许可和市场开发不利。

（四）强化知识产权服务，促进制造业竞争力整体提升

美、德、英等国的国家制造业创新中心及我国台湾工研院均强调中小企业的积极参与，并鼓励向大、中、小型各类企业进行知识产权转让或许可，并为企业尤其是中小企业实施技术成果转化提供全面的知识产权服务。美国的《指导原则》规定，国家制造业创新中心不应将知识产权作为维持财务可持续收入的来源，而应使之成为传递价值的必要手段，其初衷即在于降低或消除交易成本，尤其是中小企业参与知识产权交易的成本，以及管理知识产权的负担。

中小企业的技术创新与发展被德国视为立国之本。德国弗劳恩霍夫协会也一直践行着中小企业创新推动者的使命，致力于通过“企业合同”，使中小企业客户能够分享其包括雄厚知识产权在内的科技资源，获得高水平科研队伍提供的服务。我国台湾工研院则设立了专门的技术转移服务中心，为企业尤其是中小企业提供专门知识产权服务，促进知识产权快速实现商业化。

三、对策建议

（一）制定知识产权指导原则

建议在国家制造强国建设领导小组设立知识产权工作机构，负责研究涉及国家制造业创新中心的知识产权问题。在筹建国家制造业创新中心的同时，由该机构尽快组织研究制定国家制造业创新中心知识产权指导原则，明确知识产权的权属界定原则、保护与管理的责任、措施，以及实施和运用收益分配机制、服务培训等内容。

（二）推动知识产权商业化运用

围绕《中国制造 2025》重点领域和关键核心技术，积累和储备一批高质量的专利，为知识产权商业化运用奠定基础。以促进产业转型升级、提升竞争力为导向，发挥企业在技术创新以及知识产权商业化过程中的主导作用，鼓励政、产、学、研合作，创新和协同运用知识产权。健全和完善具有自主知识产权产品的使用、采购政策，创新专利运营、保险、证券化等知识产权运用方式；以技术创新成果的转移转化和产业化为目标，建立健全知识产权商业化运用的分配机制，对于突出的机构和人员，以分成、奖励、股权等方式进行激励。以便利知识产权商业化为原则，遵循我国《促进科技成果转化法》，合理界定国家制造业创新中心各类知识产权归属，具体建议为：政府资助项目产生的知识产权，应归国家制造业创新中心所有，必要时也可在承担转移转化义务、接受成果评估考核的前提下，由技术研发机构、企业所有；企业和公共部门共同投资的合作研发项目产生的知识产权，遵循市场化和法治化原则，由合同约定其权属和开发利用的权利义务；企业投资并利用国家制造业创新中心基础设施和设备产生的知识产权，不应视为国家制造业创新中心所有，其归属应由协议约定，但所有者负有知识产权商业化义务；对作为投资的知识产权，项目结束后需继续使用的，该所有权人应予授权。

（三）提高知识产权服务能力

依托现有公共服务平台和创建中的产业技术基础服务平台，构建国家制造业创新中心知识产权服务体系。加强国家制造业创新中心知识产权服务体系与专业技术交易机构、创投机构、金融机构的联系，打造基于“互联网 +”的知识产权运用互动交流平台，创新知识产权运用服务模式。面向企业尤其是中小企业和新创企业，提供周到的相关服务，比如关键技术领域的知识产权风险预警、布局与技术创新规划、转让许可、价值评估等，助力中小企业和新创企业迅速成长，进而带动产业创新发展。

（四）加强知识产权评估

加强对国家制造业创新中心知识产权的质量、运用效果进行评估，根据评估结果决定来年财政经费的投入。应将关键核心技术的专利数量及组合、PCT专利申请数量等指标，作为知识产权的质量评估指标；应将专利转让或许可数量、专利实施率、专利新产品收入占主营业务收入比重，以及辅导企业开展专利转移转化情况等，作为知识产权运用指标，纳入制造业创新中心建设和管理考核指标体系中。

本文作者：赛迪智库工业科技研究所　王　磊　任海峰　马　冬

以协同创新模式突破低端锁定困局

在现代高科技产业中，产业链最末端的环节往往只是组装采购来的零部件，最末端环节的企业只是所有上游企业交换价值的变现工具。当前，我国工业虽能生产高端产品但却利润微薄，被“锁定”在全球价值链的低端。同时，我国存在大量无法转化成社会生产力的科技成果。这需要政府与企业积极配合，构建创造产品价值重心的协同创新模型，持续在终端产品的核心技术上实施协同创新，掌握核心技术，控制产品价值重心，突破低端锁定。

一、我国工业亟待依托创新摆脱低端锁定困境

终端产品的核心部件是产品的价值重心。对于多链路终端产品，其总价值是所有上游产业链创造价值和本环节创造价值之和。然而，现代高科技产业的垂直分工非常细微，处在产业链最末端的环节往往只是组装采购来的零部件，其所能创造价值的空间有限，处在最末端的企业只是所有上游企业交换价值的变现工具。诸如个人电脑、高档机床等高科技产品，每类产品都有一个对终端产品价值贡献最大的核心部件，谁掌握了这个核心部件的知识产权，谁就会在终端产品的销售总收入中分得最大的份额。

当前形势倒逼我国工业依托创新摆脱低端锁定困境。目前，我国工业产业上游环节许多是低技术的低价值产业；下游环节若选择国内上游环节做供应链则生产出低端产品，若选择国外上游环节做供应链虽能生产出高端产品创造高的GDP，但却因无法突破关键核心技术，不能控制价值重心导致利润微薄。在当前国际市场趋紧、资源能源约束加大、劳动力成本上升、国际竞争加剧等多重因素制约下，我国工业以往的低端生存环境不再，生存空间收缩倒逼我国工业必须依托创新摆脱低端锁定困境，增强产业的国际竞争力。

二、协同创新是突破低端锁定的关键路径

对外依存度过高是低端锁定的重要原因。我国工业产品最大的质量品牌问

题是工业体系的低端锁定问题，其原因根据产业差异大体可归为三类：一是依赖国外技术资源，被高科技的上游产品锁定；二是依赖国外自然资源，被高价格的矿产产品锁定；三是依赖国外创意资源，被高附加的工业设计锁定。此三类的对外依存度均反映出我国工业创造力的不足。

协同创新是掌握核心技术、突破低端锁定的重要方法。工业创造力不足正是我国经过数年创新驱动发展，工业终端产品涌现出许多成果，而上游核心技术却依然依赖国外的重要原因。解决对外依存度过高被低端锁定的关键方法就是长期地持续地在终端产品的核心技术上实施协同创新，磨炼出必备的工业创造力，掌握核心技术，突破低端锁定。

三、构建创造产品价值重心的协同创新模型

第一，构建创造产品价值重心的协同创新模型。通过总结"产品价值重心"创新成功的诸多案例，将成功的促进要素抽象出来，再应用系统方法，设计出"协同创新模型"（如图 1 所示），这个模型由产业层创新和企业层创新两个子系统组成双层结构。

产业层子系统的系统边界分布在产业和行业层面，由产业和行业内单体企、事业单位和有关政府部门配置成价值链技术创新、价值链产品创新、价值链品牌创新和价值链商业模式创新等 4 个集群性的创新要素，4 个要素组成一个动车组结构，其系统功能是利用价值链竞争力开拓市场，其推动机制是领军企业的组织创新。

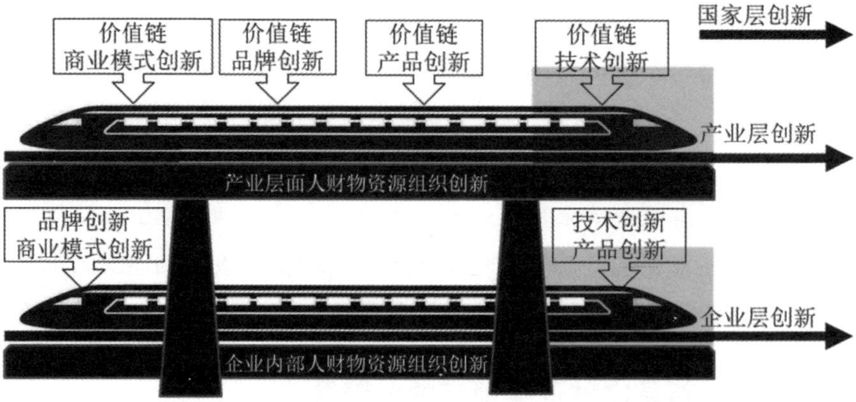

图 1　创造产品价值重心的协同创新模型

企业层子系统由单个企业内部人、财、物资源配置成技术、产品、品牌和商业模式等4个创新要素构成，4个要素也组成一个动车组结构，其系统功能是开发技术方案和营销方案，引领供应链群体进行配套技术创新和产品创新，引领市场链群体进行品牌创新和商业模式创新，其推动机制是企业的组织创新。

第二，建立产业层要素与企业层要素的关联机制。由领军企业利用创造“产品价值重心”的利益杠杆调动其他企业的人、财、物资源配置成价值链上的4个集群性创新要素。其功能分别为：

（1）价值链技术创新：以领军企业的技术方案为标准，指导价值链逐级配套研发新技术，保证价值链技术标准的统一。

（2）价值链产品创新：以采购方案、授权开发为纽带，组织价值链各级技术创新成果的产业化。如，英特尔公司在开发新一代通用CPU时，会以技术方案为标准组织上游设备商、材料商同时研发，并授权电脑企业开发装载新一代CPU的电脑整机。

（3）价值链品牌创新：参与创新的企事业集群共同打造集体品牌。如区域性的“中国制造”或行业性的“中国高铁”等地标性品牌。以共同利益为纽带，促使价值链上所有环节都生产最优产品。

（4）价值链商业模式创新：以领军企业的市场创意为纽带，在价值链上组织起别具特色的有利于创新产品销售的商业模式。其目的是以全链条的群体市场影响力和竞争力夺取市场的控制权。如，苹果公司为销售iphone智能手机就组织起手机专卖、电信运营、互联网信息服务商在内的排他性的iphone商业联盟。

四、政策建议

加大对协同创新的支持力度。建议政府主管部门应从成果市场化的维度管理项目，摒弃过去只抓研发或产业化的单一式、碎片化管理模式，组织领军企业实施协同创新，尽快创造一批中国的产品价值重心。

政策性资金可与拥有竞争实力并有市场渠道的末端企业联合建立“产品价值重心”课题。例如参考TD-SCDMA的成功案例，政府招标选择平台工程总承包商，由总包商完成技术方案系统设计，并在政府监管下按照技术方案由总包商向上游分包商发包。最后由总包商完成全产业链技术成果的系统集成，形成概念产品并产业化、市场化。

政府支持上游环节工业试验室建设。为实现产品价值重心环节与整机环节的协同创新，政府可在政策、资金等方面支持有实力的材料、零部件、电子元器件等上游企业建立工业试验室。

本文作者：赛迪智库工业科技研究所　王文平　张义忠　何　颖

实施创新驱动发展战略要用好国际资源

我国已经是全球工业大国，但尚未发展成为工业强国，根本症结在于关键领域核心技术缺失，特别是核心知识产权受制于人，产业难以真正形成创新驱动发展的格局。习近平总书记在2014年两院院士大会上指出，“只有把核心技术掌握在自己手中，才能真正掌握竞争和发展的主动权”。当前，实施创新驱动发展战略，就要敏锐把握世界科技产业发展趋势，以国际化视野充分利用全球科技资源，为我国产业提升创新能力开辟新途径。

一、我国制造业创新面临的知识产权挑战加大

2005—2013年，我国制造业总产值年均增长约20%，2010年我国制造业占全球制造业的比重达到19.8%，成为世界制造业第一大国。但同时我国制造业发展也面临着一定困境和挑战，具体表现为：一是高端制造业面临着关键核心技术缺失，技术专利受制于人，与欧美日等世界制造强国相比，在全球的产业链分工中地位不高。例如，我国作为全球第一大机器人市场，但中国企业制造工业机器人所需的减速器很大部分向纳博特斯克和哈默雷科两家日本厂商购买。二是传统的劳动力、土地、原材料等生产要素的低成本比较优势逐渐丧失，我国低端制造业面临来自印度、越南等新兴发展中国家的竞争压力日益增加。例如，目前我国东部沿海地区劳动力平均工资已经达到2500～3000元，几乎是印度的5倍，越南的3倍。

要推动我国制造业由大变强，关键在于掌握关键核心技术知识产权。据WIPO统计，2013年中国专利申请量已为全球第一，但我国专利质量不高。一是发明专利数量较少，原创性发明专利数量更少，专利技术的成熟度较低，限制专利的实施和产业化。二是核心技术专利受制于人，日益成为我国企业走出去的关键壁垒。如中兴、华为、联想近年来在国际市场屡屡遭到专利起诉，特别是去年年底，小米在印度更是遭到了全面封杀。

二、制造业创新驱动发展的新思路

一是加强国际合作，营造创新格局。习总书记多次强调国际合作开放创新的重要性。自主创新不是闭门造车，要更加积极地开展国际科技交流合作，更加合理地利用国际国内两种科技资源，站在更高起点上推进产业创新。

二是强化创新主体，优化资源配置。要增强产业创新能力，必须强化企业的主体地位，打通科技到产业的通道。由市场主导创新要素和资源的配置，明确政府在创新资源分配中的平台性地位，让企业充分参与国家科技活动，研究开发满足市场需求的新技术新产品，实现创新成果的市场价值。

三是布局知识产权，掌握核心技术。发挥知识产权对经济社会发展和企业创新活动的支撑作用，在重点产业领域强化知识产权战略布局。加强企业的知识产权储备和运用，提升企业关键核心技术专利的掌控能力。

三、几点建议

一是吸纳国际创新资源，建立国际性创新平台。在国家科技体制改革的大背景下，鼓励企业以并购、合作建立研发机构等方式吸引国际创新资源要素，通过建立创新服务平台，提升企业对引进技术的消化吸收再创新能力，提高国际创新合作水平。

二是强化金融创新，发挥资本对产业创新的推进器作用。有机结合国家投入与社会资本，提高利用外资质量和水平，不断为产业发展注入活力。如金沙江资本牵头中投、险资、信托等金融资本，联合晶能光电成功收购飞利浦 Lumileds 子公司，就是结合了不同来源资本，由专业化团队操刀，在国际各路资本强势竞争下成功获得了飞利浦 LED 的核心专利和品牌授权。

三是自主创新与海外并购结合，获取核心知识产权。以市场为导向，一方面继续加大对科技创新的支持力度，另一方面利用海外并购、交叉授权等多种方式获取核心知识产权，加快产业升级和企业走出去步伐。如金沙江资本牵头成功收购飞利浦 Lumileds 子公司的 600 余项 LED 领域核心专利，使我国 LED 产业突破了知识产权被封锁格局，大大增强了我国 LED 产业的国际竞争力，为国内企业出海创造了有利条件。

本文作者：赛迪智库工业科技研究所　杨　舟　何　颖

京津冀科技创新协同发展面临的问题与对策

京津冀地区是我国创新资源最为集中、科技创新成果最为丰硕的区域。北京科技创新能力优势突出，天津技术研发和科技成果转化能力明显，河北技术承接潜力显著，三地科技创新能力的梯度差异，为推动京津冀地区建立科技创新协同发展机制奠定了良好基础。实际上，京津冀地区高校、科研机构和相关企业一直在不断探索加强互联互通，区域合作基础不断夯实，科技合作不断加深，产业合作初见成效。但综合来看，创新要素过于集中，科技资源跨省市流动不畅，中关村核心辐射引领功能尚未凸显，区域内科技成果转化和产业化相对薄弱等问题依旧突出，严重制约了京津冀科技创新协同发展机制的建立，以及科技对产业升级和经济一体化支撑能力的进一步发挥。这些问题值得我们深入研究。

一、区域创新活力与产业优势为京津冀科技协同创新奠定了基础

（一）科技创新资源富集，创新成果丰硕

京津冀经济圈是我国高校、科研院所和科技人才最为集中的区域，汇集了全国 1/4 以上的高等院校、1/3 的国家重点实验室和工程（技术）研究中心、2/3 以上的两院院士、1/4 留学人员。三地科技投入高，研发资源丰富。2013 年，京津冀地区 R&D 活动人员全时当量、R&D 经费内部支出分别达到 43.2 万人年和 1895 亿元，占全国的 12.23% 和 16% 。

区域科技创新成果丰硕。2013 年，京津冀地区技术市场成交额共计 3160 亿元，占全国的 42.3%；专利申请量和授权量分别达到 21 万件、10.6 万件，分别是 1995 年的 20 倍和 15 倍。“十二五”以来，获得国家科技奖励 332 项，占到全部科技奖励数量的 39.6%。丰富的创新资源和科技创新成果，使得京津冀具备了在更高起点上加快科技创新协同发展的独特优势。

（二）三地科技创新能力互补，协同创新潜力巨大

京津冀科技创新能力存在梯度差异。2013 年，两市一省 R&D 经费内部支出

在全国所占比重分别是10%、3.61%、2.38%；R&D经费投入强度分别是6.08%、2.98%、1%；技术市场成交额在全国所占比重分别为38.2%、3.7%、0.4%。北京科技创新能力优势最为突出，基础研究和原始创新能力强；天津科技创新能力较强，技术研发和成果转化能力较为突出，科技型中小企业发展迅速；河北科技创新能力相对薄弱，但技术承接潜力显著。北京全国科技创新中心、天津现代制造中心、河北后发优势强劲的特点，将为推动京津冀地区形成优势互补的区域创新发展格局奠定良好基础，科技创新协同发展潜力巨大。

（三）中关村辐射带动作用增强，区域科技合作加深

中关村聚集了大量高端创新资源，拥有中国科学院、中国工程院等140多家科研院所，17家国家级大学科技园，29家留学人员创业园，国家重点实验室、国家工程（技术）研究中心、国家级企业技术中心占全国的1/4，共有高新技术企业15455家。2013年，中关村企业科技活动经费支出连续两年以百亿元的速度增长，专利申请量和授权量分别占北京市总量的30.6%和33.5%。中关村辐射带动作用不断增强。2013年，中关村企业总收入占北京地区生产总值的20%；技术交易总额占全国的33%以上。中关村与其他区域的合作不断深化，2012年75%的上市公司将生产地设在京外，与外省市签订的技术合同同比增长37.8%；同时积极探索跨区域并购、共建园区、高效配置科技资源等区域合作新模式。

京津冀在科技方面的合作一直在推进，例如，迄今已经共建了北大承德高新区研发中心、清华发展研究院、唐山高新技术研究与转化中心、北大新一代信息技术研究院、中科院天津电子信息技术产业园等一批联合科技研发和示范项目。中关村国家自主创新示范区现已成为我国创新发展的排头兵，也必将在京津冀科技创新协同发展进程中发挥更加重要的核心引领作用。

（四）区域优势主导产业基础较好，产业协同发展有序启动

京津冀培育了以集成电路、平板显示、通信设备、计算机、软件和信息服务为主导的电子信息产业集群，形成了以轨道交通、海工装备、环保设备、能源装备为主导的高端装备产业群，构建了以大飞机、直升机、无人机、火箭、卫星为代表的航空航天产业群，涌现出了一批自主创新领军企业。而且，两市一省的产业差异性较强。北京以现代服务业为主导，总部经济、科技研发、高端服务优势突出。天津是加工业主导型发展模式，产业优势在于高端制造、研发转化和国际港口。河北是资源型主导发展模式，产业优势在于资源、成本、加工，优势产

业集中在装备制造、新能源、生物医药等领域。

在政府引导下，两市一省相关企业的合作和产业协同发展工作正在有序开展，先后签署了《京津冀协同创新发展战略研究和基础研究合作框架协议》《北京市、天津市关于加强经济与社会发展合作协议》《深化经济与社会发展合作框架协议》等一系列合作协议；首钢和北汽整车项目等一批转移承接重点项目有序实施；首农集团、金隅集团、京东方等一批北京企业产业跨区域合作不断推进，初步探索出总部—生产基地、产业链合作等多种产业对接模式；张北云计算产业园、宝坻京津中关村科技新城等合作共建园取得积极进展。

二、四大问题严重制约京津冀科技创新协同发展

（一）产业同构和异构现象并存，创新合作存在难度

虽然京津冀三地的产业发展各有侧重，但目前仍处于定位不够清晰、缺乏统筹协调的阶段，尚未形成合理的产业分工，创新链、产业链和服务链对接融合不够充分，没有建立起高效的产业和技术梯度转移对接路径，结构性问题和矛盾仍较为突出。京津冀一体化进程明显落后于珠三角、长三角区域，并未形成有效互补。与此同时，京津冀周边城市能力落差较大，产业异构明显，但未能依托大企业建立紧密的产业链联系，从而形成各自为政、相对独立的产业分工体系。上述情况严重影响了三地科技创新的深入合作，创新合作大多处于企业自发状态。

（二）缺乏科技资源合理配置机制，创新要素流动性差

随着京津冀协同发展的不断推进，两市一省的高校、研究机构和相关企业已就联合研发、科技人才交流等方面展开科技合作。但三地在科技投入、发展水平、创新能力和资源禀赋等方面差距显著，有利于区域协调发展的科技创新资源合理配置机制还未形成，导致区域内的科技人才、资本、技术、科技成果和产权等创新要素过于集中，跨省市流动和开放共享程度偏低。

（三）区域内技术承接能力不强，科技成果转化不畅

据统计，2013 年北京转移至天津、河北两地的技术成果不到其输出总量的 4%，远不如长三角经济圈的区内转移情况，技术合同量比长三角少 13509 项。这充分表明，京津冀地区的技术承接能力相对薄弱，北京和天津两大中心城市对周边地区产业升级的辐射带动能力仍有待强化。

（四）有效的区域科技创新协同发展机制尚未建立

产业层次及资源禀赋的巨大差距，以及历史、行政区划、经济发展水平和体制机制等方面的诸多原因，使得京津冀三地发展依然更多局限于自我利益，“一亩三分地”的思维定式依旧存在，产业分工协作的内生动力不强，政府间科技创新协同发展机制尚未建立，支持区域创新合作的政策体系和制度环境有待完善，以科技协同创新引领产业、市场等的全方位协同效用未得到有效发挥，严重影响了区域整合效益，推动三地科技协同创新还面临着一系列挑战。

三、对策建议

（一）建立部省（市）协同工作机制，加强顶层设计

建议成立由工业和信息化部、科技部和三地政府共同组成的京津冀科技创新工作领导小组及相应的工作小组，就区域科技发展规划、科技计划项目、重大科技示范工程、科技创新平台及研发基地布局等重大问题进行顶层设计，加强统筹协调，建立起有效的沟通协调机制，加快京津冀地区政策体系由“分散化”向“一体化”转变，形成区域发展战略规划“一盘棋”。

（二）探索科技资源共享机制，打造创新要素共同体

依靠政府的统筹引领作用，以及市场在资源配置中的决定性作用，探索建立区域内科技资源开放共享机制，优化配置和高效利用三地的科研基础设施、科学仪器设备、科学数据、科技文献、国家重点实验室和工程（技术）研究中心等科技资源，打破行政区划，发挥北京和天津两大中心城市的辐射带动功能，促进人才、技术和资金等创新要素跨省市流动，率先形成京津冀创新要素共同体。

（三）构建成果转移和产业化平台，加快技术转移扩散

三地共建科技园、高新技术产业化基地、成果转移转化基地、科技企业孵化器等一批科技成果转移转化载体，建立区域技术交易市场和交易服务体系，建立科技金融合作平台，加快科技成果在京津冀区域内的转化和产业化。加快科技成果转移扩散及产业化，是切实推进京津冀三地产业转移和升级、科技创新协同发展的核心环节和重要任务，是发挥科技支撑引领京津冀共同体经济社会一体化的重要体现。

（四）开展联合科技攻关和应用示范，支撑重点领域产业升级

产业结构优化升级和实现创新驱动发展，是京津冀地区协同发展的合作重点。然而，两省一市创新要素过于集中、科技资源缺乏合理配置机制、产业结构性问题等矛盾，在短时间内难以解决。建议采用中关村国家自主创新示范区先试先行模式，三地围绕重点领域开展科技联合攻关和应用示范，一方面加大对钢铁、能源、化工、水泥等传统产业改造升级，另一方面加快培育新能源、装备制造、生物医药等新兴产业，推动区域产业结构调整和优化升级。

本文作者：赛迪智库工业科技研究所　任海峰　何　颖　杨柯巍

从福州新区设立看国家级新区创新驱动发展

2015年9月9日，《国务院关于同意设立福州新区的批复》正式发布，福州新区成为继南京江北新区之后我国第14个国家级新区，也是第6个沿海的国家级新区，填补了我国东南沿海国家级新区的空白。福州新区规划面积800平方公里，位于福州市滨海地区。初期规划包括马尾区、仓山区、长乐市、福清市部分区域。其区位条件优越，生态环境秀美，产业基础坚实，与台湾地区交流合作紧密，具有重要的战略地位，设立福州新区意义深远。

一、福州新区设立的意义

（一）为国家区域发展总体战略提供落地载体

福州作为“21世纪海上丝绸之路”的起点，同时坐拥“自贸区”，肩负着新时期推动我国对外开放合作的重大历史使命。“福州新区”的设立，不仅为“一带一路”“自贸区”等国家重大战略提供落地载体，同时也有利于增加区域经济发展动力，“盘活”整个区域的经济，推动福建积极参与、全面融入“21世纪海上丝绸之路”战略实施，培育新的经济增长极、与平潭综合实验区实现一体化发展，有利于区域发展总体战略的实施。

（二）为加快东南沿海经济发展提供动力源泉

福州是华东沿海省会城市中唯一没有被确定为副省级的城市。“国家新区”的设立，不仅填补了东南沿海国家级新区的空白，同时使得福州在区域经济发展过程中，能够更好地发挥汇聚发展资源、对外开放合作、体制机制创新、区域城镇化、产业高级化等方面的引领作用，有着明显的辐射带动和示范效应。福州新区必将引领带动周边区域协同发展，不仅包括新旧城区、新区与周边县（市）区、新区与西部山区山海的协同发展，还包括新区与内陆城市的对接，辐射带动内陆城市改革发展等，进而形成东南沿海经济飞跃发展的局面，实现沿海经济洼地全面提升，形成福建省与长三角、珠三角相呼应的开放新格局。

（三）为进一步促进两岸深度合作打造新型模式

福建与台湾关系源远流长，具有地缘相近、血缘相亲、文缘相承、商缘相连、法缘相循的“五缘”关系。福州市是距离台湾本岛最近的城市，一直以来都是两岸合作的重要承载区。近年来，福建与台湾之间产业对接不断深化升级，在纺织、食品等传统产业，以及机械、电子等制造业，乃至新能源、生物科技、创意产业、物联网等新兴产业呈现出全面对接态势。福州新区的设立，将进一步强化福建的对外开放，有利于创新深化两岸交流合作的新机制，实质性推进海峡两岸深度合作，成为两岸交流往来、直接“三通”的便捷高效的综合枢纽。

二、福州新区与国内重点新区的发展对比

（一）福州新区传统产业比重较高，新兴产业有待发展

浦东新区通过积极推进金融贸易先行、高技术产业先行的产业发展方针，2013 年新能源、高端装备、生物医药等七大战略性新兴产业产值达 2509 亿元，占比在上海市达 31.6%。滨海新区拥有八大优势产业，2014 年已形成“四个千亿”龙头产业，分别是汽车及装备制造产业（5400 亿元）、石油化工产业（3200 亿元）、电子信息产业（2600 亿元）和粮油轻纺产业（1900 亿元），同时，战略性新兴产业发展迅速，航空航天、新材料、生物医药等总产值现已突破 1400 亿元。两江新区重点产业有汽车产业，2013 年实现产值近 1700 亿元，同时还拥有光电显示等电子信息产业、高端制造业，包括通航制造、能源装备、机器人等战略新兴产

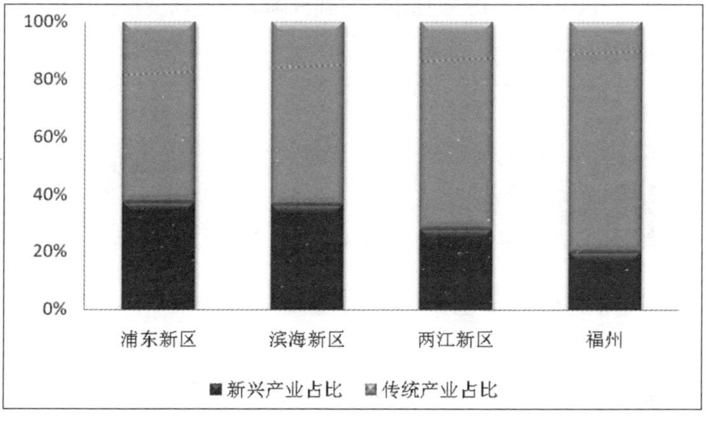

图 1　浦东新区、滨海新区、两江新区与福州市产业构成示意图

数据来源：赛迪智库整理

业。福州重点产业主要集中在传统产业领域，以纺织服装、轻工食品、机械制造、冶金建材等 4 个千亿产业为主，战略性新兴产业有待进一步发展。

（二）福州新区创新要素积累不足，创新能力建设有待加强

近年来，福州市积极落实国家创新驱动发展战略，主动完善科技创新体系，但在科研投入、成果产出及产业化能力方面较其他新区存在一定差距。在研发投入强度方面，2012 年和 2013 年，福州市研发投入仅为 58.6 亿元和 63.7 亿元，研发投入强度仅 1.39% 和 1.36%，远低于浦东新区和滨海新区，虽然 2013 年研发投入有所增加，但强度却呈下降趋势（见图 1）。在科技成果产出方面，2012 年和 2013 年，福州市专利申请量仅为 2959 件和 3821 件，远低于其他国家级新区，科研成果产出能力与其他新区差距较大（见图 2）。在科技成果转化方面，2012 年，福州市技术市场成交额为 5.7 亿元，2013 年为 7.6 亿元，增长率为 33.3%，增长率虽超过浦东新区和滨海新区，但体量差距较大，追赶其他新区的路程还很漫长（见图 3）。

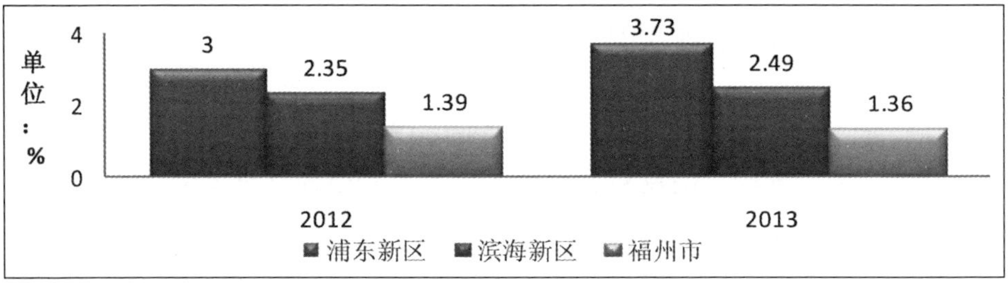

图 2　2012—2013 年福州市与部分国家新区研发投入强度

数据来源：赛迪智库整理

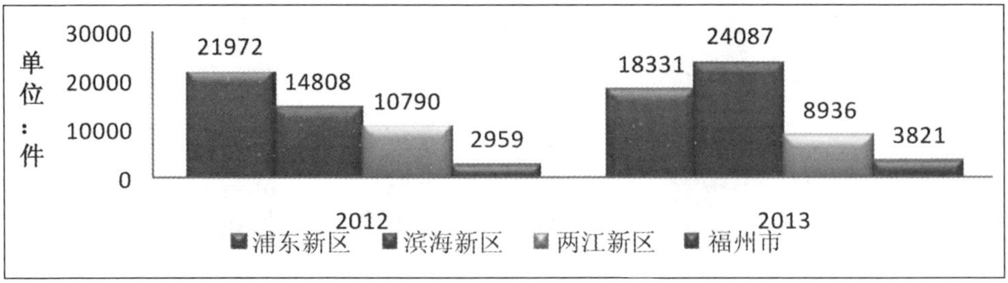

图 3　2012—2013 年福州市与部分国家级新区专利申请量

（注：两江新区专利申请量由其覆盖的三个区相加得出）

数据来源：赛迪智库整理

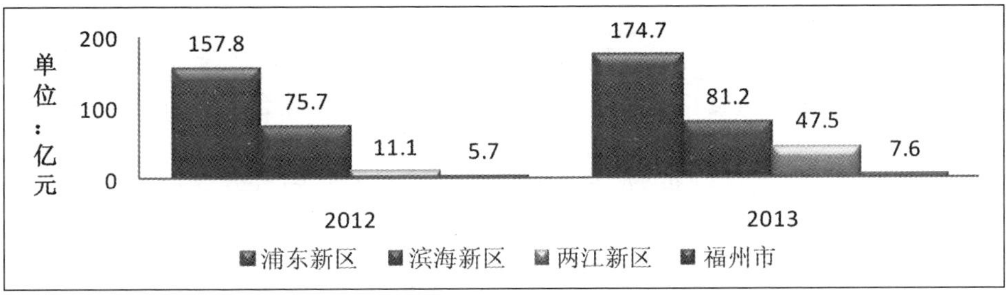

图 4　2012—2013 年福州市与部分国家级新区技术市场交易额

（注：两江新区技术市场成交额由其覆盖的三个区相加得出）
数据来源：赛迪智库整理

（三）福州新区功能定位特点明显，突出扩大开放合作主题

《国务院关于同意设立福州新区的批复》明确了福州新区的定位为"三区一门户一基地"。福州新区功能定位与其他国家级新区有交叉，有重复，但更独树一帜。如表 1 所示，在总体功能上，福州新区是目前全国国家级新区中唯一一个涵盖自贸区、21 世纪海上丝绸之路起点、两岸经济合作示范区的新区，其扩大开放合作功能定位突出。在产业定位方面，福州新区、滨海新区和两江新区分别是东南沿海重要现代产业基地、高水平的现代制造业和研发转化基地、内陆重要的先进制造业和现代服务业基地。在改革方面，福州新区、浦东新区、两江新区是改革的示范区、试验区和先行区。在开放方面，浦东新区和福州新区是国家层面扩大对外开放的重要门户，滨海新区和两江新区则是北方和内陆对外开放重要门户。在科学发展方面，浦东新区和两江新区分别是科学发展的先行区、示范窗口。在生态发展方面，福州新区、浦东新区和滨海新区分别为生态文明先行区、开放和谐的生态区、环境优美的宜居生态型新城区。

表 1　福州新区与部分国家级新区功能定位一览表

	浦东新区	滨海新区	两江新区	福州新区
总体	国际经济中心 国际金融中心 国际贸易中心 国际航运中心	北方国际航运中心和国际物流中心	长江上游地区的金融中心和创新中心	两岸交流合作重要承载区
产业定位		高水平的现代制造业和研发转化基地	内陆重要的先进制造业和现代服务业基地	东南沿海重要现代产业基地

（续表）

	浦东新区	滨海新区	两江新区	福州新区
改革	综合改革的试验区		统筹城乡综合配套改革试验的先行区	改革创新示范区
开放		北方对外开放的门户	内陆地区对外开放的重要门户	扩大对外开放重要门户
科学发展	科学发展的先行区		科学发展的示范窗口	
生态发展	开放和谐的生态区	经济繁荣、社会和谐、环境优美的宜居生态型新城区		生态文明先行区

三、政策建议

（一）坚持落实创新驱动发展战略，转变区域经济发展模式

目前，坚持创新驱动的发展战略已成为我国应对国内外形势变化、重新激发经济活力的重要战略方针。在这一大环境下，结合目前福州整体发展现状，必须坚持把创新驱动放在新区发展的核心位置，破除阻碍创新的体制机制障碍，坚持科技创新、管理创新、模式创新、理念创新、人才创新等全面创新，大力发展以企业为主体、市场为导向、政府为引导的协同创新模式，形成创新政策先行先试平台，推动经济发展模式从原来的以资源消耗、要素投入、规模扩张等粗放发展模式，向以创新驱动的集约型发展模式转变，使创新成为驱动经济增长的主要动力与源泉。

（二）发挥优势条件，重点布局战略性新兴产业

利用福州已有产业基础，发展传统优势产业，推动纺织服装、轻工食品、冶金建材等传统优势产业的转型升级，调整产业结构，淘汰落后产能、技术，延伸产业链，增加传统产业科技含量，推动“互联网+”、云计算、大数据等在传统产业领域加速应用，大力发展智能制造。重点布局发展高端电子信息制造、新材料、新能源等战略性新兴产业，加大科技研发力度，掌握一批行业核心技术，加强与国内外知名科研机构、龙头企业合作，逐步形成优势高端产业基地。大力发展现代高端服务业，利用福建自贸区优势，深化金融体制改革，发展现代金融服务业；利用福州港口优势，大力发展现代物流业，积极开展电子商务。

（三）立足福州区位特征，探索开放合作新路径

发挥福州特殊的区位优势，一是要继续加强闽台联系，深化两岸合作交流。利用建立福州新区契机，进一步扩大与台湾地区在科技创新、金融、文化等领域的全方位合作，加强与我国台湾地区重点产业深度对接，完善新区自身产业链布局，持续推动两岸贸易健康稳健发展。二是要充分落实国家区域发展战略，发挥福州作为“一带一路”战略枢纽城市、福建自贸区的重要片区等地位优势。以东盟国家为重点，往西扩展到印度洋南亚、非洲地区，进一步延伸至欧洲地区，加强与沿路国家的经济贸易合作。通过“一带一路”战略、福建自贸区政策，既要走出去，也要引进来，将国内成熟技术、产品等输送出去，从而化解过剩产能矛盾，促进产业结构调整优化；同时，还要引入国际先进技术、优质资源，增强综合实力，提升自身科技创新水平。

本文作者：赛迪智库工业科技研究所　杨柯巍　石敏杰

北京和上海建设科技创新中心的比较

科技创新中心，特别是全球科技创新中心，是指科技创新资源密集、创新活动集中、创新实力雄厚，科技成果辐射范围广，在全国乃至全球范围的科技创新资源配置中，都有明显引领、组织和控制能力的城市或地区。国家“十二五”规划明确提出，要把北京中关村国家自主创新示范区逐步建设成为具有全球影响力的科技创新中心。根据习近平总书记2014年2月、5月考察北京、上海时的讲话精神，北京坚持和强化首都科技创新中心的核心功能，上海加快建设具有全球影响力的科技创新中心，两地都在积极向有影响力的全球科技中心进军。这实际上也是我国科技创新发展布局的重要战略部署，必须高度重视、认真研究。

一、北京和上海建设科技创新中心的必要性与战略意义

（一）迎接新一轮技术革命和产业革命的时代使命

十九世纪中叶以来，多次科技革命和产业革命推动经济社会高速前进，人类的生产和生活方式发生巨大变革，也催生了许多大国崛起，全球格局因此改变。当前正处于新一轮技术革命和产业革命的前夜，世界科技创新格局在进行重要调整。为了应对这场变革，主要发达国家已经在积极布局，比如美国提出了制造业创新网络计划，英国正在建设弹射中心，德国提出工业4.0等。各国都在积极打造以创新中心为核心载体、公共服务平台为重要支撑的网络化协同创新体系，旨在使创新要素与资源实现最大程度的优化整合，以抢占未来经济和科技竞争的先机。为此，北京和上海也必须积极筹划，未雨绸缪，打造具有国际影响力的全球科技创新中心，迎接新一轮技术革命和产业革命的到来。

（二）抢占全球经济新制高点的先锋使命

创新日益成为推动经济社会发展的主要动力。在经济全球化背景下，创新全球化逐渐成为发展新趋势，主要表现在创新资源配置、创新活动、创新成果转化和创新服务全球化四个方面。目前，全球范围内的创新资源流动异常活跃，创

新要素交叉融合日益深化，催生出的新技术和新商业模式掌控着产业链和价值链的高端，而能将创新要素归拢、聚集的地区就可能成为全球新的产业和经济制高点。目前，纽约、伦敦、东京、首尔、新加坡等国际大都市都提出了建立“全球科技创新中心”或“区域科技创新中心”的目标，并出台了相应的政策规划。比如，英国2010年开始实施“英国科技城”战略，美国于2012年制定了“东部硅谷”发展规划。我国目前具备建设全球科技创新中心条件的城市寥寥无几，北京和上海作为全国重要的创新基地和中心，应积极向具有国际影响力的全球科技创新中心发展，引导全球创新要素向我国转移，完成抢占全球经济新制高点的先锋使命。

（三）支撑实施国家创新驱动发展战略的现实使命

当前，我国经济发展的内在支撑条件和外部需求环境都已发生深刻变化，经济发展步入“新常态”，从经济高速增长转入中高速增长，从规模扩张型粗放增长转向质量效率型集约增长，从增量扩能转向调整存量、做优增量，从传统增长点转向新的增长点，由过去的要素投资驱动转向创新驱动。经济发展进入“新常态”，必须将提升产业科技创新能力和应用转化能力放在发展首位。实施国家创新驱动发展战略，促进传统产业改造升级，加快建设国家创新体系，打造具有国际影响力的全球科技创新中心，尽快形成“新常态”下新的经济增长点和产业驱动力，这是发挥创新驱动的原动力作用、支撑创新型国家建设的必由之路。北京和上海作为国家重要的创新基地，打造具有国际影响力的全球科技创新中心，对于服务和支撑国家创新驱动发展战略具有不可替代的作用。

二、北京和上海建设科技创新中心的基础条件

（一）北京和上海作为创新中心的全球影响力不断提升

对于各国的创新中心，美国科尼尔、澳洲智库“2Thinkow”、日本“森纪念财团”、上海知识竞争力与区域发展研究中心、国际竞争力中心亚太分中心等国内外多家智库机构从不同角度进行了评估。其中，美国科尼尔咨询管理公司和芝加哥全球事务委员会联合发布的《全球城市指数》（Global Cities Index，GCI）是一项对城市全球影响力的综合评估，维度包含商业活动、人力资本、信息交换、文化传统、政治环境五个方面，并据此评估了全球最大的66个城市。从历次评估结果来看，北京和上海的排名在不断提升。北京从2008年的第12名上升到了2014年的第8名，首次跻身前十名；上海从2008年的第20名上升到到2014年

的第 18 名。换言之，北京和上海作为创新中心的全球影响力都在不断提升。

（二）北京和上海在创新资源、主体、环境上各具特点

从各智库机构发布的评价报告来看，科技创新中心评价体系可以概括为创新资源、创新主体和创新环境三个方面。

表 1　北京和上海主要创新指标比较

评估维度	评价指标	北京	上海
创新资源	研发人员数（全国占比）	334194（6.66%）	226829（4.52%）
	研发投入强度	6.08%	3.60%
	新产品数量（项）	13310	17295
	新产品销售额（万元）	3672	7688
	211高校数量（所）	26	10
创新主体	研发投入来源（政府、企业与外资）	61%、36%、3%	33%、64%、4%
	有研发企业数量（个）	1059	1661
创新环境	技术输出占全国比例	38.18%	7.12%
	国外技术引进合同数（个）	1067	2897
	国外技术引进合同金额（亿美元）	39.3	62.9

数据来源：2014 中国统计年鉴

创新资源包含人才、资金和产业三个要素，是创新中心的根本，只有具备了创新资源的基本要素，才有能力建立全球性的创新中心，带动中国创新发展。在创新人才方面，北京的优势较大，由于顶尖高校聚集，研发人员的数量和质量都在国内排名第一；依托大量的高校及科研机构，北京在研发投入的规模上也远远高于上海，研发投入强度几乎是上海的两倍。上海作为我国制造业中心的产业基础较强，不论新产品研发的数量还是销售收入，都远高于北京。简言之，北京在创新资源的前端人才和资金方面占有优势，而上海在创新的后端产业化方面则更具优势。

从创新主体看，北京主要以高校和研究机构为主，而上海主要侧重于企业。作为基础研究及共性技术的主要研发载体，我国高校和研究机构承担了大量的政府科研项目。北京由于高校及科研机构云集，其研发投入来源主要是政府资金，上海则主要是企业资金。从研发企业数量来看，上海有研发活动的企业数约为北京的 1.5 倍。

从创新环境看，北京的完善程度在全国领先。北京与上海都建立了完备的产学研协同模式，北京作为技术输出高地，其技术输出在全国占比远高于上海；上海则凭借完善的商业环境从国外借力较多，其国外技术引进合同数约为北京的3倍，金额约为2倍。在创新服务方面，北京中关村一直走在全国的前列，其活跃的创新创业文化，如车库咖啡、3W咖啡等成为了创新的土壤。

三、相关建议

（一）因地制宜集聚创新源，分类引导创新发展方向

根据两大创新中心拥有的资源禀赋不同，建议采取不同的引导措施。上海作为我国最大的工业基地，目前仍拥有最先进的造船、商用飞机、轿车等制造企业，以及宝山钢铁、金山石化等基础材料企业，上海周边的江浙地区也拥有我国最大的集成电路制造基地和其他民生类产品制造基地。这些工业资源是上海产学研结合、工业产品和制造技术创新的有力保障。因此，上海建设全球科技创新中心，引导产业创新发展应立足于本地工业制造基础，侧重于以高端装备创新为主导方向。

作为首都，在京津冀一体化发展规划中，北京承担着全国政治中心、文化中心、国际交往中心、科技创新中心的核心功能。根据这一战略定位，北京的创新资源主要集中在创新链前端的高端智力资源、科研机构和重点实验室等方面。因此，北京建设创新中心的侧重点，应放在发展软件和信息服务业创新方面，以及产品创意、工业设计、文化创意方面，此外还有主要在实验室实施的如生物技术、新材料技术等方面的创新。

总体来看，上海建设科技创新中心适合发展“硬技术”创新，而北京建设科技创新中心适合发展“软技术”创新，国家及两地政府应区别两类创新中心，在政策上分类引导。

（二）加快机制体制改革，构建良好的区域创新生态系统

建议上海、北京两地政府利用不同的区位条件和资源禀赋优势，加快推动机制体制改革，清除各种障碍，做好相应支撑服务，构建良好的区域创新生态系统。上海的创新资源适合开展“硬技术”创新，北京的战略定位和创新资源适合开展“软技术”创新，这就需要两地政府围绕相关产业链部署创新链，围绕创新链配置资源链条。将创新主体、创新要素、创新人才充分调动起来，形成推进科

技创新的强大合力。上海市可围绕以企业为主体、以市场为导向，由政府组织产业界整理出亟需解决的关键核心技术问题，筹措引导资金，鼓励有实力的大专院校和科研机构参与研发，并不断实现新技术的产业化。北京中关村适合打造在全球具有吸引力的创业中心，通过营造浓厚的创新创业氛围，激发众多优秀人才的创新创业热情，使多种类型的创新孵化机构不断涌现。

（三）打通产业化环节，大力发展科技服务业与科技服务中介机构

科技服务业是技术创新与产业融合的接口与节点。未来应充分发挥北京和上海的科技服务业优势，不断增强科技研发与设计服务能力，形成具有国际影响力的创新中心。建议中央政府及北京、上海地方政府大力发展科技服务业与科技服务中介机构，打通技术创新与产业融合的接口。建立两个科技创新中心，需要大量的科技服务、中介服务共同参与。这些中介服务包括技术情报服务，即专利查询和技术情报查询；技术市场服务，即相关技术成果的市场化推介；法律中介服务，即专利申请和法律支持；金融市场服务，即万众创新所需的小额资金贷款；征信市场服务，即贷款机构所需的创新主体诚信信息。另外，国家各类检测试验机构也应在北京、上海两地设立必要的联络站点，为科技创新提供必要的支撑服务。

本文作者：赛迪智库工业科技研究所　王文平　杨　舟　杨柯巍

振兴东北老工业基地要突出“创新创业”

东北地区是“新中国工业的摇篮”，是全国重要的能源、原材料和装备制造业基地，在国家经济发展全局中有着特殊重要的战略地位。在国内经济发展进入新常态的大背景下，东北地区经济遭遇了前所未有的巨大困难，体制性、结构性问题进一步凸显。“十三五”规划建议明确提出“创新、协调、绿色、开放、共享”五大发展理念，其中“创新”居首位，摆在国家发展全局的核心位置，这为东北振兴指明了方向：唯有创新才能破解制约东北发展的深层次问题，也唯有创新才能迎来东北地区的再次振兴。

一、当前东北经济大幅下滑的根源在于内生活力不足

（一）多重因素叠加导致东北经济出现“断崖式”下滑

统计数据显示，2015 年上半年，东北三省 GDP 增速排名靠后。其中，辽宁上半年 GDP 增速为 2.6%，排名垫底；黑龙江增速为 5.1%，排名倒数第三；吉林增速为 6.1%，排名倒数第四，经济下行压力较大。从占比高的工业来看，情况尤为严重。2015 年 10 月份，辽宁省规模以上工业增速为 -13.3%，比 9 月的 -7.6% 下探 5 个百分点[①]，吉林和黑龙江的情况略好，但整体仍不容乐观。东北地区经济“断崖式”下滑是多重原因造成的，除了受到国际经济复苏迟缓和国内经济进入新常态的影响以外，还有东北经济发展的内部因素。一方面，由于东北地区受传统发展模式的影响最深，产业结构以重化工为主，经济发展主要依靠资源和投资拉动，随着石油、煤炭、矿产等资源量价齐跌，以及制造业、基础设施、房地产开发等领域固定资产投资持续大幅度下降，东北地区遭遇资源和环境制约显得尤为严重。另一方面，东北地区以大中型国有企业为主，很多企业受传统发展理念和体制机制约束较大，难以适应市场层面的巨大变化，应对新常态的准备和能力都不足。同时，缺少适应力强的民营经济做有效支撑，也是经济出现“断崖式”下滑的重

① 数据来源：国家统计局网站公布数据。

要因素。

（二）长期依赖资源和政策倾斜导致创新发展动力不强

东北地区历来以资源丰富著称，建国后依托优越的自然资源条件和依靠国家大量的人力、物力、财力投入，成为我国能源、原材料、装备制造等为主的重工业基地。作为“共和国的长子”，东北地区长期以来受到国家政策倾斜，尤其是2003年实施东北振兴战略以来，国家给予很大的政策和财政扶持。长期的资源依赖和政策倾斜无形之中降低了企业创新的动力，也僵化了政府管理经济的方式，客观上增加了其创新与改革的“惰性”，使得市场竞争活力和自身发展动力不足。同时，从第一轮振兴东北老工业基地的具体措施来看，政策支持多偏向于规模大、基础好的重工业，资金更多的投向了房地产、基础设施建设等领域，在一定程度上忽视了对生产性服务业的培育、创新创业环境的营造和政府管理体制的改革，对经济发展的软环境培育力度不够。

（三）内生活力不足是制约东北经济发展的根本所在

长期困扰东北地区发展的根源在于内生发展的动力和活力不足。一方面，体制机制束缚了国有企业的发展，参与市场竞争的动力和能力不够。大中型国有企业历来是东北经济的支柱，但由于受到体制约束大、激励机制少、历史包袱较重等方面的影响，很多国有企业陷入发展困境。东北的问题不在于国有企业多，而在于国有企业受到的束缚太多、缺少发展活力，难以做大做强。另一方面，整体环境影响了民营经济发展，缺少数量众多的专精特新中小企业。民营经济发展情况是一个地区经济是否有活力的晴雨表，而东北三省的民营经济占比远低于全国平均水平。与此同时，创新创业环境差也制约了内生发展的动力和活力，突出表现在两个方面：一是企业创新投入不足。2014年，辽宁、吉林、黑龙江规模以上企业R&D投入占GDP的比重分别为1.13%、0.6%、0.6%，远低于全国2.08%的平均水平[①]。二是人才流失严重。相关数据显示，辽宁、吉林、黑龙江三省出生后迁移省外人数占其出生省份现人口的比例分别为50.17%、77.06%、86.85%[②]，而且大多数是高素质的技术人才和管理人才。

① 数据来源：国家统计局网站公布数据。
② 数据来源：第六次全国人口普查按现住地和出生地分的人口跨省流动统计。

二、振兴东北老工业基地关键在于释放创新创业活力

（一）释放国有企业活力是振兴东北经济的基础

国有企业是东北工业体系和社会经济的重要支撑，是东北最为重要的财政来源和技术进步载体。得益于十年振兴相关政策的扶持，东北地区国有企业一度焕发活力，企业规模与技术水平都得到显著提高。但是，国有企业发展过程中量的积累与质的提升并未同步，核心技术与关键零部件的创新吸收进展缓慢，高端核心环节仍需外购，产品竞争力不强，企业发展的内在活力没有得到根本性释放。国际金融危机以来，装备与能源市场低迷，竞争日益加剧，东北国有企业在产品质量、技术水平上无法形成优势，加之人力成本高等诸多因素，致使企业效益大幅下降。尽管如此，国有企业的产业基础与人才优势仍未改变，东北地区的振兴离不开国有企业的繁荣，如何释放国有企业的活力与创造力依然是振兴东北工业的关键。必须要下大力气彻底转变国有企业的管理模式和运营机制，优先支持国企改革先行先试，真正做到按照市场规律经营企业，让其步入健康发展的轨道。

（二）释放民营企业活力是振兴东北经济的支撑

民营经济具有产权明晰、机制灵活、运作高效等特点，对市场需求变化更敏感，是推动产业创新、实现市场资源优化配置的重要动力。改革开放以来，我国民营经济取得了长足发展，在国民经济中的地位日益提高，长三角、珠三角的快速增长正是得益于拥有众多竞争力强的民营企业。东北地区由于特殊的区域特点和经济体制等原因，民营企业的发展资源大部分被国有企业挤占，错过了大发展的历史机遇。目前来看，民营企业规模普遍偏小、技术水平整体较低、生存环境日益恶劣，这也是导致东北地区产业配套不完善、市场活力不足的重要原因。东北地区的民营企业已经无法复制长三角、珠三角地区的发展路径，目前的关键是应充分把握东北地区国有企业改革的新机遇，抓住国有企业的薄弱环节，逐步向高端化、服务化、新型化发展。同时，积极承接东部优质产能转移，引进科技型民营企业，促进民营经济在竞争中求生存、求突破、求发展。逐步形成国有企业引领、民营企业配套的产业格局，实现国有企业和民营企业的协调互动发展。

（三）释放大众创新创业活力是振兴东北经济的保障

面对新常态，人口红利与资源红利逐步减弱，传统的投资驱动与规模扩张发展模式难以为继，如何发挥人才红利，推进大众创业和万众创新，已经成为东

北乃至我国实现稳定持续发展的关键。东北地区高校与科研院所众多，智力资源基础雄厚，但受体制、资金等因素影响，社会创新创业氛围不浓，科研资源优势未能有效发挥。以行政代替市场推动产学研合作，技术需求方与供给方缺少合作平台等问题仍未得到妥善解决，产学研利益分配机制不完善，导致本地科技人员动力不足、大量外流。如何完善东北地区创新创业环境，留住并用好人才，使科技资源优势转化为产业优势，是保持东北地区增长活力的根本保障。要充分应用市场机制、竞争机制推动产学研用体系建设，明确责权利关系，调动创新创业积极性，为东北地区产业发展注入源源不断的活力。

三、对策建议

（一）继续深化改革，打造公平、高效、便捷的政策链

政策是产业发展方向的指导和产业保持活力的保障，在当前形势下，如何形成有利于政府职能转变、破除体制机制障碍、释放创新创业活力的政策体系，是东北地区振兴的首要问题。要以国有企业改革、新产业体系构建为方向，以简政放权、提高行政效率为重点，按照“放宽审批、加强服务、做好保障、注重监管”的原则，推动政府由管理型向服务型转变。要打破原有体制弊端，营造公平公正的市场环境，形成国有、民营和外资企业共同参与的市场格局。同时，要注重发挥政府投资的带动效应，引导企业继续推动技术改造，提高产业装备与技术水平，形成新的竞争优势。

（二）注重分业施策，形成龙头带动、配套完善、附加值高的产业链

东北地区的优势和潜力大都集中于制造业，如何改善当前国有企业负重前行、民营企业发展迟缓的局面，形成附加值高、竞争力强的制造业体系是东北振兴的关键。要把握国家实施制造强国战略的重要契机，在优势和特色产业上深耕细作，稳步推进龙头企业做大做强、中小企业做精做专，形成主机企业与零部件企业紧密合作、大中小企业协同的产业发展新格局。同时，要充分借鉴制造业发展的最新理念，鼓励企业尝试新模式和新业态，提前布局新兴和未来产业，形成新的增长点。

（三）完善利益分配机制，形成政府搭台、科研院所和企业协同共享的创新链

在当前经济形势下，无论是地区的经济稳定还是企业的繁荣，创新创业的

活力都将是保持竞争力、实现持续发展的驱动力量。要以打通产学研用各环节为着力点，以建设关键共性技术创新平台和公共服务平台为突破口，以完善科技创新利益分配机制为保障，形成协同高效的创新链条。要运用互联网思维，鼓励企业在全球范围内布局创新点，充分吸纳各地优势创新资源为我所用，打造服务东北地区经济发展的创新生态圈。

本文作者：赛迪智库规划研究所　张洪国　邵立国　黎文娟

发挥“创业系”助推大众创业的倍增效应

创业活动不是创业者孤立的个体行为，而是一个开放的社会过程。国内外主要创业活跃区域的实践表明，很多新创企业都是依托一定母体即“创业系”衍生或孵化出来。相比松散创业，“创业系”在输出创业资源、催生创业热情、降低创业风险、完善创业链条、提升创业质量等方面能够发挥巨大作用，对推动创业具有“四两拨千斤”的杠杆效应。当前构建大众创业的新格局，应充分发挥“创业系”的倍增效应，推动高效、集群创业。

一、“创业系”在推动创业中的重要作用

“创业系”在全球创业活跃地区普遍存在，推动集群创业。以硅谷为例，每年诞生成千上万的中小企业，大量中小企业成长为具有全球影响力的伟大公司，而这些公司成功创业的背后存在着大量的创业母体——“创业系”：仙童半导体公司（Fairchild）系、思科系、谷歌系等，这些“创业系”成为硅谷的“企业摇篮”。另外，在被称为“创业之国”的以色列、被称为“东方硅谷”的我国台湾新竹，持续创业热潮的背后都活跃着“创业系”的身影。在我国中关村地区，百度系、阿里系、腾讯系、新浪系、网易系等一大批“创业系”已经初步成形，催生出大量新创企业。基于“创业系”的衍生创业不仅保证了创业行为的持续性，同时在创业的产业、技术、运营、人员领域更加聚焦，令新创企业具有在产业、技术等方面深化和交错互补特征，避免低层次重复创业，形成集群创业态势。

“创业系”是创业主体的输出源，推动高质量二次创业。“创业系”以多种形式存在，如大公司衍生型、高校衍生型、平台型和混合型等，成为创业主体输出源。以大公司衍生型“创业系”为例：一是大公司高管创业是成功创业者的重要来源。这些人才具有一定技术积累、管理经验，具有较高创业素质，囿于个人发展空间或谋求更大事业视野，会选择辞职创业。二是大公司具有很强的技术溢出效应，研发中产生的部分技术没有获得足够开发时，技术研发者会携带相关技术辞职创业，而且部分平台型的大公司本身蕴含着大量的技术开发空间和创业机

会。三是大公司的期权或股份激励制度较为完善，部分员工财务自由后，会选择辞职重新创业。例如，在中关村地区，百度系已经有 100 多人成功创业、新浪系 90 多人、搜狐系和网易系分别有 70 多人，催生了大量新创企业。

"创业系"为创业输出社会网络，提高创业成功率。对于"创业系"衍生出来的大量新创企业而言，以往共同的工作经历和产业背景为新创业者建立了交流和互助的社会网络，新创业者可以从社会网络中获得创业建议、资金支持及核心团队成员。大公司的工作经历为员工积累了人脉关系和职业信誉，容易组建核心团队，创业后也更容易获得投资者的信任。创业社会网络有助于极大降低创业风险，缓解"创业后"问题——生存问题，提高创业的成功率。从大公司衍生出来的新创企业不管是成为原公司的竞争对手，还是成为原公司的产业链互补者，甚至成为原公司的并购对象，这种高起点、创业基础扎实的新创企业，比起点状松散创业均具有较高的竞争力和较大的生存机会。

"创业系"为创业提供"创业导师"，加速新创企业的成长。通过管理理念、经验、技术、人际网络等创业资源的输出，再辅之以基于留住人才的内部创业鼓励政策的实施，"创业系"通过各种资源整合，在新创企业成长中主动或被动地扮演着"创业导师"的角色，通过创业指导帮助新创企业进行技术路线选择、为企业提供经营管理经验、推动形成商业模式、提供人脉和商誉等，从而加速新创企业的成长。

"创业系"能够融合创业创新，避免"有热情无质量"创业。受母体的行业领域、运营理念、管理模式等因素影响，母体衍生或孵化出来的新创企业一般选择进入母体所处行业的细分领域开展新兴业务以发挥既有优势，由此，创业企业就携带着先天的创新基因。"创业系"不仅有助于催生和孵化新创企业，也有利于促进科技和商业创新。"创业系"能够为中小企业创业、技术和商业创新、大企业并购、产业链资源整合提供良好的土壤，有利于新兴产业的发展。

二、发挥"创业系"促进大众创业的建议

转换创业观念，关注和引导"创业系"发展。政府应充分认识到"创业系"在促进大众创业中的巨大作用，转换将大企业排斥在创业之外的传统认识，将大企业纳入到创业系统中来，充分发挥其创业母体和创业撬动作用。应加强"创业系"相关研究与分析，总结发达国家依托"创业系"推动创业的宝贵经验，关注"创

业系”培育、引导“创业系”发展，形成松散创业与“创业系”衍生创业相结合、机会型创业与二次创业相结合、创业数量与质量相结合的创业协同体系。

优化创业生态环境建设，构建长效创业机制。“创业系”本质上是一种创业网络或创业生态圈，创业者通过这种关系网络实现要素整合和价值创造。“创业系”是创业一般发展规律的体现。只有具备相对完善的创业生态系统，才可能催生大量“创业系”继而产生更大量的新创企业。一个相对完善的创业生态系统需要大公司、高校、研究机构、风险资本和创业服务、孵化平台、新创企业等主体之间形成良性的互动循环机制。加强创业生态建设，优化创业环境，依托“创业系”，将传统的点状创业、链式创业提升为立体多维的网络式创业，真正把大众创业推向深入。

加强体制机制建设，加大创业平台建设力度。以“创业系”为代表的创业生态系统建设和完善，并不完全是市场机制自发调节的结果，离不开政府大力支持。美国硅谷、以色列特拉维夫、我国台湾新竹、印度班加罗尔等创业活跃区域的经验表明，从创业生态环境的建设历程来看，在创业生态建设不同阶段，政府与市场力量所发挥的作用有所不同，在培育和建设初期，政府强有力的推动必不可少。政府在知识产权保护、重大科技计划的研发投入、风险资本和孵化器的培育、高等教育和科研院所等方面的体制机制构建发挥重要作用。尤其是基于汇聚资源、打通资源通路、强化公共服务的创业平台建设可以起到以点带面的作用，为“创业系”的作用发挥提供更加完善的基础环境，推动“大众创业”进程向纵深发展。

本文作者：赛迪智库中小企业研究所　赵卫东

如何有效应对ICT领域知识产权垄断问题

近期，历时逾一年之久的高通反垄断案即将结案。这起由中国政府针对全球芯片巨头发起的反垄断调查案引起业界高度关注。知识产权垄断问题在专利密集的ICT领域尤为突出，对于知识产权积累和运用薄弱的我国企业而言，当前和未来一段时期内可能频繁遭遇跨国巨头的知识产权垄断行为。在保护创新和维护市场公平竞争之间，如何找到合理平衡点，如何有效应对垄断行为，成为当前产业发展必须面对的问题。

一、ICT领域知识产权垄断典型案例

案例一：高通涉嫌滥用无线通信标准，建立不合理商业模式

2013年11月底，国家发改委启动了对高通的反垄断调查，原因是涉嫌滥用无线通信标准。作为全球最大的手机芯片厂商，高通在手机芯片和无线通信标准必要专利技术上居于支配地位，几乎把控着全球中高端手机的“命门”。凭借知识产权的垄断地位，高通建立起获利高昂、广受业界诟病的商业模式：

第一，过高定价。高通的专利许可费被业界称为“高通税”，是按照整机售价的5%来计费，而不是按照其提供的芯片来计，也就是说对和高通毫无关系的显示器、电池、软件等部分甚至手机营销费用和利润，高通也要收费。

第二，不对等交叉许可。高通拥有交叉许可的专利平台，要求与被许可人交叉许可专利，但却不向被许可人支付合理对价，日本曾针对此行为发出禁令。

第三，搭售。高通通常在授权时采取一揽子许可，既不明示过期专利，也不区分标准必要专利与非标准必要专利；厂商不和高通签订专利许可协议就无法购进高通芯片，造成事实上的捆绑销售。

案例二：IDC对华为专利许可歧视性定价

美国IDC公司是一家不从事实质生产、以专利许可作为商业模式的研发型公司，掌握着3G无线通信技术标准（WCDMA、CDMA2000和TD-SCDMA标准）中的标准必要专利。IDC授权给华为的价格远高于苹果、三星，为此华为公

司与IDC围绕专利许可费进行了多次谈判，均未达成协议。2011年IDC在美国起诉华为侵犯其7项标准必要专利，并申请对华为启动“337”调查及一系列禁令。华为以IDC滥用市场支配地位为由提出反诉。2013年经过一审和二审严密论证，认定IDC对华为的过高定价行为违反《反垄断法》。

案例三：谷歌摩托罗拉涉嫌滥用市场主导地位，阻止苹果公司使用标准必要专利技术

2011年谷歌以125亿美元收购摩托罗拉移动部门（以下简称“谷歌摩托罗拉”）的过程中，摩托罗拉受到欧盟委员会的两项反垄断调查，申诉者正是老对手苹果公司和微软公司。

根据欧盟委员会于2013年公布的初步调查认为，谷歌摩托罗拉可能违反了欧盟反垄断法有关标准必要专利的FRAND原则。按照该原则，标准必要专利持有者在授权许可专利时应做到公平、合理和非歧视（简称FRAND原则），防止利用专利优势进行不公平交易。而谷歌摩托罗拉拒绝许可苹果公司使用有关手机的部分标准必要技术专利（主要是H264视频编解码技术、802.11Wi-Fi协议以及2GGPRS移动通信数据传输），即使苹果公司愿意支付公平合理的专利授权费用。据此，谷歌摩托罗拉收到了一项法庭禁令，要求其不得阻止苹果公司使用对手机行业来说是“标准必需的”专利技术。

二、知识产权垄断的危害

下游和竞争企业遭受盘剥，沦为低端制造者。不同于发达国家跨国公司的数十年研发积淀，我国大多数企业缺乏高质量专利和应对国际知识产权纠纷的经验，对专利大鳄的依赖度高，如果放任其借专利和标准优势实施搭售、价格歧视等垄断行为，企业只能赚取低廉的产品组装费或加工费。如高通的授权费为5%，而2013年华为、中兴的利润仅为0.5%，企业始终处于微利状态。

影响战略新兴产业发展，阻碍转型升级。作为国家的“工业粮食”的芯片产业，我国严重依赖进口，2013年中国芯片进口的规模达到2322亿美元，比上年同期的增长了34.6%；贸易逆差1441亿美元，且逆差连续第4年扩大，进口额甚至超过石油。2013年第三季度芯片设计环节占全行业比重31.7%，较2010年仅提高了6.4个百分点，表明产业结构的升级滞后。芯片国产化关系着产业结构的转型升级。如果不能突破专利垄断，缺乏公平竞争空间将成为遏制我国芯片业发展

的一大瓶颈。

破坏正当竞争环境，消解创新动力。大型跨国企业凭借专利和知识产权优势，影响市场价格、排挤竞争对手，形成实质性的垄断，严重阻碍了市场竞争的公平性、透明性，甚至制约了行业的健康发展。例如，我国智能手机企业已形成对高通的严重依赖，在专利使用上没有任何讨价还价的余地，只能“任人宰割”。最终将会导致专利大鳄们满足于垄断利益，创新动力不足；其他企业则由于缺乏充足的技术积累、研发资本和市场基础，难以取得技术创新和突破，从而影响了整个行业的技术进步。

三、对策建议

积极作为，产业部门主动介入和引导产业发展。对抗专利巨头的垄断，政府应着力规范市场竞争秩序。反垄断调查的专业性要求对产业深入了解，需要产业部门积极介入和协调，发挥其贴近产业、企业和市场的优势。除了反垄断调查，产业主管部门还可以通过积极手段构建我国的专利攻防体系。“专利集中战略”（Patent Focus Strategy）已在日、韩等国开始实践，我国可借鉴这些国家的做法，设立专利运营公司和专利运营基金，在专利密集的新一代信息技术、智能制造、新材料等战略性领域，储备一批关键核心技术专利，同时加强专利布局，支撑产业创新发展。

防患未然，企业提高知识产权意识和能力。企业要不断提升自身研发实力，实现核心技术突破，增强知识产权综合实力，争取与高通等专利大鳄的对话权。同时，积极学习跨国企业专利策略，掌握知识产权规则，采取布局外围专利、交叉许可、国际知识产权诉讼等组合策略，争取公平竞争机会，拓展市场空间。

凝聚合力，行业协会、企业联盟积极发挥协同功能。国内企业相比于跨国集团往往势单力薄，发挥行业协会、企业联盟等组织的协同功能就显得格外重要。在具体操作中，这些组织可以进行形式多样的知识产权合作，包括组建产业知识产权联盟，建立知识产权数据共享平台，通过集体谈判压低知识产权许可费，组织相关行业企业维权应诉等。

本文作者：赛迪智库工业科技研究所　王　磊　马　冬

"后高通"时代国产智能手机如何突破专利瓶颈

专利历来是通信设备行业尤其是手机市场竞争的杀伐利器。近来，爱立信以专利侵权为由，在印度市场对中国的小米手机提请禁售。与此同时，国家发改委逾时一年的"高通反垄断案"调查接近尾声，高通专利收费模式转变几成定局，将对国内乃至全球智能手机市场带来连锁震荡。对于正在崛起并不断向国际化迈进的国产智能手机企业来说，应在"后高通"时代重新审视自身发展定位，突破专利瓶颈，形成国际核心竞争力。

一、专利竞争已成为手机行业竞争的制高点

专利授权费已成为手机成本的重头。作为当前技术创新最活跃的领域之一，智能手机已成为无线通信、计算机、硬件制造以及软件应用技术专利的集大成者。根据 IDC、野村证券的市场调研数据测算，2014 年智能手机平均销售价格约为 330 美元，其中软硬件专利授权费用高达 120 ~ 130 美元，已经超越手机硬件成本本身，成为手机厂商的主要成本负担。随着未来智能手机功能集成度的提高和硬件成本的进一步走低，这一比重仍将持续提升。而在手机硬件专利分布最为密集的核心芯片、显示屏、摄像头和电池等零组件中，基带和应用处理器芯片缴纳的专利费用达到整机售价的 5% 以上，已成为专利竞争的主战场。

专利"藩篱"使得行业先入者形成事实上的垄断。移动通信终端演进是一个技术专利不断累积、迭代的过程，爱立信、高通、苹果、三星等行业先入者在由 2G、3G 向 4G、5G 的发展过程中完成了专利的原始积累与并购整合，构筑起专利"藩篱"，通过向竞争对手累积收取专利金的方式形成专利阻碍，最大化攫取市场份额和行业利润。以手机芯片为例，高通凭借其在 CDMA 专利标准中的主导地位，长期占据全球基带芯片龙头的位置，并将这一优势在 4G 时代得以延续和加强。高通 LTE 多模芯片的市场份额高达 80% 以上，已形成事实上的垄断，主导了行业的利润分配，成为现行手机专利格局中最大的受益者。

专利成为跨国企业间角力和制衡的战略"王牌"。自智能手机诞生之日起，

苹果、诺基亚、HTC、微软、甲骨文、谷歌、三星等跨国巨头间关于手机专利的硝烟从未平息，已成为一种常态。专利既可作为一种进攻武器打压竞争对手，也被作为一种防御手段来阻止对方进入某一特定市场。当前，各大主流的智能手机生产商、通信设备制造商以及包括微软、谷歌在内的软件与互联网企业均在之前一系列诉讼大战和专利并购重组中暂时形成了一种专利交叉授权、相互制衡的局面。但这种局面极不稳定，竞争各方市场实力的此消彼长或者新加入者的搅局都会打破这种平衡，引发新一轮专利混战。随着我国国产智能手机品牌不断开拓海外市场，国际影响力与日俱增，正在充当旧有市场格局搅局者的角色，必然招致一轮激烈的抵制和打压。因此，如何从战略的角度构造专利大坝，形成专利“威慑”就显得尤为重要。

二、高通垄断案判罚对智能手机产业格局的影响

国内整机企业专利成本有望切实降低。我国手机企业利润偏低甚至整体为负的一个重要原因在于芯片端成本高企，其核心是高通安卓平台芯片收费过高。高通收费模式可归纳为三个层次：一是由高通向手机厂商一次性收取的 License 许可费，几十万至上百万美元不等；二是高通芯片的购买费用，约 10 到 20 美元；三是手机销售时由整机厂商向高通缴纳的专利费，约是整机价格的 5% 到 6%。目前来看，前两类费用是企业必要的生产成本且对国外企业通用，因此判罚极可能是针对第三类收费，将按照整机收入分成改为按零组件收入分成，使权利金价值纳入到不超过所附着硬件价值的国际惯例中。手机厂商用于此项专利费的支出将由原来的几十、上百元降低至几元以内，企业负担得到切实减轻，行业整体利润率上升。

芯片市场格局变化甚微，国内芯片企业或可静待转机。高通专利模式的改变意味着其利润占比近一半的中国市场利润将出现下滑，但对市场份额的影响却极为有限。目前高通芯片依然是大多数安卓智能手机厂商追捧的对象，特别在 LTE 领域，高通的主导优势仍十分明显。联发科主攻低端市场，Intel、海思、展讯的 4G 芯片或市场份额较小或尚处于投放起步阶段，短期内均无力与高通抗衡。随着国产 4G 芯片成熟度不断提高，特别是展讯、海思芯片进入市场放量阶段，市场格局将出现松动。同时，如果高通因按照芯片模组收取专利费而调整其芯片价格，国产芯片的综合性价比优势将得以显现。

可能引发国内外手机市场新一轮专利诉讼热潮。高通可能的判罚结果中最

为重要的一项是专利“反授权协议”的取消，即采用高通芯片的整机厂商之间将不再免费共享专利。取消“反授权协议”在解绑产业链上下游、使其拥有更公平竞争环境、更多选择话语权的同时，也意味着高通专利生态“保护伞”的消失。对于深陷同质化竞争和价格鏖战的国内智能手机市场来说，竞争手段无疑又多了一把“知识产权”的利剑，且剑锋“同室相向”可能性极大。前六家国产智能手机厂商的国内市场占有率均为5%左右。打破此种均势，通过专利施压抢占直接竞争对手市场份额将变得师出有名。而绝大部分的中小企业和山寨品牌将在此轮打压下举步维艰，或逐渐消亡。近期华为、中兴向小米、OPP发送侵权律师函的传闻已表明此种猜测不是空穴来风。此外，“反授权协议”的取消也易招来美国、欧盟等的效仿。在海外市场，同样应警惕后苹果、三星等手机巨头趁机对国产智能手机“海外军团”发起联合专利围剿。

三、国产智能手机厂商突破专利瓶颈的几点思考

多途径加强自身专利储备。一是勤修“内功”。注重技术产品的原始创新，由应用专利、非标准必要专利向标准必要专利合围，实现量变到质变，可参照华为、中兴。二是购买“外援”。采用海外并购的方式提前谋划布局，可参照TCL对阿尔卡特的收购以及联想收购摩托罗拉。三是搭伙“过冬”。以联盟、合资、募集基金等多种组织形式组成战略同盟共享专利池，积少成多，如小米、金山等在中关村发起的专利运营基金。

打造专业化专利运作团队。制定清晰的企业专利战略并与海外拓展步伐相一致。打造一支专业化、国际化的专利运作团队，对企业购买专利授权的时机、成本进行权衡，提高交叉授权谈判的效率和精准度。企业遭遇诉讼时积极应诉，寻求谈判筹码，积极维权。加强对专利蟑螂恶意诉讼的甄别和回击。

加强企业、行业自律，打造“中国制造”国际名片。明确企业市场行为界限，主动避免攻讦诋毁、模仿抄袭等恶意市场行为。政府部门加强市场监管与督导，不断优化产业环境。引导企业“避虚就实”，以切实增强核心竞争力为根本目标，将发展重心由创意炒作、概念营销转到提升产品质量和用户体验、优化供应链管理以及品牌建设上来，注重产品技术的原始定义能力和创新能力，打造真正走出国门的“中国制造”国际名片。

本文作者：赛迪智库电子信息产业研究所　温晓君

新兴领域篇

智能硬件：“互联网+”时代产业发展新支点

在智能终端普及、移动互联网渗透、用户体验改善三重要素驱动下，智能硬件发展势头迅猛，成为“互联网+”战略的重要内容。下一阶段，随着“互联网+”战略的推进，智能硬件也将逐步具备感知、理解、决策的完整能力，触发信息技术与多个产业的融合创新，激发高度活跃的创业创新，为产业发展持续注入新的活力，成为“互联网+”时代产业发展的新支点。

一、智能硬件发展是“互联网+”战略的重要内容

智能硬件是“互联网+”战略的重要支撑。智能硬件具备与互联网联接的天然属性，是各行业领域与互联网的重要接口。在“互联网+”战略实施的大背景下，智能硬件可更好地与各行业领域的应用需求、信息内容、信息服务结合，实现“云”与“端”的有机融合。互联网的演进发展还能加速硬件智能化的进程，加深硬件智能化的程度，催化智能硬件产品形态、功能的多样化和差异化。可见，受益于“互联网+”战略，智能硬件形态将日益多样、功能将更加强化，成为充分体现和支撑实现“互联网+”价值的重要载体。

智能硬件是“互联网+”战略推进的加速器。“互联网+”战略下，新一轮产业融合的浪潮正在显现重塑产业链的庞大影响力，互联网与传统行业表现出更大程度的融合与渗透。作为连接器，智能硬件的兴起推广加速互联网对传统产业的改造进度，加强互联网对传统产业的渗透效应和改造效应，落实“互联网+”战略。伴随着产业互联网的发展新阶段，智能硬件与产业互联网深度融合，实现对传统产业的升级转型，孕育出商业模式的颠覆与生活方式的变革，催生智能制造、智能服务、智能家居、车联网等多种新的业态，重塑产业发展格局。

智能硬件是“互联网+”创业创新的热点领域。“互联网+”战略带来高度活跃的创业创新，这一趋势在智能硬件领域充分体现。目前，中国庞大的制造业基础、高效且具备成本优势的供应链体系以及日渐成熟的电商销售渠道，大大降低了智能硬件的创业门槛。同时，经过信息技术产业多个细分领域创业热潮的洗

礼，智能硬件创业者在对接资金、人才、信息、渠道、营销等方面的能力，均有大幅提升。此外，新兴的众筹模式对智能硬件项目获取资金、获得曝光、实现预售以及寻找和锁定用户都能提供针对性的强有力支持。以 BAT 等大型互联网公司为代表的巨头纷纷搭建智能硬件平台，为创业者提供云平台服务、销售渠道、收集用户数据并面向用户服务的完整链条。

二、“互联网 +”战略给智能硬件发展提出新要求

智能硬件需与云计算、物联网和大数据等紧密结合。在移动互联网、云计算、物联网和大数据的推动下，智能硬件成为“云 + 端”中“端”的重要表现形式，打通云到端的链条，并实现数据的流动，释放数据价值。一方面，移动互联网通过拓展智能硬件的应用场景，将个人应用与行业应用结合起来；云计算将使得对智能硬件处理能力和存储能力的要求大幅降低，为之提供基础计算资源；物联网让智能硬件具备互联互通能力，使数据采集和实时控制成为可能；大数据帮助智能硬件更好地与用户交互，形成数据闭环。另一方面，移动互联网可以通过智能硬件实现由消费市场向产业市场的延伸；云计算将通过智能硬件这一极佳渠道触及最终用户；物联网通过智能硬件摆脱“碎片化”状态得以应用；大数据通过智能硬件实现规模效应而获取数据红利。

智能硬件需对各行业跨界联动发展形成有力支撑。“互联网 +”战略要求把互联网和传统行业结合起来，在新的领域创造新的生态。智能硬件的发展将赋予传统产业数据采集、分析和执行的能力，基于此智能硬件通过互联互通将单体智能扩展到网络智能，进一步拓展能力和边界。智能硬件将加速与农业、电信、金融、传媒、医疗、零售、餐饮等诸多行业的融合，推进移动支付、在线教育、便携医疗等信息消费类相关应用，用智能硬件实现对行业价值链条的重构与行业间信息的跨界融合，打造适应时代发展的新产业，在多个行业交叉边际产生高效的经济模式，实现行业联动。

智能硬件需激发高效的“万众创新”。“互联网 +”战略提倡“万众创新”，智能硬件创新有望带来行业内部的创新和行业交叉的创新。智能硬件领域是中小企业发挥创造力和研发能力的新战场，充分体现了信息技术向泛在化、融合化、智能化、应用化的方向发展。始于设计，涵盖功能性、安全性和扩展性、效益的全方位创新成为智能硬件创新的要素，也是其成功的决定性因素。此外，技术创

新与以应用为驱动的信息服务对接也成为智能硬件的重要特征，这直接导致智能硬件的延伸性强、覆盖面广，作为前端触点与其他行业的融合水到渠成，易于催生行业间的融合创新。

三、思考与对策

充分理解智能硬件内涵，完善产业链布局。一是在智能硬件的生产制造方面，对硬件部分的生态链、产业链进行充分的资源整合，加强沟通与合作，对软件部分的操作系统、中间件、应用和云端服务进行开发和整合。二是在资金融入、媒体曝光、设计研发、技术改进方面，鼓励硬件孵化平台的发展壮大，使得初创团队更好地获得设计、媒体、渠道、融资等资源，提高项目的存活率。三是提倡产品的开放化和标准化，促进产业的健康可持续发展。

明确智能硬件发展重点，加速发展进程。一是在顶层设计、法律法规等方面协调政府与市场的关系，鼓励智能硬件领域的核心技术突破和创新驱动。二是从支持产业集聚、搭建公共服务平台、助力中小微企业创业融资、支持领军企业做强做大、提升企业创新能力、加强行业交流合作等方面为产业发展保驾护航。

把握智能硬件发展趋势，促进地域协作。一是根据不同地域在智能硬件发展要素方面的优势和特点，调动地区间的协作，利用资源整合和协同合作将从商品定义、投资融资、硬件品控、软件体验、推广营销、渠道建设等维度让智能硬件生态链中的每个环节实现功能最大化。二是加强国际交流与合作，如美国在智能硬件的原始创新和国际开拓方面具备领先优势，通过智能硬件将全球创新资源整合起来，打造全产业链创新服务体系，点燃产业创新发展的速度“引线”。

本文作者：赛迪智库电子信息产业研究院　金小鹿

以智能硬件发展推动我国制造业转型升级

2015年10月14日，李克强总理在国务院常务会议上强调“互联网+双创+中国制造2025，彼此结合起来进行工业创新，将会催生一场‘新工业革命’”。智能硬件作为信息技术产业与制造业跨界融合的重要载体，是对“互联网+双创+中国制造2025”理念的完美诠释和解读，对于推动智能制造战略的顺利实施，实现中国制造由大变强跨越式转型升级具有重大意义。

一、智能硬件与制造业结合的三种模式

互联网企业：搭建平台发挥全产业链优势。基于大数据、互联网的云应用是智能硬件的关键所在，智能硬件的核心在于智能而不是硬件。因此，拥有大数据、云服务优势以及互联网思维的百度、阿里、京东等互联网企业更多的不是介入硬件制造领域，而是发挥自身优势搭建平台，为众多智能硬件创业企业提供从技术研发、产品设计、产品制造、市场推广以及数据服务等全产业链服务，如百度与京东共同创建的“创新硬件开放平台”。互联网企业的平台模式成为推动智能硬件从创意创新演变成市场化产品的重要力量，对于解决智能硬件“设计难、制造难”的困局具有重要价值。

传统制造企业：以智能硬件为桥梁实现转型升级。面对智能硬件的热潮，不仅新兴创业公司纷纷进入，也吸引了寻求转型的传统制造商。2015年4月3日，乐视体育与飞鸽达成合作协议，共同开发智能自行车。乐视体育将着重于自行车的软件和智能化的技术研发，同时为用户建立社交平台和大数据服务，而飞鸽则发挥其硬件制造的优势专门负责自行车的生产。这种合作方式有助于传统制造企业深入领会互联网思维、提升产品质量、提高技术研发能力，对于快速适应智能化、网络化、数字化制造趋势，实现制造理念、制造方式的变革具有极大的推动作用。

初创团队：以创意创新优势盘活产业链。初创团队是智能硬件领域的重要力量。这些创业团队大多具有互联网及软件企业的工作背景，最大的优势在于创意创新、注重用户体验，但却往往因缺乏硬件设计、制造经验以及供应链管理经

验，导致很多好的创意过早夭折。因此，初创团队可以通过互联网龙头企业搭建的全产业链平台实现从创意到产品的过程，也可以与传统制造企业合作，借助其硬件制造优势实现产品的价值，这对于处于困境中的制造企业来说，也可以拓展业务范围、扩大业务规模、提升制造工艺，促进转型升级。

二、智能硬件对于推动制造业转型升级具有重大意义

智能硬件是智能制造战略实施的重要载体。目前，全球正出现以新一代信息技术为代表的集群式技术创新浪潮，我国制造业也迎来结构调整、转型升级的变革时期。智能制造被普遍认为是制造业摆脱当前困境的重要手段，是“中国制造 2025”实现的有效路径和重要支撑，更是我国由制造大国向制造强国升级的必由之路。而智能硬件是信息技术产业与制造业跨界融合的重要表现形式，新材料、新工艺、新技术的广泛运用是智能硬件制造环节的典型特征，小批量、多批次、个性化是市场环节的突出特点。因此，智能硬件对制造企业的生产工艺、生产技术提出更高要求，客观上激发了制造企业实施智能化改造的动力，促进制造企业向柔性化、个性化、智能化、网络化、数字化、精细化、绿色化等方向转型。

智能硬件是推动传统制造业转型升级的重要力量。目前，我国制造业领域的多数企业还处于单一型号产品、标准化流水线批量作业、以低廉成本作为竞争优势的工业 2.0 形态。而智能硬件对用户体验要求极高，用户的参与程度将直接决定产品市场的成败。因此，制造企业为适应这种需求纷纷进行制造方式的变革。以智能家电为例，为了适应智能化、信息化、网络化、定制化潮流，海尔集团率先建成全球首个家电行业智能互联工厂——海尔沈阳冰箱工厂，自动化、智能化生产线实现了用户需求数据与智能工厂的无缝对接，内外互联、信息互联、虚实互联的智能化制造体系不但提高了生产效率，更为重要的是能够满足用户个性化、碎片化需求，为提升用户体验提供了强有力的支撑。

三、以智能硬件推动制造业转型升级的建议

优化创业创新环境，以创新驱动智能硬件产业发展。高度重视创新对于智能硬件产业及制造业转型升级的重要性，深入贯彻落实国家“大众创业、万众创新”战略，加快构建市场化创业创新平台。一是大力发展众创、众包、众扶、众筹等创业支撑平台，加快小企业创业基地建设，鼓励创客空间、创业咖啡、创新工场

等新型众创空间发展，鼓励推进网络众创平台，打造线上线下相结合的智能硬件创业载体。二是引导和鼓励龙头企业搭建以智能硬件为主题的“平台 + 孵化 + 投资”的创业孵化器，发挥龙头企业在技术研发、投融资服务、供应链管理、市场推广等方面的优势，为智能硬件企业提供从资金供给、技术研发、产品制造到市场应用的一条龙服务，实现大企业孵化小企业，小企业推动大企业的良性生态体系。

强化投融资服务，提升智能硬件企业的造血机能。一是加大政府支持力度，创新支持方式。政府可通过股权投资方式对有重大技术创新和商业模式创新的智能硬件企业提供资金支持。二是支持设立由政府、创投、孵化机构及银行、保险、投行、基金等市场化金融服务企业共同参与的智能硬件产业投资基金，采用市场化的激励机制和运营方式，为有市场潜力的项目提供持续性资金支持，解决创业创新团队的资金问题。三是支持众筹平台建设，扩大股权众筹试点范围，鼓励智能硬件企业通过众筹等新兴模式进行融资。

强化应用服务，夯实市场应用基础。一是鼓励和支持企业强化应用服务，通过建立“硬件 + 软件 + 云服务”的运作模式，扩展应用场景，强化后续数据服务，为用户提供数据记录、采集、分析并提供解决方案的立体化、全面性服务，切实解决目前智能硬件应用单一、用户体验差等问题。二是利用财政补贴方式支持建立智能硬件展示中心，提升智能硬件的宣传推广力度，增强消费者认知和市场关注度，同时通过政府采购、应用示范试点、工程带动等手段，扩大智能硬件的市场应用，为智能硬件大规模市场推广提供更广阔的实现途径。

本文作者：赛迪智库电子信息产业研究所　潘江玲

如何应对智能终端产业的“三期叠加”

智能终端是引领当今信息技术产业发展的重要领域，其发展状况直接影响甚至决定着整个信息技术产业的发展态势。随着技术演进与市场需求的变化，智能终端产业已进入新的发展阶段，颠覆性创新低潮期、新产品形态分化期与新消费痛点探寻期的叠加特征显著。若能把握机遇、主动求新，我国智能终端产业就有望迎来新一轮爆发；若是随波逐流、盲目自满，则会面临进一步丧失发展主动权的潜在风险。

一、智能终端产业遭遇“三期叠加”

一是颠覆性创新低潮期。前几年的智能终端发展热潮，以智能手机与平板电脑为核心产品，以持续出现的颠覆性创新为主要动力。但自 2012 年起，围绕智能手机、平板电脑的颠覆性创新越来越少。第一，产品外观形状未现大变化。新近推出的手机、平板电脑等产品的外观，依然遵循乔布斯时代的设计方案，没有大的突破，不同品牌产品间、以及同品牌多代产品间基本雷同。第二，基础硬件架构未有大变革。虽然芯片处理速度有所提升，芯片核数从 2 核提升至 8 核，内存容量从 1GB/2GB 拓展到 3GB/4GB 水平，但整体技术架构未有突破。第三，软件基本功能未展现显著创新。尽管操作系统版本持续升级，软件界面不断美化，但核心基础功能变化不大，可算作亮点的升级少且不明显。

二是新产品形态分化期。在手机、平板电脑创新乏力的同时，智能终端产品形态越来越多，给产业发展带来更多可能，也使产业发展路径更加眼花缭乱。第一产品种类快速增加。可穿戴设备、智能家居成为热点。在此大标签下，又有类型繁多的产品种类。例如，仅可穿戴设备已出现头戴式、腕带式、脚带式以及设备类、服装类、配饰类等多种类型。第二终端功能独立性存在差异。一些智能终端具备联网、环境感知、人机交互、自数据处理等独立功能，但目前多数终端本身只能完成简单的环境感知和数据采集，对智能手机、平板电脑等依赖性大，不具备独立性。第三市场参与主体更加多样。由于新兴智能终端产品及其产业格局都尚未定型，加之研发门槛相对较低，因此在短期内涌入难以计数的企业和创新团队，导致市场竞争更加激烈和混乱。

三是新消费痛点探寻期。无论是智能手机、平板电脑等成熟领域的新产品，还是可穿戴设备、智能家居等新兴产品，都很难再让用户有强烈购买欲望，究其原因是未能对智能终端消费的新痛点把握不足。智能手机和平板电脑方面，未击中高阶消费功能的升级换代需求痛点。智能手机和平板电脑的处理能力远弱于台式机和笔记本电脑，若无法推出有竞争力的新功能，用户的升级换代需求就难以被激发。可穿戴设备方面，未击中大众用户的日常消费需求痛点。已推出的可穿戴设备产品的新功能、新特色不明显，在功能上对手机、平板电脑没有替代性，加之在续航能力等方面存在短板，暂时无法在日常生活应用中赢下一席之地。智能家居方面，未击中综合应用场景的一体化需求痛点。智能家居的产品标准和联网方式不统一，技术路径和应用场景设计路径不明确，难以实现一体化环境下便捷操作需求，容易成为“鸡肋”。

二、“三期叠加”后我国智能终端产业两种演进预期

若能把握“三期叠加”机遇，有望推动我国智能终端产业实现赶超发展。我国智能终端产业要实现逐步做大基础上的振翅腾飞，需要把握好三大机遇。一是从模仿跟随发展到创新引领发展的机遇。我国智能终端企业已具备较强的市场影响力和一定的品牌影响力，新产品形态的演变，为我国企业提供了与国际一流企业同步起跑、同台竞技的可能，有助于争夺全球智能终端新产品体系话语权。二是从智能终端大应用市场到智能终端创新策源地的机遇。我国已经拥有近 6 亿移动智能终端联网用户，加快推进移动电子商务、互联网金融、O2O 服务等智能终端等应用场景开发，有望增强我国的产业原始创新能力，使我国成为全球智能终端创新中心。三是从单一性产品创新向体系化生态创新的机遇。借助智能手机、平板电脑等的发展，我国已形成门类齐全的零部件和整机供应链、核心软硬件集成创新链、应用服务价值链，若能把握多种产品协同并进发展的机遇，将使我国在智能终端产业领域抢先形成体系化的生态竞争能力。

若是错失“三期叠加”机遇，可能导致我国智能终端产业与国外差距进一步拉大。若仅陶醉于当前智能终端产品的销量增速和暂时性的排名提升，缺乏对产业格局变革的清醒认识，不能正视并解决关乎中长期发展的挑战，我国将很可

能陷入“规模化陷阱”。一方面，低价位和微创新难以永葆市场份额优势。低价位和微创新是这一轮我国智能终端发力的有力工具，但若不努力突破“缺芯少核”的根本问题、主流产品的同质性、品牌价值的含金量低等问题，一旦国外企业应用了近几年不断申请的众多专利，打造全新的具有颠覆意义的新智能终端产品，我国企业就可能再次被国外企业重拳击倒。另一方面，智能终端产业迅速洗牌将引发产业格局巨变。前有诺基亚、摩托罗拉迅速陨落的教训，现有三星、小米走下神坛的危机，如果缺乏对未来核心技术和主流产品形态的前瞻性布局，我国龙头企业可能在短时间内从全球智能终端版图上消失，进而影响整个电子信息产业的发展。

三、对我国智能终端产业发展的建议

共建企业、产品、组织三大生态，合力抢占全球智能终端颠覆性创新的先机。构建以大型企业构建生态、中型企业塑造品牌、小微企业特色配套的企业生态，构建以智能手机、平板电脑、可穿戴设备等为核心的产品生态，构建以去中心化组织协调机制、协同创新网络体系和综合公共服务平台等为核心的组织生态。

着眼便捷、智慧、个性、公共服务“四位一体”应用，丰富完善基于本土化策略的智能终端服务。升级便捷应用，采用移动互联技术提升生活服务的便捷性；研发智慧应用，挖掘数据分析、精准营销等智能技术提升个性化、专业化、一体化需求；挖掘个性应用，贴合和创造个性化需求；推进公共服务应用，依托微信等平台增强移动公共服务能力。

跨界合作突破“缺芯少核”桎梏，加快构建持久、自生、高效、独立的自主研发体系。通过与芯片设计、制造国际龙头合作，构建国际先进、较为完整的自主芯片产品体系，逐渐掌握集成电路核心技术和工艺。依托我国较为完整的智能终端供应链，研究制定操作系统技术路线，重点构建和完善操作系统的应用生态。

本文作者：赛迪智库电子信息产业研究所　李艺铭　安　晖

智能网联汽车引领行业站上新风口

随着“互联网+”逐步渗透到各个领域，“互联网+汽车”的产业融合也开始全面拓展，并不断催生新的汽车产业商业群落。智能网联汽车是融合传感器、卫星定位系统、人工智能、移动通信网络、车载信息系统等技术，通过车内网、车际网、车载移动互联网，按照约定的通信协议和数据交互标准，实现与车、路、人、设备之间的互联互通，最终实现智能互联和智能驾驶的汽车新形态。智能网联汽车正成为新“慢车时代”跨界设计的重点，使汽车成为继家用电器之后又一个网络终端与入口。预计，通过电脑系统实现无人驾驶的智能汽车将于2025年左右走进应用市场，其销量在2035年将占到同期全球汽车市场总销量的9%。然而，我国现有的交通法律法规、通信协议，以及核心技术相对落后等问题，势必影响智能网联汽车的发展，只有成功破解这些问题，才能促使智能网联汽车引领行业站在发展的新风口。

一、智能网联汽车发展现状

（一）跨界融合成为新常态

传统汽车产业与互联网技术的融合日益深化，正在打破已有的汽车产业链条，加速进入“智能化、电动化、电商化、共享化”的全新时代，使“功能车”向“智能车”方向转变。2014年9月，宝马与百度签订合作协议，联手推进高度自动化驾驶技术研究。2015年3月9日，北京汽车与乐视控股达成合作协议，共同致力于打造智能网联汽车，乐视在美国硅谷还组建了200多人的研发团队。2015年3月12日，上汽集团与阿里巴巴集团决定总投资10亿元，设立“互联网汽车基金”，共同打造“互联网汽车”的研发与运营平台。2015年3月23日，富士康科技集团、腾讯、和谐汽车三方签订合作框架协议，分别负责高科技移动终端与智能电动车整合的设计与生产制造技术、打造互联网开放平台，构建高端汽车营销及服务渠道等功能模块。

（二）技术路线存在分歧

汽车是与互联网融合最快的传统行业之一。互联网企业积极寻求融入汽车行业的战略机遇，而汽车企业也寄望于互联网以发展壮大自己。虽然传统汽车企业与互联网企业都有强烈的融合意愿，但对于智能网联汽车应该是交通工具还是智能终端却出现了一些分歧。汽车界认为，所有的高科技配置都用在汽车上，毋庸置疑智能网联汽车还是汽车。IT 界则普遍认为，随着互联网技术的不断发展与创新，智能网联汽车最终将演变为 IT 的移动终端，集运输和娱乐通信于一身。因此，IT 企业与传统汽车企业采用完全不同的技术路线：前者凭借强大的互联网技术，力主实现传统汽车与云端的互联，而后者则固守汽车本身的优势——实用性和安全性。不管技术路线如何选择，智能网联汽车未来必须具备两方面的智能：一是汽车本身、人车交互和车车交互等方面的智能化；二是行驶或停泊过程的智能化，逐步实现辅助驾驶乃至无人驾驶，最终体现智能驾驶和智能互联的结合。

（三）环保、高效、安全是重要方向

零污染、零排放、低耗能、安全驾驶是智能网联汽车发展的主要方向。汽车使用过程的智能化成为节能降耗的重点。谷歌的相关研究表明，传统汽车有 96% 的时间处于空闲状态，利用率较低。为此，传统汽车企业与互联网企业都力图通过云计算、大数据、物联网、互联网以及智慧工程等高科技手段，不断攻克技术难关，突破瓶颈问题，开发新型节能环保的智能网联汽车产品。同时，还力图更好地统筹安排汽车，使汽车可以按时间顺序依次为用户提供服务，提高车辆使用效率，降低汽车消费总量，通过实时路况自行选择最优的行驶路径，提高交通效率，最终达到有效减少能源消耗、保护生态环境系统的目的。对于安全驾驶，一方面可通过行驶过程中对行驶状态和车外环境的监测及时应对危险，避免碰撞的发生；同时也可通过网络数据，及时分析车内零部件运行状态，一旦出现问题，及时报错维修。另一方面，还可通过将传感器、应用软件和智能终端有效结合，加强对静止状态的汽车进行管理、防护，类似儿童被遗忘在车内的悲剧就可以完全避免。

二、我国智能网联汽车发展存在的问题

（一）关键技术和智能服务尚需突破

智能网联汽车通过射频识别RFID、全球定位系统、移动通信和无线网络等高新技术手段，不仅要实现车与车之间互联，而且还要提供“车、人、路、环境”的一体式服务，最终实现智能动态信息服务、智能化交通管理，以及车辆智能化控制等智能管理服务系统的一体化。目前，我国智能网联汽车在技术方面已有所突破，但在信息采集、高端传感器芯片技术、云计算与超海量数据处理等核心技术方面，与发达国家还有较大差距，在控制算法和控制逻辑等方面还处于跟随状态，不具备在整车功能定义、集成、软件匹配等方面与发达国家同步进行先期研发的能力。同时，车载系统以娱乐、安防和导航等为主，安全驾驶与节能环保综合控制方面关联过少，与互联网相关的服务后台还是以采用国外解决方案为主，国内系统以车载信息服务为主，并未形成较完善的自主研发能力。加之目前我国大多数汽车及与汽车电子相关的核心零部件还受国外企业制约，导致合作处于较为被动局面。

（二）安全验证束缚开放共享

从互联网金融、电子商务等领域近期频出的负面事件来看，“互联网+”面临的重大问题是网络安全问题。对依托互联网发展的智能网联汽车而言，也极有可能遭遇黑客侵入导致车辆失窃、行驶安全等事故。传统的汽车验证模式目前已经无法覆盖智能网联汽车的安全性验证，缺乏与智能网联汽车关联的信息安全技术检测手段与信息安全认证检测标准等。而且，与传统汽车相比，智能网联汽车的安全性验证还面临运行模式、技术与产品纰漏等更为棘手问题，加之我国路况较为复杂、人车流量大等具体国情，因此其难度更高。此外，基于市场拓展和信息安全性的双重考虑，我国参与智能网联汽车开发的各个企业或企业联盟大多各自为政，局限于自己的系统而未实现开放共享，导致各系统无法兼容，出现了系统之间无法实现相互访问等问题。

（三）配套法律法规和行业标准不健全

智能网联汽车是汽车产业与互联网深度融合的新兴事物，在带来创新和便捷的同时，也引发了新问题。目前智能网联汽车发展各自为政，缺乏顶层设计，智能网联汽车的统一标准尚未形成，生产、使用、售后服务等关键环节各项标准

的欠缺，无疑会成为阻碍智能网联汽车进一步发展的障碍。此外，智能网联汽车还面临着法律法规的制约。比如，因网络技术或智能系统而发生交通事故，无人驾驶技术受到远程控制而影响驾驶安全等，这些方面责任认定的“真空”地带，无疑对现行法律法规提出了较大挑战。

三、助推智能网联汽车发展的对策建议

（一）打造信息网络平台，强化核心技术研发

一是加强“产学研用”深度融合，提高创新特别是协同创新力度。构建汽车企业、互联网企业、各大科研院，以及其他机构共享的信息网络创新平台，将生产、学习、科研及应用各方面有机融合起来，发挥各方的先发优势，支持产品、管理和服务等方面的创新，助推汽车产业智能化水平不断提高。二是深度挖掘核心关键技术，提高产品的国际话语权。智能网联汽车集高新技术为一体，亟需在多个领域加大研发力度，比如，多传感器信息融合技术、开放智能车载终端系统平台技术、云计算、大数据、LBS位置服务，以及移动互联网、通信及其应用技术等，加强地面交通与北斗卫星导航系统的对接。三是依托大型车企打造区域性智能网联汽车的测试平台，为产业链企业提供研发公共服务。四是制定清晰的技术实施路径，明确从辅助驾驶技术到无人驾驶技术的技术实现路线图，最终打破核心部件和位置服务等方面受制于国外企业的困境。

（二）拓展智能产业链条，推进深度协同合作

一是全面利用云计算、大数据、物联网、移动互联网、智慧城市等高新技术及其应用，重构汽车产业链，积极拓展软件开发、车载服务平台、智能终端等产品和服务与汽车产业的对接，形成结构科学合理、富有韧性与活力的上下游智能网联汽车产业链条。二是加强传统汽车企业、互联网企业、运营商和信息服务商之间协同合作，推动云计算与大数据基础设备、互联网与物联网，以及直接服务个人的设备等各方面协调发展，协力破解智能网联汽车发展中的安全、节能、效率、环保等瓶颈问题，推动智能网联汽车加速向智能化、电动化、电商化、共享化方向发展，最终成为经济新常态下的汽车行业风口。

（三）夯实标准法规基础，加大执法规范力度

一是建立与完善智能网联汽车的V2X（即汽车与外界的信息交换）技术、

无人驾驶技术等标准体系，促使行业形成共同的智能网联汽车技术标准准则，以实现不同产品之间的互联互通，打破企业之间的“孤岛”现象。二是出台与智能网联汽车相关的通信协议、测试评价等更为标准化的条例，提高通信系统效率，同时保障测评数据的科学性、安全性与可靠性。三是制定与智能网联汽车相对应的交通及运输法规，打造智慧交通运输管理体系，为大规模推广应用智能网联汽车奠定基础。四是加大智能网联汽车数据的安全及有关个人隐私数据等方面执法的力度，维护公民尊严，保障公民人格利益。

（四）提高销售服务质量，打造专业服务模式

一是提高售前服务质量和拓展服务内容。全方位打造展示平台，展现更专业化、更个性化的设计与制造，特别是高智能化的操作系统和人性化的互动设计，提高智能网联汽车的品牌知名度，激发消费者参与智能网联汽车设计和试用环节的热情。二是提高售后服务质量。进一步完善与智能网联汽车相关的消费信贷、保险、保修索赔、维护与检测、零部件供应，打造开放式智能网联汽车网络服务平台，通过行业联盟的形式增强服务能力，加强一体化出行体验。强化线上线下系统定期检测维护等相关服务，提供专业化的售后服务，挖掘潜在利润点，同时构建收费标准、保养后交车、时间配置、回访等售后服务满意度指标体系，提高消费者维权力度，打造“全网络覆盖的大售后”服务模式。

本文作者：赛迪智库工业经济研究所　张淑翠　文　芳

无人驾驶技术发展现状及趋势展望

近年来，汽车企业和互联网企业纷纷启动智能网联汽车的研发，智能化、网联化将成为汽车产业技术发展的趋势。随着传感器、导航、云计算等技术的飞速发展，以及智能通信和道路设施的不断完善，作为智能网联汽车终极发展阶段的无人驾驶汽车，在不远的将来一定会走进现实生活，改变现有的交通模式。在此趋势下，需要加快制定我国智能网联汽车发展战略、加强相关技术的研发，从而促进我国汽车产业实现弯道超车、由大变强。

一、无人驾驶汽车发展现状

无人驾驶技术具有多重优势。更安全、油耗更低、污染物排放更少一直是汽车制造商及消费者追求的目标。随着网络及控制技术发展，消费者对汽车智能化的要求也越来越高。研究表明，无人驾驶汽车具有多方面的优势：一是能使交通事故率降低 90%，车联网技术可使道路通行率提高 10%[①]；二是能有效节约燃油与降低排放，汽车的燃油经济性可提高 20% ～ 30%，高速公路编队行驶更可降低 10% ～ 15% 的油耗[②]；三是可以带来显著的社会与经济效益，拉动机械、电子、通信、互联网等相关产业的快速发展；四是具有重大的国防意义，如无人驾驶战斗车辆等；五是也能够影响个人生活方式，如减轻驾驶负担，实现车辆共享，提供便捷出行方式等。

无人驾驶技术体系已基本建立。与传统汽车相比，无人驾驶汽车需要具备更先进的环境感知系统、中央决策系统以及底层控制系统。无人驾驶涉及到的关键技术包括传感技术，即利用摄像头、雷达等检测车辆周围环境；通信技术，即利用专用短程通信（DSRC）、4G 或 5G 等实现车车、车路之间的通信；控制技术，即通过对复杂环境的感知及通信实现路径规划和轨迹跟踪等。目前，市场上已建立的无人驾驶主流技术体系主要分为两种。第一种是基于传感器的车载式方案，

① 数据来自毕马威2014年《无人驾驶：下一代革命》报告。
② 数据来自日本政府发布的《实现自动驾驶系统》报告。

需要装配摄像头、雷达、GPS 等模块，通过中央决策完成路径规划、路径跟踪和信息融合等功能。第二种是基于通信网络的网联式方案，需要装配 DSRC、4G 或 5G 通信、GPS 等模块环境感知系统、通过云计算实现大数据交换、协同规划以及队列控制等功能。

汽车和 IT 企业争相启动无人驾驶技术研发。无人驾驶汽车由于具有提高行车安全、降低排放、减少交通拥堵等优势，已经吸引众多汽车制造商及 IT 企业投入研发。以谷歌为代表的 IT 企业的无人驾驶汽车，主要以军用无人驾驶技术为基础，依靠激光测距仪、摄像头、64 线激光雷达、传感器等获得环境感知和识别能力，其装置价格较为昂贵。而以奔驰、宝马为代表的汽车企业，其无人驾驶汽车主要采用常规的雷达、摄像头、传感器等进行环境感知和识别，通过基于车联网的辅助驾驶技术进行智能信息交互，结合 GPS 导航实现路径规划，并且更加注重控制技术的研发，成本相对低廉。

二、无人驾驶技术发展趋势

车载式和网联式无人驾驶技术体系将走向融合。目前车载式方案受限于不能充分模仿人体感觉、大规模应用成本较高、缺少城市环境的全景扫描等；网联式方案则受限于无法实现车人通信、需要较大的基础设施投资。两种方案均不能完全满足未来全工况无人驾驶的需要。而这两种方案的融合将实现优势互补，提供安全性更高、自动化程度更高、使用成本更低的解决方案。未来要实现这种技术融合则需要更先进的定位技术、更高分辨率的地图、可靠而直观的人机交互界面以及相关的标准与法规。

无人驾驶技术将加快产业化应用。按照无人驾驶技术的发展，可以简单地划分为初级无人驾驶和终级（全工况）无人驾驶两个阶段，其中已经实现产业化的驾驶员辅助系统即属于初级无人驾驶阶段。目前一部分汽车已经配备自适应巡航控制（ACC）和车道偏离预警（LDW）等驾驶员辅助系统。而随着传感、通信、决策控制等相关技术的发展，更高级别的驾驶员辅助系统如车道保持、全自动泊车、车辆跟随等将逐步提高技术成熟度、降低生产成本，实现大规模产业化。美国汽车研究中心（CAR）、欧洲智能系统集成技术平台（EPoSS）等机构甚至预测，到 2025 年左右，汽车将实现全工况无人驾驶技术的产业化。

三、我国发展无人驾驶汽车的几点建议

制定产业发展战略。无人驾驶作为一项产业颠覆性技术，具有重要意义和潜在经济价值，应该将其作为我国汽车产业赶超发达国家的重要途径之一。美、日、欧等国家或地区都已制定相关的发展路线或行动计划，而我国尚未出台此类战略规划。因此，应在掌握智能网联汽车的概念、分类、层级的基础上，加紧研究和制定符合中国特色的发展战略和技术路线图。同时，制定基础设施及智能网络配套建设规划，使二者相辅相成，实现协同发展。

加大核心技术研发。相比欧美发达国家，我国汽车企业对无人驾驶技术的积累不足，特别是在雷达、传感器、控制器等领域的技术差距较大。因此，应加强智能网联汽车核心技术的研发，吸纳全球专业性高端人才，建立和完善重点实验室、研究中心等国家级研发基地。通过设立专项基金等财税政策，推动企业、科研机构、高校对无人驾驶领域的重大工程和重点专项进行联合攻关，着力突破核心技术和关键配套部件。

推进应用示范工程。无人驾驶汽车不同于传统汽车，其开发测试过程需要道路环境、通信环境以及其他智能网联车辆的配合。从美日欧等先进国家或地区经验来看，开展测试验证与示范运行，是推动技术进步与产业发展的有效和必要途径。因此，我国政府也应加紧实施智能网联汽车的应用示范工程，建设面向智能网联汽车的测试、验证的环境条件，及相应的数据收集、数据分析、管理监控平台。在推动技术研发的同时，协助企业加强用户认识和体验。

加快技术标准建设。一方面，市场上的车载系统、通信模式由于标准不统一，阻碍了产品的应用和推广。因此，应按照“统筹规划、适度超前”的原则，建立相关技术标准，使互联网企业、整车企业以及交通管理部门在车载系统、通信协议等方面的技术标准相互适应。另一方面，由于无人驾驶汽车已超越传统意义上的汽车，将成为未来车联网中的大型智能终端，一旦汽车操作系统被攻击，将带来巨大的安全隐患。因此，要在充分调研、谨慎论证的基础上，制定无人驾驶汽车运行使用的相关法律法规。

本文作者：赛迪智库装备工业研究所　徐　可

我国应加快发展电动汽车无线充电技术

伴随着中央和地方政府扶持政策的相继出台，我国新能源汽车产业进入快速成长期。2015 年一季度，纯电动车销售 1.54 万辆，同比增长 3.7 倍；插电式混合动力车销售 1.12 万辆，同比增长 2.1 倍。虽然充电桩等配套设施的建设滞后在一定程度上阻碍了新能源汽车的快速推广，但无线充电技术的出现提供了新方向。日产、沃尔沃、奥迪等传统车企均已开始研发或测试旗下电动车的无线充电系统。全球通信及 IT 界一些企业也将“触角”伸向了电动车无线充电领域，我国中兴通信已投入巨资用于开发面向纯电动汽车的无线充电技术。那么，无线充电技术的发展到底处于什么阶段，面临哪些问题？

一、无线充电技术有望破解汽车充电桩发展难题

（一）充电桩建设严重滞后阻碍电动汽车发展步伐

随着特斯拉等风靡全球的电动汽车进入我国市场，以及中央和地方政府扶持政策的相继出台，人们对新能源汽车的关注度越来越高。特别是 2015 年以来，新能源汽车产销量均快速增长，据中国汽车工业协会统计，一季度新能源汽车共销售 26581 辆，同比增长 2.8 倍。其中，纯电动车型销售 1.54 万辆，同比增长 3.7 倍；插电式混合动力车型销售 1.12 万辆，同比增长 2.1 倍。可以说，我国新能源汽车产业已进入快速成长期，但与此同时，充电桩的欠缺成为快速发展的一大阻碍。有关数据显示，截至 2014 年底，我国新能源汽车保有量已超过 12 万辆，而充电桩数量只有约 3 万个，两者之比约 4:1，远未达到 1:1 的标配。当前新能源汽车的销量还在以同比 3—4 倍的速度递增，且这样的递增速度在政策扶持以及低基数效应下还有望持续。存量设施的不足，加上快速增长的新需求，不仅给消费者带来不便，也给企业和政府带来了更大挑战。新能源汽车产业亟待找到解决这一问题的途径。

（二）无线充电技术可破解充电桩建设难题

迄今，无线充电技术在智能手机等部分便携终端上已实现商业化，其原理并不复杂，即在发射端将电能转换成电磁波并发射出去，接收端接收到电磁波之后，再将其转换成电能，就可进行充电。与传统充电站、充电桩相比，无线充电主要有以下特点：一是充电设施布置灵活。传统充电站都需在城市规划中留出相应位置进行建设，而无线充电则只需改造现有停车场、路边停车位，就能给电动汽车充电，甚至可以把发射端埋在部分路面之下，届时电动车可以在这些路段实现边行驶、边充电，不会占用过多的城市空间。二是用户使用更加方便。无需插入式电缆即可实现高速无线充电，不仅免去了传统充电桩接线所需要的停车和等待时间，而且已经出现的充电车道，更是从静态无线充电向动态无线充电（Charging on the go）延伸，大大降低了用户的固定位置充电时间，提高了电动汽车的使用率。比如电动方程式锦标赛 Formula E 赛道两旁的接收板可在电动赛车疾驰而过的瞬间为其充电。三是充电过程相对安全。传统的有线充电需要人工操作，属于插电式充电，接插触点可能发生打火而使得充电功率受限。而无线充电则不受此限制，无火花及触电危险，无积尘和接触损耗，能适应多种恶劣环境和天气。

（三）无线充电技术已走出实验室进入示范发展阶段

目前无线充电主要有三种方式，即无线电波式、磁场共振式以及电磁感应式。其中，磁场共振式和电磁感应式更有可能在电动汽车的无线充电中得到应用。从国外车企来看，丰田、沃尔沃、奥迪、日产等都已经开始研发或测试旗下电动车的无线充电系统。全球通信及互联网的一些企业也将“触角”伸向了电动车无线充电的新领域。

表 1　国内外企业电动汽车无线充电技术发展情况

企业	技术特点	合作方
丰田	磁场共振	WiTricity
奥迪	电磁感应	——
日产	电磁感应	——
沃尔沃	磁场共振	Flanders Drive
高通	电磁感应	奥克兰大学、雷诺
中兴	电磁感应	宇通、东风等

资料来源：赛迪智库整理

日产在 2011 年就宣布取得无线充电技术成果，车辆通过与感应线圈产生感应而进行充电。该充电系统可以内置于地板中，也可以以充电桩的方式安装在室外。需要充电时，车主只需将车开到感应线圈的范围内，系统将自动检测到车辆，车主通过应用程序启动和关闭充电过程。充电系统的安装位置和外界的天气情况均不会对充电时间造成影响。与日产不同，丰田采用的是电磁共振方式。另外，针对无线充电中存在的传输效率问题，奥迪开发了一种可升降的无线充电系统，让供电线圈更靠近车辆底部的受电线圈，输电效率可超过 90%。沃尔沃与法国阿尔斯通公司和瑞典能源局合作，正研发在快速路上为电动汽车充电的系统。作为汽车产业外行的英国高通公司与我国中兴通信，却率先实现了大功率无线充电系统的商业化。中兴通信研发的大功率电磁感应式无线充电系统已经通过科技成果鉴定，可以在 30KW 大功率系统下，实现 90% 的充电效率，并已先后与东风汽车和蜀都客车合作，在湖北襄阳和四川成都推出了无线充电公交示范线。中科院电工研究所研制的“3.3KW 无线充电系统”也已成功在北汽 E150EV 电动汽车上装车应用，有望 2015 年首批在亦庄投入示范应用。

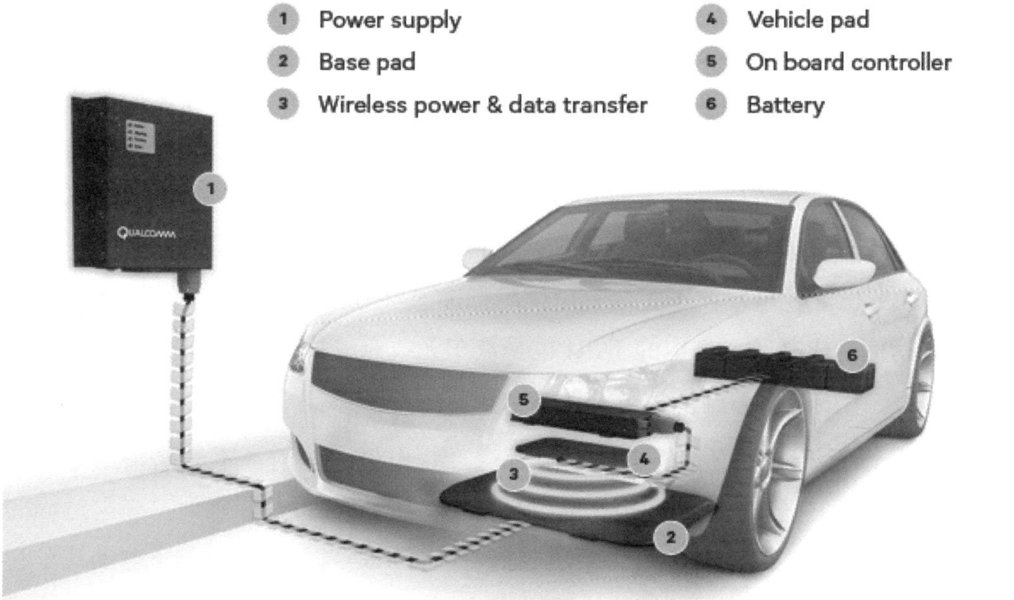

图 1　电动汽车无线充电示意图

资料来源：高通 Halo 公司

二、发展电动汽车无线充电的制约因素

（一）能量转换率不足导致使用成本较高

目前，无线充电设备为了保证传输效率，所采用的线圈尺寸均较大，成本较高，维修费用也大。从沃尔沃充电设备的实验数据中不难看出，目前磁场共振方式的能量转换率较低，用电成本较高。同时，能量的损耗还会随着传输功率和传输距离的增加而增加，当多辆电动车同时充电时，供电系统的负荷也将大大增加。如果对城市电网进行相应改造，则将是一笔很大的经济投入。另外，由于车辆本身需要加装无线充电的接收器模块，也会给企业生产和用户使用增加成本。

（二）无线充电技术尚未形成统一的技术标准

目前，无线充电技术虽已取得明显进步，但与有线充电技术一样，标准化也是发展面临的重要问题之一。电磁感应和磁场共振两种方式孰优孰劣尚无定论，单就其中一种方式而言，不同的企业和研究组织使用的是不同的标准。目前无线充电只是在小功率充电方面有一些国际标准，针对电动汽车的大功率无线充电标准则还处于空白。主流无线充电标准有三种：Power Matters Alliance（PMA）标准、Qi 标准、Alliance for Wireless Power（A4WP）标准。以无线充电技术中所使用的线圈为例，目前业内使用的主要有圆形和方形两种，而形状不同，磁路也不同，线圈之间就无法实现高效传递能量。圆形和方形线圈各有优劣，厂商的选择也不尽相同。建立统一的无线充电标准可实现更多融合，取得更好的用户体验，进而促进无线充电技术的进步和电动汽车产业的发展。目前，美国汽车工程师协会（SAE）已经就电动汽车无线充电国际标准 SAE J2954 的准输出功率和频带两项基本指标达成一致。日本的 JARI 也是汽车无线充电技术国际标准化组织。

（三）电磁辐射问题可能引发消费者担忧

凡是以无线方式连接的电子设备都会产生电磁波辐射，不管是采用电磁感应式还是磁场共振式，都有一个发射能量和接受能量的过程，因此，充电过程的安全性饱受质疑。人们担忧是否会造成辐射，特别是当人或动物位于电动汽车和充电装置之间时，就有可能带来电磁伤害。不过，大量的实测案例显示，无线充电的辐射数值相对较小。MIT 和沃尔沃的研究团队都表示，电磁共振使用的磁场与地球磁场类似，对人类健康并无影响。专家也认为，“无线充电器只要按照技术规范来做，就不会对人体有辐射危害。”尽管如此，但要取得消费者信任，依

然需要漫长的时间。

三、几点建议

（一）加大对电动汽车无线充电相关技术研发的支持力度

一是将电动汽车无线充电技术纳入新能源汽车产业重点支持领域，作为重点项目，发挥专项资金引领作用，对符合条件的示范项目和企业提供信贷支持。二是引导企业加大对电动汽车无线充电技术的研发投入，特别是作为国际研究热点的动态无线充电技术，对符合条件的企业提供财政补贴和税费减免等方面的支持，推动企业提升技术水平和降低生产成本。三是结合企业需求，加强产学研用等现有资源整合，由政府牵头搭建相关的产业技术联盟，鼓励国内企业与国际著名企业或研发机构展开相关技术合作。

（二）加快建立电动汽车无线充电技术标准

一是按照“统筹规划、适度超前、分步实施、安全可靠”的原则，将无线充电设施的建设布点规划与城市总体规划进行技术衔接，并首先从公共交通领域入手。二是要求无线充电设施供应商、汽车生产商在充电接口、通信协议等方面的技术标准与之相适应，为电动汽车无线充电的标准化建设奠定基础。三是保证技术标准能适应多种类型蓄电池系统和适应各种电压等级的能力，除保障电动公交充电使用外，还与各类电动汽车上的不同蓄电池系统实现充电特性匹配。四是在充分调研的基础上，严格论证无线充电可能给人和环境带来的影响，以尽快消除业界和消费者对新技术的担忧。

（三）推进电动汽车无线充电应用示范工程

一是以无线充电技术在城市公共交通服务领域的应用为突破口，着力推进无线充电公交商用示范线，带动出租车等电动乘用车的无线充电技术发展。二是充分利用媒体、网络、会议等多种渠道，展示无线充电技术对我国新能源汽车发展的促进作用及其技术进步、产业发展、推广应用成果，增进社会各界对无线充电的认知度，营造广大群众易于接受的良好氛围。

本文作者：赛迪智库装备工业研究所　徐　可

新型电池技术距离产业化还有多远

对各类智能终端以及电动汽车等产品而言，电池是不可或缺的重要部件，甚至是决定产品发展形态与发展速度的关键。近年来，虽然电子整机产品在飞速发展，但电池技术一直未取得革命性进步。进入2015年，柔性薄膜电池、新型铝离子电池等一些新型电池技术相继出现，国际巨头纷纷宣布将加快电池领域布局。在此形势下，需要客观认识新兴电池技术发展前景，科学部署，从电池技术入手，抢占新一代信息技术发展的战略制高点。

一、新型电池技术层出不穷，国际巨头前瞻布局

新型电池技术加速涌现。自2013年以来报道的各类新型电池技术主要可以分为三类。一是尚处于研究阶段的电池技术，目前只有原型产品，距离产业化阶段尚早。如最近在Nature上报道的铝离子电池（实际上可以归为金属燃料电池）、水基锂离子电池以及南加州大学开发的有机回流电池（Organic redux flow battery）。二是目前正在逐渐成熟的技术。如双碳电池、固态锂离子电池等，将在未来两三年内推广应用。三是正在加速产业化的电池技术。如超级电容器、石墨烯以及锌、镁、锂金属燃料电池等，未来两三年将有可能实现较大规模应用。另外，纳米技术的日渐成熟，正在改变锂离子电池负极材料，如锥形纳米管状硅材料、3D多孔结构纳米硅等，进而能够提高锂离子电池性能。

新型电池技术剑指锂离子电池弱点。随着锂离子电池广泛用于智能终端产品、新能源汽车等领域，比能量不高、充电时间长、易起火等性能弱点不断凸显，已经成为制约其发展的关键因素之一，新型电池技术的出现直接剑指锂离子电池的各项弱点。如前面提到的锌、镁、锂金属燃料电池的比能量均超过了200Wh/kg，有的甚至高达700 Wh/kg，均大大超过了当前的锂离子电池；而采用锥形纳米管状硅材料或者3D多孔结构纳米硅作为负极材料，锂离子电池的充电时间可以由目前的几个小时降至10分钟左右；有机回流电池、超级电容器、双碳电池、固态锂离子电池等技术则能有效解决当前锂离子电池起火难题。

国际巨头开始前瞻布局。电池技术逐步成为智能终端、电动汽车等的关键零部件甚至是推动其发展的主要因素之一，随着各类新型智能终端产品涌现，尤其是智能汽车概念兴起之后，不仅三星 SDI、丰田等锂离子电池企业以及汽车巨头都抓紧新型电池研发，微软、苹果等国际 IT 巨头也纷纷开始布局新型电池技术。苹果和谷歌均组建了电池研发团队，积极开发固态锂离子电池等新技术来提升移动设备的续航里程，现已扩大至电动汽车；微软则投资了专门研发金属燃料电池的 Ambri 公司；三星在积极开发新型锂离子电池技术同时还投资了专注于固态电池的 Seeo 公司。

二、新型电池技术落地尚需时日，电池技术与市场变数待解

新型电池技术产业化尚需时间成熟。当前，新型电池技术大多处于实验室研究阶段，按照技术成果产业化进程，要大规模应用推广至少需要 10 年以上时间。出于对安全性考虑，电池所需的验证时间可能会更长。对于部分逐渐成熟的技术，如双碳电池、固态锂离子电池等，生产工艺并未成熟，并且核心技术掌握在一两家企业手上，产量有限且价格偏贵，难以在近期实现规模化应用。至于超级电容器、氢燃料电池和锌、锂金属燃料电池等已经开始小规模生产的技术，价格较高，市场接受需要一段时间。另外，尽管纳米制备技术已经比较成熟，但制备某种特定结构的纳米材料还无法实现规模化生产。

锂离子电池领先优势仍较为明显。从市场份额看，目前锂离子电池基本占据智能终端、电动汽车等细分市场，随着价格不断下降，正在进一步抢占传统铅酸电池市场。技术开放程度看，不少企业都掌握锂离子电池核心技术，而新型电池技术只掌握在少数企业或者国家手上。从吸引投资看，近两年来全球在锂离子电池方面的投资超过了 1500 亿元，将进一步加快锂离子电池技术进步和成本降低，而就算是丰田放开了氢燃料电池技术专利，能够吸引的投资仍十分有限。历史发展经验也表明，技术愈开放，投资愈多，最终胜出的可能性越大。因此，锂离子电池在市场竞争中拥有相当明显的领先优势，尽管其本身存在一定的弱点，但纳米负极材料、离子电解液、固态锂离子电池等新技术的应用有望帮助锂离子电池克服这些弱点。

性价比决定电池市场走向。影响电池性价比的因素包括成本、续航里程 / 时间、使用寿命 / 充电次数等，综合来看，在智能终端、电动汽车等应用领域，锂

离子电池的性价比明显高于其他类型电池以及新型电池。以动力电池为例，目前锂离子电池价格在500美元/千瓦时左右，续航里程为300公里的电动汽车的动力电池成本约为3万美元左右。功率100瓦相当于1.8L排量的氢燃料电池电动汽车，仅氢燃料电池组成本就接近100万元，这还是已经开始推广使用的氢燃料电池，更不用说那些尚在研发当中的新型电池。尽管金属燃料电池包括最近热炒的新型铝离子电池在比能量以及使用寿命上都比锂离子电池更具优势，但关键在于尚未实现规模化量产，许多难题尚待克服。

三、积极应对电池技术与市场变局的几点建议

积极布局新型电池技术，抢占未来发展先机。积极落实创新驱动战略，利用我国科技体制改革契机，整合各方资源，结合已有基础，重点对各种新型电池技术开展布局。同时，发挥市场在资源配置中的决定性作用，构建以企业为主体的官产学研用创新体系，加大新型电池技术的应用推广支持力度，利用市场带动新型电池技术产业化，力争形成“研究一批、应用一批、推广一批”新局面，为电池产业创新发展奠定良好的技术基础。

加快锂离子电池发展步伐，抢占智能终端、新能源汽车行业制高点。利用我国大力推广电动汽车的良好机遇，进一步加快锂离子电池发展步伐，加强关键材料制备技术研究，突破电池成组技术瓶颈，推进全自动化生产设备研制，加强石墨烯、超级电容器、纳米技术等新技术与锂离子电池的融合创新，加快低成本、高比能量、安全可靠锂离子电池规模化生产，打造具有国际竞争力的锂离子电池产品，抢占当前智能终端、电动汽车发展制高点。

优化行业发展环境，构建公共服务体系。积极转变政府职能，建立健全电池标准体系，推动标准落实工作，强化质量品牌建设，建立电池产品质量通报制度和追溯制度，进一步优化电池产业发展环境。探索电池产业公共服务模式，拓展公共服务主体，促进政府、公立机构、行业协会、产业园区、科研院所、企业等相互协作，加强产品研发、检验检测、质量认证、技术推广等服务平台建设，形成资源共享、优势互补的网络服务能力。

本文作者：赛迪智库电子信息产业研究所　余雪松　安　晖

石墨烯产业化之路还有多远

石墨烯一直被业界视作是将引领多项产业革命的关键材料，自2004年面世以来，其技术专利申请量就呈井喷之势，专利布局日趋成熟。2012年，全球石墨烯专利申请数量翻倍增长，达到1829件。除了获得高校和科研机构的青睐之外，石墨烯也获得了政府资金的大力支持。2013年，欧盟将石墨烯选入未来新兴旗舰技术项目，计划未来十年投入10亿欧元打造石墨烯产业链；韩国政府投入4230万美元成立石墨烯联盟；我国投入2.1亿元推动石墨烯产业化。那么，这是否表明石墨烯产业化之路已经步入正轨？石墨烯的产业化目前还存在哪些问题？这是一个值得深入探究的重要课题。

一、石墨烯产业化的真相

（一）石墨烯产业化进程滞后于其资本市场宣传

石墨烯自诞生之日起就受到资本市场追捧。石墨烯高载流子迁移率的研究报告刚一发布，资本市场就判定石墨烯将替代硅材料，开启了全新的微电子时代。随后，中国宝安、烯碳新材等相关股票暴涨。资本市场对石墨烯如此青睐，一方面源于石墨烯自身优越的性能，另一方面是资本逐利的本质使然。但实际上，我国现有的石墨烯产业化呈现分领域发展的现象，以石墨烯粉体（末）为原料的低端产品领域，如功能涂料、复合材料、电极材料和结构增强型材料等，虽然部分已初步产业化，但规模小、技术含量与附加值均比较低。以石墨烯薄膜为原料的高端产品领域，比如微电子和半导体材料等，仍处于实验室或中试阶段，短时间内均不可能实现产业化。

（二）市场存在“类石墨烯”被“石墨烯”化的假象

目前，我国业界宣称能够量产的石墨烯项目，大多是石墨烯粉体（末），即5层以上的“类石墨烯”，与真正的石墨烯——石墨烯薄膜不同。石墨烯粉体（末）不具备石墨烯薄膜优良的理化性能，比如高载流子迁移率、最好的导电和导热性，以及最高的强度，这些性能才是将石墨烯定义为第三次工业革命推动因素的根本原因。5层以下的石墨烯薄膜可用于半导体、微电子、显示薄膜等领域，5～10层之间的石墨烯粉体可以作为添加剂用于功能涂料、复合材料、散热材料、电池等领域，10层以上的石墨烯粉末则与石墨性能无异。常州第六元素、宁波墨西科技等企业生产的石墨产品以石墨烯粉体为主，主要应用于储能、导热、结构增强、导电等领域。金路集团湿式剥离法生产的石墨烯尚处于中试阶段，且量产后石墨烯的层数也不能控制到5层以下。颇受公众关注的常州二维碳素的石墨烯薄膜生产线，虽然石墨烯薄膜层数能控制在5层以下，但至今尚未实现规模化生产。

表1　石墨烯薄膜和石墨烯粉体的区别

	石墨烯粉体（末）	石墨烯薄膜
二维石墨结构层数	5层以上	1～5层
原料	石墨	甲烷等碳氢化合物
制备工艺	氧化还原法	化学气相沉积法
应用领域	功能涂料、复合材料、锂电池、散热材料、结构增强型材料、超级电容器等电极材料	触摸屏、有机太阳能电池、半导体器件、微电子器件等
计量单位	克、千克	平方米

数据来源：赛迪智库原材料研究所整理

（三）石墨烯的产业地位被资本市场夸大

在功能涂料、复合材料、锂离子电池电极、超级电容器电极等应用领域，作为改性添加剂的石墨烯粉体（末）或薄膜虽然可以大幅提升各主体材料的性能，但并非不可或缺的主体材料。一方面，石墨烯粉体（末）作为添加剂，其使用尚需经过多次探索磨合才能确保用后的性能和成效，这会增加企业的原料、研发生产等相关成本，综合来讲，其应用仍处于探索阶段。例如，2014年，一克石墨烯粉体（末）市场平均售价高达上千元，宁波墨西科技宣布可以将成本进行有效控制以降低售价，但其产品的稳定性仍有待市场验证。另一方面，石墨烯薄膜尚未产业化生产，无明确的市场售价，但目前实验室用化学气相沉积法（CVD）生产石墨烯薄膜的一台仪器售价就高达数百万元。可以预见，未来量产后的薄膜价格也将不菲，这对于复合材料、功能涂料和结构增强型材料等产值规模较小、利润空间有限的石墨烯薄膜应用领域，将是无形的屏障。资本市场将石墨烯过度渲染为引领第三次产业革命的关键材料，却刻意回避了现阶段应用石墨烯的低投资回报率问题，从而导致现阶段石墨烯的产业地位被夸大。

二、我国石墨烯产业化存在的问题

（一）研发成果缺乏产业化平台

现阶段，我国石墨烯的研发主体为高校和研究机构，研发偏重于基础科学研究而非实用技术，产业化主体是企业，它更强调市场应用。高校、科研机构与企业之间缺乏合作沟通，企业和企业之间因为利益竞争，也不会轻易合作共促石墨烯产业化进程，因此研发主体和产业化主体之间，以及产业化主体内部均呈现出封闭式的“自产自销”现象，导致石墨烯的产业化进程缓慢，潜在市场需求不能充分挖掘。在石墨烯产业化进程发展较快的美国和韩国，其研发和产业化主体都以企业为主，各企业的研发部门通过建立联盟实现技术共享，企业既掌握核心技术，又洞悉市场需求，从而可有效推动石墨烯的研发进程、研发成果转化进程和产业化进程。我国亟需建立连接研发主体和产业化主体的产业化转换平台，推动研发成果向产业化应用转化。

（二）高端应用缺技术

实际上，能够体现石墨烯核心价值、打造万亿级产业链的应用领域是半导体和微电子产业，属于石墨烯的高端应用领域，同时也是对石墨烯生产工艺要求最高、尚不能实现工业化生产的领域。目前我国能够克服高端石墨烯产业化瓶颈并掌握规模化生产技术的单位还微乎其微。中科院重庆研究院制备出的国内首片 15 英寸单层石墨烯，以及中科院上海微系统所信息功能材料国家重点实验室（SOI）用化学气相沉积法（CVD）制备出的锗衬底单层石墨烯等研发成果，都因生产工艺不成熟导致生产成本高昂，也就无法实现低成本和规模化生产。常州二维碳素科技有限公司 2013 年投产的年产 3 万平方米的全球最大规模石墨烯透明导电薄膜生产线，也因未能克服生产大尺寸单晶石墨烯薄膜的技术瓶颈，以及高昂的化学气相沉积法（CVD）的生产成本，导致下游生产商缺乏购买积极性。比如，华为和中兴等目标客户就普遍持观望态度，并没有将石墨烯透明导电薄膜正式应用于其产业化生产中，规模化应用市场尚难形成，因此，这一条全球最大的石墨烯薄膜生产线短时间内也就无法发挥最大效用。

（三）低端应用缺市场

对于石墨烯的低端应用，最大瓶颈仍在于缺市场，下游应用市场发展缓慢制约了石墨烯的推广应用。目前，还没有一个应用领域可以实现石墨烯的规模化生产。以动力电池用石墨烯为例，宁波于2012年建成全球首条年产量达300吨的石墨烯生产线，并可以实现电动汽车用高容量锂离子电池和高性能磷酸铁锂动力电池的产业化生产。但是，由于我国现有电动汽车的配套服务、基础装置不健全，电动汽车市场规模有限，造成产业链应用环节短板，进而严重影响了石墨烯的市场化进程。此外，石墨烯散热器件是另一个技术门槛低、产业化前景好的应用领域，但由于石墨烯只有几个原子厚，无法用于大型器件的散热，因此下游产业化市场只能被局限在微小器件的散热配件中。现阶段，一个年产量为400公斤的石墨烯生产商，平均每年只能卖出200公斤，需求主要来自高校和研究机构，且采购量多以克计，不足以支撑石墨烯的产业化发展。

三、推进我国石墨烯产业化发展的建议

（一）搭建政产学研用互促合作平台

一是加强“政产学研用”合作创新体系建设，提升产业创新能力和核心竞争力。出台扶持石墨烯产业发展的相关政策，加强政策引导，营造良好的发展环境；整合高校和研发机构等创新资源，加强技术研发和人才培养，推动石墨烯重点关键技术实现突破；鼓励企业创新，加强企业与高校、科研机构的紧密合作，成立企业技术中心，搭建产学研合作平台，形成以企业为主体、产学研相结合的技术创新体系。二是鼓励地方创立石墨烯专业园区，建设完善的公共服务平台，发挥专业园区在产学研合作中的载体作用，进而形成产业孵化培育体系，推动科研成果的产业化。

（二）推动石墨烯薄膜技术升级

一是推动单层石墨烯薄膜的研发进程，实现高纯度和无夹杂单层石墨烯的可控微操作，满足下游半导体和微电子产业的研发和工业生产要求，推动半导体和微电子产业的改革升级，为“后摩尔时代”做好研发和产业储备。二是推动石墨烯薄膜生产设备的研发进程，降低化学气相生产法（CVD）的生产成本，突破技术瓶颈，实现石墨烯薄膜的连续化和规模化生产。三是搭建薄膜领域研发主体

和产业化主体的合作平台，有针对性地稳步推进下游厂商所需的石墨烯透明导电薄膜的研发进程，突破大尺寸石墨烯薄膜的生产瓶颈，降低成本，调动下游厂商促进石墨烯薄膜产业化的积极性。

（三）加快石墨烯粉体（末）的产业化

制定石墨烯粉体（末）领域的发展规划。合理规划现有产能和发展路径，避免重复碳纤维和稀土产业那样的盲目发展、产能过剩、淘汰落后的无序三步走魔咒。进一步加快石墨烯粉末的产业化进程，加快相关企业从中试到产业化生产的转化速度，淘汰小批量小作坊式的生产工艺，形成大规模生产，进一步降低生产成本，形成价格优势，刺激下游企业的购买和应用欲望。

（四）拓展低端应用领域市场

一是加快开拓石墨烯电极的应用市场。搭建研发主体和市场化主体的合作平台，重点突破下游厂商所需石墨烯电极生产瓶颈，加快重点产品的产业化进程。提高电动汽车和电动公交车等的市场认知度和接受度，建立健全电动车的配套装置设施，搭建平坦畅通的石墨烯粉体（末）—石墨烯电极—超级电容（或锂离子电池）的产业化通道。二是推动功能涂料、散热材料、符合材料等应用领域转型升级。加强科研机构与高校间的合作，加快技术升级进程，克服低投资回报率的障碍；搭建生产厂商、下游厂商和研发机构的合作桥梁，聚焦重点产品，完善重点产品产业链，刺激重点产品的市场需求，加快重点产品的产业化进程，努力打造石墨烯市场化的产业链。

本文作者：赛迪智库原材料工业研究所　李　茜　曾　昆

如何破解我国新材料产业发展的“魔咒”

作为现代高新技术产业的基础，新材料产业本应朝气蓬勃，发展动力十足。然而，我国新材料产业目前却陷入了三步走的发展魔咒：各地一哄而上—出现产能过剩—被迫淘汰落后产能。稀土永磁材料、光伏材料、LED衬底材料和碳纤维等领域无不如此。与此同时，我国部分关键材料严重依赖进口，重大工程“缺材料、等材料”的现象突出，关键材料“卡脖子”问题严重，新材料产业尚难以支撑我国工业水平的提升。那么，新材料产业缘何遭遇发展“魔咒”？如何破解？这是我国新材料产业要健康发展必须搞清楚的问题。

一、新材料产业是实现制造强国的重要支撑

（一）一代材料、一代装备、一代产业，前景不可限量

新材料是推动技术进步的动力，每一次重大技术的发展和新产品的研制成功，都离不开新材料的发现和应用。同时，材料的更新换代也会使原有的制造业体系产生颠覆性改变，进而引发产业革命。晶体硅材料引领人类进入微电子时代，计算机开始普及和使用；砷化镓材料开启了光电子时代，光纤通信和高速互联网使信息传输更加方便；红宝石材料引领人类进入激光时代，并有望最终解决人类的能源问题；氮化镓材料推动了照明技术的革命，并将用LED点亮21世纪。在第三次工业革命的浪潮中，全球新材料产业将保持强劲发展的态势。在稀土磁性材料方面，到2020年，钕铁硼永磁材料市场规模将达到116亿美元①；在半导体材料方面，2016年消费电子蓝宝石将达到50亿美元②；在高端金属结构材料方面，到2032年，全球钛合金市场规模将达到270.6亿元③；在高性能纤维复合材料方面，到2020④年，碳纤维增强复合材料的市场规模将达487亿美元；在前沿新材料方面，

① 数据来源：EMKEX。
② 数据来源：大智慧。
③ 数据来源：新材料在线。
④ 数据来源：美国AJR顾问。

2015年石墨烯触摸屏和超级电容将有望实现产业化。

（二）各国积极部署新材料产业，并取得初步成果

发展新材料是发达国家推行“再工业化战略”的先决条件。截至2014年10月，美国“国家制造业创新网络”成立了6家制造创新研究中心，其中4家为新材料创新研究中心。同时，美国“材料基因组计划”将开发新的集成式计算、实验和数据信息工具。目前，美国已经建立了IMAGINE高性能计算系统，并在量子力学DFT计算方面取得了初步成果；德国制定了“21世纪新材料计划”，并在燃料电池催化剂方面获得突破；英国投入10亿英镑建立欧洲首个材料创新工厂，石墨烯应用研究新成果不断；日本和韩国也积极推动高端新材料产业的发展，日本研制出最细的纳米纤维，韩国在纳米结构应用和造影剂研究方面取得了突破。

（三）我国新材料产业遭遇“三步走”发展“魔咒”

我国先后出台了《新材料产业标准化工作三年行动计划》和《加快推进碳纤维行业发展行动计划》等，政策环境逐步完善，在碳纳米管生长规律控制方法和可变形液态金属等方面取得了较好成果，但多数新材料产品却陷入“一哄而上—产能过剩—淘汰落后”的发展怪圈。在稀土磁性材料方面，2000—2013年，钕铁硼材料产量快速增长，产能从0.8万吨扩大至33.5万吨，而需求不足10万吨。在半导体材料方面，我国100多个城市都在建设光伏产业园，2011年新增蓝宝石项目26个，2012年三季度末新增项目14个。蓝宝石长晶产能约合2英寸蓝宝石衬底1亿片/年，实际需求量仅为1000多万片。在高性能纤维复合材料方面，近年我国碳纤维企业由10家迅速膨胀到30多家，同质化竞争严重，企业开工率严重不足。产能过剩已成为阻碍我国新材料产业前行的一座大山，淘汰落后是新材料产业必须面对的问题。

二、我国新材料产业缘何遭遇发展“魔咒”

（一）投资驱动的发展模式埋下隐患

我国新材料产业发展主要依靠政府投资驱动。截至2013年底，我国超过20个省市将新材料作为重点发展的高新技术之一，并把新材料产业作为工业转型升级的重要突破口。在此背景下，不同地区和投资主体跟风上马，企业盲目扩大产能，过于追求速度而忽视了产业链协同发展，宏观调控在地方大打“折扣”，产业同

质化竞争严重，部分产品出现产能过剩。我国光伏产业多数企业处于低附加值的“电池片生产”和“组件封装”环节，而上游硅材料提纯环节企业较少；LED下游应用领域的5000多家企业所生产的产品基本一致，价格竞争激烈，而上游外延和芯片环节企业较少；2012年我国碳纤维生产线设计产能超过了2万吨，实际产量约2000吨，产能利用率仅10%，而高端碳纤维则严重依赖进口。

（二）核心技术缺失导致新材料产业“先天不足”

新材料产业的核心技术几乎被国外所垄断，并通过专利技术加以保护。我国新材料企业自主创新能力薄弱，大多数企业没有掌握核心技术，产业竞争力不强，进而制约了我国新材料产业的发展壮大。例如，光伏硅材料提炼技术的核心工艺掌握在日、美、德等国的7家厂商手中；全球8英寸和12英寸硅片的主要供应商是日本信越和Sumco、美国MEMC、德国Siltronic等四大家，占有全球80%以上的市场份额；LED核心技术由日亚、欧司朗、飞利浦、科瑞、GE、丰田合成和三星等美、日、欧公司所垄断，专利总量占到全球的85%～90%，而我国在该领域的专利不足10%；碳纤维核心技术则掌握在日本东丽、东邦、三菱丽阳和美国氰特等企业手中。由于缺乏核心技术，我国新材料企业往往进入技术要求相对较低的劳动密集型环节，获取微薄利润。

（三）官产学研用脱节造成新材料产业后天“营养不良”

新材料产业涉及范围广，需要官产学研用紧密结合，然而我国研发和产业化之间的“关键纽带”缺失，致使官产学研用联络不畅通。同时，研发力量较为分散，不利于关键核心技术的攻克。目前，高校、科研单位与下游企业合作以推动科研成果产业化的积极性不高，导致新产品、新材料无法市场化应用，并造成资源浪费；而部分企业苦于没有技术支撑，发展动力不足，难以做大做强，新材料产业研发模式亟待完善。

（四）配套产业落后致使新材料产业发展“举步维艰”

制造技术、生产装备等与新材料产业发展息息相关，其发展滞后也对我国新材料产业发展壮大形成了严重制约。比如，我国光伏生产线的设备基本来自德国和瑞士，LED衬底材料蓝宝石晶体生长设备主要从俄罗斯和美国进口，MOCVD设备由德国的Aixtron和美国的Veeco两家公司垄断，碳纤维设备生产技术几乎被国外垄断。关键装备受制于人，导致运营成本高，我国新材料产业若要形成规模效应则需付出高昂代价。

三、改变现状应从何处着力？

（一）转变产业扶持导向，消除发展隐患

一是转变产业扶持导向，以项目扶持为切入点，支持核心技术研发和有发展前途的新材料企业和项目。重点支持高纯稀土金属提纯、新型轻合金材料技术、聚合物制备、先进陶瓷技术、高性能纤维原丝制备，以及复合材料成型等新材料核心技术，鼓励优势企业引入高端项目，实现关键技术的突破。二是适时出台“新材料产业市场准入条件”等相关政策，抑制低水平重复建设。三是鼓励有条件的新材料企业开展兼并重组，组建新材料产业集团，提高市场集中度；推动上下游企业之间的合作，建立良好的合作关系。四是鼓励企业进入高附加值的产业链环节，并通过建链、补链、强链等措施，积极延伸产业链，提高市场竞争力。

（二）加大科研投入力度，打好产业基础

一是鼓励高校、科研院所加大新材料的基础研究，力争在一些关键领域取得重大突破，提升新材料基础研究能力。二是积极发挥企业技术中心作用，鼓励企业提高研发投入比重，提高自主创新能力。三是密切关注新材料前沿技术，选择宽禁带半导体材料、轻量化金属材料、复合材料等发展方向加大支持力度，满足新材料在 3D 打印、电力电子、环保车辆、风力涡轮机和医疗器械等领域的需求。四是建立稳定的财政投入机制，通过“战略性新兴产业发展专项”等资金，以及“公私合作伙伴关系”等模式，拓宽新材料产业发展的资金来源，通过税收减免、信贷优惠等政策降低企业研发成本，鼓励企业创新。

（三）官产学研用一体化，增强产业发展动力

借鉴美国“国家制造业创新网络”计划，成立我国“产业创新合作组织”，将政府、高校、科研机构、企业联系起来，建立官产学研用紧密结合的创新体系，加速新材料的产业化进程。一是发挥政府的引导作用，填补基础研发和产业化之间的空白，加速“新材料—产品—应用”的转化过程。二是推动高校积极为企业提供技术服务，促进高校与企业协同研发，加强高校与企业在信息、技术方面的交流。三是发展公共技术创新平台，共享研发设备和其他基础设施，为产业发展提供良好的基础环境。四是重视创新型人才队伍建设，推动高校联合企业重点培

育创新型人才，通过实习、技能鉴定等方法提高劳动力水平。

（四）配套产业协调发展，助力产业壮大

一是加快实施“工业强基专项”，提升关键基础材料、核心基础零部件、先进基础工艺和产业技术基础发展水平，组织实施一批重大工程和重点项目，提升我国工业制造能力。二是积极搭建新材料企业和下游应用企业之间的交流平台，支持新材料企业与装备企业之间相互参股或组建战略联盟，构建产业发展支撑服务体系。三是通过设立“新材料装置创新研发专项基金”等措施，在鼓励研究机构或企业在引进国外先进装备基础上消化吸收再创造的同时，引导其加强关键装置的研发，提高我国新材料设备的自主研发能力。

本文作者：赛迪智库原材料工业研究所　张海亮　曾　昆

加快工业大数据发展的四大“脉点”

工业大数据是工业生产过程中各类工业设备、网络、软硬件、信息系统、产品、零部件，以及所有参与的人员、物体、系统产生和交换的海量数据，覆盖产品全生命周期。工业互联网、物联网、大量高精密传感器、智能装备、高端工业软件、人工智能、工控系统等的推广普及，带动工业大数据爆发式增长，揭开了“工业大数据驱动制造业智能化转型”的时代。技术、产品、应用和平台是获取、传递、处理工业大数据，并最终实现大数据价值的四大关键要素。当前，亟需从这四个方面着手，加快谋划工业大数据发展，激发制造创新活力。

一、工业大数据驱动智能制造发展

大数据赋予生产装备和产品智能属性。生产装备和产品的智能化建立在有价值的信息交互基础上，是工业大数据集成融合的结果。一方面，生产装备利用内置的模型和算法，对采集到的运行数据实时分析，形成自适应、自学习、自组织能力。另一方面，产品基于前端联网和计算推进其内部数据与外界数据的交换，并将交互结果快速反馈至后端，通过后端远程控制实现与用户的实时互动。

大数据是工业企业信息系统的灵魂。工业企业关键信息系统的运行、管理与优化都是以智能设备之间传递的数据为核心，数据的准确性、及时性和丰富性决定了系统的功能、价值和复杂性。大数据与车间控制系统相结合，通过可视化技术将工控设备运行状态“透明化”，实现生产流程的改进优化；大数据与制造执行系统相结合，促进制造层面和企业层面的信息交互，有助于生产任务的优化调度和执行；大数据与企业管理系统相结合，实现企业物流、信息流、资金流“三流合一”，为统筹调度企业资源提供决策支持；大数据与能源管理系统相结合，支持面向生产的能源适时配送和能耗全程追踪。

大数据平台是智能制造的基础设施。智能制造场景中，大数据平台通过标准化、可扩展、开放式技术架构，以服务的形式实现数据资源的弹性配置和灵活使用。从技术层面看，大数据平台摆脱了单体物理设备的束缚，拥有规模化并行计算分析能力，为无限挖掘数据服务潜能提供可能。从应用层面看，大数据平台不断集聚参与智能制造的各类用户，通过数据服务支持所有用户的价值创造活动，增强了平台黏性，使用户与用户之间、用户与平台之间的价值关系不断交叉和深化，形成良性循环的制造服务生态圈发展模式。

二、加快工业大数据发展的四大“脉点”

突破大数据核心技术。当前，我国大数据技术在网络营销、电子商务、精准服务等领域的应用不断深化，但缺乏应对高频率、高密度、多元异构的工业大数据分析能力，难以适应工业领域的应用需求。一是要加快突破实时数据动态采集技术，高吞吐量存储、关联式存储等数据存储技术，以及大规模并行计算技术、多元异构数据聚类融合技术、虚拟仿真建模技术等，增强对工业大数据处理能力。二是要突破终端环境语义建模、视觉理解、单机智能分析与控制、区域协同等技术瓶颈，提升数据驱动的机器学习能力和辅助决策能力，充分满足复杂制造环境对于快速响应、移动支持、人机交互、分布式协同等需求。

加强大数据产品体系建设。软、硬件产品和系统解决方案是大数据技术推广和产业转化的现实载体，是赋予工业企业大数据能力的有效工具。重点是加强工业企业和数据服务企业的联合攻关和协同创新，一是积极研发自主创新的云操作系统、通用型数据库等基础数据工具，以及过程控制、嵌入式控制、系统集成等工控软件；二是加快发展面向工业应用的大数据硬件产品；三是支持发展重大装备、原材料、消费品等行业业务流程和数据应用需求深度融合的系统解决方案，打造面向各类业务层级的工业大数据产品体系。

深化重点行业领域的工业大数据应用。结合不同行业业务流程特征和需求，大力推广不同类型的工业大数据应用创新。鼓励企业以设计与制造协同、管控一体化为目标，发展数据驱动的产品创新、计划排产、生产线监控等生产管理服务。引导制造企业服务化转型，积极发展基于大数据技术的个性化定制、全生命周期管理、网络精准营销和远程维护等服务。支持企业开展供应链数据管理，进一步深化产业链上下游企业线上线下业务数据挖掘，开展产品需求预测、供应链精准管理、供应链金融等新业务。

以平台建设促进服务创新。当前，大平台支撑小应用成为行业发展潮流，大数据平台建设成为促进数据服务生态繁荣的重要抓手。青岛红领率先建立了大数据分析平台，通过平台拓展增值业务、实现服务化转型。美国通用电气（GE）将业务重点转向行业性大数据服务平台，开展第三方数据存储管理、系统解决方案等平台服务，支持多行业企业数据应用模式和服务模式创新。山东省搭建了工业云创新服务平台，整合研发设计、工程服务、检测认证等数据服务资源，积极培育基于平台的云制造模式。

三、几点建议

完善工业大数据应用环境。在制定完善工业大数据标准体系过程中，允许一些行业和地方对某些标准规范先行先试，以适应快速变化的应用需求。制定实施工业大数据发展行动计划，鼓励企业加快调整改善原有制造流程，构建数据驱动型生产体系。加大财政金融支持，支持有条件企业开展工业大数据产品创新和集成应用试点，通过债券、股权、供应链金融等多种方式实现融资。

研究探索工业大数据资产管理模式。尽早着手工业大数据资产管理制度研究，引导工业企业在数据资产化标准、资产所有权和使用权、资产价值评估等前沿问题上展开探索。借鉴当前数据交易中心模式，探索开展工业大数据资产交易，规范数据评估、数据买卖、数据流动等重要规则，在保护企业数据权益的前提下提高工业大数据资源流通效率、拓展数据服务增值空间。

培养工业大数据应用型人才。数据人才紧缺成为制约工业企业大数据应用的突出瓶颈。加强企业与科研院校的战略合作，创新线上线下融合的MOOC教学模式，实现大数据基础理论教育与生产实战培训的有机结合，培养适应企业自身发展需求的数据工程师。实施产教结合，建立科研机构、高校数据人才向企业流动的机制，促进创新型、应用型、技能型数据人才的培养。

本文作者：赛迪智库信息化研究中心　高婴劢　杨春立　肖拥军

关于推进工业大数据应用的几点思考

当前，以互联网为基础的新一代信息技术正在深入推动制造业创新发展，我国工业逐渐向智能化、集成化、服务化和高效化迈进。作为实现智能制造的重要驱动力，工业大数据可为企业制造与管理流程优化，产品、服务和商业模式创新，以及整个行业生态圈的快速聚合提供有效服务。然而，在数据处理技术和数据整合方面，目前我国数据加工服务业对智能制造的驱动作用尚未显现。加强对我国工业大数据应用的研究，对推动实现互联网与制造业跨界融合、加快实施《中国制造 2025》，以及提高新时期制造业国际竞争力，具有重要意义。

一、我国推进智能制造需要工业大数据驱动

（一）重塑企业制造与业务流程，实现并行、实时、透明的生产与管理

与其他行业大数据应用不同，工业大数据应用的最大价值，就在于对企业生产制造和业务管理流程的智能优化。在生产制造方面，由于工业生产部门的分工细化程度和复杂程度逐渐增强，它复杂的系统在生产过程中产生了大量机理不清的动态、半结构化和结构化数据，传统企业难以及时、快速地提取和处理，而工业大数据具有体量大、价值提取度高等特点，能够整合全部生产线数据，对生产动态模型建设、多目标控制流程进行优化，并可对物料品质、能耗、设备异常和零件生命周期进程进行监控预警，赋予设备和系统“自我意识”，进而实现低成本、高效率的并行生产。在业务流程管理方面，工业大数据将企业业务执行与数据高度融合，可打通分公司、分部门的数据隔离状态，让数据驱动实时决策和高效运营，实现企业柔性化、透明化管理。比如，在产品质量管理与合规体系优化方面，通过在生产过程中采集相关参数数据，进行大数据分析，可帮助管理人员针对产品质量问题对合规体系快速进行调整规范；通过对每台生产设备相关数据的追踪采集，管理者能够详细了解工厂运转效率与生产规模，从而对企业生产规划做出及时调整。

（二）助力产品、服务和商业模式创新，实现供应链持续优化和敏捷响应

在产品应用层面，工业企业通过生产携带传感器等装置的智能产品，实时采集、存储和传输大量用户使用和偏好的数据，让用户参与到产品的改进与创新之中，以帮助企业及时改进产品功能，预先诊断产品故障，并根据市场需求变化，在第一时间创新产品和改善服务。同时，还可在此基础上构建全新的商业模式，通过规模化定制，满足用户的个性化需求，为企业创造全新价值。比如，鲁泰优纤公司从消费者切身体会出发，研发了基于虚拟试衣及大数据技术的网络化定制生产体系。该体系通过一套独创的衬衫面料评估方法，依托海量的面料库和版型库，实现了对消费者个性化设计信息的大数据分析，科学高效地甄别高性价比兼符合流行趋势的可选项，改善定制客户选择搭配的难度，实现了更精准地对私人定制提供建议。在原材料供应层面，企业通过对工业大数据分析，能够对实时采集的订单、库存、物流与资金流等数据进行同步整合，持续优化并改进上游原材料供应链，帮助企业实现产业链协同、敏捷响应。比如，中信戴卡公司通过建立符合国际汽车研发条件的集成化同步研发平台，积累了涵盖欧、美、日、韩主流汽车设计思想的大量产品造型数据，搭建起基于大数据的生产协同信息管理平台，以实现高强度、低成本、轻量化车轮的研制开发与协同响应。

（三）有利于行业跨界融合，促进形成开放共赢的“互联网 +”生态圈

工业大数据不仅对工业企业生产经营具有持续改善作用，对工业企业上下游与行业内外同样有正向聚合效应。比如，“互联网 +”汽车就是基于汽车生产企业的工业大数据，综合人、车、路、环境、社会之间关系，实现了行业间的跨界融合与互动。汽车生产企业收集到车辆的安全数据、路况数据、驾驶数据，并将这些数据开放后，保险公司就可据此推出多样化和更有针对性的险种，车辆维修企业据此能够更加及时地响应救援，汽车零配件厂家则可提供更加个性化、人性化的汽车配件产品，交通部门可以据此预测节假日或高峰期交通状况，甚至结合地理信息数据和环境数据，提供更精准的天气预测等，最终实现交通领域不同行业部门之间的“互联网 +”汽车大生态。

二、当前我国工业大数据应用存在的问题

（一）挖掘工业大数据价值的核心技术体系尚未建立

工业大数据的挖掘需要一整套技术体系作支撑，任何一环的缺失都将降低

工业大数据的应用价值。面对不同的生产对象，基于数据的汇总、分析、预测和决策等，都对应着不同的数据处理机理、模型和方法。特别是信息物理系统（CPS）的应用，将搭载一套多维度的智能技术体系，提升整个数据处理流程的智能化水平，实现虚拟和现实生产空间的映射与融合。当前，我国还处于促进制造业智能化升级的探索阶段，对大多数企业而言，能够自我感知、自我记忆的数据采集感应系统尚未建立，处理复杂数据结构的数据处理技术仍需优化，高效的数据库维护和管理机制还需完善。因此，我国需进一步规划和探索建立挖掘工业大数据价值的核心智能技术体系，以支撑智能制造环境下对工业生产与管理的高效决策。

（二）行业企业内外部数据整合应用不足

目前，我国大数据整体应用仍处于初级阶段，条数据采集应用较为广泛，块数据应用较为缺乏，行业内部数据和外部数据整合应用不足，跨行业的互动聚合效应尚未显现，对于工业大数据亦如此。《中国大数据发展报告》显示，当前60% 以上的企业把内部业务平台数据、客户数据和管理平台数据作为大数据应用的主要来源，只有约 1/3 的企业使用外部互联网数据或其他行业企业数据，还没有形成企业内外融合互动的数据采集与处理模式，外部数据应用水平有待进一步提高。

（三）企业各部门之间数据集成应用难度较大

调研结果表明，部分工业企业各部门之间信息孤立情况比较严重，基本数据都由系统采集和统计，但不同的生产数据由不同部门的工作人员填报，加之每一个部门的关注点不同，部门之间数据尚未打通和整合，致使数据利用率极低。对工业企业大数据应用来说，内部数据的集成应用是实现生产、业务协同的首要环节，而目前我国众多企业内部信息的不互通，无疑为工业大数据的应用增加了一道门槛，也降低了企业优化转型的速度。

（四）工业大数据加工服务业实力较为薄弱

基于客户需求、生产环境的不同，不同行业、不同企业对数据的采集、处理过程和挖掘方向也各不相同，因此，工业大数据的应用与早期 ERP 等软件在企业中的应用类似，必须针对每家企业进行独立的设计、改造。这就对工业大数据加工服务业提出了更高要求——需兼备工业行业专业知识与大数据处理能力。目前，我国工业大数据的开发应用大多由工业企业自主探索，比如，尚品宅配、海尔、红领制衣等企业，专业数据加工服务企业的作用尚未显现。同时，不少数据加工服务企业的前向预测能力还有待加强，目前大多数只是将数据用于后向披露与原因分析。

三、相关建议

（一）加强政策引导，提高工业大数据应用技术与水平

一是加强工业大数据顶层设计，尽快组织出台《关于促进工业大数据应用的指导意见》，壮大大数据产业发展规模，明确大数据应用需求迫切的技术、标准、产业，制定发展路线，提高大数据行业的服务水平和工业大数据应用水平。二是深入推进两化融合，引导企业加快内部数据整合与集成，夯实工业企业大数据应用基础。三是建议设立工业大数据统筹发展部门，引导建设国家级工业大数据联盟，负责指导和研究相关数据标准，提供工业企业大数据应用技术咨询培训、信息安全咨询等公共服务。

（二）加大财税金融、投融资政策扶持力度，推动工业大数据服务发展

一是设立国家工业大数据发展专项基金，充分发挥专项基金的政策放大作用，引导社会资本积极参与工业大数据应用。要创新项目投资机制，引入政府和社会资本合作（PPP）模式，通过投资补助、基金注资、担保补贴、贷款贴息等多种方式，增强吸引社会资本的能力。二是完善企业研发费用计核方法，将工业企业大数据应用研究费用加计扣除优惠政策范围。三是加强对小微工业企业的财政税收政策支持，减轻小微工业企业进行大数据应用的负担。

（三）建立全方位的技术应用推广机制，扩大工业大数据应用范畴

一是针对工业企业实施一批具有特色的大数据应用试点示范项目，探索大数据产业的新模式、新业态。二是定期举办工业大数据应用优秀项目成果展，扩大工业大数据应用成果在全社会的影响力。三是加强工业大数据应用的国内外交流合作，组织相关机构和人员到国内外进行学习与交流。

（四）重视复合人才的引进培养，构建有利于工业大数据发展的人才激励机制

一是全面改革人才引进机制，破除不利于人才发展、束缚人才成长的体制机制障碍，营造有利于工业大数据人才培养和发展的职业环境，构建领军型、科研型、复合型、实用型等多层次组合的工业大数据人才结构。二是完善人才激励

机制，注重对大数据人才的就业创业引导，制定更加开放、有效的人才激励政策，建立适用的人才奖励基金，激发创业、创新、创造活力。三是加快大数据人才职业化进程，建立大数据分析师等职业资格考试和认证制度，在国有大中型工业企业率先推行首席数据官（CDO）制度。

本文作者：赛迪智库互联网研究所　谭　霞　庄金鑫

共享经济发展需优化政策法规环境

共享经济是基于互联网实现快速发展的一种新型经济形态。它改变了传统的资源使用模式和商业模式，通过人与人之间共享富余资产，使闲置资源产生使用价值，从而提升经济效益和社会效益，并有望重构社会关系、革新社会制度。但由于共享经济的发展对传统体制机制等各方面可能造成一定冲击，故其与现有政策环境之间还存在着不适应性，这也使得共享经济发展前路阻碍重重。研究并推动构建有利于共享经济壮大及与传统经济融合互促的政策环境，对推进共享经济发展具有十分重要的意义。

一、共享经济正成为影响全球发展的互联网新力量

（一）共享经济成为新常态下经济增长新动力

凭借个性化、高质量的服务和优良的用户体验，共享经济领域的新兴业态快速孕育并广泛渗透，激发了用户的消费需求，也使全球共享经济规模和影响力持续扩大。普华永道的报告显示，2014 年全球共享经济的市场规模已位居各行业经济第五名，约 150 亿美元，预计到 2025 年将增长至 3350 亿美元。我国目前虽然没有对共享经济整体规模的完整统计，但从单个业态也不难看出其发展的迅猛。例如，国内在线短租房市场自 2012 年起步，到 2013 年，其市场规模就迅速扩大了近 6 倍，预计 2015 年将超过 100 亿元。在互联网出行方面，截至 2014 年 12 月，中国打车 APP 累计账户规模达 1.72 亿，中国移动出行用车用户规模达到 2.11 亿人，预计 2015 年底这一数字将达到 2.69 亿人。在巨量资金资本和大规模用户数的支持下，我国共享经济市场规模有望继续快速扩大，对经济发展的贡献也将更加显著。

（二）共享经济促进社会效益实现多方面提升

共享经济是互联网时代出现的新型零工经济[①]。与传统零工经济相比，基于互联网的共享经济不仅能为企业带来更大经济效益，也能令工薪阶层、失业群体甚至生态环境受益，极大提升该经济形态发展过程中的社会效益和价值。一是共享经济增加了经济形势严峻时期工薪阶层的收入。对 Airbnb 的研究发现，工薪阶层通过向旅行者出租自家房屋，每年可为家庭带来平均约 7350 美元的额外收入，使家庭年收入提高 14%。二是共享经济带来了更多就业机会。美国行动论坛研究报告《独立承包商与新兴零工经济》数据显示，Uber、Airbnb 所代表的交通、住宿领域新型零工经济对美国就业增长作用巨大。2002—2014 年，美国从事零工经济的人口增长了 8.8% ～ 14.4%，而同期总体就业仅增长 7.2%；2009—2013 年，交通行业共享经济为美国创造了 2.2 万个就业岗位。三是共享经济有效缓解了生态环境承载压力。根据美国麻省理工学院的研究，拼车服务能够减少 55% 的交通拥堵。德国不来梅市通过共享经济每年可减少 1600 吨二氧化碳排放。

（三）共享经济能够平衡严重过剩且分布不均的资源分配

由于个人和社会禀赋差异，资源分布的不均衡性长期存在，在传统经济中，资本充裕占据了发展优势。随着互联网的广泛应用，信息流动逐渐畅通，中小型零售活动的买卖双方经由互联网平台快速对接，极大地服务了长尾用户，有效平衡了部分资源分配。在移动互联网时代，随时随地调配富余资源更成为可能，由此衍生出更多基于个体的共享经济，对富余资源的调配范围更广，基础设施、衣食住行、时间、劳动、技能都可以通过平台实现共享，令缺少资源的用户拥有资源使用权，也令原本闲置过剩的资源产生价值。Uber、滴滴出行、Airbnb、Wework、e 家洁、众筹网、猪八戒网等都是共享经济的典型代表，它们使得私家车、出租车、司机、房间（床位）、家政、股权及公益项目、设计等有形或无形资源均实现了共享。未来，随着新一代信息技术的深入应用，用户和生产需求将被不断挖掘，无处不在的资源调配与高效的生产服务将成为可能。

（四）共享经济助力社会化大规模协作高效运行

传统经济以企业为主，注重生产和服务的标准化、规模化、模式化和层次化，单个个体受企业雇佣成为生产者，作为企业的一员与消费者进行交易，消费者交

① 零工经济是指由工作量不多的自由职业者构成的经济领域，利用互联网和移动技术快速匹配供需方，主要包括群体工作和经应用程序接洽的按需工作两种形式。

易行为不对单个个体产生直接价值，社会化协作生产服务在企业与企业之间产生。与之不同，共享经济中的企业仅仅是第三方平台的提供者，其赚取附加价值，单个个体既是直接生产者也可能是直接消费者，与平台提供企业是一种合伙关系，与消费者直接交易并产生价值，社会化协作生产服务在个体与个体之间产生。因此，共享经济改变了传统经济的层次化运作模式，形成了全新的网状运作模式，生产者与消费者之间互动更加频繁紧密，社会协作更加灵活，价值产生更加高效。随着平台使用规模的不断壮大，生产者与消费者的不断增多，大规模社会化协作已成为可能，共享经济规模也将成倍地快速增长。

二、我国共享经济面临的发展环境难题

（一）相关政策法规尚不适应共享经济发展的需要

与共享经济的快速大规模发展相比，相关法规政策略显滞后，互联网出行、互联网租房等领域一直游走于灰色地带，扶持和监管政策难以适应新业态、新模式发展的需要，互联网新应用受到传统行业规则的制约。以北京地区为例，2015年上半年，由于专车服务模式缺少运营资格，仅滴滴专车平台被查处的从事非法运营的案件就超过200起，共查处1200多辆车。但作为查处依据的《国务院无照经营查处取缔办法》《北京市出租汽车管理条例》和《道路运输管理条例》，均以传统市场业态为制定背景，对共享经济下的服务运营模式并不适用。同时，监管方面的“一刀切”现象也严重抑制了新业态发展，安全隐患、税费问题、市场秩序乱象突出，只有对症下药才能治病，建议在政策和制度的不断修改完善中最大限度地发挥共享经济积极作用，而“一刀切”只能将新业态的正面力量同时扼杀。

（二）新的行业垄断不利于共享经济创新发展

进入2015年，互联网领域新兴业态规模快速发展壮大，行业竞争愈演愈烈，同类公司合并合作成为巩固行业发展的重要途径。在共享经济领域，2015年初，滴滴快的宣布战略合并，合并后成为我国互联网出行领域规模最大的企业。据易观智库统计，2015年5月，滴滴快的、Uber和神州专车分别以86%、17%和8%的用户覆盖率占据了中国专车市场的前三名，滴滴快的的优势远远高于其他竞争对手。尽管合并后企业的抗风险能力增强、低水平重复竞争减少，但在一定程度上也意味着可能产生新的行业垄断。目前我国在垄断界定、范围和程序执行上，反垄断法律体系还有待进一步完善，需要进一步适应互联网条件下新业态、新模

式的发展特点，保障共享经济持续发展。

（三）扶持政策的杠杆效应有待进一步发挥

2015年上半年，支持新业态、新模式发展的多项政策密集出台，“互联网+”、创业创新、制造业互联网化转型等都成为政策支持的重要方面，共享经济作为新业态代表受到广泛关注。目前，共享经济发展更多是受到资本市场支持，因共享模式易于聚集大规模用户资源，互联网企业也更易获得资本青睐。截至目前，Uber融资超过100亿美元，滴滴新一轮融资30亿美元，Airbnb新一轮融资15亿美元，猪八戒网融资26亿元。相比于资本市场，目前，政策扶持更多是从宏观层面鼓励，细分领域的顶层规划和实施政策仍需加紧落地，政策的杠杆效应有待进一步发挥。

（四）保障体系不完善制约着共享经济发展

共享模式为经济和社会发展带来的新机遇显而易见，但同时也存在着一些不容忽视的问题，征信体系、劳动保障和知识产权保护等方面的不完善，都可能成为制约共享经济发展的瓶颈。征信体系的缺失使得企业难以审核服务提供者的资质，比如租车市场易被不法分子利用，容易滋生犯罪现象。在劳动保障方面，共享模式中的平台提供者与服务提供者是合伙关系还是雇佣关系，服务提供者是否属于劳动保障范畴，这些问题都应明确界定，以防止群体诉讼事件的发生。在知识产权保护方面，关于创意、知识、技术等的共享，也应明确产权所属，以保护创新的可延续性。

三、相关建议

（一）研究制定适用于新兴业态的法规和政策

一是创新监管思维，改变以传统思维规则判别新兴业态发展的管理方式，在监管的同时兼顾产业创新和公众利益。二是认真梳理和完善相关法律法规，弥补与互联网新业态相关的法律空白，科学界定和严格审查行业垄断，保护行业创新，激发市场活力，营造公平竞争的市场环境。三是加强部门协作，不断完善征信体系、劳动保障、知识产权和税收等方面的制度，及时分析与预判共享经济发展过程中涌现出的新特点、新问题，有针对性地调整相关政策，提高法律法规的适用性。

（二）探索建立分级分类监管机制

一是探索建立分级管理机制，即实行政府管企业、企业管服务两级监管，政府可对企业平台和服务资质进行定期审查，制定科学合理的问责机制，对服务中出现的违法违规现象进行企业问责与判罚，督促企业内部不断完善运营与服务机制；企业负责把控行业准入，对运营中出现的各类问题厘清事实承担责任。二是探索建立分类管理机制，针对传统行业和新兴行业的特点，在发展过渡期可采取不同的监管和治理方法，为共享经济发展和传统行业转型留出空间，避免行业监管“一刀切”现象扼杀行业创新和持续发展。

（三）建立科学合理的市场评价机制

一是建立公开透明的市场评价体系和平台，将互联网供需评价机制引入政策制定中，充分吸纳市场参与者的意见，由市场力量主导行业发展。二是加强对新业态发展的数据统计和研究，通过统计数据体现共享经济对整体经济增长、就业拉动和物价波动等方面的影响，准确衡量共享模式、社群模式等对经济社会发展的价值。三是加强行业自律，完善行业内服务互评机制，要针对刷单、违约等不良行为制定严厉的惩处办法，同时纳入行业黑名单和个人不良征信记录，以维护良好的行业发展环境。

本文作者：赛迪智库互联网研究所　谭　霞

我国APP产业亟待规范

随着智能手机、平板电脑和可穿戴设备的普及，世界步入移动互联网时代，各类 APP 应用几乎成为人们日常生活的“必需品”。与此同时，APP 产业迅速发展，2013 年我国已成为全球第二大 APP 市场。然而，人们对 APP 依赖程度越来越高的同时，也面临着它们带来的各种威胁。据金山网络数据显示，平均每 10 个安卓应用就有 1 个是恶意的。由于相关政策和监管制度尚不完善，各类问题频发，APP 产业正面临着极大的风险和挑战。

一、产业发展喜忧参半

产业迅速扩张。我国现在约有 200 家移动应用商店，用户下载和使用 APP 的数量也越来越多。2014 年，用户平均每天使用 APP 的时间达到近 2 个小时。迅速发展的 APP 业务在我们的生活中扮演了越来越重要的角色。截至 2014 年 2 月，我国主要应用商店应用规模累计接近 400 万个，累计下载规模已超过 3000 亿次，市场地位日渐提升。2014 年一季度，苹果应用商店中国区的应用下载量和营业收入环比增长高达 70%。《中国移动互联网用户行为统计报告》表明，2014 年上半年移动即时通信在用户中的覆盖比例位居榜首，市场前景非常乐观。

市场乱象丛生。各类问题频发正在严重阻碍 APP 产业的发展步伐。一是“钓鱼”现象，即将 APP 伪装成正规银行及电子商务软件，窃取用户的账号、密码等信息，这种网络欺诈行为会给个人造成大量的经济损失。二是窃取用户隐私，包括联系人、通话记录、短信记录、位置信息以及个人图片和视频等。《2014 年第二季度移动安全报告》显示，隐私窃取类恶意软件数量涨幅达到 57%。三是恶意扣费。不法分子将木马病毒藏身于 APP 中，伺机发送短信、联网推送广告，受害者的手机流量、资费超支。四是山寨盗版泛滥。不仅扰乱了市场竞争秩序，还危害用户的信息安全。五是开发水平和能力低下。市场上的很多 APP 研发团队不过几个人，对于一些简单的功能模块，开发者会直接使用第三方插件，导致恶意插件趁虚而入。另外，APP 的发布渠道混乱。通过论坛、网盘、推广短信、诱导点击、捆绑等方式，缺乏安全意识的用户也深受其害。

二、法律和监管体系建设滞后是关键问题

法律主体责权不明确。APP 产业中主要存在软件提供方、应用商店和软件用户方等法律主体。由于缺乏细致的相关法律、法规和标准，各个法律主体的权利与义务并不明确，导致大量不规范行为和法律纠纷。如，应用商店要求软件提供方按照自己的标准提供软件，在软件审核、预装以及下架方面拥有自主权，存在市场垄断嫌疑。而软件提供方多采取“刷榜”的做法，在应用商店中通过弄虚作假、排挤竞争对手等手段以快速获取销售量和下载量，破坏市场秩序，属于不正当竞争。同时，大量软件提供方单纯地模仿其他 APP 的界面和功能，造成知识产权侵权纠纷。此外，用户通过应用商店下载到恶意软件并遭受损失，不仅没有针对应用商店是否应当承担法律和赔偿责任的明文规定，甚至缺乏有效的手段来认定用户确实是从该应用商店下载的 APP。

传统监管办法失效。首先，APP 数量众多、开发周期短、版本更新快，《软件产品管理办法》中规定的软件产品登记、备案、送检制度的实际流程根本无法及时展开。如果对 APP 的质量没有及时把关，一旦出现安全问题，很难进行追责。其次，软件开发者类型复杂，大多数无法提供有效的知识产权证明，难以确定开发者的司法归属地。因此，不便按照传统对法人的管理方式进行行为约束。另外，应用商店类型较多，所在区域范围较广，甚至有跨国企业。各相关监管部门对应用商店和 APP 的管理制度的不同，也给产业管理带来了挑战。

三、对策建议

健全相关法规和标准，规范市场秩序。一方面，相关政府主管部门应尽快出台行业管理规定，明确法律主体的权利、义务关系和法律责任，规范法律主体的行为，彻底消解 APP 市场混乱的现状。另一方面，应尽快制定应用商店和 APP 的监管标准和安全标准。应用商店厂商要加强预防、自律和监管，严格服从行业准入和退出制度。规范 APP 相关主体的权限行为，软件提供方在设计软件时要严格按照软件功能向用户申请相应的权限，并以明显方式告知用户开放该级权限的不良后果，用户允许后方可执行相应的功能，否则应当追究软件提供方的责任。

完善监管机制，加强多方协同。政府应当站在公众利益的角度对 APP 市场

进行规范和管理。我国与APP产业监管相关的部门包括工信部、广电局、工商局、版权局、公安部、互联网信息办公室等，加快完善产业监管机制和监管体系应从以下方面着手：完善与国家和个人信息安全相关的数据使用规范；将应用商店服务提供方纳入监管，进行定期检测，设立奖惩机制，发生问题后可直接向应用商店服务提供方问责；对应用软件提供方进行实名认证，确保发生侵权等违法行为后，可以准确追踪到相关责任人；接受移动用户的投诉和举报，及时进行处理和信息反馈，并设立奖励机制。规范APP产业需要政府牵头，应用商店服务提供方、信息安全服务提供方、移动终端厂商、电信运营商以及相关的国家部门等产业链各方通力合作，加强自律和互律。

提升技术手段，鼓励应用商店和用户自发管理。进一步提升各个环节的软件安全管理技术，鼓励市场主体自主、自觉地参与管理，保障市场的正常运行和用户的合法权益。监管机构通过大数据技术进行有效的移动应用分析，借助云计算在线安全检测服务，维护软件的行为记录数据库。应用商店可通过联网这个数据库，在各种APP上架之前对其进行审核、检测和管理。完善用户端的检测能力，提升扫描手机中安装的APP程序的能力。用户端的安全程序可以实时监测终端各项指标，发现异常后，及时阻断并进行追踪。提升手机安全软件的查杀能力，做到恶意应用能被完全查杀，并且可以追踪恶意应用的来源，并将恶意软件信息和数据共享到云平台等，为以后的软件检测提供参考。此外，用户也要提高对APP的分辨能力，在遇到可疑APP时要立即向监管部门举报。相应的举报方式和过程也需要网络化、智能化、简单易行。

本文作者：赛迪智库无线电管理研究所　周钰哲

加快工业领域散煤清洁气化技术推广应用的建议

2014年，我国煤炭消费总量约35亿吨，占一次能源消费总量的66%。煤炭清洁高效利用是当前解决我国工业可持续发展和资源环境制约问题的关键。现阶段，燃煤发电减排空间日益缩小，散烧煤污染治理形势严峻，是煤炭清洁高效利用的重点。新型模块化梯级回热式清洁煤气化技术的出现，弥补了传统散煤利用方式能效低、污染大等不足，具有煤种适应性强、制气成本低、制气过程清洁环保、经济效益高等特点，对解决现阶段大气污染问题，满足工业绿色发展对低成本清洁燃料的需求，具有重要意义。

一、推进工业领域散煤清洁气化的重要意义

（一）煤炭清洁高效利用是治霾关键

燃煤和不清洁用煤是大气污染的主要来源之一。全国烟粉尘排放的70%、二氧化硫排放的85%、氮氧化物排放的67%，都源于以煤炭为主的化石能源燃烧。近年来，部分省份为应对大气污染问题，强制出台了限制工业用煤、推动天然气使用的政策，但受天然气供应不足及成本制约，工业领域限制用煤、推动天然气使用的政策落实进展缓慢。鉴于我国“富煤、少气”的资源禀赋特点，煤炭的能源消费主体地位短期内仍无法被取代。因此，煤炭清洁高效利用应成为当前解决我国工业可持续发展和资源环境制约问题的首要战略选择。

（二）工业领域散烧煤污染治理形势严峻

我国用煤结构一半为电煤，另一半属于工业和生活散烧用煤。目前，我国煤电的清洁技术、排放指标都处于世界先进水平，全国火电脱硫机组占比已超过90%，燃煤发电减排空间日益缩小，工业和生活散烧用煤是污染物治理的关键。全国烟粉尘排放的49%、二氧化硫排放的50%、氮氧化物排放的27%都源于散烧煤。工业散烧煤主要利用方式有直接燃烧、采用传统固定床制水煤气等。工业燃煤小锅炉、工业燃煤窑炉排放系数高，尤其是使用高硫、高挥发的劣质煤时对

空气质量影响更大。传统固定床水煤气发生炉因制气成本低，在工业领域应用数量众多，仅陶瓷和玻璃两个行业的二段式水煤气炉就高达1万台左右。水煤气发生炉用煤要求高、综合转化率低、煤气杂质多，即使安装脱硫装置，也会产生大量的烟尘、焦油、酚水等污染物，部分地区已明令逐步淘汰，但由于替代水煤气的天然气价格高会导致企业生产成本大幅增加，煤改气进展缓慢。可见，要解决现阶段大气污染问题，满足工业绿色发展对低成本清洁燃料的需求，亟须大力发展可使用低阶煤、综合转化率高，环境治理成本低、经济效益好的散煤清洁气化技术。

二、模块化梯级回热式清洁燃煤气化技术特点及应用价值

（一）技术装备特点

模块化梯级回热式清洁燃煤气化技术是工业领域散煤清洁气化技术，拥有30余项核心技术专利成果，目前在陶瓷、氧化铝等行业已经成熟应用，并通过了由工业和信息化部组织的科技成果鉴定和国家重点环境保护实用技术示范工程考察。对安徽马鞍山技术研发基地、沈阳法库陶瓷工业园示范工程、广西信发铝业等的清洁煤气化项目的调研结果表明，模块化梯级回热式清洁燃煤气化技术具有以下特点：

煤种适应性强，可烧低阶煤。该技术可使用目前国内多数煤种，比如洗选后的碎煤和粉煤以及含杂质较多的泥煤、褐煤等，充分发掘低阶煤的使用效率，煤炭的综合转换效率可达到90%以上。如广西信发铝业清洁煤气化项目，利用低阶粉煤并已成功运行两年，和之前使用的山西优质块煤相比可直接节约燃料成本40%。

制气成本低。该技术可用碎煤为原料，相对于传统固定床煤气化炉必须使用的块煤而言成本较低。清洁煤气的制气成本大约是固定床煤气发生炉的4/5，以天然气同等热值计算，清洁煤气的制气成本约为2元/立方米，远低于大多数城市的工业用天然气价格，仅相当于广东、浙江、安徽、江苏等地工业用天然气价格的1/2左右。

制气过程清洁环保。该技术制气过程不产生焦油和酚氰废水，产生的粗煤气经除尘、脱硫后含尘量低于10毫克/立方米、硫化氢低于20毫克/立方米，颗粒物和硫化氢含量仅为水煤气的1/20和1/15～1/20，清洁程度接近天然气。干

式除尘避免了传统水洗除尘产生大量废水、运行能耗高的弱点，收集的飞灰可作为燃料二次利用，产出的含碳灰渣可用作建材原料，基本可实现无固废排放。

适合园区集中供气。该技术生产的煤气热值范围为 1300 ～ 2200 大卡 / 立方米，可以满足企业工业生产中不同工艺和产品对燃料的需求。清洁煤气化设备单炉产气量最大达 4 万立方米 / 小时，远超传统固定床煤气发生炉，并可根据实际需要进行模块式组合，适合工业园区大范围集中供气，可将园区内企业分散、不清洁、低效的散煤利用方式转变成集中清洁高效利用，从源头上解决园区工业燃煤小锅炉、工业燃煤窑炉的污染排放问题。清洁煤气化系统集成度高，采用自动控制系统，能有效保障园区供气的可靠性和安全性。

投资回收期短。清洁燃煤气化系统的一次性投资较大。按照单炉产能划分，目前有 1 万方 / 小时、2 万方 / 小时、4 万方 / 小时三种规格，单体设备投资额分别约为 2100 万元、3200 万元、5200 万元，实际投资额因不同行业对系统配置要求不同存在一定程度差异。但清洁燃煤气化系统占地面积小、运行成本低、投资回收期短，主体装备使用寿命约 15 年左右，中长期投资效益远高于使用天然气和固定床煤气发生炉。以马鞍山地区为例，清洁燃煤气化系统使用的碎煤价格约为 500 元 / 吨，传统固定床水煤气发生炉使用的块煤价格约为 650 元 / 吨，按 1 万立方米 / 小时产气量、煤气热值 1350 大卡 / 立方米为基准，折合成每 1000 卡清洁煤制气成本约为 0.17 元，约为固定床制气成本的 80%，综合成本折合天然气等热值单价约为 1.4 元 / 立方米，约为当地天然气单价的 40%，固定投资回收期受市场影响较大，目前在 2 ～ 3 年左右。

（二）市场前景和节能减排效果分析

市场前景广阔。目前，清洁燃煤气化系统已在国内陶瓷、氧化铝等行业成熟应用，还可拓展至金属深加工、造纸、纺织行业以及集中供燃气的工业园区，市场前景广阔。在紧迫的大气污染治理压力下，模块化梯级回热式清洁燃煤气化技术具有广阔的市场空间。全国陶瓷行业产能为 7000 万平方米 / 天，每小时用气量约 3000 万方，单炉产气量按照 6000 立方米 / 小时计算，全国陶瓷行业固定床煤气化炉约有 5000 套左右；全国氧化铝行业产能约为 7000 万吨 / 年，每小时用气量约 550 万方，单炉产气量按 6000 立方米 / 小时计算，全国氧化铝行业固定床煤气化炉约有 1000 套左右；除陶瓷、氧化铝行业外，玻璃、冶金、化工等行业也都大量使用固定床煤气化炉设备，我国固定床煤气化炉设备存量约 3 万套，单炉产气量按6000立方米 / 小时计算，相当于1.8万套1万立方米 / 小时的模块化梯级回热式清洁燃煤气化系统，预计未来我国清洁煤气化技术装备市场将达4000—5000亿元，其延伸燃料市场将达5000亿元左右。

节能减排效果显著。如果3万套国内固定床煤气化炉全部改用清洁燃煤气化系统，可实现年节煤3300万吨，减排二氧化硫300万吨、酚氰废水3300万吨、粉尘200万吨，减排量相当于全国二氧化硫年排放量的15%、粉尘年排放量的15%。其中，以清洁燃煤气化技术应用较为成熟的建筑陶瓷和氧化铝行业为例。若建筑陶瓷行业全部水煤气发生炉改用清洁燃煤气化系统集中供气，节煤量按10%计算，整个行业可年节煤550万吨，减排二氧化碳1200万吨、酚氰废水550万吨、二氧化硫50万吨、粉尘30万吨；若氧化铝行业全部水煤气发生炉改用清洁燃煤气化系统集中供气，节煤量按10%计算，整个行业可年节煤约150万吨，减排二氧化碳330万吨、酚氰废水150万吨、二氧化硫12万吨、粉尘15万吨。

三、加快推广散煤清洁气化技术的建议

（一）在重点行业加快推广

出台工业领域清洁煤气化技术标准，规范工艺装备，制定资（能）源消耗、污染物排放标准，大力推广符合行业标准的清洁煤气化技术。地方政府要根据本地区资源禀赋和产业实际，因地制宜在重点行业推广模块化梯级回热式清洁燃煤气化技术，落实《工业领域煤炭清洁高效利用行动计划》。一是在陶瓷、氧化铝等已经成熟应用的行业全面推广，制定陶瓷、氧化铝行业清洁煤气化技术推广计划和实施方案；二是在玻璃、菱镁、金属深加工、造纸、纺织印染等行业开展模块化梯级回热式清洁燃煤气化技术应用试点示范。三是制定非洁净煤设备强制淘汰时间表，分期、分批淘汰在用的一段式、二段式固定煤气发生炉，严格禁止陶瓷、玻璃、氧化铝等行业新建和改造项目使用一段式、二段式固定煤气发生炉。

（二）在工业园区集中推广

地方政府可组织协调工业、财政、环保等相关主管部门形成联合工作机制，开展应用模块化梯级回热式清洁燃煤气化技术向园区、城市集中供气试点示范，简化清洁煤气化项目审批手续，加快项目实施进度。可选择广东、福建、山东等省的陶瓷园区，辽宁、山东、浙江、广东、福建等地的玻璃园区以及山东、山西、

河南、贵州和广西的氧化铝园区，以及集中供燃气、热电联产的工业园区推广模块化梯级回热式清洁燃煤气化技术，形成可复制的园区应用成功案例，逐步扩大应用范围。

（三）运用 PPP 模式助力推广

建议国家设立煤清洁利用产业投资基金，资金规模在 1000 亿元左右。其中，中央财政投入资金规模 100 亿元，以强化政策引导，剩余资金需求可通过多种方式筹集。并灵活运用政府和社会资本合作的 PPP 模式，清洁燃煤气化技术拥有方投资可占 1/3，主要承担项目设计、建造、运营、服务等职能；地方政府投资可占 1/3，主要负责能源定价管理、补贴拨付以及相关优惠政策的落实；剩下的 1/3 由用气企业和其他社会资本参与投资。成立煤炭清洁高效利用产业联盟，以产业联盟的方式推动洁净煤技术深度研发和推广应用。

本文作者：赛迪智库工业节能与环保研究所　刘文强　顾成奎　王　娜　莫君媛

“互联网+”篇

“互联网+”模式将成为竞争新常态

经过20多年的快速发展，互联网在我国经济社会发展中的地位不断提升，作用持续增强。由于自身具有强烈的渗透性和持续高速发展的内在需求，使得互联网必然要寻求与传统产业融合，催生新的发展空间。随着互联网加速从生活工具向生产要素转变，其与传统产业的结合更加紧密，以互联网为基础的新兴业态更加密集涌现，“互联网+”模式将成为企业竞争、产业竞争乃至国家竞争的新常态。

一、“互联网+”昭显强大生命力

“互联网+”点燃信息消费新引擎。经济复苏大环境下，国内外都高度关注信息消费对经济发展的支撑促进作用，纷纷致力于促进和提升信息消费需求，以互联网为基础的信息消费成为其中的重要组成。我国拥有最大的互联网市场和世界一流的互联网企业，以互联网为基础，各种新技术、新产品、新业态、新商业模式变革正密集发生，对消费结构升级和信息技术产业转型的作用进一步增强，进一步激发信息消费的引擎作用，为我国经济的持续快速发展提供新的动力。

“互联网+”催生行业发展新业态。互联网经过20多年的发展已经悄然渗透至各行各业，并诞生出诸多新兴业态。“互联网+传统零售业”形成电子商务，撬动信息消费；“互联网+传统工业”形成工业互联网，引领制造业向“数字化、网络化、智能化”转型升级；“互联网+传统金融”形成互联网金融，助力“普惠金融”。“互联网+”模式已经成为传统行业实现转型升级、创新发展的重要途径。

“互联网+”引领企业抢滩新机遇。能够运用“互联网+”思维，用新的发展观抓住机遇的企业，具有赶超发展的无限可能。阿里巴巴以“互联网+传统集市”的思路打造了淘宝和天猫，以“互联网+传统银行”的模式创新了支付宝和余额宝，成功超越Facebook，成为全球第二大互联网公司。同样，“互联网+传统广告”成就了百度，“互联网+传统社交”成就了腾讯，“互联网+传统百货”成就了京东。这些位列全球十大互联网企业中的中国企业都是凭借“互联网+”思维取得了竞争优势和领先地位。

二、“互联网 +”孕育竞争新常态

“互联网 +”赋予国家竞争新内涵。以互联网为主要平台和内容的信息技术正与工业、能源、新材料等领域的技术交叉融合，形成新一轮技术革命与产业变革，使互联网时代的国家竞争不再局限于传统行业的较量，获得了新的内涵。以互联网与工业的深度融合为代表，各国纷纷提出新概念、新战略、新举措，德国“工业 4.0”基于制造业基础向互联网融合，美国“工业互联网联盟”利用互联网优势激活传统制造业以提升工业价值创造能力。我国将“智能制造”作为两化深度融合的主攻方向，其实质也是通过互联网与工业深度融合，在“互联网 + 工业”的新竞争战场上，赋予国家间竞争新的内涵，抢占产业变革先机，实现工业由大变强的历史性跨越。

“互联网 +”打造行业竞争新模式。面对互联网强大的渗透力，传统行业纷纷变革发展模式，力求以技术、产品、服务、商业模式等创新占得竞争制高点。电子商务的兴起，减少了传统零售企业的业务收入，颠覆了传统销售业的销售渠道；互联网金融的出现，吸引了银行直接用户，变革了金融机构的经营思路；智能电视的普及，抢夺了传统彩电企业的市场份额，革新了彩电行业的竞争焦点。互联网的跨界渗透在颠覆传统行业的同时，也在加速改造、倒逼传统行业转型升级。如何在互联网的跨界中不被终结、赢得重生，已成为行业竞争新模式下所有企业都需要认真思考和解决的问题。

“互联网 +”构筑企业竞争新格局。在市场竞争中，“互联网 +”已经不再是一种口号，而实实在在地成为企业竞争实力的一种标志，传统企业不得不加速互联网化，以期在新竞争格局中获得一席之地。大型零售巨头华联、银泰、新世界等面对阿里的淘宝和天猫、腾讯的微信购物，陆续开展与手机淘宝、微信的合作，并通过打折、促销力图夺回市场份额；面对支付宝、余额宝等带来的竞争压力，四大银行不断推出各类互联网金融理财产品，并通过降低快捷支付限额等手段做出回应。与此同时，互联网企业之间向传统行业“圈地”的争夺同样激烈。为聚集力量打造互联网生态系统，以百度、腾讯、阿里巴巴为代表的互联网龙头们纷纷进行海量投资与跨界合作，竞争遍布打车、餐饮、地图、视频、团购、旅游、百货、移动支付等各个领域，在构筑自身全方位竞争实力的同时，也带来各产业领域的竞争态势的变革。

三、对策与思考

顺应互联网与工业行业加速融合发展趋势，抢占智能制造的战略制高点。一是顺应万物互联发展趋势，鼓励企业建立智能生产体系，将数字化生产设备联网，提升制造过程的信息化水平，促进企业向信息化技术综合集成阶段发展，实现“物联网”和“务（服务）联网”有机整合。二是促进制造企业商务模式数字化，通过与电子商务平台机构合作，加快全产业链大数据形成，积极使用云计算、物联网技术，努力向智能生产方向发展。三是大力发展工业软件，实现核心软件、底层软件系统的自主开发能力，快速提升嵌入式软件、数控系统的研发能力，推动基于互联网的行业解决方案研发应用。

顺应“互联网＋”打破原有产业边界的趋势，引导传统行业转变发展理念。一是引导传统行业从业者转变思维方式，借助互联网思维进行创新。在互联网与传统行业结合的过程中，充分发挥互联网思维对产业的引领和改造作用，使互联网平台具有更高的透明度和参与度，更低的成本和更好的便捷性。二是引导和支持企业提高学习、创新能力。提高传统行业对互联网的认识水平，积极培养引进复合型人才，加强企业业务与互联网的结合，从技术和产品层面，扩展到商业模式、服务方式层面，加速实现依托互联网的全方位创新。

规范“互联网＋”创新创业竞争秩序，营造公平合理的竞争环境。一是加强政府引导，通过行业标准制定和适度监管，防范在位企业凭借先行优势阻碍新兴企业的进入和创新，通过立法为传统企业与互联网的融合发展提供法律保障。二是建立健全企业竞争行为的预警、监测体系，研判互联网新技术、新应用、新商业模式出现可能带来的竞争风险，依法处置不公平、不正当竞争行为。三是加强创新创业规范宣传，提高创新企业、创业个人的自律意识和社会责任意识，强化企业和个人的守法自觉性。

本文作者：赛迪智库电子信息产业研究所　王　茜　安　晖

对互联网与工业融合创新的思考

不言而喻，互联网与工业融合创新是“互联网 +”行动计划的重点内容。面对汹涌而至的“互联网 +”大潮，我国互联网与工业融合发展态势如何？会面临哪些阻碍因素？下一步应如何推进？理性反思和研究这些问题，对准确把握互联网与工业融合创新发展方向，研究制定推动互联网与工业融合创新政策，具有重要的战略价值和实战意义。

一、互联网与工业融合创新发展的新态势

（一）互联网与工业融合成为制造业发展新方向

互联网推动了定制化、协同化、服务化等制造业新模式的日益兴起。当前，互联网化设计模式所衍生的个性化定制正在由服装、家具等技术较为简单的行业，向组件更多、工艺更复杂的领域拓展。比如，吉利汽车通过建设云集企业协作社区，探索进行汽车车身、内饰、汽车电子等方面的个性化定制。此外，在宁夏巨能的工业机器人、沈阳机床的智能机床等领域，也相继开始了定制业务。此外，互联网通用性与工业行业特性的相互结合，创造出了协同创新、远程服务等多种应用模式。中航工业飞机通过产品数据成熟度管理、跨地域并行协同管理，实现了设计与制造的密切协作，使产品设计周期缩短 40% 以上，制造周期缩短 50% 以上。中国商飞打造的网络协同研发平台，高效协调全球数十家、几千名工程师，实现了 C919 大飞机的在线设计，大大缩短了研发周期。宝钢通过构建基于工业互联网的全流程管理体系，实现了信息流、物流、资金流的协同，产品交货时间、供应链管理水平等均居于全球领先地位。南车戚墅堰在国内利用 GPRS 网络实现机车远程运维服务的基础上，开始探索利用北斗卫星实现海外机车的远程运维服务。可以预见，未来互联网与工业的深度融合将成为制造业的普遍选择。

（二）互联网与工业融合将为互联网企业开辟市场“新大陆”

互联网与工业的融合创新，不仅为工业企业转型升级指明了方向，也为互

联网企业的创新发展开辟了新天地。一方面，一些互联网巨头看到了潜在机遇，加速向工业领域布局。苏宁云商以苏宁易购为平台，汇聚线下消费者的多样化需求信息，并将运用大数据分析定制的新产品设计方案反馈到上游制造企业，初步实现了从渠道商到线上线下融合平台的转变；苏宁云商还与海尔合作，共同开展智能家居的个性化定制服务，将业务范围从网络零售延伸至消费品制造。阿里巴巴凭借自身在云计算和大数据技术应用领域的优势，逐步向传统企业的研发、采购、生产、营销等环节推广渗透，目前已明确了与上海汽车各出资 5 亿元人民币，共同探索互联网汽车的研发和运营。另一方面，细分领域的垂直电商也抓住互联网与工业融合创新的机遇寻求发展壮大。比如，找钢网通过互联网平台，实现了下游小微客户与上游钢厂的对接，同时为 70 多家钢厂提供物流仓库，解决了钢贸交易中物流和信息流不透明问题，帮助企业实现了由小变大的快速成长。

（三）互联网与工业融合为软硬件行业创造了新增值空间

互联网与工业融合创新对云计算、大数据等技术产生的需求，为传统软件企业带来了新的业务增长点。GE 公司针对工业企业推出了第一个大数据分析平台 Prefix，将大型工业机器产生的数据通过云端实时转化为有价值的信息，使工业企业首次拥有了一个整合智能机器、传感器和高级分析的通用架构。IBM 公司基于大数据分析技术推出智能停电计划方案，帮助上海电力公司将设备可用系数提高至 99.8958%，使企业的售电量及年产值增加 0.65%。上海宝信加大投资建设工业云，除了打造上海单体规模最大的云计算数据中心宝之云之外，还为工业企业提供业务开发、咨询建议等一站式增值服务。数码大方以工业软件为基础，与中国电信共同推出工业互联网云服务平台，为工业企业提供供需对接、产品沟通和项目协作等云服务。用友加快互联网化转型，将 ERP 等传统信息化软件搬上云端，提供多样化的增值服务。紫光 30 亿元联姻沈阳机床布局嵌入式系统，未来紫光的高端嵌入式芯片将与沈阳机床的产品实现技术协同，助推沈阳机床由“工业制造商”向“智能制造解决方案提供商”转型。鼎捷软件与研华科技（台湾上市公司）签署 WebAccess+ 物联应用联盟合作协议，意在利用物理信息系统（CPS）集成自身产品及优势，共创智能制造生态圈。

二、当前我国互联网与工业融合创新存在的问题

（一）工业企业与互联网企业相互认识、对接不足

在双向融合的过程中，由于行业差异和专业壁垒等客观因素，互联网企业与工业企业在相互认识方面难免存在差异。大部分互联网企业难以把握制造业的行业特性，而很多制造企业对信息技术的商业价值认识也有限，并未意识到互联网化是对行业原有思维和运营模式的颠覆。另外，双方衔接机制存在缺失，缺乏良好的沟通媒介和平台进行交流合作，这在某种程度上也阻碍了工业与互联网行业融合发展的进程。

（二）工业大数据应用面临重重阻碍

数据是实现互联网与工业融合创新的基本元素，但仍有很多问题使数据的可获得性、可用性有限，致使工业数据的海量计算和智能分析难以实现。在工业基础和高端制造等很多领域，尤其是离散制造领域，由于信息化建设起步较晚，缺乏经过长期积累形成的海量有效数据，无法支撑工业大数据建模与分析。而工业领域不同层级、不同环节之间的软硬件接口、协议、数据结构纷繁复杂，多种标准并存，也使数据互联互通存在客观困难。

（三）安全问题掣肘互联网与工业融合创新发展

在使工业生产经营更高效、更便捷、更智慧的同时，互联网与工业融合也将更多的潜在风险引入了工业领域。一方面，由于云服务安全体系不健全，工业企业担心数据泄露造成无法估量的损失，不愿把核心数据放到网上。另一方面，由于核心工业软硬件技术被国外垄断，其内部的后门等方面存在安全隐患，使得工业企业信息化体系自主可控难度很大。一言以蔽之，网络数据安全已成为阻碍互联网和工业深度融合的重要因素。

三、几点建议

（一）建立和完善融合创新的生态系统

互联网与工业融合创新，需要打通互联网与工业企业之间的行业壁垒，使双方形成合作共同体，携手面对融合困局。一是建立互联网与工业行业融合创新机制，搭建常态化的企业交流互动和业务宣传推广平台，以弥合互联网与工业行业在理念、制度、技术和市场方面的分隔，实现互联网与工业行业在多个层面的

充分对接，形成工业互联网领域知识资源的共享与互补。二是制定财税激励政策，激发企业市场活力，引导互联网企业和工业企业在技术、资本等层面开展战略合作，协力打破互联网与工业融合发展瓶颈，共同打造支柱型、领军型互联网与工业融合产业生态。

（二）提高软硬件适配集成能力

互联网与工业融合创新需要形成强大的软硬件适配集成能力，只有这样，才能从根本上保证工业互联网的安全可控。一是积极抢占工业与互联网融合领域的制高点，制定明确的路线图和时间表，集中力量突破涉及互联网与工业融合的核心软硬件技术、关键模型及重要装备。二是加强对工业互联网、工业大数据、云制造等新技术的前瞻性研究，鼓励产学研用相结合，协同开展汽车操作系统、工业机器人系统、嵌入式软件系统、工业传感器、工控芯片等基础核心软硬件技术的研发。三是支持行业龙头企业研究规划互联网与工业行业融合发展的技术路线图，支持有条件的企业开展工业互联网、工业云和大数据关键技术研究和产业化探索。

（三）建设工业互联网基础设施

工业互联网领域应用的推广和普及都需要强大的基础设施作为后盾，加强工业互联网基础设施建设刻不容缓。一是要鼓励有条件的企业建设工业互联网实验床，探索建立能够满足智能制造要求的低时延、高可靠、广覆盖的工业网络，开发面向信息物理系统研发应用的智能控制系统、工业软件和相关工具。二是要针对种类繁多、技术各异的异构网络，探索互联互通机制，实现以太网、互联网、传感网等网络之间的衔接。三是鼓励有条件的城市，探索建立高精密传感网，为物联网在各行各业的广泛应用奠定坚实基础。四是持续加强网络基础设施演进升级，推进普及4G、光纤宽带，推动工业云计算数据中心集约化发展，提升工业领域互联网流量承载和应用支撑能力。

（四）建立健全标准规范体系

没有完善的标准规范体系，网络互联、信息互通就是一纸空谈，工业领域互联网化也不例外，加强互联网与工业融合标准体系建设势在必行。建议结合互联网与工业融合创新行动，借鉴发达国家工业与互联网融合的相关标准，比如德国工业4.0标准化路线等，围绕工业和互联网融合热点，建立跨部门、跨行业管理机制，以行业领军企业为主，联合高校院所、科研单位、行业协会、企业代表等多方力量，协同开展工业互联网、智能制造、工业云服务、工业大数据、系统互联互通等标准制定，建立健全我国互联网与工业融合的综合性标准体系。

（五）加强网络数据安全保障

安全是一切的根基，没有安全就没有一切，因此，保障网络数据安全是互联网与工业融合创新工作的重中之重。一是针对工业企业对云安全的担忧，加快出台相关法律法规，规范市场秩序，营造安全的网络环境，以消除工业企业对数据安全的忧虑。只有确保数据安全，工业企业才可能放开手脚，主动拥抱互联网与工业融合。二是加强网络信息安全关键技术研究，打破国外核心技术垄断，探索建立安全可用的工业互联网架构，为从根本上确保网络数据安全提供有效支撑。三是加强对工业网络、重要领域信息系统、智能装备等关键基础设施的安全防护，健全工业设备采购和安全审查机制。四是加大对重点行业基础数据全生命周期的保护力度，有效规避涉及国家命脉行业的数据泄露风险。

本文作者：赛迪智库信息化研究中心　王伟玲　肖拥军　杨春立

如何加快推进O2O与制造业融合创新

所谓O2O（线上线下融合），是指利用互联网、云计算、大数据等现代信息技术，将线上研发设计、营销、支付、监测、评价与线下的生产制造、物流配送、维护服务等进行融合的一种新型业务模式。O2O具有对网络空间和物理空间随时、随地、随需的覆盖特性，能够整合优化线上需求与集聚线下资源，现已广泛应用于社区零售、半成品生鲜、婚嫁、美容、二手车交易、家政等生活服务领域。随着“互联网+”的深入发展，O2O正由消费领域加速向生产领域拓展，成为变革制造业生产方式、产业组织方式、资源配置方式、激发产业创新的重要动力。当前，O2O与制造业融合创新涌现出七种典型模式。研究这些模式，对推动我国制造业向价值链高端发展具有重要意义。

一、O2O与制造业融合创新的七种模式

（一）众包众设研发模式

众包众设研发模式是指大型企业通过搭建开放式网络平台，集聚并对接线下各类社会创新资源，开展研发设计活动，以实现少耗时、低成本、快速提升市场核心竞争力的目标。海尔通过构建交互创新社区（HOPE），吸引用户和企业内部员工参与产品创意设计，还整合全球五大研发中心的专家、物流和用户等资源，设计出了空气盒子、雷神笔记本等互联网创新产品，并支持家电个性化“3D打印”等83个项目孵化。宝马搭建了汽车众创设计平台，并在德国开设客户创新实验室，使众多分散的消费者与宝马汽车的设计者、生产者可以实现广泛、实时、频繁的交流互动，激发社会群体的创新潜力，有效满足消费者的个性化需求。

（二）大规模个性化定制模式

大规模个性化定制是指制造企业利用互联网平台，就产品研发设计、生产制造与用户进行实时互动，将碎片化、个性化需求汇聚成批量订单，实现大规模生产，从而为顾客提供高品质的定制产品和服务。青岛红领通过搭建线上线下融合的个

性化定制平台，逆向整合服装设计和生产要素，形成了数据驱动、全球协同、全员在线、实时同步的服装智能定制模式，实现了 C2M 的全产业链协同设计制造和 M2C 的一站式营销，平均每天完成 2000 ～ 2700 件定制西装的生产，使原材料库存减少 80%，生产周期缩短 40%，2014 年的产值、净利润同比增长 150%。

（三）分布式网络化资源优化配置模式

分布式网络化资源优化配置模式是指制造企业借助互联网，在全球范围内发现和动态调整合作对象，整合企业间优势资源，实现全球分散化异地协同设计、制造和服务。吉利控股集团在杭州建立了吉利汽车研究院，使其在整车、发动机、变速器和汽车电子电器等方面具备较强的开发能力；在西班牙的巴塞罗那、瑞典的哥德堡、美国的加州和我国上海，分别设有设计造型中心，意在构建全球造型设计体系，实现全球分布式设计。小米公司总部只负责研发设计，而手机的制造、物流等业务均外包给其他企业，实现分散化生产。

（四）精准供应链模式

精准供应链是指大型企业利用互联网平台对供应链的信息流、资金流、物流等各类资源进行整合，对制造业供应链各环节资源进行计划、组织、协调与控制，提高供应链运行效率，增强供应链的整体竞争力。苏宁云商通过建设苏宁易购云平台，打通上游供应商和制造商信息系统，汇聚下游消费者多样化需求信息，并将其反馈到上游制造企业实现新产品开发定制生产，提高了产品供应链的精准度。红豆集团建设了基于互联网的纺织材料交易中心、面料馆、红豆商城交易中心，通过线上线下渠道提供信息、交易、交割等服务，形成了为智能设备厂商做配套、为传统企业做行业应用的 B2B2C 融合平台，可促进服装纺织产业链企业和个人客户的全面参与。目前该平台已有注册企业 2800 多家，交易企业近 400 家，交易额达 84.76 亿元。

（五）社交化、场景化营销模式

社交化、场景化营销模式是指企业利用移动互联网、大数据等现代信息技术与消费者开展在线实时互动，收集分析用户的社交和偏好信息，实现基于具体场景的社交式营销。苏宁云商提出了移动互联网社交营销解决方案，打造“云信”等社交平台，满足了消费品行业用户社交购物需求。洋河酒厂推出白酒行业的线上营销线下经营的 O2O 模式“洋河 1 号”配送酒行，满足了消费者线下购酒便利性的需求，成为白酒行业O2O模式的先行者和领航者。思念集团利用微信拓展销售业务并打造社区店直营O2O，支持微信二维码扫描支付，并可即时获取渠道及消费者信息，用于大数据决策支撑。

（六）数据化、在线化服务模式

数据化、在线化服务模式，是指制造企业利用物联网、云计算、大数据等信息技术，开展对联网设备的在线远程监测、故障诊断和运营维护等服务，拓展制造业价值链和盈利空间，推动企业由生产型制造向服务型制造转变。徐工集团构建了工程机械互联网，对机械设备开展在线实时监测、远程故障诊断等智能服务。三一集团自主研发的ECC（企业控制中心）系统，通过安装在设备上的传感器、控制器，实时收集设备运行状况、保养等数据，为设备运行维护和新设备研发提供决策支持。

（七）平台化、生态化组织模式

平台化、生态化组织模式是指企业在开展互联网化转型的过程中，对组织架构进行调整，推动传统的科层制金字塔组织结构向扁平化、平台化、生态化组织结构转变，实现信息的高速传递和决策的高效快捷。海尔利用互联网搭建创客平台，打造以小微经营体为基础的扁平分散化管理模式，推动大规模制造向个性化定制转型。苹果的“平台＋开放式开发＋集成终端＋内容”、谷歌的“开放式操作系统＋开放式应用”、腾讯的“微信+QQ+微博”等生态体系，均聚集了全球上百万的开发者，构建了新的生产组织方式。

二、存在的问题

（一）标准规范缺失

当前O2O与制造业融合处于起始阶段，服务标准的缺乏和行业自律相对不足，成为制约O2O与制造业融合创新的重要因素。随着越来越多的制造企业利用O2O进行业务创新，因物流配送、售后服务等线下服务缺乏标准规范，导致服务质量良莠不齐。目前O2O大部分采用平台模式，通过第三方服务平台提供各种服务，由于平台管理也缺乏规范，服务过程中的权益纠纷、责任界定不清等问题时有发生。

（二）线下服务滞后

由于自建线下服务队伍成本较高，大部分企业将线下服务业务外包给专业线下服务队伍或第三方服务机构。但是，线下服务队伍本身比较零散，同时也缺乏信息化装备，一方面可能造成大量的线下服务业务找不到合适的服务人员，另一方面可能导致服务人员闲置。第三方服务机构也由于缺少应用互联网、移动互联网等新技术新手段，尚未与企业实现线上业务对接，仍然沿用打电话接单等传统的服务模式。在家居领域，许多消费者反映线下的配送、安装、维修等售后服务很难像线上购物那样方便快捷。

（三）组织管理难以适应 O2O 模式

O2O 模式落地需要设立专门的团队和相应的 O2O 实施运营部门，对企业组织架构和业务流程进行梳理、整合和优化，以适应新的应用系统。传统企业金字塔式的组织架构由于信息传输缓慢，则很难快速适应 O2O 模式的发展。此外，企业内部缺乏对线上和线下环节的良好监控，比如，客户由线上转到线下时，交易是否达成？买卖双方交易是否真实？买卖双方互评体验如何？诸如此类的信息，管理层级过多的传统企业缺乏快速获取相关信息的手段，进而难以推动线上与线下环节的融合。

（四）生产环节线上线下融合度不深

现有的 O2O 与制造业的融合主要集中在采购营销、物流运输、售后服务等环节，与研发设计、生产制造等环节的融合度不深，这是发展过程中的问题。主要原因在于，服务环节整合资源较少，技术上与 O2O 融合相对容易，这是一个传递价值的过程；研发设计、生产制造等生产环节需要整合的线下资源较多，技术上与 O2O 融合相对困难，这是一个创造价值的过程。

三、对策建议

（一）建立完善法规和标准

研究制定 O2O 与制造业融合的行业法规，对企业间的知识产权纠纷、行业大数据分析中的数据归属、远程监控事故责任、O2O 平台服务过程中的权益等问题进行界定，有利于保护企业各方和消费者权益，引导行业规范发展。可由政府组织，行业领军企业牵头，协调高校院所、科研单位、行业协会、企业代表等制定O2O与制造业融合的技术标准、O2O平台服务标准、线下服务标准等，有利于提高线上线下整体服务质量。

（二）支持O2O第三方专业服务机构发展

鼓励企业构建面向制造业的O2O开放平台，为制造业与O2O深度融合发展搭建桥梁。探索建立生产性创新服务平台，面向初创企业提供设计、测试、生产、融资等创新创业服务。鼓励围绕O2O与制造业融合的第三方专业服务机构发展，为制造业开展O2O提供组织变革、业务流程优化、资源整合等咨询服务，以及平台搭建、系统运维、产品监测等方面的技术服务。

（三）广泛开展O2O与制造业融合创新试点示范

以促进制造业转型升级、培育发展新业态为主线，围绕制造业研发设计、生产制造、组织管理、营销服务等重点环节，开展O2O向制造业全价值链融合创新的试点示范，大力培育融合发展的新产品、新业态和新模式，促进制造业向价值链高端发展。培养一批具有创新活力和引领能力的龙头企业和示范企业，形成一批可推广的成功模式和经验。

（四）建设一批融合创新服务平台

组织实施工业云和工业大数据创新试点，推动“创客中国”等新型公共服务平台建设，培育发展一批研发设计、数据管理、工程服务、数据分析等类型的云服务平台，提升云服务平台对企业线上线下创业创新的支撑作用。大力发展互联网金融、智慧物流、电子商务等生产性服务，为小微企业构建开放、灵活、快速、贴近用户的线上线下创业创新提供支持。

本文作者：赛迪智库信息化研究中心　杨春立　肖拥军

如何借力大数据推动互联网与工业融合创新

互联网与工业融合创新是新一轮科技革命与产业变革的核心内容，美国、德国等工业强国已纷纷率先进行战略布局。对我国而言，推进互联网与工业融合创新已成为突破工业发展瓶颈、提升国际竞争力和应对经济下行压力的关键。大数据作为新一代信息技术的代表，已开始在工业设计、研发、制造、销售、服务等环节得到应用，并成为推动互联网与工业融合创新的重要因素。那么，我国大数据在助推互联网与工业融合创新中遇到了哪些难题？如何破解难题，有效发挥大数据推动互联网与工业深度融合的作用？值得我们深入思考和认真研究。

一、大数据成为互联网与工业融合创新之钥

（一）大数据为互联网与工业融合创新提供有力支撑

信息技术特别是互联网技术给传统工业发展方式带来了颠覆性、革命性的影响。二维码、RFID、传感器、工控系统、物联网、ERP、CRM 等技术的广泛应用，推动工业企业实现生产流程各环节的互联互通，促进互联网与工业融合发展。但网络、通信、硬件设备等只是互联互通的基础，实时感知、采集、监控生产过程中产生的大量数据才是互联互通的核心内容。只有运用大数据技术对企业拥有的海量数据进行挖掘，并得出有利用价值的分析结果，传输、识别、存储以及互联互通才会具有意义，互联网与工业才能实现融合并创新发展。多源数据的融合是实现互联网与工业融合创新的必要条件，而要实现对多种来源、多种类型海量数据的分析处理，以及对复杂的数据关联关系进行挖掘，都需要有大数据的支撑。

（二）大数据为互联网与工业融合创新增添价值

工业与互联网融合是新一轮工业革命和网络革命融合的象征，旨在加速工业转型升级和提质增效，变革传统工业生产运营方式，创造出更大的价值。这就需要以大数据辅助工业企业创新其研发、生产、运营、营销、服务和管理方式。例如，

特斯拉利用大数据技术，采集和分析了用户在驾驶时产生的加速度、刹车、转弯、电池充电和位置信息，以及用户驾驶习惯等大量数据，结合市场数据和企业生产、管理数据，进行了产品及生产协同创新，进而实现了产品研发创新。在设备、产品诊断和预测方面，波音公司的飞机发动机、燃油系统、液压和电力装备等，每30分钟就会产生10TB数据，用以诊断和预测故障，降低事故率，延长产品生命周期。在生产线管理方面，沈阳机床生产的新一代智能机床与互联网连接，可以对温度、压力、热能、振动、运行等海量数据进行分析，进而实现特征编程、加工仿真、实时监控、智能诊断、远程控制等网络智能制造，以及对工厂的分布式、分级式布局。在供应链管理和成本控制方面，海尔集团通过互联网整合其全球供应链资源，并在供应链各环节采用大数据技术对客户数据、企业内部数据、供应商数据等进行分析挖掘，实现了供应链协同和持续优化，进一步降低了企业运营成本。

（三）大数据推动互联网与工业融合产生新模式、新业态

在大数据驱动下，互联网与工业进一步融合，新模式、新业态层出不穷，产业模式、制造模式、商业模式也在重塑，企业、市场与用户的互动程度和范围得到了极大扩展，企业与用户关系加速重构，产品设计、研发、制造、销售、服务等逐渐形成一个闭环。

通过互联网平台，工业企业与客户的互动关系不断加强，客户的需求与意见能够在产品创新中得到体现，从以销定产向研发、生产、销售和服务协同的生产模式转变。大数据、云计算、物联网等技术的集成应用，推动了个性化定制、众包设计、云制造等新型制造模式的产生与发展。大数据与智能机床、机器人、3D打印等技术的结合，也推动了柔性制造、智能制造和网络制造发展。大数据与智能物流、电子商务的联动，加速了工业企业销售模式的变革，精准营销配送、精准广告推送、基于消费需求动态感知的产品销售模式将会成为未来发展的新趋势。

二、大数据推动互联网与工业融合创新面临挑战

（一）数据集成不足，深度融合恐成“无源之水”

工业企业在生产运营过程中产生了大量数据，但由于企业的数据整合意识不强，数据大多处于分散状态，从而给集成造成极大难度。大型企业不同部门的

核心数据都由各自掌握，在缺少跨部门信息化平台顶层设计的情况下，部门间的数据很难实现交流、整合与共享。另外，多数中小企业在信息化建设上还有待进步，数据积累尚需时日，对数据集成的需求虽高，但能力上难以企及。

目前，我国的产业生态体系还不够完善，产业链各环节的数据格式、标准、规范没有统一，导致产业链上下游企业的数据难以打通，企业应用大数据进行供应链管理困难重重。数据交换、交易、整合等一系列标准的缺失，还影响了互联网数据与工业数据的集成。此外，我国也没有开发出面向工业企业的专业数据集成解决方案，致使企业的数据集成步伐缓慢。缺少集成数据的支撑，互联网与工业的深度融合就是“无源之水”，难以进行。

（二）分析能力不强，融合创新只是“镜花水月”

大数据的挖掘分析是互联网与工业融合创新的关键。通用和埃森哲 2015 年 2 月联合发布的《全球工业调查报告》显示，全球有 58% 的工业企业具备设备互联能力，40% 的企业可利用数据进行预测，只有 14% 的企业能够利用互联网与工业融合的数据进行决策优化分析。互联网与工业融合的价值以及新产业、新业态、新模式，多是在这 14% 的企业中产生。

长期以来，我国工业企业对数据的应用还停留在统计、对比、分析的层面，对海量数据的处理挖掘和实时分析经验不足，利用大数据进行决策优化分析的企业比率远低于全球平均水平。而且，关键数据缺失、成功案例匮乏、数据处理应用能力不强，以及分析模型构建尚不成熟等问题较为突出，严重阻碍了大数据在互联网与工业融合中作用的发挥，也抑制了融合创新价值体现。

此外，工业企业目前也面临着不少问题。比如，在大数据人才和资金等方面的投入略显不足，面对非结构数据、互联网数据等新型数据的融合与应用还很迷茫，对应用大数据的方式方法和演化路径把握不准，第三方解决方案难以满足行业需求。若无法提升企业的数据分析和数据应用能力，即使需求大、应用场景丰富，互联网与工业融合创新终究是“镜花水月”，难以实现。

（三）应用环境制约，融合推进难免“纸上谈兵”

在数据资源充沛、整合集成高效、应用分析得力的情况下，大数据能否发挥推动互联网与工业融合的作用，应用环境显得尤为重要。事实上，我国已有一些行业的龙头企业积极拥抱互联网发展，开始尝试利用大数据创新服务和提升价值，走在了两化融合的前列。但不容忽视的是，数据安全隐患、数据使用权不明晰、产业链合作企业认识不到位，以及信任机制和责任承担机制不完善，与大数据相关的法律法规和标准缺失等问题长期存在，正阻碍着企业应用大数据进行两化融合创新的步伐。

据相关资料显示，徐工机械通过利用设备、能耗、MES、ERP等方面的数据分析，对液压元器件的生产进行了智能化改造，但由于企业业务部门信息化理念差异较大，项目进展不如预期。其供应链管理、销售和服务等方面的大数据应用，受到供应商、经销商和客户以数据隐私为由不配合等因素影响，收效甚微。此外，还有很多企业担心服务商会把自己的数据泄漏给竞争对手。这就是数据所有权和使用权界限不清，使得企业担心自己的核心数据资产被人占据。出于数据安全事故发生后的责任承担等方面的考虑，更多的工业企业宁愿选择自己建设大数据平台而不愿冒险采用第三方服务。所以，若不尽快建立完善的产业配套支撑体系和友好的市场环境，互联网与工业融合创新只能是“纸上谈兵”，无法落地。

三、应对建议

（一）突破核心关键技术，提升应用能力

加大技术研发资金扶持力度，支持面向工业企业的数据集成、数据存储、数据处理和数据挖掘分析等关键核心技术攻关，推动已取得技术突破的领域加快成果转化和应用推广。鼓励软件企业、互联网企业和系统集成商面向工业企业开发大数据成套解决方案，推动互联网数据与工业企业数据融合，提升工业企业大数据应用能力。加强传统工业企业的信息系统改造，强化企业数据整合意识，打破部门数据鸿沟，建立数据共享和集成平台。鼓励工业企业采购国内大数据产品和服务，在设计、研发、制造、销售和服务等环节开展创新应用。

（二）建立配套支撑体系，完善市场环境

加快元数据、数据交换、数据交易、数据质量、安全保密等重点共性标准的制定实施。鼓励龙头企业参与组建工业互联网联盟，建立企业间数据交换交易的规范和标准。加强大数据环境下信息安全技术研究，落实信息安全等级保护制度，建立健全大数据安全保障体系。明确数据所有权、使用权和各相关主体与信息之间的权利、责任和义务，修订和完善数据安全保护的法律法规，对滥用数据、侵犯个人隐私等行为加强管理和惩戒。支持建立大数据测评机制，建立服务可用性、可靠性、安全性和质量等方面的大数据评估认证体系，支持第三方机构开展

评估评测工作。

（三）促进典型应用示范，培育新产业、新业态

基于互联网平台，建立面向工业不同行业、不同环节的大数据资源聚合、分析应用体系，扶持基于大数据的新技术、新产品、新模式，开展个性化定制、众包设计、智能监测、全产业链追溯，以及在线监控诊断及维护、工控系统安全监控、智能制造等新业务，培育新产业、新业态。推动大数据在工业企业产品全生命周期、产业链全流程各环节的应用，分析感知用户需求，提升产品附加价值，建造智能工厂。选择典型企业、重点行业、重点地区，开展大数据应用项目试点示范，积极推动制造业网络化、数据化、智能化和服务化。

本文作者：赛迪智库软件产业研究所　周大铭

如何有效促进我国工业互联网加快发展

随着《中国制造 2025》《“互联网 +”行动计划》的相继发布，工业互联网概念成为当前最热的“风口”。围绕工业互联网的具体内容和核心技术，以及我国工业互联网发展的基础条件和难点等问题，社会各界展开了广泛讨论。所谓百家争鸣，各种观点莫衷一是，客观上却都凸显了加强工业互联网发展研究的必要性和紧迫性。

一、工业互联网的发展现状

（一）工业互联网概念的提出和发展

工业互联网是 GE 为应对经营成本不断上升、运营回报率持续承压的挑战所做出的战略转型选择，是指在物联网的基础上，综合应用大数据分析和远程控制技术，优化工业设施和机器的运行和维护，提升资产运营绩效。GE 希望通过倡导工业互联网引导工业设备市场和行业的发展，加快向分析和预测服务商转型，从而获得新的发展空间。换言之，工业互联网“是行业竞争大环境不断演变和软硬件技术日趋成熟、相互作用而形成的必然结果，而不是消费互联网的衍生品”。2013 年 3 月，美国国家标准技术研究院正式发布《工业互联网标准框架任务》。2014 年 3 月，GE 联合 AT&T、思科、IBM 和英特尔共同组建了“跨界融合”特色突出的工业互联网联盟，政府和企业频繁互动，积极制定通用标准，以打破技术壁垒，促进物理世界和数字世界的融合。目前，工业互联网联盟已经吸引了全球制造、通信、软件等行业的 167 家骨干企业加入，其内涵已拓宽至整个工业领域。

（二）工业互联网的逻辑架构和核心技术

在逻辑上，工业互联网可概括为“3+1”架构。“3”即端、管、云三层级架构。一是现场系统，即“端”，主要包括各类智能传感器、数据处理和通信设备、工业控制系统等共同组成的现场系统设备，核心技术是物联网数据集成和工业控制自动化。它主要解决工业数据的分布式采集、传递和实时反馈，并实现对设备的精准控制，难点在于需要提供成本经济、安全可靠，能够兼容多种传感、控制设备类型，并具备一定现场数据处理分析能力的数据采集、计算、通信、控制一体化工业控制系统。西门子是该领域的全球市场领导者和标准主导者，其丰富的分布式工业现场系统设备基本覆盖了各类应用场景。二是通信网络，即“管”，主要包括网络基础架构、软件控制和网络安全等，核心技术是工业控制系统网络技术，主要解决现场系统之间，以及现场系统与云端系统之间的信息交互。它的难点在于工业现场系统数量庞大、类型多样，需要专门设计的通信协议，并发展专门的工业控制网络标识辨别系统。思科和西门子是该领域的全球领导者。思科主要致力于万物互联的网络基础架构和技术标准制定，西门子则在工业以太网和现场总线方面主导着技术标准。三是云端系统，即“云”，包括云计算基础设施平台、业务支持中间件、大数据处理分析与应用，以及其他增值应用服务等，核心技术是工业大数据的分析和应用。它的难点在于建立数据表示的通用标准和接口，并在此基础上发展基于生产工艺和行业应用经验的知识图谱和数据模型。GE 目前在该领域具有先发优势，其 Predix 平台主要致力于解决数据的通用表示和标准接口问题，其资产管理绩效服务则主要依托 GE 多年来在航空和医疗领域的深厚积累，GE 还与思科、英特尔、埃森哲等公司在各细分行业领域加强合作，积极推动 Predix 成为工业互联网业务支持层的事实标准。

“1”指的是系统管理。主要包括功能管理和安全管理，其核心技术是功能和信息安全，难点在于需要同时防范工业控制系统控制层遭到攻击带来的功能安全风险，以及工业控制系统应用层遭到攻击而带来的信息安全风险。全球工业控制系统安全市场较为分散，目前还没有出现公认的领导企业。

二、我国发展工业互联网的基础条件及面临的问题

（一）基础条件

一是技术产业能力显著提升。20 世纪 80 年代初，我国开始引进国外先进工业控制系统产品，推动制造业自动化水平快速提升。随着两化融合的深入开展，在市场需求推动下，国产工业控制系统技术能力不断提升，涌现出北京和利时、浙江中控等一批自主创新能力突出的骨干企业，在石油、煤炭、化工、电力、轨道交通等重点行业成功突围，部分技术产品已达到世界先进水平。另一方面，自 1994 以来，我国互联网快速发展，特别是在 2012 年之后基本抓住了移动互联网

爆发式发展的机遇，一批根植于本土的企业逐渐走向世界舞台，产业实力迅速壮大。阿里、腾讯和百度已位列全球互联网企业市值前10名；华为、中兴步入了世界顶级通信设备制造企业之列；联想、小米的智能手机出货量位居全球前5位。这些具备世界领先实力的信息技术企业，抓住经济社会发展的重大机遇，成为我国工业互联网发展不可或缺的重要力量。

二是融合应用探索初见成效。从下游到上游、从消费到生产，我国部分制造企业先行先试，已经闯出新路，体现了工业互联网沿制造业价值链逆向渗透融合的大体脉络，为进一步发展提供了有益借鉴。比如，中车集团、三一重工、中联重科、徐工集团、潍柴动力、格力空调等企业，依托互联网、物联网、移动互联网，实时采集装备动态运行情况和工况环境数据，利用大数据手段，分析优化设备运行参数，预测安排维护，“反哺”新品研发，探索出了一条服务型制造的发展道路。青岛软控、雷柏科技等企业，则是根据自身实施智能工厂技术改造的经验，转型成为各自细分领域内的智能工厂设计咨询和系统集成商，摸索出了一些制造企业向信息技术服务企业转型的新路径。尚品宅配、红领集团基于互联网和物联网，在前端建立电商直销平台，在后台将标准件数据库、产品设计系统、供应链管理系统、生产执行系统、物流配送系统互联互通，打通了从顾客到生产的端对端数据流，以工业化的效率实现了个性化产品的生产，为其他企业提升规模化、个性化柔性生产能力提供了借鉴。此外，还有商飞公司的网络化生产组织，海尔集团的全球协同研发平台，创捷公司的产业集群供应链金融一体化管理系统，以及数码大方和中国电信联合建设的工业云等，牵引着制造业生产工具和生产模式向智能化、协同化发展。这些有益的探索既显示出我国制造企业主动发展工业互联网的积极要求，也证明我国信息技术企业已初步具备了形成解决方案的技术和服务能力。

（二）面临的问题

一是对工业互联网的认识不全面。利用工业通信网络促进数据流动，从而加强工业设备以及各流程环节之间的信息和资源共享，只是工业互联网的初级作用；工业互联网更大的价值在于，利用数据的分析和反馈，驱动制造业务模型重构和流程重组，形成网络互联环境下更加智能高效的生产组织新形态和新模式。工业互联网既是网络，更是服务。发展工业互联网不能仅局限在信息化建设层面，还必须站在制造业发展全局的高度，积极打破行业、企业之间的壁垒，把各行业的利己主义思维转换成开放合作的利他主义思维，把被动协同变成主动协同。

二是自主核心技术亟待突破。工业互联网的发展对工业控制系统及网络的功能、性能和安全提出了更高要求，而我国的自主技术还远远不能满足实际应用的需求。在现场系统层级，我国尚未完全掌握工业控制系统的高可靠性实时操作系统、总线协议、高精度传感芯片、工业变频驱动器等关键技术，国外产品仍然垄断我国高端市场。在通信网络层级，现有的基于TCP/IP的互联网架构和地址资源解析体系仍然控制在美国手中，万物互联的新型网络技术标准也是由美国思科公司在主导推进。在云端系统层级，先进虚拟化、工业数据表示和通用接口、数据模型和行业知识库等关键技术仍由美国公司主导。由于自主核心技术的缺失，我国工业互联网产业链一些关键环节存在不可控因素，导致我国的技术准入标准形同虚设。

三、促进我国工业互联网加快发展的对策建议

（一）标准先行，协调各方力量形成发展合力

加快制定我国工业互联网相关标准体系，引导通信、工业控制、网络搜索、云计算、大数据、服务器、集成电路等各领域服务商在技术和解决方案上相互协同，加强在产品规划和技术标准等方面的全局协调和规划。结合《中国制造2025》提出的重点发展领域，尽快启动数据表示标准化工作，在产业链上下游之间统一数据结构和表示规范，为工业互联网发展扫清障碍。

（二）组织创新，促进产用结合实现协同发展

支持企业组建工业互联网联盟，建立产业协同机制，加强信息技术企业与工业企业的合作，优势互补，产用结合，面向工业应用需求，打造自主可控的工业互联网基础设施及应用服务生态体系。支持开源社区发展，推进国内开源技术成果进入国际开源体系，建立企业应用与开源技术创新的协同发展机制。

（三）提升能力，加快自主创新突破发展瓶颈

与《中国制造2025》提出的智能制造、高端装备创新等工程相结合，积极落实各项优惠政策，创新优化支持方式，建立以应用为牵引、技术和市场兼顾的考评体系。以国家投资为牵引，广泛吸引大型ICT企业及社会资金投入，建立市场化运作的工业互联网产业投资基金，支持集成电路、传感器、操作系统、云计

算、大数据、工业控制系统、工业网络架构、协议等核心技术研发，提升软硬件协同发展能力。

（四）重视合作，加强国际交流拓展发展视野

结合“一带一路”等国家战略，整合国际、国内两种资源，利用国内外两个市场，鼓励企业借鉴融合应用的成功经验，积极拓展国际市场，扩大我国产品、技术、装备、服务在国际市场的份额和影响力，在全球化视野中促进自主创新与开放合作，特别是积极发起或参与全球工业互联网融合技术标准、知识产权等方面的交流合作，提高国际规则制定的主动权和话语权。

本文作者：赛迪智库软件产业研究所　安　琳

“互联网+”助推汽车产业智能转型

受益于大数据技术和智能化技术的快速发展，互联网思维在传统汽车领域不断渗透并试图改变其运行规则，汽车与互联网的跨界合作已经成为一种“新常态”。苹果、谷歌、百度、阿里巴巴、乐视、易到用车等互联网企业陆续宣布与传统汽车厂商达成战略合作，纷纷试水汽车制造领域，汽车产业开始了新的有“互联网”派系参与的竞争。同时，在互联网技术应用的深度影响下，具备技术驱动特征的汽车产业也将呈现出数字化、网络化、智能化发展趋势。在“互联网 +”时代背景下，我国汽车产业如何积极应对，主动抓住与互联网融合发展的机遇，实现汽车产业智能化转型，将是推动我国汽车产业跨越式发展的重点。

一、“互联网 +”促使传统汽车产业发生重大变革

（一）互联网企业跨界造车成为新浪潮

2014 年以来，汽车越来越成为一个全新的产业融合体，开始引领更深刻的产业变革，其中最明显的就是一大批互联网企业纷纷试水造车。从国外来看，苹果公司发布了名为 CarPlay 的车载系统，第一批合作者就包括了奔驰、宝马、沃尔沃、本田、日产等 16 家世界知名汽车企业；谷歌与通用汽车、本田、奥迪、现代和英伟达联合宣布成立“开放汽车联盟”（OAA），旨在将谷歌开源系统 Android 应用于汽车领域，同时积极开发无人驾驶汽车。从国内来看，百度联合钛玛推出了基于汽车后装解决方案的 CarLife；腾讯入股四维图新，推出了基于 OBD 接口的路宝 B2C 产品；阿里巴巴与上汽集团签署战略合作协议，将在“互联网汽车”和相关应用服务领域展开合作，共同打造“互联网汽车”及其生态圈。可以预见，互联网企业和汽车制造企业跨界合作、共赢发展的趋势会越来越明显。

（二）汽车产业即将迈向智能网联时代

以互联网为代表的信息网络技术正以前所未有的深度与速度影响着汽车产业的生产方式和发展模式，数字化、网络化、智能化成为发展的大趋势。从汽车

产业链环节看，汽车产品设计与制造更加智能、高效与个性化；销售与售后服务更加便捷与网络化、人性化；无人驾驶、车载系统等新兴技术得到不断应用，车、人、路三者的关系更加和谐。从汽车产业价值链分布看，用户从过去专注车辆硬件条件转为更加关注汽车的使用功能，汽车电子产品和基于汽车的智能服务在产品价值链中的比重快速上升，汽车制造、销售渠道、服务的竞争格局面临新一轮的洗牌和调整。

二、传统汽车产业变革的三个层面

（一）汽车产品：向智能化、网联化转型

在“互联网+”浪潮下，汽车产品的形态和功能都将发生巨大变化，逐步实现从交通工具向移动智能终端的转变。

一是在智能化发展过程中，自动驾驶技术受到了最广泛的关注。自动驾驶主要建立在先进的机器视觉系统、人工智能、传感器，以及即时通信系统等技术的基础上。比之于人为操控，自动驾驶可明显提高行驶的安全性、缓解交通拥堵、减少燃油消耗和污染物排放。近年来，全球主要汽车企业在技术研发和示范运营方面的投入力度持续加大，并随着一些互联网企业的加入而呈现出加速发展之势。预计到2016年，全球汽车产业在自动驾驶方面的投入将增至1600亿美元。随着持续性的研发投入，支撑自动驾驶的核心技术进步迅速。到2025年，全球将有10万辆自动驾驶汽车上路行驶，由安全性提高、时间节约以及燃油消耗和污染物排放降低等带来的经济效益大约在每年0.2万～1.9万亿美元之间。

二是在网联化发展过程中，车载系统上的互联网已得到应用。苹果、谷歌、诺基亚、英特尔等均已开发出较成熟的车载系统。2014年3月，奔驰展示整合了CarPlay的C-Class车型。2014年6月，谷歌发布了Android Auto，宣布将提供SDK开发工具给开发者，并开放音频以及信息的API接口，以帮助开发者更好地开发汽车相关应用。整合了Android Auto的沃尔沃XC90汽车已在2015年初上市销售。上汽集团在国内率先推出智能汽车概念，其产品荣威350搭载了智能网络行车系统InkaNet，依托中国联通WCDMA 3G网络，实现了信息检索、实时路况导航、电子路书、股票交易和社群交流等互联应用，开启了国产汽车网络互联的信息化时代。

（二）制造模式：向定制化、个性化转型

“互联网 +”也推动着汽车产业制造模式转型，汽车产品功能的愈加多样化促使产品及零部件的定制化、柔性化、个性化制造等模式成为发展新趋势。目前，全球汽车产业已经出现向大规模定制生产转型的趋势。大众汽车集团推行的模块化战略就是典型代表。通过模块化生产，显著降低了生产成本，其小型车和中型车的生产成本和组装时间分别下降 20% 和 30%，而且还可向市场投放现行平台化战略下的个性化产品，拓宽了消费者的选择范围。与此同时，汽车产业走向分散化个性生产的可能性也不能排除。新材料、3D 打印等技术如果能实现更大突破，考虑到生产设备投资减少、物流运输成本下降，以及汽车销售环节压缩等因素所带来的成本节约，分散化个性生产的成本和时间可能与大规模定制生产相当。展望未来，哪种方式会成为主导，者或两种方式是否同时存在，将主要取决于相关核心技术的研发和应用进展情况，目前尚难有定论。但在中短期内，大规模定制生产成为主导的可能性更大。

（三）商业模式：向电商化、共享化转型

“互联网 +”的广泛渗透，已开始对汽车产业传统的商业模式产生冲击，电商化和共享化将成为未来商业模式上的两个重要趋势。一是在汽车销售环节引入电商模式。目前，天猫、京东、汽车之家、上汽等各方都在积极试水汽车电商。2012 年奔驰（中国）两次与京东商城合作，通过京东在线销售旗下 Smart 品牌汽车，并创下 89 分钟内售出 300 辆的记录。2013 年汽车之家通过“11•11 疯狂购车节”活动，汽车销量接近 1.5 万台；2014 年，汽车之家首次实现线上全款购车、线下提车的促销活动。车易拍、车置宝、优信拍等二手车电商发展也如火如荼。二是汽车产品形态和功能的变化，必然促使汽车使用方式呈现“轻拥有、重使用”的共享化趋势。我国已有多家公司在努力打造 P2P 汽车共享商业平台，比如滴滴专车、Uber、神州专车、易到用车等，戴姆勒集团的 Car2go 也开始在重庆进行试点，汽车共享化时代已经开启，未来的汽车资源将在最大程度上被合理配置。

三、对策建议

（一）加快突破关键核心技术

汽车产品智能化的关键在于核心技术的突破。相比欧美发达国家，我国汽车企业在智能汽车产品关键技术方面的研发积累不足，在一定程度上制约了我国

智能汽车研究设计水平的提高。基于此，应做好以下工作。

一是构建汽车智能化研发合作平台。成立以大型汽车企业牵头，传感系统企业、通信企业、车联网企业、IT 企业，以及高等院校和科研机构积极参与的智能汽车产业技术创新联盟，加大高效车用先进传感技术、车载无线通信技术、无人驾驶技术等汽车智能化关键技术和关键配套部件的联合攻关力度，对相关产品进行前瞻性布局；促进技术创新与产业发展的良性互动，加强对知识产权的应用和保护，开发并推广智能汽车产业生态系统。

二是积极开展国际技术合作，合理利用研发资源。依托国内诸多有利条件，开展多层次的国际合作，充分引进、消化、集成国外先进的智能网联汽车技术成果，吸纳全球专业性高端人才，建立和完善国家重点实验室、国家工程实验室、国家工程研究中心等国家级研发基地。

（二）积极推广模块化生产模式

汽车制造模式定制化、个性化发展的关键是重点突破模块化设计及生产技术。目前我国汽车平台模块化发展仍处于初期水平，平台技术升级缓慢、共享性不强，需积极加以改进。

一是加快产品开发模式变革。国内相关企业应具有全球化的大视野，以及长期可持续发展的战略眼光。对汽车平台模块化的认识，不能仅停留在少部分零件的共用方面，而是需要对现有产品平台进行升级，加快技术研发。研究导入能够提升产品独特个性和附加值的电子技术，将有助于汽车产品向智能化方向转型升级。

二是实现平台技术共享。国内汽车企业虽然数量众多，但每家车企的销量有限。本土自主品牌汽车企业应当联合起来，进行技术共享，取长补短。有一定规模和能力的企业应积极带动国内车企平台技术的发展，积极打通产业链，联合零部件企业进行零件模块化技术开发，以减少新车型开发成本。

（三）大力营造良好的产业环境

一是加大财政支持力度。比如，要加大产业发展专项资金、创新创业投资基金等对智能汽车的投资及支持力度，对从事早期技术研发和产品推广的企业提供相关财政优惠政策，尤其要支持自主品牌汽车企业布局智能汽车相关技术和产品。

二是培育发展汽车现代服务业。着力发展汽车云服务，鼓励最优路线规划、免费语音导航、实时路况播报、行车安全监控、故障在线诊断、驾驶行为评测、油耗评估评测等服务模式的创新。支持汽车电商发展，加快构建基于车联网的线上 4S 店、维保、汽车分时租赁等服务。

三是建立跨产业的智能汽车公共服务平台。加强汽车、互联网企业之间的交流，消除企业及行业管理部门之间的管理交流障碍，使智能汽车产业能够在平台层面真正实现互联互通；同时向整车企业、互联网企业、零部件厂商提供集数据收集、数据分析、管理监控平台测试、验证、预研为一体的公共测试平台，在推动智能汽车技术研发的同时，帮助企业推广智能汽车相关产品，加强用户体验。

本文作者：赛迪智库装备工业研究所　徐　楠

IT企业能否引发汽车领域的“鲶鱼效应”

近期，苹果公司要生产汽车的消息受到各界广泛关注，有人认为这将带来汽车行业的“鲶鱼效应”，因为以往苹果公司每次创新，都会颠覆相关产业的既有格局。近年来谷歌、腾讯等国内外 IT 企业纷纷进入汽车领域，试图颠覆传统的汽车业商业模式，寻求新的盈利点，并以此建立其生态系统。目前，各界对 IT 企业进入汽车领域的看法不尽相同，IT 企业能否成为颠覆传统汽车发展模式的“鲶鱼”？面临哪些机遇和挑战？这些问题值得思考。

一、IT 企业进军汽车行业的主要模式

一是依托信息及通信优势，通过实时收集、处理大量数据，创新商业模式。如微软以 8.1 车载系统为基础开发 Windows in the Car，以期实现车载系统、手机和人互联；华为与东风、长安等企业开展合作，为汽车提供触摸屏和操作系统；百度“Car Net”车联网与奔驰、宝马、沃尔沃、丰田等企业合作开发语音系统，优化路线规划、导航等功能；腾讯路宝通过将汽车和腾讯云服务互联，为用户提供车辆诊断、油耗分析等用车检查服务。

二是联合传统汽车企业，切入智能交通领域，借助强大的信息平台，打造互联网生态系统。如腾讯、富士康、和谐汽车签订战略合作框架协议，三方将开展“互联网 + 智能电动车”领域的创新合作；易到用车、奇瑞、上海博泰集团合作搭建共享平台，共同开展基于互联网思维的纯电动汽车制造、销售和租赁；乐视与北京汽车联合推出“SEE 计划”，并宣称将垂直整合汽车互联网生态系统；阿里巴巴与上汽集团在“互联网汽车”及相关应用服务领域开展合作，共同打造“互联网汽车”及其生态圈；谷歌联合全球多家传统和非传统供应商，计划在 2020 年前推出无人驾驶汽车。

多数 IT 企业进入汽车领域是以为汽车企业提供信息技术服务为主，部分进入智能汽车生产环节的 IT 企业也是通过联合传统汽车制造企业实现其“互联网 + 汽车”战略。对于未来 IT 企业在汽车领域如何发力，是自行制造汽车，还是

以互联网平台为基础进行研发设计，制造过程交给传统供应和制造商，IT 企业都在做出不同的选择。

二、IT 企业进军汽车领域面临的机遇和挑战

机遇一：汽车业转型升级，“智能化”成为新方向。随着技术不断成熟、增值服务不断创新、消费者对智能汽车的认知提高，汽车行业将迎来新一轮产业升级。智能化将实现人车互联，汽车不再是普通的交通工具，而且能够借助辅助、自动等智能驾驶技术解决疲劳驾驶、行驶中通信以及残疾人驾驶等问题，减少交通事故。在麦肯锡发布的《展望 2025：决定未来经济的 12 大颠覆技术》中，智能汽车位于第 6 位，并预计其在 2025 年的潜在经济影响将达到 0.2—1.9 万亿美元。

机遇二：产业融合加快，“互联网 +”催生新业态。当前信息技术日新月异，互联网、云计算、物联网、大数据等与众多产业相互融合渗透，“互联网 +”将成为创新驱动的新动力。“互联网 + 汽车”能够将汽车所产生的数据实时传输到数据库平台，利用大数据分析进行整合利用，带动汽车业和相关产业融合，并衍生出新的产业和模式。虽然对于 IT 企业能否主导汽车的研发制造，各界有不同看法，但 IT 企业涉足汽车业的大趋势已经到来，未来“互联网 + 汽车”将给汽车业带来新的变革。

挑战一：投资规模巨大，产业配套要求高。汽车的生产成本较高，一个具有规模效益的制造工厂就需投资多达数十亿元，制造、销售等环节也都要投入大量资金，投资回收期较长，智能汽车更是难以在短期内见到效益。此外，汽车的产业配套要求远较 IT 产品复杂，配套企业要提供超过 1 万个零部件，而且供应链管理要求也较高。特斯拉 CEO 埃隆·马斯克也宣称制造汽车非常困难。

挑战二：制造过程复杂，标准严格。汽车工业非常复杂，产业的整合难度较大，而且 IT 企业缺乏汽车领域的设计、制造经验，需要多长时间才能完成汽车业所需的技术、硬件和产业链整合是 IT 企业必须面对的问题。此外，汽车制造还必须满足许多硬性规定和标准，能否快速全面地了解并适应汽车行业的标准和规则，也是 IT 企业必须要面对的问题。

可见，IT 企业进军汽车领域，一定会带来行业颠覆性的改变，尤其是在安全性能提升和智能化驾驶方面会带来革命性的突破。但是要想成为“鲶鱼”，IT 企业还任重道远，传统车企尤其是大的车企并不是“沙丁鱼”，甚至可能是“鲨鱼”。

如何走向融合，将成为一段时期内两大行业共同面对的问题。

三、思考和建议

构建智能汽车生态产业链。在我国传统汽车领域优势不太明显的情况下，要依靠 IT 企业的平台优势，再搭配传统汽车企业在生产、销售上的布局，抢先构建智能汽车的生态产业链，联合互联网、硬件、软件、汽车、服务等领域的企业，结合自身优势，按照产业发展规律，并强化符合发展趋势的产业分工定位。建议由政府主导搭建以鼓励模式创新为主的技术和融资平台，并以专项资金形式给予联合创新模式支持。

倒逼传统汽车企业创新发展。IT 行业的创新快于汽车，许多创新甚至是颠覆性的，而“互联网 + 汽车”也是当下全球创新的重要方面。汽车企业如果不加大创新力度，抢占新技术革命的制高点，将会被 IT 企业主导，最终成了一个代工企业。建议车企加强“互联网 +”领域的管理培训、加强创新投入，加速“互联网 + 汽车”的融合。

加快“互联网 + 汽车”示范应用。在政策扶持和技术进步的助推下，“互联网 + 汽车”发展迎来重大机遇，建议政府尽快出台支持智能汽车发展的政策，开展示范应用工作，鼓励企业积极探索互联网与汽车相互融合、制造与服务过程相互渗透的发展模式与路径，营造良好的产业发展环境，引导企业共同将智能汽车市场做大做强。

本文作者：赛迪智库工业经济研究所　韩建飞　文　芳

抓住“互联网+”机遇发展服务经济

2013 年，我国第三产业增加值占 GDP 比例达到 46.1%，首次超过第二产业，我国开始迈入服务经济时代。预计到 2020 年，第三产业比重将达到 55% 左右，第二产业比重则将下降至 40% 以下。2015 年 4 月份，国务院常务会议做出了发展电子商务等新兴服务业和落实“互联网 +”的工作部署，要求大力促进传统产业和新兴产业融合发展。如何看待“互联网 +”背景下的向服务经济转型，也就成为一个重要课题。

一、“互联网 +”为经济发展带来怎样的机遇?

(一)“互联网 +”提供经济发展双引擎

一方面，“互联网 +”在不断孕育和催生新业务、新模式、新业态，打造以互联网为基础的经济发展新引擎，推动大众创业、万众创新。另一方面，传统产业结合“互联网 +”，公共服务能力不断提升，持续为经济增长提供发展动力。互联网作为现代经济社会基础设施的重要性日益突出，实施基于“互联网 +”的双引擎战略成为国家选择。

(二)“互联网 +”重塑经济结构

“互联网 +”使人人、物物、业业都能够突破时空限制实现互联，将引发诸多跨界融合创新和产业、资本、估值等多个方面的结构重组。智慧农业、智能制造、智慧交通、互联网金融、现代服务业等“互联网 +”的新领域，已经在传统的三次产业基础上发生了不同程度的改变，物联网、云计算、大数据等互联网信息技术不断推动价值链整合。原有经济结构的信息不对称、不透明等问题，将在“互联网 +”中得到解决，进而促进经济结构更加柔性。

(三)“互联网 +”为经济带来更多增量

“互联网 +”营造开放生态，倡导创新驱动，可为经济增长拓展无限空间。比如，支付宝解决了网络支付的安全问题，人们开始放心支付，电子商务行业呈现爆发式增长，但同时银行卡和现金消费也没有减少，即电子商务增长属于经济增量。“互联网 +”金融、能源、医疗、交通、餐饮等等莫不如此，“互联网 +”使一些潜在业务迅速显现和增长。麦肯锡预测，互联网能促进中国 GDP 提高 4 万亿至 14 万亿元人民币，占 2014—2025 年 GDP 增长总量的 7% ～ 22%。

（四）“互联网 +”有望成就我国核心竞争力

“互联网 +”为我国经济发展提供顶层设计和底层架构，互联网手段和互联网思维正在融入各行各业，互联网已经超越工具意义，与水、电、气一样成为经济社会发展的基础因素。连接一切、跨界融合、协同创新成为经济发展新的时代特征。我国杰出的国家智力资本将在尊重个人的“互联网 +”平台上得到释放，腐败寻租、利益集团等扭曲资源配置的现象将得到改观，我国前所未有的全球影响力和控制力有望在“互联网 +”上实现。

二、“互联网 +”背景下加速向服务经济过渡的契机分析

（一）“互联网 +”大量信息技术的应用使产品和服务的界限日益模糊

在全球范围内，产业竞争加剧，新技术应用层出不穷，传统的制造价值链被不断延伸，工业产品附加值构成中纯粹制造环节所占比例越来越低，而研发设计、物流配送、产品营销、电子商务、金融服务、战略咨询等专业化生产性服务或中介服务所占比重越来越高，并已成为提高企业竞争力和经济效益的主导因素。在产品经济向服务经济转型的过程中，消费者的注意力也由产品质量转向服务体验。但在通常情况下，产品质量和服务体验是融为一体、不可分割的。服务化是消费者导向型的经营方式，这种方式将企业成功的关键定位于寻找到消费需求并通过服务满足甚至超越消费者的期望之上。“互联网 +”通过信息技术在整合社交媒体、关系应用的基础上，能够更加精准地识别消费者需求、明确价值所在，最快速地整合供需链条组织生产或完善服务。建立在这一基础上的企业经营，不仅仅是产品生产，更是帮助消费者解决问题、提升价值。至于是通过产品本身还是通过服务使消费者满意则变得界限模糊，也不那么重要了。

（二）“互联网 +”可为政府解决就业和鼓励发展服务业提供更便捷的通道

据测算，服务业 1 万亿增加值创造的就业比第二产业要多出 30%，是吸纳就业的最佳选择。我国城镇化进程的提速，还将带动更多财政与社会投入；财税

改革的深化，也将使更多财政转移投入到民生领域，必然会刺激消费，进而促进服务业和服务经济发展。无论对生产性服务业还是消费性服务业，“互联网 +”都提供了大众创业、万众创新的绝佳时机。在此过程中，“互联网 +”将对产业转移产生影响，进而改变就业与产业转移的关联性。随着各种智能终端的日益普及，微商等新模式大大降低了创业就业的门槛，移动“互联网 +”为产业转移和就业带来了前所未有的机遇，为解决结构性失业问题提供了新途径。

（三）互联网金融工具促使经济日益虚拟化和服务化

从发达经济体看，实体经济与金融联姻之后有过一段“蜜月期”，但随着实体经济利润率走低，金融资本开始寻求更高回报；金融资本投向房地产和高新技术产业，在很大程度上刺激了经济服务化。互联网金融极大地改变了金融服务经济的效率，如阿里巴巴对淘宝卖家的贷款，3 分钟在线申请，1 秒钟获贷，0 人工干预，将资源配置效率推到了前所未有的高度。企业得到的资本更多更快，自然会更多更快地投往利润更高的领域。一般来说，服务的利润要比产品更高、更持续。产品差异性要小于服务差异性，出于实施差异化竞争的考虑，企业也必须走服务化之路。在利润刺激、金融加速和竞争需要等因素共同作用下，经济虚拟化和服务化特征日渐凸显。当前，“互联网 +”为经济加入技术驱动、环境改造的因素，使不同行业、不同主体之间能够突破时空、跨界融合、协同创新成为平常，甚至开始形成“大平台、小前端、富生态”的充满活力的生态圈，由平台化向生态化演变。

（四）互联网对传统产业的改造从标准化商品向非标准化服务过渡

产品经济并非没有服务，但却是工业化思维下的服务，把服务作为一种售后成本，未形成企业核心竞争力，也不能带来更多利润。现在的服务则是在工业化基础上的信息化思维服务，服务正成为企业的核心竞争力，也是利润的主要来源。比如，工业化时代作为硬件制造商的 IBM 公司，现在的定位是信息技术与业务解决方案提供商。在“互联网 +”时代，特别是移动互联网终端的迅速推广使用，重构了人们的时间分布，也重构了服务的实现方式。服务将根据需求进行时间、地点、质量、交付方式等方面的调整，以取得更优的用户体验。在这种服务下，产品成为成本，对消费者趋向免费，服务才是创造价值的核心。服务经济是一种功能经济，其关键是消费者的关注度和满意度。产品经济的核心是交换产品所有权，服务经济的核心是体现应用的价值。

三、利用“互联网+”发展服务经济的建议

（一）促进生产性服务业健康发展

加快发展生产性服务业，是向结构调整要动力、促进经济稳定增长的重大措施。充分发挥互联网产业和信息服务业对生产性服务业各领域的支撑作用，深入挖掘生产性服务业的重要经济增长点。大力加强信息基础设施建设，促进形成信息共享与竞争机制，以信息服务业为支撑带动生产性服务业发展。通过设立引导基金等措施，加大生产性服务业的财政投入，引导金融机构增加生产性服务业企业授信额度和贷款规模，调整完善生产性服务业价格政策，改变对生产性服务业的差别对待方式，清理调整制约生产性服务业发展的政策障碍。

（二）推动制造服务化、服务产品化

制造服务化是制造业发展理念的变化，由生产型制造向服务型制造转变。促进制造企业服务产业化发展，鼓励企业加快从制造加工环节向自主研发、品牌营销等服务环节延伸，做大做强服务业务，甚至可以适时剥离服务业务，组建新的企业。坚持推进两化深度融合，不断完善众包设计、网络协同研发，以及基于工业云的供应链管理、工业互联网等新型服务模式和服务业态。鼓励中小企业凭借云计算、云服务平台开展面向客户需求的定制化服务，不断提升市场竞争力。鼓励互联网制造和互联网型制造企业发展，倒逼制造业技术创新和模式创新。

服务产品化是服务产业化的前提，也是产业可持续发展的重要基础。企业需不断适用互联网新技术，主动应对现代服务业不断细化的趋势，使服务环节不断专业化，为消费者提供更高效、更准确、更满意的服务。服务型企业可以尝试产业联盟的发展模式，降低单靠一家企业满足消费者复杂多变需求的较高成本，在专业化分工的基础上，有效整合上下游产业链，拓展企业赢利模式，为客户提供更为全面周到的服务。鼓励企业更多地采取统一服务标准；尝试更多的互联网商业模式，适应并充分利用技术平台。比如，当前的软件产业由销售软件产品获利转变为以互联网平台 SaaS（软件即服务）模式获利。

（三）认真落实国务院关于服务业的系列指导意见

鉴于未来发展趋势和经济结构调整的要求，国家高度重视服务业发展，近年来已相继发布了系列指导意见。《国务院关于加快发展服务业的若干意见》（国发〔2007〕7 号）提出发展增值和互联网业务，《国务院关于加快发展生产性服

务业促进产业结构调整升级的指导意见》（国发〔2014〕26 号）提出加快生产制造与信息技术服务融合，《国务院关于加快科技服务业发展的若干意见》（国发〔2014〕49 号）提出在技术转移、创业孵化、科技咨询中更多运用互联网方式和模式。此外，还有家庭服务业、健康服务业、养老服务业、文化创意等多个生活性服务业的指导意见。贯彻落实国务院关于服务业的系列指导意见，特别是上述三个意见中有关互联网的工作任务，事关经济结构调整大局。根据意见要求，到 2020 年要基本实现经济结构向以服务经济为主的转变，服务业结构显著优化，就业容量显著增加，公共服务均等化程度显著提高，市场竞争力显著增强，总体发展水平基本与全面小康社会的要求相适应。

本文作者：赛迪智库政策法规研究所　栾　群

利用互联网技术重塑中小企业信用体系

企业信用体系建设关系到社会经济的平稳运行。中小企业占我国企业总量的99%以上，完善的中小企业信用体系有利于我国经济实现健康发展。随着互联网技术的普及，电子商务、大数据、云计算等新一代信息技术将会在一定程度上缓解中小企业信用体系建设难题，重塑中小企业信用体系。对于这一具有重大意义的课题，必须展开深入研究。

一、我国中小企业信用体系存在三个问题

（一）中小企业信用信息征集难

中小企业信用信息征集困难主要表现在两个方面：一是中小企业自身的信用观念淡薄，企业信用文化缺失。不少中小企业认为，信用体系对自身的影响微乎其微，而且在提供企业信用信息过程中很可能暴露企业的其他重要信息。也正是基于这一原因，很多中小企业不愿提供甚至提供虚假的信用信息，致使中小企业信用信息征集缓慢，甚至出现虚假信用信息问题。二是中小企业管理制度不健全，企业财务信息欠缺或者不准确。当前很多中小企业缺乏管理规范，缺少准确度高、完整性强的财务报表，同时也没有配备专人整理和保管各种与财务信用信息有关的资料，信用信息的准确度自然不会高。此外，相较于中小企业庞大的数量，征信机构的人力物力相对不足，也成为阻碍中小企业信用信息征集的一个难点。

（二）中小企业信用评级服务水平不高

我国中小企业信用评级服务水平不高的原因主要有两点：一是当前我国主要依托市场运作的信用中介机构对中小企业进行信用评级，信息来源分散于不同的政府部门和金融机构，而这些部门与机构相互之间缺乏及时、有效的沟通，在一定程度上造成了中小企业信用信息的遗漏和重复，降低了中小企业信用评级服务水平。二是中小企业信用评级服务没有明确、统一的评估细则，缺乏完善的信用等级评估体系，导致市场上中介评级机构信用等级划分方法不统一，信用评级

的客观性和公正性不够，以致于对中介机构出具的信用报告、信用评估等信用评级服务，社会的认可度普遍不高。

（三）中小企业失信惩罚机制缺失

我国缺乏对中小企业失信行为的惩罚机制，在一定程度上，失信成本低导致中小企业常常忽视自身的信用建设问题。一方面，尽管国家和有关部门相继出台了《社会信用体系建设规划纲要（2014—2020）》《中华人民共和国海关企业信用管理暂行办法》《商务部关于加快推进商务诚信建设工作的实施意见》等一系列政策性文件，但这些文件大多缺乏强制约束力和法律效力，也没有明确的惩罚细则，对中小企业的失信行为也就没有多大的制约与震慑作用。另一方面，由于中小企业信用管理涉及多个部门，而各个部门获取信息的方式与渠道又大多不一致，信用评判标准各异，对失信行为的惩罚也就无法做到公正有力。对一些信用状况不佳的企业，也无法及时制止其失信行为的再发生。

二、互联网技术为优化中小企业信用体系提供新动力

（一）电子商务为中小企业信用体系建设提供信息供给基础

统计数据显示，2014 年我国中小企业 B2B 电子商务规模达到 61358.6 亿元，预计到 2018 年，这一数字将会增加到 116627.3 亿元。电子商务交易规模的大幅提升在为中小企业发展注入活力的同时，也为中小企业信用信息的积累和获取提供了便利渠道，使构建准确、高效的中小企业信用体系成为可能。

中小企业依托电子商务运营会在各个环节留下客观、可追溯、真实的交易记录，这些交易信息的汇集，将为中小企业信用信息的查询与建设带来便利。电子商务发展越迅速，所能提供的信用信息也就越充足，中小企业信用体系建设的信息供给基础也就越坚实。

（二）云计算可大幅提升中小企业信用体系的信息化层次

中小企业信用体系建设需要大量数据，而当前我国中小企业信息化程度普遍较低，在一定意义上阻碍了信用体系的建设，云计算的出现，有助于中小企业提升信息化程度，弥补这方面不足给信用体系建设方面带来的不利影响。

一是云计算应用能够显著降低中小企业信用信息的部署成本。云计算公共服务平台的使用，有助于中小企业用最低的成本享受较高质量的基础设施，推动

其更便捷、更迅速地提升信息化水平。二是云计算极大丰富了中小企业可以调用和共享的信用信息，能更好地满足相关机构对中小企业信用信息的需求。三是云计算服务突破了时间和空间限制，配合移动互联网技术，可以使中小企业随时更新财务信息，企业内部信息传递速度加快，也打破了企业信息渠道不通畅的壁垒，使原本割裂的信用信息实现有效聚集，有助于信息的评估与共享。

（三）大数据使中小企业信用评级更加精准化

传统的中小企业信用信息评级难题，主要集中在企业财务、会计信息缺乏真实性方面，换言之，人为提供虚假信息已成为传统中小企业信用信息评级不准确的主要原因。

随着大数据的推广和应用，在很多领域已经或正在实现大数据的规模化发展。大数据突破了传统的以财务、会计信息为主要来源的信用评价体系，而是通过中小企业留在电子商务平台、云服务等数据平台的各种交易信息，评级机构可以进行客观、准确的信息采集、获取、分析和应用，有效消除了以往信用评级中人为提供虚假信息带来的影响。同时，大数据也催生了低成本、高效能、强风控的信用贷款模式。例如，金电联行信息技术有限公司利用大数据技术与金融机构合作，已经为上千家中小微企业提供了无需账本、抵押担保的信用融资服务，累计提供纯信用融资 40 多亿元，其中融资额度最高的为 6800 万元，且从未出现不良贷款。

（四）互联网平台加速改善中小企业信用产品使用状况

目前，市场上已出现针对中小企业的信用产品，但与中小企业庞大的数量和需求相比，这些信用产品还远远不能满足日益增长的需求。另外，由于金融机构和中小企业之间存在信息不对称现象，即便存在大量针对中小企业的信用产品，也会因为金融机构对客户需求的不了解，导致设计的产品针对性不强；或者由于中小企业信息获取不充分，导致对这些产品的使用不够。无论哪一方的信息获取不充分，都会影响到中小企业信用产品的使用。

互联网平台的应用带来了信息公开，增加了信息的透明度和公开性，大大减少了信息不对称情况的发生，为金融机构和企业双方获取相关信息带来了便捷。一方面，基于互联网平台的信用产品评价功能反映出了当前最受欢迎的信用产品，并能够在一定程度上推动金融机构积极设计不同的信用产品，使信用产品的研发和设计切实满足中小企业的实际需求。另一方面，互联网平台可以聚集各种不同信用产品的功能，有助于中小企业选择更加适合自身的信用产品。

三、利用互联网技术重塑中小企业信用体系的三个着力点

（一）加速规范中小企业互联网征信体系

一是依托互联网技术及时高效地在不同部门之间共享中小企业信用信息。提高不同部门对信用信息的共享程度，加强对信用信息的统一管理，并放开信用信息的公共获取渠道，确保依托互联网技术征集中小企业信用信息工作实现平稳运行，健康发展。

二是依托互联网技术实现中小企业信用信息与中小企业法人信用信息的互通。及时公布中小企业信用信息与企业法人、企业主信用信息，同时，还要将中小企业信用体系纳入企业法人体系之中，使企业信用体系与企业法人利益挂钩，最终达到规范中小企业互联网征信体系的目的。

（二）大力提升中小企业互联网信用评级服务水平

一是依托互联网技术方便快速地获取中小企业各方面大量客观真实的数据，提高中小企业信用评级数据的客观性和真实性。同时，还要规范中小企业信用评级信息的管理和使用，最大程度地减少人为因素在中小企业信用评级中造成的不良影响。

二是建立统一的中小企业信用评级标准。规范中小企业互联网信用评级标准，提升中小企业互联网评级水平，优化中小企业互联网信用评级服务质量。

三是基于统一规范的评级标准，提升中小企业互联网信用评级服务的市场认可度。出台相关管理规定，大力加强对中小企业互联网信用评级服务的监管。同时，加大对中小企业互联网信用评级服务的宣传力度，增强市场对互联网信用评级服务的信任度。

（三）进一步完善中小企业互联网信用惩罚体系

一是完善中小企业互联网信用惩罚体系。研究出台具有法律效力的政策文件，规范中小企业行为，减少企业失信行为的发生。同时，要细化处罚措施，加大对企业失信行为的惩罚力度，做到有法可依，有法必依。比如，应当对企业及其法人等主体进行适当的经济惩罚，或者在贷款授信时提高贷款利息或降低授信额度，甚至令其承担相应的法律责任，以实现规范企业法人、企业主等主体在企

业运营过程中的行为。此外，对相关政策措施的落实情况要加强督查汇报。

二是利用互联网信息公开透明的特点，及时披露企业信用信息，增加企业信用信息透明度。当中小企业存在失信行为时，利用互联网信息传播迅速、普及度高等优势，在互联网平台及时公布企业相关信息，及其具体的惩罚措施，以便对其他中小企业起到警示作用。

本文作者：赛迪智库中小企业研究所　景治铖

利用“互联网+”促进大众创业万众创新

创新是经济和社会发展的动力，是国家和民族兴盛的源泉。中华民族是富于创新活力的民族，改革开放以来更是通过思想创新、制度创新、科技创新取得了举世瞩目的成就。发展至今，在全面建设小康社会的关键时期，党中央国务院将大众创业万众创新作为新常态下经济增长的“双引擎”之一，并提出制定“互联网 +”行动计划，推动移动互联网、云计算、大数据、物联网等与现代制造业结合，促进电子商务、工业互联网和互联网金融健康发展，引导互联网企业拓展国际市场。“互联网 +”是信息技术在经济和社会各领域、各部门的渗透、扩散和应用的过程。“互联网 +”通过云、网、端等信息基础设施，运用大数据、云计算等信息处理技术和方法，将被固化于某一部门或某一企业内部的信息资源释放出来，增强信息的流动性，使人人都可能成为创业主体和创新单元。促进互联网共享共治，推动大众创业万众创新。

一、对“+”的理解

“+”是演进。互联网从单纯的信息传递向价值传递、价值创造演进。互联网的发展从 20 年前的新闻门户网站、娱乐游戏网站等以“看”为主的形式逐步向今天的消费领域、生产领域渗透。从“眼球”互联网向消费互联网、生产互联网方向发展是互联网自身优化升级的过程。这个过程改变了人们的生活方式，进而改变社会的生产方式。

“+”是融合。互联网作为通用目的技术融入到经济社会全领域。互联网融入政府管理，电子政务支撑服务政府、法治政府建设；互联网融入医疗卫生，远程诊断、在线医疗减缓人们看病难看病贵的问题；互联网融入教育科技，在线教育、大规模在线开放研究（MOOR）提高了教育和科研效率；互联网融入金融业，网络众筹、小微借贷降低了融资成本；互联网融入零售业，涌现出淘宝、京东等一大批在线商城；互联网融入传统工业，为研发设计、加工制造、经营管理等生产经营活动提供资源支撑和服务保障，使传统工业焕发新的活力。

“+”是延伸。互联网将人类活动从线上向线下、从虚拟空间向实体空间延伸。社交APP促进线上论坛结合线下活动；O2O应用将虚拟网店和实体店铺连接。此外，互联网使要素在国别之间、区域之间、城乡之间自由流动，甚至突破传统产业布局空间限制，形成新的产业空间和创新空间。跨境电商、网上自贸区、农村电子商务蓬勃发展。截至2014年底，我国已形成19个淘宝镇、212个淘宝村，电子商务为农村发展注入新活力。

二、“互联网+”驱动创业创新

“互联网+”推动产业创新。互联网突破了地域、组织、技术的界限，整合政府、企业、协会、院所等优势资源，形成跨区域、多领域、网络化的协同创新平台，打破信息垄断，降低创业门槛，优化创新环境，使大批小微企业成为创新的生力军，催生了大数据、云计算等新兴业态，并逐渐成长壮大为新的主导产业，实现主导产业更替演进，带动产业结构不断优化升级。

“互联网+”推动模式创新。互联网融入到企业研发设计、生产制造、物流配送、销售服务的各个环节，促进企业产品模式、服务模式、运营模式、商业模式等不断创新。网络众包、创客、生产消费者、大规模个性化定制、透明供应链等新模式不断涌现，全生命周期管理、互联网金融、电子商务、零边际成本等新理念加速重构产业价值链体系。例如，小米公司只有研发人员，并通过互联网与合作伙伴进行生产、物流等业务联系，运营着庞大企业网络。网络众包平台改变了企业的发包模式，发包和承包企业精准定位、精准遴选、精准匹配，并呈现网络虚拟化的特征。

“互联网+”推动管理创新。在微观层面，“互联网+”使协同制造成为企业重要的生产组织方式，只有运营总部而没有生产车间的网络企业或虚拟企业出现。新的组织形式表现为扁平化、网络化管理模式。在宏观层面，“互联网+”深刻改变了公共产品和公共服务领域的发展理念和模式。在线审批推动政务服务模式由多门向一门、由网下分散服务向网上集中服务转变。此外，“互联网+”推动交通运输、城市运营等向高效化、精细化、智慧化方向发展，提高了城市运行管理水平。

三、以“互联网 +”创新创业的政策建议

加快信息基础设施建设，缩小城乡差距。信息基础设施是“互联网 +”发展的必要条件。到2014年底，中国网民规模达6.49亿，全年共计新增网民3117万人，增幅明显收窄，互联网普及率城乡差异34个百分点。网民增速放缓和城乡数字鸿沟较大，除了农村人口缺乏网络知识和应用技能的原因外，更主要是因为农村信息基础设施比较落后。因此，政府应加大信息基础设施建设力度，将网络建设投入大力向农村和欠发达地区政策倾斜，加快“互联网 +”纵深推进，激活落后地区创业创新潜力。

树立“互联网 +”思维，缩短政策适配期。互联网融入经济社会各个领域，催生新业态、新模式。人们对新生事物的认识往往需要一个过程，这就对政府政策制定提出新挑战。互联网金融的发展就经历了一个政策适配的过程，从高速发展到暂停业务，再到政策规范。商务专车服务也遇到了监管压力，面临尴尬困境。面对一些新兴领域出现政策真空的情况，政府应采取开放包容的心态，以卓越远见的战略思维，制定出台与“互联网 +”发展相匹配的政策，着力营造大众创业万众创新的政策环境。

完善法律体系，规范市场秩序。由阿里巴巴、腾讯、百度等一批优秀的民营企业带动的互联网产业发展主要依靠市场力量，总体发展态势良好，但也存在恶性竞争和违约现象。淘宝假货饱受诟病，小型互联网金融公司破产跑路事件时有发生。市场在发挥优化创新资源配置的决定性作用时，政府应起到引导监管作用。例如，应加强对互联网金融的规范管理，从展业规范、防范误导、信息披露等方面做出禁止规定。应积极推进网络信息安全、个人信息保护等方面的地方立法，加强基础信息资源和个人信息保护，强化互联网信息安全管控，为“互联网 +”营造良好的法治环境，确保创新创业有序开展。

本文作者：赛迪智库信息化研究中心　肖拥军　刘若霞

从云栖大会看“互联网+”创业创新未来

2015 年 10 月 14 日召开的“2015 杭州 • 云栖大会”，有近 2 万名开发者报名、逾 3000 家企业参会，成为国内规模最大的一次云计算大会。它不仅反映出云计算在互联网创业、技术创新开发与应用领域的显著作用，更映射出“互联网 +”时代汹涌的创业创新热潮。那么,“互联网 +”时代创业创新有哪些重大变革？存在哪些瓶颈？下一步如何破解？深入研究这些问题，对抓住“互联网 +”带来的重大机遇，在更大范围、更高层次、更深程度推进大众创业万众创新，具有重要的现实意义。

一、“互联网 +”驱动创业创新发生重大变革

（一）云计算成为创业创新的基础平台

云计算通过互联网提供低成本、高弹性、高可用、高可靠的计算资源和服务，正从一种 IT 技术工具演变成“互联网 +”时代行业、企业、个人创业创新的重要基础平台。各类云平台开放技术、数据、用户、服务等各种资源，大大降低了中小微企业与创业者进入市场的门槛，提高了创业创新的成功率。例如，中国航天科工集团“航天云网”，通过开放其平台入口、数据信息、计算能力、制造能力等资源，为制造企业用户提供了包括云制造、协同创新、试制试验、专家咨询、公共服务，以及产品营销推广、在线虚拟展览展示等在内的制造全流程服务，以引导、培育和孵化具有良好商业价值的创业企业。和利时通过云平台获取生产数据，为用户企业提供报警管理、系统维护等基本服务和基于数据的增值服务，企业生产经营效益得到很大提升。百度云通过提供计算能力、数据资源、应用软件等，支持开发者开发位置服务、数字娱乐、健康管理等各类创新应用，累计为开发者节约了超过 25 亿元的研发成本。阿里云发布的“创客 +”平台，则为创业者和开发者提供了从开发组件、营销推广、办公场地、融资渠道到云服务资源的系列创业扶持。

（二）大数据孕育创业创新新源泉

信息技术与经济社会的交汇融合引发了数据迅猛增长，以大数据为基础的新产品、新服务、新模式不断涌现，大规模生产、分享和应用数据成为新时期激发创新创业活力的重要源泉。例如，基于大数据的人工智能技术使智能机器人具备了环境感知能力、理解能力和决策能力，并通过数据积累和分析，不断提高机器人的智能程度和精准度。青岛红领基于客户大数据分析逆向整合服装设计和生产要素，形成了数据驱动、需求驱动的大规模个性化定制模式。中国工商银行的“逸贷”信贷产品以工行信用卡和借记卡为媒介，精准定位个人和小微企业的消费轨迹、融资需求和信用状况，将客户消费需求有效转化为消费信贷需求。

（三）“四众”平台助力构筑创业创新服务新模式

众创、众包、众扶、众筹借助“互联网+”，可低成本、高效率、最大化地聚合利用线上线下人才、资本、科技、劳动等资源要素，成为创业创新的重要支撑服务平台。众创空间将创业服务推向市场，为初创团队、互联网企业和创客提供低成本、便利化、全要素、开放式的创业创新服务，有效弥补了科技园、孵化器等由政府出资、运作机制僵化、成果转化周期长的局面，成为传统创业载体的有益补充和创新深化。众包平台打破了企业、用户边际，形成了由从业者、企业及各行业用户组成的跨区域、跨行业、开放式服务分包生态系统，进而实现了任务服务的在线提交、接包及外包模式由点到面的升级。众扶平台整合社会公共资源和优质服务，利用政府和公益机构支持、企业帮扶、个人互助等方式，帮助带动小微企业和创业者成长。众筹平台依托互联网实现了投资者和创业者的精准对接、脱媒运作，通过提供募资、投资、孵化、运营一站式众筹服务，为中小企业或个人创业创新筹集早期发展资金，并帮助投资者寻找合适的项目。

（四）“互联网+”重塑创业创新体系

互联网、开源技术的发展，大大降低了创业创新的边际成本，使得创业创新要素能不断突破地域、组织、技术的界限，在网络空间实现自由流动和优化配置，创业创新体系也因此逐渐走向共享开放。一是创新创业主体由精英群体扩展到草根大众。据统计，云栖大会35岁以下的报名者占比达80%，还有很多开发者不到20岁。以大学生、企业高管、科技人员创业者、留学归国创业者为代表的创业“新军”正在涌现，并成为创新创业的新生力量。二是创业创新活动从内部封闭走向开放共享。众包众筹等新模式的出现，改变了过去以单个科研单位、企业为核心的封闭式创业创新模式，推动大众广泛参与的扁平化、开放式、共享式创业创新成为新趋势。三是创业创新流程从线性链式走向网络协同。互联网创新平台打破了传统的研究开发、产品研制、成品制造、市场销售的线性链式创新流程，建立起要素整合、优势互补、研发协同的网络化创新范式，使得创新主体之间、创新主体与外部环境之间实现紧密互动，创新链条更加紧凑灵巧。

二、“互联网+”时代创业创新存在的问题

（一）数据价值挖掘面临重重困难

数据是激发创业创新活力的关键资源，但目前仍有很多因素影响数据的开放、流通和应用，导致数据价值挖掘不充分。一方面，由于数据条块分割严重、存储标准不统一，以及部分掌握数据的部门缺乏公开数据的主动性等原因，导致有价值的公共信息资源和商业数据的共享开放程度较低，数据难以顺畅流动。另一方面，由于数据价值链条尚不完善，缺乏以数据汇集、清洗、加工、交易环节为主的有实力的专业数据中介，导致大量数据源无法被激活和价值外化。此外，由于传统行业专业人员尚未深入参与到数据应用场景的探索中，数据供给多元化与行业需求特定化之间存在差距，数据价值无法实现深度挖掘和提升。

（二）创业创新管理服务难度升级

“互联网+”时代创业创新的主体、模式和组织形态均发生了深刻变革，对传统创业创新服务方式形成挑战，也加大了管理的难度。一方面，大众创业万众创新催生了海量的新兴市场主体，生产者与消费者的界限日趋模糊，对市场主体监管的难度加大。另一方面，“四众”通过互联网平台建立了个体与企业、企业与企业、个体与个体之间服务交易的直接对接，其健康发展与个人和企业信用评价体系紧密相关，但目前覆盖全社会的征信系统尚未形成，社会成员信用记录严重缺失，现有信用评价体系难以对参与者能力水平、信誉情况进行有效评判和标识，影响了用户对“四众”平台以及创新类服务的接受度和信任度。

（三）网络知识产权保护缺乏准绳

信息技术的深入应用使得创业创新成本大大降低，也使得知识产权保护内容和方式出现很多新特点、新问题，给传统知识产权保护体系带来很大挑战。一方面，商业模式是“互联网+”时代提高企业竞争力和影响力的利器，但根据我

国目前的法律，商业模式无法获得有效的专利保护，很多企业由于商业模式被任意模仿复制，导致其核心智力成果被侵权，从而失去市场竞争力。另一方面，互联网时代良性的技术创新和恶性的技术挟持界限模糊，模仿和抄袭难以准确定义，导致网络知识产权侵权认定难、维权更难。

三、几点建议

（一）夯实创业创新基础设施

一是加强对分布式数据存储、虚拟化、海量数据处理等关键技术的研发，构建涵盖服务器、计算能力、存储资源、平台服务等的自主技术产品服务体系，形成安全可靠的云计算整体解决方案。二是推动云服务与各行业融合发展和创新应用，发展符合行业特点和应用需求的制造云、金融云、医疗云、能源云、交通云等各类云服务，为行业优化升级、创新服务、业态培育提供基础支撑。三是敦促云服务提供商建立和完善安全审核机制，提高云计算服务网络安全防御管理能力，为企业、个人用户提供多维度的网络攻击防护、入侵保护等云安全产品和服务。

（二）完善数据创新应用生态系统

一是在依法加强安全保障和隐私保护的前提下，稳步推动政府数据开放共享。二是支持国内龙头企业开放大数据平台，提升对工业、民生、公共服务等重点应用领域的数据采集、处理和分析服务水平，引导有实力、有基础的企业向数据服务提供商和数据中介转变。三是加强数据拥有者、数据中介、数据使用者之间的交流协作，引导行业信息技术和业务人员参与到数据应用场景设计中，提高数据产品或服务的专业化价值。四是建立数据共享、互联互通的标准规范。统一规范大数据术语、格式和参考架构，建立覆盖数据采集、访问、交换、开放、交易、安全等各环节的标准体系，解决数据不贯通问题。

（三）推动网络创新成果知识产权化

一是引导中小型企业尤其是初创型互联网公司重视创新成果知识产权化，及时做好对商标等各类品牌和创意的保护；在专利保护方面，制定多方位、立体化的专利战略，提前布局自己的“专利屏障”，避免专利诉讼风险。二是研究界定商业模式创新标准，将商业模式创新纳入专利法的客体范畴，并针对新的商业模式设立新的知识产权种类。三是缩短发明专利的审查时间，以适应互联网产品迭代周期短的特点。完善专利审查快速通道，对小微企业急需获得授权的核心专利申请予以优先审查。四是从法律完善、技术把控和道德意识提升三方面发力，加大对网络侵权行为的监管力度、处罚力度，提高技术追踪查证水平，增强创业者的法律意识，营造不敢侵权、不能侵权、不愿侵权的互联创业创新环境。

（四）营造开放包容的市场环境

一是创新应用“互联网＋”新型管理服务模式，建立基于大数据的市场主体服务与监管平台，充分获取和运用信息，准确了解市场主体需求，提高服务和监管的针对性、有效性。二是加快构建信用评价体系。引导“四众”平台通过网络实名认证，建立健全涵盖市场主体基础信息、交易信息、履约情况等信用记录。利用数据分析进行个人、企业信用评分评级。将实施网络欺诈、造谣传谣、侵害他人合法权益等严重网络失信行为的企业、个人列入黑名单，并及时向社会公布。三是进一步转变政府职能，放宽融合性、创新性产品和服务的市场准入限制，制定和实施各行业互联网创业创新准入的负面清单，在完善相关法规制度、制定标准、加强财税金融扶持、培育创新应用市场等方面给予支持。

本文作者：赛迪智库信息化研究中心　许　旭

场景时代：移动互联网的新阶段

随着社交和云技术的不断融合，移动终端设备从随身变得贴身，场景的价值越来越大。2014 年全球互联网大会将场景定义为“互联网的全新革命”。实际上，人们生活的方方面面都以某种方式与无线网络、云计算等相联系，类似谷歌眼镜、传感器药丸、情境窗户等的场景不断涌现，我们正在步入一个能够通过场景感知来高效解决问题的“场景时代”。那么，场景时代究竟是一种什么样的时代？它将会对移动互联网产生哪些深刻影响？

一、场景时代给移动互联网带来深刻变革

（一）场景的技术要素

所谓“场景”，是指以移动互联网为依托，按照各种标准、角度和需求，把线上线下的商业和社交活动塑造成不同的情景模块，并利用多种技术力量丰富模块内容，形成的互动联通、体验极致的生活和工作模式。场景是依靠目前大行其道的五种关键要素的快速发展，并通过组合运用这五种要素得以实现。这五种要素包括：

一是移动终端设备。它是体验场景时代的载体，提供了数据分析的平台，聚合了其他四种要素，同时也是获取互联网信息的关键，其形态各异。比如，智能手机和可穿戴设备等。二是社交媒体。它是获得极富个性内容的源泉，通过人们的在线交流，能够明确其喜好、所处位置以及所寻求目标，使得技术可以理解人们的个性需求，以及在做什么和将要做什么等场景。三是大数据。如今数据已经无处不在，人们的衣食住行娱都以数据的形式存在，通过设备和网络以数据来记录整个世界，商家再通过数据来把握用户的消费倾向，挖掘需求。四是传感器。简单小巧的传感器一般用于探测收集数据，测量并报告变化。例如，智能手机平均配有七个传感器，手机应用程序通过传感器获取用户信息并了解用户的活动。五是定位系统。定位系统的核心就是收集数据，不同于传统的位置服务，场景中

要求定位服务的精度非常高。不仅要能确定用户所在楼宇，还要确定具体楼层，利用收集到的位置数据和其他信息数据，为用户提供满意的预测服务。

（二）场景将对移动互联网产生深刻影响

一是使移动互联网经济的争夺焦点从流量转向场景用户。据腾讯财报显示，微信中英文版用户数合计已超过4亿，几乎每个人都是活跃用户；而在微博的5亿用户中，月活跃用户数为1.6亿，日活跃用户数只有7000万，远不及微信。在很大程度上，微信的成功得益于其创设的强连接、强互动的“场景化”生活。场景的出现，使此前互联网企业对流量用户和流量入口的争夺转变为对场景用户的争夺，未来信息入口将不再是PC上的信息中心，而是基于场景对信息的“随时、随地、随心”获取。在场景推动下，互联网的格局将被改变，人们花在移动互联网上的时间，将大大超过电脑网页上时间的总和。人与人的沟通将趋向数字化、移动化，移动互联网将成为未来信息的主要入口，获得新一轮的用户迁徙价值。

二是推动移动互联网的物理化过程加速向纵深发展。场景的要义是连接，是人机互联、人物互联、人人互联、物物互联。随着场景在更广范围内被创造出来，它将过去人与信息的连接，升级到人与服务的连接，通过五种核心技术力量将万物相连，使得移动互联网与各行业的业务逐渐融合，并通过不断物理化的形式进入到生产生活的方方面面，优化人们的生活和交往方式。比如，在特定场景下，人们可以利用智能导航了解交通状况，根据拥堵情况进行路线优化；利用智能家电的传感器和智能芯片来处理信息，提出优化生活质量的建议。

三是实现线上线下行为追踪以加深对用户的理解。场景能够使企业前所未有地接近消费者，并打破过去传统PC的线上跟踪模式，通过传感器解决线下追踪数据问题，实现“线上＋线下”的复合追踪模式，收集消费者的偏好、属性等详细数据，使企业可以更深入地了解用户，并根据个人需求制定个性化产品和服务。例如，Nike+系列在运动鞋和可穿戴设备中加入了传感技术，借此连入APP和社交网站等，除了记录运动路线和时间，还会把用户和兴趣相投的跑友联系在一起，用户将收到定制化的训练项目，记录每一次进步，它还会根据个人实际情况给出不同的指导意见。

二、应用前景

（一）场景个人助理

场景个人助理（Personal Computer Assistant，下称 PCA）是场景时代的关键，基于开放的云计算平台。通过与其他移动应用程序相连，比如社交媒体、文本、电子邮件、交通和天气，PCA 可选择相关数据，自动过滤多余的信息，并预测任务。PCA 了解环境、时间等要素对用户事务计划的影响，根据数据分析提出不同建议，演化成一款预期系统来预测用户生活中的方方面面。例如，智能助手 Easily Do 可以一边管理用户的登机牌，一边根据实时交通情况计算所需时间；Atooma 可以根据用户习惯，设定在工作和娱乐中关于场景和喜好的对应变化。Smart things 的云技术平台则利用移动应用程序和传感器来帮助用户管理家中的门锁、照明、温度和电力系统，当家里发生变化或出现问题时，会及时通知用户做出预警。

（二）场景健康新时代

通过带有传感器的药丸和可穿戴设备，场景启动线上和线下的复合追踪模式，监控用户的健康指数，并提出个性化的建议。比如，药丸上的传感器，是将仅有沙粒大小的硅芯片嵌入药丸，芯片一旦与胃酸混合，处理器便由人体电流提供动力，并将数据传送至皮肤相接触的装置，该装置再通过蓝牙把数据传送给移动应用程序，最后汇总到中央数据库，使医师可以确认患者是否服用了药丸，并监测其心率和身体活动等指标，同时向医疗保健供应商汇报重要数据，提供更准确的个性化定制。再如，量化自我的可穿戴设备。Basis 不仅可以报时，内置的 5 个传感器还有很多功能，比如测量脉搏、排汗量、活动、体温和睡眠质量。通过数据、表格和图形方便用户深入了解个人生活，更好地调整习惯，改善健康。量化自我的场景，使人类身体成为应用程序的接口，通过允许电脑编码的交互交流，建立个人预期系统，帮助人们保持健康活力。

（三）场景新城市主义

新城市主义引领的场景生活使得城市按照场景技术进行规划、设计和重建。成千上万接受过良好教育且经济富足的年轻人，将移动设备应用到生活的各个方面，加速了新场景时代的转型。根据美国人口统计局和布鲁金斯学会的多项报告，多年来的趋势显示，新城市主义正在改变美国人口发展趋势，城市人口呈现年轻富足化，而郊区则面临着人口萎缩、老龄化等问题。新城市主义者支持并采用新型服务，主张道路安全、降低污染、政府透明和社区行动，将场景技术视为促进改变的强大工具。例如，开发政府云和城市三维建模。政府云可以将过去锁在储藏柜里的各类市政记录或城市模型都迁移到开发云，人们可方便地查询政府信息，有效监督政府工作；三维建模则是将城市结构立体化、可视化，人们将看到一个新项目将如何影响周边区域，并在规划阶段提出反馈。而且，这一切都可以在手机上完成，不仅能帮助新城市主义者预见所在城市的未来，还可以在城市发展过程中拥有相当的话语权。

三、启示与建议

（一）政府：发挥支撑、守护和引导三种作用

一是作为技术支撑者，政府要关注和支持移动互联技术、即时通信、大数据、云计算、传感技术和设备、定位技术等平台性技术的研发创新，为场景构建提供稳定的技术支撑。二是作为安全守护者，政府要鼓励合法的商业模式创新，及时跟进场景构建的监督管理和规制创新，切实保障场景参与各方特别是作为消费者的社会公众的个人信息安全、位置安全、支付安全等，维护每一个具体场景的线上和线下市场秩序。三是作为引导者，要通过深度融入把握发展导向，按照建设服务型政府的总体思路，结合政务信息公开以及电子政务的开展，及时在场景时代找准政府自身的定位，为社会公众提供更符合移动网络时代要求的场景化管理和服务，实现政府治理的现代化。

（二）企业：及时抢占商业模式重构先机

在移动互联网时代，人们平均每6分钟看一次手机，一天平均要看150次左右，已经无法想象没有智能手机的生活，而这种实时性连接也改变了传统的社交关系。这就意味着，用户已经从“鼠标端”大踏步转向了“拇指端”。对企业而言，在完成传统企业向互联网化的转型后，还要再次完成向移动互联化的转型，对流量的争夺将在很大程度上被场景争夺所取代。因此，企业应当运用大数据、云计算等先进技术，拥有和分析用户的海量信息，深刻理解用户心理和消费习惯，依托传感技术、定位技术等，及时在线上和线下用户中找到企业独特的市场和用户群，构建企业与用户强连接的体验场景、信息回馈场景，以及消费、支付场景。反之，如果不能及早迈出场景构建的关键一步，即使是百度这样的互联网巨头，在移动互联网时代也会现出疲态，失去部分用户市场。

（三）用户：把握信息安全和开放限度

在每一个场景中，用户既是场景的体验者，同时也是场景构建所需数据信息的供给者，用户有权力用拇指投票，决定一个场景的生死兴衰。数据信息共享是场景构建的关键一环，无论作为消费者还是社会公众参与者，用户都要处理好私人信息的安全与数据共享的关系。一方面，用户要具备信息安全意识和技能，根据个人情况建立自己的信息安全分级，比如把身份、账户、密码等作为核心信息，把消费习惯、个人体验等作为一般外围信息，相应采取不同的安全措施。另一方面，用户也要秉持数据共享精神，将那些有助于改善场景设置、密切社交关系的数据信息在有限范围内分享，以共同创造更好的场景生活。

本文作者：赛迪智库规划研究所　侯　雪　谢振忠

太空互联网正带来巨大机遇和挑战

太空互联网是通过卫星、热气球等实现全球互联乃至星际互联的新型技术。目前，提供地面接入服务的太空互联网已进入测试阶段，面向星际探索服务的太空互联网亦取得积极进展，这在极大扩展互联网未来覆盖范围、极大丰富各领域应用的同时，也将给国家信息安全带来新的挑战。我国应重视并把握发展新趋势，坚持攻防兼备、用御一体的思路，及早布局和积极推进太空互联网相关技术产品发展。

一、太空互联网发展现状

太空互联网的内涵和范畴不断拓展。太空互联网最初的提出是源于对星际探索的需求。近年来，服务星际探索的太空互联网研究仍在继续，而针对地面接入服务的太空互联网项目也在更加火热地开展，且搭建载体已不仅局限于身处太空的卫星，更扩展到热气球、无人机等航空飞行器。特别是谷歌、三星、Facebook、Space X 等科技巨头看中了太空互联网为偏远未入网地区提供服务过程中蕴含的巨大商机，建设热情很高。

提供地面接入服务的太空互联网已进入测试阶段。一方面，科技公司利用热气球、无人机等航空飞行器建设太空互联网。谷歌的 Project Loon 项目利用装有特殊设备的热气球为发展中国家及偏远地区提供廉价及稳定的网络连接，目前已经与斯里兰卡签约，将利用高空氦气球提供地面民众上网服务。Facebook 正在研发为偏远地区提供互联网服务的高空高续航无人机 Aquila。另一方面，随着卫星技术更加先进，布置卫星成本降低，很多科技公司也在筹划利用卫星建设太空互联网。Space X 计划使用 4000 颗地球同步轨道卫星覆盖地球，将廉价、高效的互联网服务带到全球的任何角落。谷歌计划为卫星项目投入 10 亿美元，初期打造 180 颗高性能绕地卫星。三星计划建设一个由 4600 颗微型卫星组成的互联网服务网络。

面向星际探索服务的太空互联网亦取得积极进展。太空互联网将为人类太空探索提供重要的运营保障。现今卫星的有效载荷多由天线分系统和转发器分系统组成，接收信号并转发至地面处理，一般不承载路由器，无法满足星际联网的需求。思科公司制造并安装了首个太空互联网路由器，使卫星通信可以不依赖地面设施，给深空通信和星际互联网提供了发展可能。针对太空传输的数据延迟和数据丢失等问题，美国宇航局研发出一种异于目前通用互联网传输控制协议的新型协议，以支持太空互联网的星际传输需求。太空互联网可以被用于未来的火星乃至外太空的探索。星球实验室的创始人马斯克希望，当未来人类登陆火星时，太空互联网技术可以使互联网服务覆盖火星。

二、太空互联网发展应用带来的机遇与挑战

互联网的覆盖范围和便利性将得到极大提升。互联网在日常生活中正变得越来越重要，然而全球仍有2/3的人口不能连接互联网。有线网络能够覆盖的范围有限，蜂窝网络也只能覆盖少部分区域，太空互联网将大幅提升互联网的覆盖范围，特别是用户密度相对较低的地区。互联网的便利性将得到极大的增强，届时无论人们处于偏远农村，还是遥远角落，或是身处太空，都能方便地登陆互联网。随着太空互联网计划不断实施，国际空间站的宇航员将享受到更快更稳定的互联网，改变目前需要与地面通信才能上网且通信经常中断的局面。太空互联网实现后，星际间通信将成为可能，人们可以坐在家中通过太空互联网自由地欣赏外太空的影像，或是与身在外太空的宇航员自由畅聊。

基于太空互联网的各领域应用将得到极大丰富。随着星球实验室等卫星厂商将越来越多的小型卫星送入轨道并不断提高成像质量，我们将能够看到地球每一个角落的实时画面。这将帮助人类更深入地了解哪里出现了问题，并在其发展成灾难之前及时采取行动。全球森林看护（GFW）项目正计划利用星球试验室的实时图片数据来预测和改变乱砍滥伐的行为。各种全新的商业机会也将渐渐显现。全球性农产品经销商Wilbur-Ellis与星球试验室在2015年2月签订了协议，在2016年种植期来临之前，为客户提供一整套全新的工具，帮助农民更准确地管理农作物的产量。创立于2012年专注于海运的Spire Global计划到2017年底的时候，将100颗卫星送入轨道，逐渐实现对全球海洋的实时跟踪。

太空互联网发展给国家信息安全带来新的挑战。一是卫星技术的发展给国

家的空天安全带来了新的威胁。星载雷达、数据传输等技术的进步使得地表情形几乎暴露无遗。军事重地、绝密工程、关键设施等的泄露将极大地威胁国家安全。在信息化、大数据飞速发展的背景下，数据的累积分析也有可能危及国家的信息安全，从而带来被动局面。二是基于无人机、热气球等的太空互联网带来便利的同时将给国家领土安全带来新的挑战。这些技术万一被恐怖份子利用来传递信息、散布谣言，其后果将不堪设想，特别是那些躲在偏僻地区的恐怖组织一旦掌握技术，将大大加剧反恐的难度。

三、我国发展太空互联网的建议

积极推进太空互联网相关技术、产品的研究制造。一方面，发挥我国空间技术优势，着力科研攻关。重点突破高性能卫星等航空航天器的研制、传输技术和传输协议的研发以及卫星系统的总体架构等技术难关，努力攻克卫星导航、航空发动机、无人机技术等细分领域的技术难题。另一方面，可以适当地针对我国广大未入网地区研发一些便捷、低成本的太空互联网技术，以提高互联网接入水平。

将太空互联网建设融入国防航空航天体系中，协同完善空天一体化通信网络。架构于卫星和航空飞行器的太空互联网带来极大便利和广泛应用的同时也将带来新的挑战。随着国家战略需求和安全形势的转变，我国空军的建军思想已由单一国土防空型的战术空军，向“空天一体，攻防兼备”战略转变。空天一体化通信系统将是国防装备的投入重点，应将太空互联网建设融入到国防与航空航天体系中，进一步地完善空天一体化通信网络。

积极参与国际交流与合作，为太空互联网提供健康安全的发展环境。建设太空互联网，离不开国际交流与协商。在保障国家安全的基础上，应着力开展以下几方面工作：一是积极开展太空互联网技术上的交流合作，发挥我国的空间技术优势，帮助落后国家的太空互联网建设，同时借鉴先进的技术提高我国太空互联网建设水平；二是积极参加制定国际间的相关协议和标准的制定；三是加强国际合作，防范恐怖势力滥用太空互联网。

本文作者：赛迪智库互联网研究所　王凌霞

软件在“互联网+”中的核心作用亟待增强

随着互联网加速从生活工具向生产要素转变，“互联网 +”正从第三产业逐步向第一、第二产业延伸渗透，成为重塑经济形态、重构创新体系、推动转型升级的新动力。软件是互联网发展的重要基础，也是推进“互联网 +”战略的核心内容之一。“互联网 +”的演进发展对软件提出了新的要求，软件产业必须加快创新发展，加速网络化、智能化转型，加强与其他领域的深度融合，更好地发挥在“互联网 +”战略中的核心作用。

一、软件是推进“互联网 +”战略的核心

软件是“互联网 +”各行业领域的融合剂。软件技术以及与之紧密关联的互联网技术，能够对经济社会各领域的业务模式进行重新定义，引发传统产业变革，催生出新产品、新业态、新模式。软件应用渗透到金融领域，促进了“互联网 +”金融的融合，推动了支付宝、余额宝等互联网金融产品和 P2P 网贷、众筹融资、电商小贷等金融模式迅猛发展；软件应用渗透到流通领域，促进了“互联网 +”电子商务的融合，形成淘宝、天猫、京东等重要电商平台；软件应用渗透到日常生活领域，促进了“互联网 +”生活服务的融合，催生出打车软件、地图导航、网络视频、O2O 等革新传统生活方式的新型服务。

软件是打破传统发展思维束缚的开瓶器。云计算、大数据等软件技术的创新发展和应用，推动各领域跨界融合和颠覆式创新，创造新的经济价值，使各类主体对市场、对用户、对产品、对企业价值链乃至对整个商业生态进行重新审视和思考。传统的发展思维由此被打开，以创新、开放、共享、协作等为主要特征的互联网思维获得解放，为“互联网 +”的发展创造良好的氛围。

软件是加速相关体制机制完善的推进器。随着软件对经济社会的影响从量变转向质变，其创新引领作用不断增强，以边缘革命的方式对旧的体制机制产生重大冲击，驱动其优化完善，为“互联网 +”的发展扫除体制机制障碍。在软件的推动下，电商迅速崛起并倒逼传统零售业转变发展模式积极拓展线上业务，互

联网金融蓬勃发展并迫使金融业加快金融体制优化和业务创新，电子政务日益普及并推进政府管理体制改革，促进政府管理的信息化、透明化、服务化。

二、“互联网 +”对软件发展提出新的要求

软件要进一步跳出信息技术产业，与各个行业领域更加深入融合。“互联网 +”要求软件必须进一步面向行业领域发展需求，深化与金融、制造、交通、物流等专业领域的融合互通，协力推进各领域业务流程、业务系统的重塑和生产模式、组织形式的变革，驱动各行业领域向数字化、网络化、智能化转型升级。例如，在制造领域，软件必须通过推动两个IT（工业技术和信息技术）的融合和倍增发展，提升制造业产品、装备、生产、管理和服务的智能化水平并实现智能制造。工业信息系统、工业软件和管理软件、工业云、工业大数据等的融合创新，再造工业企业的业务流程和生产模式，推动工业企业信息实时交互和生产过程精准协同，满足企业对市场预测、创新研发、生产线分析、供应链优化等需求，提高制造企业的生产效率，促进智能化生产和管理，引发影响深远的产业变革，推动智能制造发展。

软件要加快网络化转型，更好服务于“互联网 +”的发展。在“互联网 +”发展中，软件技术在促进互联网与传统产业融合、帮助传统企业互联网化发挥着关键作用，作为主体的软件企业必须加快自身网络化转型，将面向服务、面向应用作为软件架构变革的重要方向以更好地适应“互联网 +”的发展。在网络化转型中，软件企业面对思维转变、云计算等新技术、商业模式调整、体制机制变革、生态圈重构、文化差异等重大挑战，关键在巩固已有行业优势基础上，利用互联网思维和互联网技术加快自身业务的转型，提高用户体验，以适应新的竞争形势。当前，国内外软件企业顺应互联网化的潮流，以云服务为主要突破口，加快转型步伐。微软加快自身从“设备与产品”公司转型为“服务”公司，推出 iPad 版 Office、加快 Azure 成长并以订阅模式将其提供给消费者。甲骨文采取数据库、云应用以及集成系统“三管齐下”的策略，推动所有的应用软件都逐步向云迁移。金蝶、用友、浪潮等国内企业纷纷通过加快内部组织结构调整、加大云计算领域研发投入、建设云平台，以 SaaS 模式为中小微企业提供云服务，加快网络化转型。

软件要加快自身创新发展，适应“互联网 +”时代的新特征。“变革”和“创新”是“互联网 +”的本质特征，即推动传统产业变革的同时培育新业态和新经

济增长点。“互联网 +”在与传统产业融合过程中，不断拓宽软件技术的应用范围和应用领域，对软件技术的功能提出新的要求，迫使其加快自身创新发展。尤其是云计算、大数据等新技术，其创新发展和应用面临着新的挑战。以“互联网 +”医疗为例，云计算和大数据是两大关键技术，健康数据在云健康平台集中并通过大数据技术进行分析和挖掘，“互联网 +”与医疗领域的深入融合亟待医疗云和医疗大数据创新发展。智能硬件领域，互联网与智能产品的结合亟待大数据、物联网等创新发展，加快智能汽车、智能电视、可穿戴设备等跨界产品的研发。

三、对策建议

加强对软件产业发展的引导。全面深化改革，创新行业管理方式，推动落实好相关产业支持政策。在编制软件产业规划文件时，注重分析各行业领域应用需求，重点发展专业软件产品和行业解决方案，为落实《中国制造 2025》、“互联网 +”行动计划提供有力支撑。

鼓励软件企业加快网络化转型。组织专业人才队伍，加强网络化转型战略研究。利用政府政策和资金，引导传统软件企业加强云计算技术和产品的研发，打造有影响力的开放云平台，增强对国内中小企业市场的服务能力。加强示范应用，推动云服务在金融、医疗、电力等传统领域的应用，重视用户体验及产品交互设计，打造最佳解决方案进行应用推广。

推进关键技术产品的融合创新。加强政策、资金的引导作用，鼓励企业在移动智能终端操作系统、智能语音技术、云计算服务、大数据、移动互联网等新兴领域实现创新突破。鼓励软件企业与农业、工业等的跨界融合、协同创新，推动传统产业转型升级。推进安全可靠信息系统建设，提高信息安全保障能力。

本文作者：赛迪智库软件与信息化服务研究所　吕海霞

“互联网+”时代政府管理服务创新的四个着力点

“互联网 +”是中国经济发展新常态下的现实选择，是中国创新驱动的动力源泉。“互联网 +”形成新的资源观、市场观和发展观，使传统的生产方式、组织方式、创新方式发生骤变，政府管理服务的对象、环境和形式也随之改变。对于政府而言，管理服务创新是政府改革的重要路径，要适应“互联网 +”，就要用“互联网 +”的思维不断探索提升政府管理效能和服务品质的创新机制。

一、“互联网 +”对产业发展带来深远影响

一是“互联网 +”带来生产要素体系的变革。传统的生产要素包括劳动、土地、资本和企业家才能。“互联网 +”时代背景下，爆发增长的数据信息、形式多样的联网终端成为“互联网 +”实现的物质基础，推动人与人、人与物、物与物之间实现实时连接。数据和信息越来越成为现代经济和工业发展的关键要素。政府是掌握数据信息资源的重要主体，真正打通、共享和盘活这些海量的数据资产，使其能够广泛深入地为国家治理、企业决策乃至个人生活服务所用，是政府创新管理的核心议题。

二是“互联网 +”带来产业生态体系的变革。基于互联网的众包研发、协同研发、个人制造等分布式、柔性生产方式成为变革的主导，泛在应用市场环境、先进制造技术创新推动全球生产组织体系变革。自建或借助现有众包平台，企业发布研发需求，收集客户和外部人员的想法与智慧，推动多样化产品创新与社会化价值创造。研发设计、生产制造与服务交易等资源配置体系也随着组织分工方式的转变加速革新，全球新的产业分工体系和分工格局在互联网的推动下逐渐形成。

三是“互联网 +”带来基础设施领域的变革。以电商为代表的新商业模式、平台经济、商业生态以及互联网经济体等新的经济增长点快速崛起，其依托的基础不再是传统的“铁公机”等设施，而是以互联网、云计算、智能终端等为代表的新型基础设施。生产制造方式网络化、智能化、数字化、全球化、协同化需求

促使物联网、光网络、移动宽带网络、下一代互联网、云计算和大数据等基础设施重构工业发展的战略基础平台。

二、快速更迭的技术创新和产业变革使政府传统管理服务面临挑战

从历次科技变革和技术革命发展过程中可以看到，每一次科技变革都会对政府管理带来影响，“互联网 +”时代背景下，其影响将更为广泛和深远。一是政府管理对象和环境发生变化。“互联网 +”时代不断产生的新模式、新业态，使政府管理的对象、环境发生颠覆性变化，快速、高效、多样性、人性化、弹性化成为新的外部环境下对政府管理服务提出的新要求。产业形态多样化以及服务对象多样化与快速更迭对政府传统的管理服务产生颠覆性的挑战。重审批轻监管的传统政府管理服务模式不能适应新要求，政府监管理念、模式与体制机制必须加快创新。二是新型产业生态促使政府管理结构向扁平化、一体化方向发展。从发达国家信息技术与产业发展对政府管理结构影响的发展历程看，政府组织结构与信息技术水平的变化强相关。由于种种条件的限制，我国政府管理信息化发展在短期内不能对政府组织结构产生明显影响，但从长远来看，传统科层制、高层次的组织结构不需要通过较低层级部门的信息传递就可以实现与企业、群众的在线互动，一些原有层级将出现冗余，传统金字塔型的组织结构将趋于扁平化。三是政府在公共安全、应对危机等方面的能力受到挑战。政府是各类组织中最大的数据源和信息源，每时每刻都在产生权威性信息和数据，信息数据的爆发式增长不断考验着政府维护信息安全与公共安全的能力。

三、用“互联网 +”思维创新政府管理服务的四个着力点

一是“打基础”：做好互联网基础设施保障。在农业经济时代，矿产资源、土地和林木是重要经济基础。在工业经济时代，“要想富先修路”的思想让铁路、公路与机场成为重要基础设施。在信息经济时代，物联网、云计算和移动互联等新一代信息技术将互联网构筑成为新型基础设施，以云、网、端的形式被广泛使用。建设互通互联、连接一切的互联网，使其成为经济活动的基础设施，并推动社会的全面变革，成为政府管理服务创新的首要任务。依托“宽带中国”战略行动，加大网络等互联网基础设施投资与建设力度，提高互联网应用效率、降低使用成本、扩大应用范围，推动基础设施互联互通。

二是“造环境”：营造有利于“互联网+”发展的政策环境。在工业社会向信息社会加速转型的过程中，旧有法规制度与传统利益格局对信息生产力的发展形成掣肘，需要有针对性地松绑、去瓶颈化。要宽容对待“互联网+”时代背景下的新业态、新商业模式、新机制，要本着“先发展、后管理、发展中不断规范”的原则，留出新产业发展的空间。在政府管理服务方面，提倡主体多元化、责任分散化与机制合作化。要从财税、工商、监管等方面为中小企业发展创造宽松的发展环境，鼓励企业积极创新。另外，要协调互联网产业链上各类企业间的关系，维护互联网产业链条的有效运转。

三是“转方式”：用互联网技术打造“互联网+政务”。“互联网+”时代背景下，新一代信息技术层出不穷，为政府部门不断丰富治理手段搭建了坚实的技术基础。充分利用现代信息技术实现社会管理和公共服务的“在线政府”模式是信息社会发展的要求，也是创新政府管理服务的发展方向。首先，要打破体制机制障碍，打通制约信息互联互通的体制机制，要开放政府数据，为云计算、大数据提供用武之地。其次，借助大数据分析、云计算技术，应用微博、微信、APP等移动终端平台，完善政府治理信息系统、决策系统，为产业治理提供及时、准确、科学的服务，提高政府管理服务效能与治理水平。

四是“促融合”：以“互联网+”理念推进产业融合。互联网不仅具备技术网络、渠道、基础设施的特征，还包含了发展模式、思维模式、生存环境、国家竞争新疆域等多重属性。“互联网+”所要求的是多元的市场主体，传统条块分割的管理方式不适应“互联网+”时代的要求，管理方式需要做出改变。政府管理服务要具备“互联网”精神，就是要全方位地促进融合和提升，使“互联网+”与传统行业渗透融合，逐步从替代走向创新和优化，打破信息不对称造成的壁垒，形成更多低成本、开放创新、公开透明、精准个性化订制的新型产业与服务，更好实现以人为本。

本文作者：赛迪智库政策法规研究所　田　原

机器人篇

我国工业机器人发展热的冷思考

近年国家鼓励发展机器人，加之劳动力成本上升加快，目前多省市正加速投资机器人行业，一时间出现投资热、招商热、机器换人热以及学科热的现象，但同时关于我国机器人行业是否重蹈光伏覆辙的讨论和质疑逐渐增多，鉴于此，需要对当前我国机器人热潮进行冷思考。

一、我国机器人发展热潮确需警惕风险

一是一哄而上、重复建设现象十分突出。近来，国内多省市纷纷制订机器人发展计划和政策，既包括上海、浙江、广州、东莞、佛山、南京这样的发达省市，也包括黑龙江、重庆、洛阳这样的欠发达省市。据不完全统计，目前国内机器人产业园已约30多个，机器人相关领域的规模企业超过4000家，一些业务与机器人不相关的企业也在加快进入该领域。

二是外资品牌占据主要市场。目前国内机器人自有品牌市场占有率仅为4%，发那科、安川等8大国外生产商市场占有率高达74%，技术含量高的多关节机器人多被外资垄断。，国外企业并不满足于对应用市场的占领，同时还加大基地和研发中心的建设，给我国培育本土企业带来很大压力。

三是关键零部件受制于人。当前高精度交流伺服电机、控制系统、减速器等核心部件多被国际巨头所掌控，中国企业只能依赖进口，行业发展容易受制于人，且增加了企业的生产成本，如一台进口减速器的成本就占机器人总成本的35%。

四是市场应用领域亟待拓展。从全球看，汽车行业约占全球机器人应用的40%，而我国这一比例却高达70%，应用领域过于狭窄。目前许多地方推行“机器换人”，但针对的主要是劳动强度大、作业环境差、安全隐患多的工装车间，对人工智能型高端机器人需求还较少，产品呈现出明显的低端化倾向。

二、原因剖析

一是缺少统筹规划。2013年工信部发布了《推进工业机器人产业发展的指

导意见》，但总体上看，仍需进一步加强统筹规划。比如，需要就空间布局做出总体安排，防止一窝蜂地大上快上；又如，需要明确一个切合国内实际情况的技术演进路线，促进行业持续健康发展；再如，需要在产品应用方面提出一套行业标准和鼓励措施等，方便扩大推广应用的领域和范围。

二是核心技术积累不足。我国机器人行业刚刚起步，技术积累薄弱。以机器人核心零部件 RV 减速器为例，国内 13 件有效专利中只有 2 件为发明专利，而国外 26 件有效专利全部为发明专利。虽然我国发表机器人技术相关学位论文成果居世界首位，但科研成果的转化率仅为 3%。在“产学研”中，以评奖为主的“学”占据了主导地位，而以应用为主的“产”却处于从属地位，这种本末倒置使得国内机器人行业发展更为滞后。

三是依然没有摆脱传统制造业的发展思维和模式。依然是通过购买生产设备和生产线来发展产业，行业缺乏核心支撑；依然是“大干快上”，只追求速度和规模，极易造成低端过剩的局面；依然是靠拼土地、拼政策等加大招商引资，而不是通过优化投资环境、完善产业配套等手段来提高对产业发展资源的吸引力，因此极易造成恶性竞争、低端锁定和布局混乱等弊端。

三、对策建议

一是制定“十三五”工业机器人产业发展规划。通过规划，确立工业机器人产业发展的目标和重点任务，明确国内机器人行业技术演进路线，提出发展布局导向，明确各地发展重点，促进协同发展。

二是研究支持工业机器人发展的政策体系。建立工业机器人发展基金，整合各种资源，形成发展合力；搭建工业机器人行业发展公共服务平台；促进产学研用结合。鼓励相关行业推广和扩大机器人使用范围；加快通过市场需求推动产业发展，引导机器人制造企业面向需求开展技术攻关和创新。

三是培育公平竞争的市场环境。加快改革市场准入制度，解决政府干预过多和监管不到位问题，激发市场主体活力。打破地区封锁和行业垄断，健全产业安全审查机制，促进行业充分竞争。

本文作者：赛迪智库规划研究所　侯　雪　谢振忠

工业机器人市场竞争新格局及对策建议

日本、美国、韩国、欧洲是全球工业机器人市场的传统领导者，素有工业机器人“四大家族”之称的发那科、安川电机、ABB、库卡就分属于日本、瑞士、德国。但近年来全球市场竞争格局不断发生变化，“四大家族”的市场份额从2013年以前的60%下降到了2014年的约50%，日益崛起的中国机器人公司使“四大家族”量价齐降，谷歌、阿里巴巴等互联网企业进军机器人市场，正在形成工业机器人领域新的竞争格局。

一、全球工业机器人市场竞争格局新变化

“四大家族”几乎垄断工业机器人行业高端领域。全球工业机器人市场竞争激烈，技术集中在少数企业手中，如系统集成技术日本、美国企业拥有绝对优势，运动控制是ABB的核心技术，整体解决方案安川电机更胜一筹；核心部件如伺服电机、减速器、控制系统等核心部件也多被“四大家族”所掌控。我国工业机器人市场规模庞大，增速快，但大部分市场份额依然被“四大家族”占有，并且在机器人制造、焊接等高端领域也几乎被“四大家族”垄断，我国目前的技术研发与进展仍然集中在机器人专用控制器、伺服电机、控驱一体机、运动控制等核心领域。

新兴企业不断涌现打破工业机器人市场的现有格局。从市场占有率上看，“四大家族”的垄断地位日益受到威胁，丹麦优傲机器人生产的6轴串联工业机器人具备轻巧灵活等特点（6轴串联工业机器人UR5自重只有18公斤），广受市场青睐。2014年，我国机器人销量已占到全球销量的约1/4，其中国产机器人占国内市场份额逐年上升，2014年比重接近29%，机器人企业数量增加了200多家。新兴崛起的机器人公司使机器人使用成本大幅下降，与“四大家族”构成数量与价格的强势竞争。从应用市场上看，工业机器人市场争夺呈现多元化发展趋势。企业不再仅仅瞄准传统的3C（计算机、通信、消费电子）制造领域，而是在家电、可穿戴设备、电子、医疗、物流等新兴领域积极抢占技术制高点和市场份额。

互联网企业成为工业机器人领域的新生力量。谷歌自2013年起收购了九家机器人企业，领域涉及工业机器人以及相关的开发技术和安卓系统等，致力于研发无人驾驶汽车、智能家电、可穿戴设备等智能产品，还计划将安卓系统应用到机械制造领域，使智能制造与智能控制达到新高度；阿里巴巴入股日本软银集团旗下的机器人企业（Soft Bank Robotics Holdings Corp，简称SBRH），与富士康一起注资，各拥有SBRH 20%的股份，将进行全球首个具有情感的机器人pepper的量产，并通过阿里在线渠道销售。互联网企业拥有强大的云计算、大数据、云存储、在线销售等优势，虚拟世界与实体制造业的跨界融合，加上机器人新技术的研发产业化，必将对未来机器人发展产生颠覆性变革。

二、新格局下我国工业机器人发展面临的挑战

从行业发展看，核心零部件尚未实现自主化生产。我国国产机器人大多应用在搬运、上下料、钎焊等领域，在焊接、汽车、电子制造等高端领域外资企业占较高比例，这主要是我国伺服电机、减速器、控制系统等核心零部件依赖进口，核心零部件成本占整体成本比重过高，仅减速器占机器人的成本达35%，无法在高端领域与国外企业形成抗衡。目前上海新时达、汇川技术、双环传动等国内企业正加紧研发工业机器人专用伺服系统、专用控制器、减速器技术。

从区域发展看，机器人产业园区布局缺乏差异化。截至2014年底，我国各地机器人产业园区已有40多个，一些产业园区规模初具，综合实力较强，如上海机器人产业园，产业规模达上百亿，“四大家族”在园区内设立总部或生产基地，国内新松、沃迪自动化等领军企业在上海设立分部。但是，大部分的机器人产业园内企业数量较少、规模不大，大多数企业初次投资，产业发展雷同，产品同质化严重，在全球差异化竞争中处于劣势，易错失发展的良机。并且，区域竞争方面，各地的招商引资政策存在恶性竞争，多地出台的“机器换人”举措也主要针对人工替代领域，在高端智能机器人领域应用较少。

从发展环境看，科研体系、融资环境、人才保障等有待改善。我国机器人研发投入增幅逐年加大，但是我国的有效专利很难转化为发明专利，机器人相关论文数量与科研成果转化率形成倒挂，这与我国的科研体系密切相关。科研成果作为研究学者评奖评职称的重要指标，并不以产业化为主要导向。从资金渠道上看，除了政府资金支持外，很多机器人企业的上市融资以概念炒作为主，融资资

金并未用于实际研发与生产。我国工业机器人应用人才缺乏，企业、高校相关技术应用人才培养体系未有效建立，跨界的复合人才成为制约我国机器人产业差异化发展的瓶颈。

三、对策建议

从国家层面看，应把加快政策协调和调整优化布局作为推进工业机器人顶层设计的主要方向。对接《中国制造 2025》将智能机器人作为十大重点领域之一，加快发展智能制造装备，突破智能核心装置，加快制造业生产过程的智能化改造，加强各部门间的政策协调性。编制工业机器人技术路线图和专项发展规划，明确全国整体布局和各地区发展重点，避免地区间的盲目竞争。加快完善工业机器人标准体系建设，编制工业机器人行业标准体系结构图，特别是关键技术和产品标准。

从行业层面看，应将推进行业协调和集中创新作为突破机器人核心技术的重要路径。整合优势资源，形成产学研用相结合的研发机制，成立工业机器人行业联盟和行业协会组织，加强产业链各环节的协调沟通，解决研发、集成、应用等环节的信息不对称问题。加大研发投入，重点突破伺服电机、驱动器、减速器等核心部件技术，逐步替代进口。搭建行业市场信息平台，推进机器人产业示范基地建设，加大工业机器人的推广和应用，逐步提高我国企业在工业机器人领域的市场份额和竞争力。

从企业层面看，应把"互联网+机器人"模式作为企业提升竞争力的关键环节。互联网不仅仅只是企业生产的工具和手段，已成为支撑企业成长的关键要素和支撑平台。"互联网+机器人"模式旨在形成以终端用户为中心的平台化价值传递和服务新模式，从而缩短产业链环节，促进用户成本降低和服务质量提升。应依托云计算、互联网、大数据等信息技术，推动"互联网+机器人"模式的应用推广，进行定制化、小型化的生产，满足市场对工业机器人个性化需求。

本文作者：赛迪智库规划研究所　乔　标　黎文娟　王海龙

我国工业机器人需求井喷背后的隐忧

近年来，我国工业机器人市场发展势头迅猛，自 2013 年起已成为全球第一大工业机器人市场。但无论产品还是技术，与发达国家相比差距仍然较大，尚处于产业形成期，国产品牌所占市场份额不到 30%。目前我国工业机器人密度即制造业每万名工人拥有的机器人台数仅为 30，不到全球平均水平 62 的一半，未来需求潜力巨大。目前当务之急是抓住国内需求井喷这一机遇，发展壮大国产自主品牌，全面提升我国工业机器人核心竞争力，不能把市场机会拱手让人。

一、我国工业机器人需求井喷

（一）市场规模居全球第一位

据国际机器人联合会统计，2014 年全球工业机器人销量为 22.5 万台，同比增长 27%。2005—2014 十年间，全球新装工业机器人数量年均增速约为 14%。2014 年我国新装工业机器人数量继续保持全球第一位，达到 5.6 万台，约占全球销量的 1/4，同比增长 54%，市场呈现高速增长态势，2014 年我国工业机器人保有量已增至 19 万台。

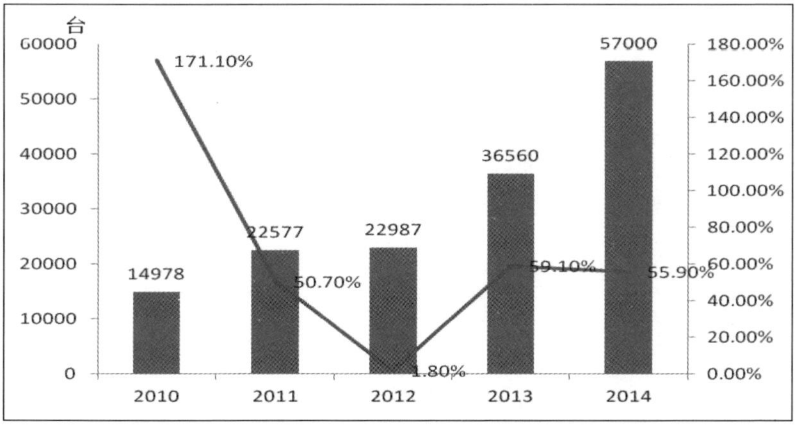

图 1　2010—2014 年我国工业机器人市场规模

数据来源：国际机器人联合会

截至2014年底，我国有70余家上市公司并购或投资了机器人或智能自动化项目，机器人相关企业的数量已超过了4000家。

图2 2010—2014年我国工业机器人保有量

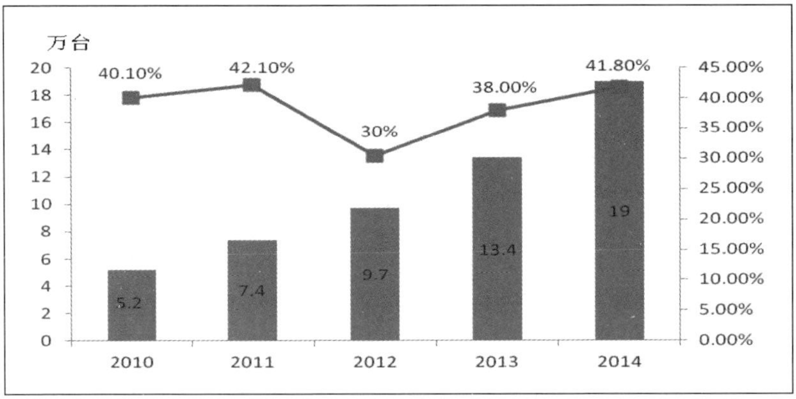

数据来源：国际机器人联合会

国际机器人联合会的相关数据表明，我国工业机器人密度还存在很大的提升空间，市场潜力巨大，预计需求将继续保持井喷态势。

图3 2013年新装工业机器人数量前5位国家的工业机器人密度

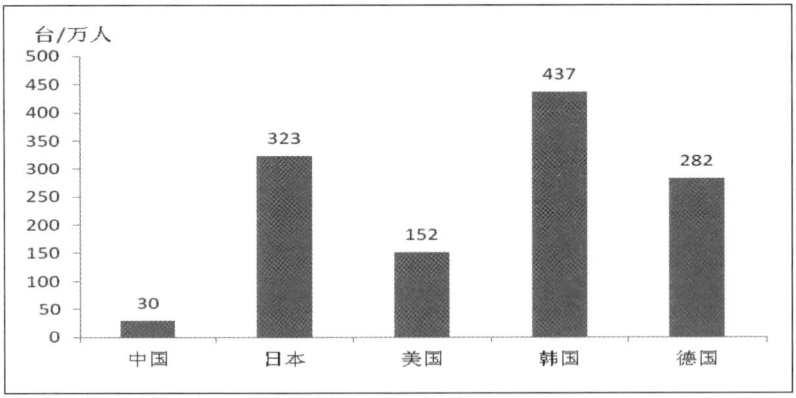

数据来源：国际机器人联合会

（二）应用行业不断从汽车和电子工业向外拓展

我国工业机器人的主要应用行业是汽车和电子工业。汽车工业排第一位，2013年占我国新装工业机器人数量的38%。国际机器人联合会数据显示，2012

年我国汽车工业每万名工人拥有机器人约为 213 台，大约是我国制造业工业机器人密度平均水平的 10 倍。电子工业居于第二位，2013 年新装工业机器人数量占总装机量的 18%。其次是金属制品业、橡胶和食品行业的新装工业机器人数量也呈现扩大之势。

图 4　2013 年我国工业机器人应用行业情况（按销量）

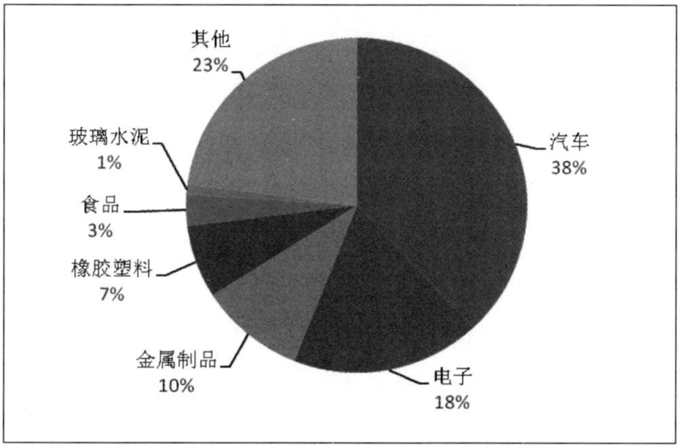

数据来源：中国机器人产业联盟

（三）搬运机器人市场需求猛增

国内大约 75% 的工业机器人市场由搬运和焊接机器人占据。2013 年，搬运机器人销量达到 14475 台，超过焊接机器人居于第一位，由于其适应性强，在高温、高压、粉尘、噪音及带有放射性和污染场合的应用更加广泛，市场需求高速增长。其中搬运机器人中，码垛机器人的需求增长最快。焊接机器人销量为 13028 台，居于第二位；装配和涂装机器人分别居于第三和第四位；洁净机器人和装配机器人的需求增长较快。

二、我国工业机器人市场存在的隐忧

（一）整体技术水平较低，产品以低端为主

一方面，我国基本掌握了本体设计制造、控制系统软硬件、运动规划等工业机器人相关技术，但总体技术与国外先进水平相比，差距在十年以上。另一方面，国产工业机器人以低端产品为主，主要是搬运和上下料机器人，大多为三轴和四轴机器人，应用于汽车制造、焊接等高端行业领域的六轴或以上高端工业机器人

市场主要被日本和欧美企业占据。2013 年，国产六轴工业机器人销量为 2121 台，占全国工业机器人新装机量不足 6%。

（二）关键部件长期依赖进口的局面亟待突破，企业成本压力大

精密减速器、伺服驱动器、伺服电机、控制器等核心部件长期依赖进口的局面亟需突破。其中，精密减速器约 75% 由日本进口，主要供应商是哈默纳科、纳博特斯克和住友公司等；伺服电机和驱动超过 80% 依赖进口，主要来自日本、欧美和中国台湾地区。关键零部件大量依赖进口，导致国内企业生产成本压力大，比之于外企，国内企业要以高出近 4 倍的价格购买减速器，以近 2 倍的价格购买伺服驱动器。

（三）企业规模偏小，自主品牌亟需发展壮大

一方面，我国工业机器人生产企业规模普遍偏小。其中，九成企业规模在 1 亿元以下，即使龙头企业沈阳新松 2014 年销售收入达到了 15.2 亿元，但与安川、发那科、库卡等销售收入均超过百亿元人民币的外企来比，仍然偏低。另一方面，来自国外产品的竞争激烈。2014 年国产工业机器人在我国销量为 1.6 万台，在市场总额中占比不到 30%。外资企业积极扩产，并且从整机组装深入到关键部件生产。比如，ABB、安川等均已在我国建立了生产基地；2015 年日本纳博特斯克株式会社与上海机电联合投资，落户武进高新区，计划 2016 年底投产，年产 20 万台精密减速机。

（四）产品质量参差不齐，行业标准有待规范

我国在机器人方面缺乏行业标准和认证规范，势必造成质低价廉的恶性竞争。一方面，企业在设计产品时缺乏统一的物理安全、功能安全、信息安全等规范指标，技术尚未成熟便抢先上市，导致国产机器人产品质量参差不齐；另一方面，行业进入门槛低，部分企业未找准产品定位便盲目投入，忽略技术研发，产品以组装为主，造成大量低端产能。

三、发展壮大我国工业机器人产业的建议

（一）加快制定行业发展规划和标准

一是加快制定行业发展规划和路线图，明确发展重点，规划产业布局和发展步骤，指导全国工业机器人产业健康有序地发展，形成以主机企业、系统集成

企业和零部件及产业服务企业协同发展的全产业链体系。二是加强顶层设计，制定行业标准和关键技术标准，以及产品标准和相关应用标准，培育建立质量和标准认证机构。

（二）完善政策扶持体系

一是在资金、税收、产品销售补贴等方面出台相应的扶持政策，提高国产工业机器人使用率。落实生产企业税收优惠政策；扩充《首台（套）重大技术装备推广应用指导目录》，以促进自主品牌工业机器人的研发和应用。二是研究制定行业应用指导政策。例如，对于一些有毒、有害、存在危险的工作岗位，必须以机器人代替人工；对于高温、高噪声等环境恶劣的工作岗位，鼓励以机器人代替人工。允许成立租赁公司促进小企业对于机器人的使用。三是鼓励金融资本、风险投资及民间资本参与机器人产业，支持符合条件的企业在海外资本市场直接融资。

（三）加强人才队伍建设

一是切实推进产学研一体化人才培养模式，建立校企联合培养人才的新机制。依托中科院等知名研究机构，通过实施大型合作项目，联合企业培养出从研发、生产、维护到系统集成的多层次技术人才。二是运用职业培训、职业资格制度，通过实际项目锻炼来培育人才。三是加强高层次人才引进，吸引海外留学人员回国创新创业。

（四）加大技术研发力度

一是加快技术研发，突破产业技术瓶颈。二是针对应用需求，开展工业机器人全生命周期可靠性和制造工艺技术研究，攻克关键零部件技术并实现产业化。三是充分利用和整合现有资源，搭建研发平台、应用验证平台和整机及关键部件检测中心。四是建设人工智能、感知、识别、驱动和控制等下一代技术研发平台，同时关注没有被现有机器人技术体系所纳入的如能源、大数据、安全和材料等领域的技术创新。

（五）开展示范应用

一是围绕加快发展我国智能制造的需求，推动典型应用示范工程，在汽车、电子、纺织、物流、国防军工、民爆、制药、半导体、食品等行业开展自主品牌工业机器人的应用示范。二是推进减速器、控制器、伺服电机及驱动器、传感器等关键零部件的产业化示范应用。

（六）企业要集中突破重点产品

一是以市场需求为导向，集中主要的技术力量和资金，重点突破面向汽车、电子等高端应用领域的2—3种工业机器人，掌握总体技术，并形成规模应用，进而带动我国工业机器人相关零部件生产企业的发展。二是根据客户多样化的需求特点，选择细分市场推出一些性价比高的产品，逐步抢占国内中小企业用户市场。

本文作者：赛迪智库装备工业研究所　卢月品

我国应前瞻布局仿人机器人产业

仿人机器人集机械、电子、计算机、材料、传感器和控制技术等多门科学于一身，代表着一个国家的高科技发展水平，市场潜力巨大。2014 年日本《机器人白皮书》预测，到 2020 年，日本医疗和护理等服务行业的机器人市场规模将达到约 2.8 万亿日元，是现在的 3 倍以上。日本《2012 年机器人产业市场趋势》报告也显示，到 2035 年，日本机器人市场约 50% 的订单将来自医疗护理、教育、娱乐、家政和物流等服务业领域。目前，仿人机器人大多处于研发阶段，仅在演示、教育等方面初步实现了产业化。对我国而言，这是一个良好机遇，必须把握住仿人机器人产业处于起步阶段这一契机，前瞻布局谋发展，最终抢占这一前沿科技的制高点。

一、仿人机器人发展进入新阶段

（一）内涵

仿人机器人属于服务机器人范畴，是一种外形类人的机器人，在外形和行为设计上模仿人类，具有双手、两足、头部和躯干等，是一种容易获得人类好感、亲近感并能满足情感认同的一种机器人。它主要有三个特征：具有人的形状，能在人们所处的现实环境中工作，能使用人们所用的工具。

相较于其他移动机器人，仿人机器人具有更大的适应性和灵活性，更适合在人类生活、工作的环境中与人类协同作业，或代替人类工作。它不仅可以在有辐射、粉尘和有毒环境中代替人类作业，而且还被广泛应用于多个领域，比如医疗、服务、娱乐、教育、生物技术、救灾、海洋开发、航空航天、机器维修、交通运输和农林水产等。

（二）各国发展情况

日本。经过多年的前瞻研究，日本仿人机器人已处于世界领先水平，其应用有望扩大到助老助残、医疗护理、宇航和娱乐等领域。2015 年 1 月，日本发布《机器人新战略》，制定了三大战略目标，即日本未来要成为世界机器人创新基地、日本的机器人应用世界第一、日本的机器人产业领先世界；提出了六大重要举措，明确了未来五年的战略行动计划，要完成八项重点任务，即成立机器人革命促进会，发展下一代技术，推进全球标准化战略，加强机器人现场测试环境建设，加强人才储备，推进制度改革，加大对机器人产业的扶持力度和考虑举办机器人奥运会。此外，还制定了制造业、服务业、医疗护理业等应用领域未来五年的发展重点和预期目标。

韩国。2008 年制订了《智能机器人促进法》，2009 年公布了《智能机器人基本计划》，2010 年发布的《服务机器人产业发展战略》认为，全球机器人市场重心正在从工业机器人向服务机器人转变。2014 年 8 月，韩国发布了第二个智能机器人开发五年计划，拟投资 26 亿美元，到 2018 年，使机器人市场规模从目前的 22 亿美元扩大到 79 亿美元，机器人公司从 402 家增加到 600 家。此外，还提出，要鼓励国内企业加快与机器人产业融合。眼下的首要任务，就是发展服务机器人，例如灾难救援和健康护理机器人等。

欧盟。2014 年 6 月，欧委会和欧洲机器人协会下属的 180 个公司及研发机构共同启动了民用机器人研发计划“SPARC”。到 2020 年，共投资 28 亿欧元推动机器人研发，主要是机器人在制造业、农业、健康、交通、安全和家庭等领域的应用。2014 年 7 月，英国发布了首个官方机器人战略 RAS2020，旨在发展机器人产业参与全球竞争，目标是到 2025 年使英国获得 10% 的全球机器人市场份额。英国政府技术战略委员会 2015 年的 6.85 亿美元发展基金中，将有 2.57 亿美元用于发展机器人和自主系统，重点发展的应用领域包括工业、交通、农业和医疗等。

（三）实现初步产业化

新产品不断涌现。全球进行仿人机器人研发的国家，目前主要有日本、中国、韩国、法国和美国。仿人机器人产品一般可分为大型仿人机器人（如 ASIMO、HRP-3、汇童）、小型仿人机器人（如 NAO）和仿真机器人（如 Geminoid F）三种。

表 1　全球仿人机器人代表产品

诞生时间	国家	制造者	型号	主要功能
1973	日本	早稻田大学	WABOT-1	可以行走、视觉系统
1984	日本	早稻田大学	WL-10RD	动态行走
1996	日本	本田公司	P2	行走、爬楼梯、靠电池供电
1997	日本	早稻田大学	Wabian	双腿步行、携带物体、信息交互
2000	日本	本田公司	ASIMO 1代	身高120cm，体重43公斤、步行、上下楼梯
2014	日本	本田公司	ASIMO 12代	身高120cm，体重43公斤、步行、上下楼梯、跑步、跳舞、行走速度可达9km/h、语音识别、人脸识别、开瓶盖、推车、防撞击、手语
2000	中国	国防科技大学	先行者	动态步行
2002	中国	北京理工大学	BHR-1	身高158cm、体重76kg、步行、打太极拳
2004	韩国	先进科技研究所	HUBO	身高125cm、体重55kg、步行、灵巧手
2004	韩国	科技研究所	NBH-1	身高150cm、体重67kg、步行
2004	美国	麻省理工学院	科戈COG	大脑研究
2006	法国	Aldebaran Robotics公司	NAO	身高57cm、标准平台、步行
2007	日本	川田工业等	HRP-3	身高160cm、体重68kg、步行、上下楼梯、跳舞
2009	中国	北京理工大学	汇童4代	步行、打太极拳、舞刀术、语音对话
2012	中国	北京理工大学	汇童5代	步行、打太极拳、舞刀术、对打乒乓球、语音对话、双目立体视觉
2010	美国	弗吉尼亚理工大学	CHARLI-L	身高152cm、步行
2014	日本	大阪大学	仿真机器人Geminoid F	外形逼真，能够点头、眨眼、简单交谈等
2015	日本	软银公司	Pepper	高121cm，重28kg，护理、娱乐和服务功能

数据来源：赛迪智库整理

应用领域较为有限。主要应用有两大类：其一是在商业领域作为接待员或形象代言人，其二是在教育领域作为科研开发平台，或在一些公共场合进行机器人文化的展示和宣传。例如，全球先进的仿人机器人 ASIMO 已被 IBM 等七家企业租用，作为接待员。小型仿人机器人 NAO 则被美国哈佛大学、英国威尔士大学、德国弗莱堡大学、日本东京大学、中国浙江大学和同济大学等全球 450 余所大学与实验室作为开发平台，开展相关教学与研究工作，主要是通过 NAO 进行机器人技术、人工智能、计算机科学、社会学和医疗保健等领域的研究。另外，

NAO曾在上海2010年世博会担任法国的高科技大使，作为吉祥物进行表演，并为参观者提供导游服务。2015年2月，日本软银集团面向机器人研发人员销售了300台仿人机器人Pepper，售价约合人民币12000元，购买者多到只能以抽签方式决定，预计不久将面向普通民众销售。2009年和2013年，我国“汇童”仿人机器人曾分别在广东科技馆和中国科技馆等地工作。

二、我国仿人机器人发展存在的问题

（一）整体技术水平有待提高

经过半个世纪的发展，日本在机器人生产、应用、关键零部件和研究等方面均处于世界领先水平。我国仿人机器人只有不到二十年的发展历程，目前虽已处于世界先进水平，但在整体功能、稳定性和可靠性方面，与日本相比还存在差距，本体机构设计、运动规划、控制等关键技术也有待提高。例如，日本ASIMO可以实现速度为9km/h的奔跑，我国研发的机器人尚不能达到这样的水平。

（二）关键零部件亟需突破

仿人机器人虽处于研究和初步产业化阶段，但和我国工业机器人产业处境一样，精密减速器、伺服电机、伺服驱动器、控制器等核心的关键零部件长期依赖进口。

（三）企业参与度低

我国仿人机器人的研发，大都集中在高校或研究机构，中科院、国防科技大学、哈尔滨工业大学较早进行了相关研究，北京理工大学、清华大学、北京航空航天大学、浙江大学、上海交通大学也进行了深入研究。日本高水平的技术则主要掌握在本田、川田和丰田等公司手中，例如本田公司研制的仿人机器人P2问世后，其外形、自由度配置、传感器配置和控制方式等迅速成为当时仿人机器人参照的模板，之后研制出的P3、AISMO等机器人，也代表了当今仿人机器人的最高水平。

三、对策建议

（一）出台发展战略，加大技术研发力度

一是抓住当前仿人机器人产业化刚刚起步这一契机，加强前瞻布局与顶层

设计，尽快研究出台符合我国实际情况的发展战略和技术路线图，为我国仿人机器人产业的发展提供宏观指导。二是加大技术研究资金投入，利用国家863项目、国家支撑计划重大项目等资金，并寻求新渠道支持仿人机器人的发展，集中突破仿人机器人关键共性技术。

（二）建立共享研究平台

一是依托高校和科研院所，有效整合国内近二十年取得的研究成果，健全关键共性技术研发体制机制，支持建设一个可以资源共享的研究平台，改变单打独斗、各自为政的局面，重点突破机器人机构学、运动规划、控制、视觉、环境适应技术等关键技术，研发驱动器、电机、减速器等关键零部件。二是加大协同创新，进行仿人机器人模块化体系结构研究，开发通用的模块单元部件，降低重复性劳动。

（三）鼓励企业与机器人产业融合

一是以产业化为导向，推行企业为主导的产学研相结合的科研体系，对企业研发进行补助，建议补助额占到企业研发投入的20%～30%。二是参照日本软银集团与优势企业合作发展机器人的方式，鼓励各行业企业与机器人产业融合，对从事仿人机器人研发和生产的企业给予适当的税收优惠，鼓励和扶植企业把科技成果产业化。

（四）加强相关人才储备

一是将机器人技术继续深入纳入相关学科建设体系，培养仿人机器人技术人才。建立仿人机器人领域科研人才专家库，建立健全仿人机器人科技人才激励机制，优化创新人才成长环境，着力培养一批高水平科研带头人。加强对高端人才的引进，吸引海外留学人员回国创新创业。二是在有条件的中小学生开设机器人兴趣课堂，可采用小型仿人机器人进行互动、接触和学习。在科技馆等公共机构进行仿人机器人的展示、宣传和推广。

本文作者：赛迪智库装备工业研究所　卢月品

我国支持工业机器人发展的财税政策思考

随着我国制造业转型升级不断深入，装备制造的自动化程度日益提升，各地方政府正如火如荼地推进“机器换人”战略，工业机器人将成为下一个爆发式增长的新兴产业。基于此，研究和归纳美国、欧盟、日本等发达国家和地区推动工业机器人发展的政策，特别是充分利用财税政策的杠杆作用推动有关工业机器人产品的研制与产业化经验，就具有了深远的意义。那么，当前我国工业机器人发展存在哪些难点？相关财税政策的着力点和突破点在哪？如何借鉴国外成功经验进一步促进我国装备制造业转型升级？这些问题理应引起我们的高度重视。

一、发达国家工业机器人财税支持政策分析

（一）创建产业基金，落实国家开发战略

2011 年 6 月，美国奥巴马政府启动“先进制造业伙伴计划”，美国国家科学基金会、国家航天局等部门联合推出了耗资 7000 万美元的下一代机器人研究计划，并以基金的形式重点开发基于移动互联技术的第三代智能机器人，尤其是鼓励制造业、航空航天等领域的新型机器人研发。

为了在新一轮工业革命中抢占先机，欧盟则是通过“第七框架计划”等项目扶持机器人的研发与制造。2013 年，欧盟启动了规模 770 亿欧元的“地平线 2020”（2014—2020）战略。其中，“未来和新兴技术（FET）”基金重点支持机器人智能系统。值得注意的是，2013 年德国政府拨款 2 亿欧元作为第一步研发基金，利用信息物理系统等技术，扶持构建智能生产网络，推动工业生产由自动化向智能化、网络化方向升级。

纵观亚洲，早在 20 世纪 90 年代，日本政府就相继推出“极限作业机器人研究开发计划”“下世代人工智能机器人的开发计划”，后者的研发基金预算高达 150 亿～ 200 亿日元。2007 年，日本政府又推出了“新一代机器人智能化研究开发计划”项目，通过创建专门的产业基金，进一步促进机器人基础单元技术以及

系统的开发，从而实现机器人稳定工作的智能模块系列和对这些模块进行积累、管理和组合的软件平台。

（二）建立补贴和金融相结合的融资模式

欧盟主要通过以公私合营的方式创新工业机器人发展融资模式。2014 年，欧盟启动“火花”计划，欧盟委员会、欧洲机器人协会分别出资 7 亿和 21 亿欧元（共计 28 亿欧元）投入制造、农业、运输等领域的机器人研发。欧盟与由研发团队、制造企业、机器人使用者组成的欧洲机器人社区进行合作，预计将有 200 多家公司、1.2 万研发人员参与该计划。终端使用者的参与又为机器人研发提供了开发方向和重点等方面的指引。

1980 年，日本创立财政补贴和投融资相结合的租赁制度，由财政和日本开发银行融资，多家工业机器人制造企业、保险公司共同出资成立“日本机器人租赁公司”，促进工业机器人的规模化应用。1984 年，日本将租赁业务从过去的单台扩展到 FMS（复杂的柔性生产系统），扩展机器人的产业自动化和柔性化。另外，日本政府还积极鼓励中小企业应用工业机器人，中央和都道府县各级政府等额出资，组建基金设立“中小企业设备现代化贷款制度和设备借贷制度”。

（三）设立税收优惠政策，扶持研发及应用

美国采用税收抵免政策，重点支持“新的或改进的产品、过程和软件”，促进了智能制造、工业机器人等领域的研发投资。2012 年，奥巴马总统提议无限期地延长研发抵税制度，并将额度从 14% 增加至 17%，以鼓励企业放宽研发投资时限，增加研发投入。

日本工业机器人的销售额从 1980 年 769 亿日元增长到 1990 年 3023 亿日元，年复合增长率高达 31.5%。在此期间，日本政府推出了一系列税收扶持政策。比如，1985 年推出《高技术税制》，扣除用作研发所得费用的 7% 的税额，促进了高功能机器人的基础技术研究。另外，《技术政策税制中的工业机器人设备等的特别折旧制度》规定，在技术政策区内供应用于机器人制造的机械、装置、建筑物及其他附属设备（包含研究用的设备）的企业，除获得政策区内的折旧减价外，其销售额超过 10 亿日元以上，还可获得特别折旧（机械及装置 30%，建筑物及附属装置 15%），适用时间为自开发计划批准起 5 年，租税特别措施的期限为 3 年。

二、我国工业机器人财税支持政策分析

（一）我国工业机器人相关扶持政策回顾

以国家高技术研究发展计划（即863计划）为主的科研资金有力地促进了我国智能机器人的研发，重点资助了视觉、控制理论与方法研究、装配系统等多个领域的智能机器人研发与应用。

近年来，工业和信息化部、财政部、科技部等部委先后出台政策，推动智能装备提升传统产业，促进制造业转型升级。2012年，国务院发布战略性新兴产业、高端装备制造发展的“十二五”规划，以及智能制造科技发展“十二五”专项规划，并设立了智能制造装备发展专项资金，引导地方政府和社会化资金，重点支持关键智能部件、焊接加工等领域的工业机器人研制及产业化。项目通过审核后，再安排研发补助资金。比如，2014年上市公司机器人的数字化生产车间项目被列入专项，拟补助金额2000万元，占到该项目开发总金额的20%。2013年12月，工业和信息化部出台了推进工业机器人产业发展的指导意见，目前正加快研究“中国工业机器人产业‘十三五’规划”。

此外，地方政府为了加快调整产业结构步伐，提升传统制造业水平，也出台了支持工业机器人发展的相关政策，补贴“机器换人”。2012年底，浙江、江苏、广东等沿海地区的传统制造业加快引进自动化装备，推进技术升级改造，“机器换人”风潮由此兴起。2014年，浙江省安排2.8亿元支持“机器换人”，其11个地市均出台专项政策，部分地区的补助标准在10%以上。2014年1月，广东东莞市政府出台的《关于进一步扶持实体经济发展的若干意见》明确，要安排1200万元补贴企业的数控设备升级改造。

（二）支持工业机器人发展的财税政策难点

一是亟待强化财税对关键技术的研发引导。精密减速机、交流伺服电机等关键技术被国外企业所垄断，国内技术起步低，核心技术研发投入明显不足。目前，央地两级政府偏重补贴手段，亟待进行政策创新，以有限的财税资金为杠杆，撬动社会化资金和市场力量投入到工业机器人关键技术研发领域。二是亟待强化财税对智能化的应用推广。“机器换人”项目一次投入大、成本回收周期长，客观上制约着制造业的装备智能化，浙江省53.4%的受访企业认为，只有在政府加大政策激励力度时才会考虑改造。如何通过财政政策扶持和机制创新降低企业负

担，提高企业投入积极性就成为一个必须认真思考的问题。三是亟待规范地方政府的补贴行为，树立产业发展全局观。目前，有一些地方政府通过自定“技术标准”门槛，限定补贴对象及标准，人为抑制了非本地的工业机器人产品进入市场。比如，广州市规定，对于采购或租赁本市制造工业机器人整机的，按不高于整机售价或租赁费的 20% 给予补贴。此外，还存在“机器换人”企业过度依赖补贴、补贴资金利用效率不高、补贴对象定位不准等问题。

三、支持我国工业机器人发展的建议

（一）构建工业机器人产业发展的顶层设计

发达国家推进“再工业化”和“制造业回归”，都把机器人研发及应用作为国家重点战略。从我国来看，在战略层面，还需强化工业机器人产业“十三五”规划的研究工作。在产业标准体系、准入制度、示范园区及企业、产业发展资金等方面，制定工业机器人发展的相关制度。同时，要引导地方政府合理规划和布局，规范和统筹补贴政策，避免低层次同质化竞争，从而形成各具地区特色的工业机器人产业集群，最终实现工业机器人的整机、关键零部件和系统集成商的全产业链布局。在战术层面，我国需强化工业机器人技术路线图的谋划工作。加强对国际机器人的先进技术跟踪研究，借鉴美国“工业互联网”和德国“工业 4.0”，把握信息技术条件下的新一代机器人应用范围拓展的趋势，坚持技术引进和本土创新相结合，坚持产、学、研、用相结合，重点培养具有全球资源整合能力的国际级企业，从而迎合人机协同、工业互联、自主智能的新一代工业机器人的发展新要求。

（二）发挥财税政策对研发的引导作用

一是建立创新型示范基地。行业主管部门可尝试建立示范基地或园区，借鉴创新示范园区的做法，改革金融、外商投资和税收等相关政策，放宽和简化国外资本和企业入驻示范园区的门槛和限制，加快国外工业机器人先进技术和高级人才的引进。二是创建专项产业基金。借鉴发达国家经验，加强基层理论研究，通过政策性资金建立产业基金，重点支持工业机器人前沿核心技术和共性关键技术，推进技术研发及产业化。三是扩大税收减免力度。相关工业机器人产品经确认为高新技术产品的，可考虑给予增值税低税率的征税政策，允许固定资产加速折旧，增加企业更新设备和购买技术的可支配资金。四是 PPP 投融资模式创新。

充分发挥财政资金的引导作用，采用公私合营模式，打破国内高校、院所、生产企业各自独立的封闭状态，避免重复研究，形成合力，吸引全社会资金投入到精密减速机、交流伺服电机等核心部件的研发工程之中。

（三）加大财税政策对应用的促进作用

一是打造创新型示范企业。行业主管部门可根据技术水平、成果转化率等指标，确定应用型示范企业，给予税收优惠、财政补贴等，并允许示范企业实行关键零部件的进口税收减免政策，即对于国内亟需的特定领域机器人生产确有必要进口的关键零部件，如精密减速机、交流伺服电机及控制器，国内产品尚未达到设计要求，可考虑给予进口关税、增值税优惠。二是落实信贷扶持。2013 年，浙江省规模以上企业利息支出增幅达 21.2%，建议财政对达到一定规模、社会效益突出的生产设施智能化改造升级项目给予 50% 的利息补贴，并安排商业银行优先给予贷款。三是融资租赁制度创新。借鉴日本经验，政府出资成立基金，提供低息资金，组建机器人租赁公司，购入机器人后长期租给用户，用户每月只需付租金，从而减轻其购置压力。四是开展培训教学。由各级政府出资建立和扶持培训机构，对中小企业进行应用机器人的专业知识指导。

本文作者：赛迪智库财经研究所　赫荣亮　秦海林　周　禛

以产业联盟助推服务机器人进入普通家庭

2015年7月22日，第19届RoboCup机器人世界杯赛在我国安徽省合肥市落幕。其间展示的教学、端菜、唱歌、跳舞等各种服务机器人，令人深切感受到机器人技术日新月异，对其进入家庭也充满期待。目前，欧美日韩等国家和地区都高度重视发展服务机器人，未来我国也将面临人口老龄化、服务业劳动力成本增加等问题，对服务机器人同样会产生很大需求。为避免我国市场被国外品牌占领，就必须采取有力措施，促进服务机器人产业发展，特别是要为国产服务机器人进入普通家庭创造条件。

一、服务机器人将成为机器人市场的引爆点

（一）发达国家加紧布局服务机器人产业

服务机器人，特别是面向家庭的服务机器人正成为社会关注的焦点。以美、日、德、韩、法等为代表的发达国家已经采取有力措施，加快服务机器人的研制与推广。美国2011年宣布启动国家机器人计划，2013年发布了《机器人技术路线图：从互联网到机器人》，以推动机器人技术的研发及在各领域应用。欧盟则启动民用机器人研发项目，计划到2020年投入28亿欧元用于护理、家务领域服务机器人的研发。韩国将服务机器人技术列为未来重点发展的十大产业之一，给予重点支持。日本于2015年5月成立了机器人革命促进会，加快推动服务机器人的发展；7月，日本经济产业省在产业机械课内成立了“机器人政策室”，统筹与机器人有关的业务，完善机器人产业发展的相关制度，促进机器人在服务业等领域的应用。此外，早在2013年日本政府就投入近24亿日元支持企业研制推广护理机器人，并计划到2020年将医疗护理领域的服务机器人市场扩大到1.2万亿日元。同时，日本还就制定服务机器人标准等问题积极游说。实际上，在政府的大力支持下，美、日等国的服务机器人研制和应用已经走在了世界前列。比如，日本在长崎县开设了一家“机器人酒店”，酒店服务人员以服务机器人为主，

其人工成本降到了同等规模酒店的1/4。

（二）面向家庭和个人的服务机器人将引领消费新潮流

发达国家布局服务机器人产业，主要看重其未来的消费潜力。据国际机器人联合会（IFR）统计，面向家庭和个人的服务机器人2013年销量为400余万台，同比增长28%，市场规模达到17亿美元，但在市场结构上服务机器人占全球机器人市场的比重依然偏低，2013年还不到10%。未来，随着很多国家人口老龄化速度的加快，人们从事一般服务业的意愿不断下降，传统服务业劳动力逐渐减少、成本上升，以及人们将更多时间用于享受生活而非繁重的家务劳动，人们会把养老、护理、家务劳动等更多服务性的工作交给机器人。这也使得机器人特别是面向家庭的服务机器人将成为未来消费的热点。IFR预计，2014—2017年，全球将售出3100万台面向家庭和个人的服务机器人。日本经济产业省预测，2020年以后，日本服务机器人的规模将超过工业机器人；到2035年，日本服务机器人的市场规模将接近5万亿日元，比2015年增长10倍以上。近年来，云计算、大数据等新一代信息技术不断取得新进展，也使服务机器人赢得了发展良机。通过云，服务机器人可提高处理复杂问题的能力，在线升级服务水平，可降低对本体计算能力的要求，进而促使服务机器人的生产成本和价格下降，为服务机器人的家庭普及应用创造条件。

二、服务机器人进入我国普通家庭尚需时日

（一）我国发展服务机器人具备一定的产业基础

与发达国家相比，我国服务机器人起步虽晚，但也具备一定的产业基础。第一，我国对先进控制、仿真、传感、图像处理等方面的理论和技术研究处于世界领先水平，这些理论和技术是发展服务机器人的基础和条件。第二，我国机械加工水平不断提高，为服务机器人高精度部件的加工提供了有力支撑。近年来，在国家重大科研项目支持下，一批先进的技术研究成果逐步在高精度机床上得到应用，机床的加工精度和对复杂件的加工能力得到不断提升，从而为服务机器人精密部件的加工创造了条件。第三，我国已培养出一批具备先进服务机器人研发能力的科研院所和实验室。如哈工大机器人实验室、北航机器人研究所、南开大学机器人与自动化研究所、上海交大机器人研究所、湖北省智能机器人重点实验室等，以及沈阳新松、上海未来伙伴等一批具有较强服务机器人研发能力的企业。

第四，资本对服务机器人有着浓厚的兴趣。据不完全统计，截至 2014 年底，我国共有 70 余家上市公司并购或者投资了机器人相关项目 。

（二）服务机器人进入普通家庭还需克服较多障碍

人口统计数据表明，我国正在步入老龄化社会，老年人护理已使很多“双独”家庭负担加重，未来一旦全面放开生育二孩，家庭护理压力将进一步增大。同时，我国家政服务等领域的劳动力成本近年来呈明显上升趋势，这也为服务机器人进入家庭提供了机遇。但就目前来看，国产服务机器人进入我国普通家庭还需走很长的路。

第一，很多国产服务机器人不适合普通家庭使用。一方面，我国从事服务机器人研发的机构虽多，但大多是为了验证先进理论成果，或以展示科研成绩为主要目的，产品比较适合展示或者参赛，与市场严重脱节，很多自主研发的先进机器人只能停留在实验室而无法进入家庭。另一方面，更贴近消费市场、了解消费者需求的企业，其服务机器人的研发能力明显不足。此外，由于缺乏共性技术、数据等方面的平台，以及在各种仿真环境下的数据积累，导致我国服务机器人在实用性方面还存在较多问题。

第二，高价格是服务机器人进入普通家庭的一大障碍。如科大讯飞公司生产的一款服务机器人市场价格达到 5 万元，而这种机器人仅拥有音乐播放、语音聊天等简单功能，远不能满足家庭需要。如果一个家庭的全部劳动都用机器人替代，就需购买多台价格更为昂贵的机器人，经济上难以承受。服务机器人价格偏高的一个主要因素是开发和生产成本过高。据了解，我国很多机器人都是基于欧美一些“平台型机器人”再开发而成，这些平台型机器人进口价格不菲。同时，加速器、伺服电机、驱动装置、高精度传感器、芯片等关键零部件很多都需要进口，这也增加了生产成本。

第三，服务机器人的安全性是影响客户消费的一个关键要素。服务机器人进入家庭，对其安全的要求要远远高于用来展示和参赛的机器人。一方面，服务机器人大面积进入市场需要规模化量产，而这种量产的机器人必须进行标准化的功能和性能检测后，消费者才会放心使用。但目前这类检测明显缺失，量产服务机器人的安全性难以保证。另一方面，家庭环境远比竞赛、展示等环境复杂，发生突发性事件的几率更大。目前服务机器人的智能化程度能否适应复杂的家庭环境、处理突发事件，甚至一旦机器人发生故障后能否快速自我修复等，都是服务机器人进入家庭前必须考虑和解决的问题。就目前市场常见的服务机器人来看，其安全性并不能让人信服。

第四，传统生活习惯是影响服务机器人进入家庭的重要因素。家庭使用服务机器人将带来日常生活上的巨大变化，这种变化将使人难以适应，进而对机器人产生排斥。比如，我国自古就讲究家庭团圆，老年人更喜欢子孙团聚享受天伦之乐，而非一个冷冰冰的机器人陪在身边。再如，在传统观念里面，中国人做事不仅喜欢亲力亲为，更喜欢通过一些家庭活动或家务劳动来加强沟通，增进感情，服务机器人的使用将减少这种沟通交流的机会，这也是一些持传统观念的人不愿看到的。

此外，标准缺失、市场营销推广等方面的人才缺乏等因素，也是影响服务机器人进入家庭的障碍。

三、借力产业联盟，推动服务机器人进入普通家庭

（一）推动自主品牌的服务机器人进入家庭

国际机器人联合会等专业机构的统计数据表明，面向家庭的服务机器人将成为未来机器人发展最快的领域。发达国家无不在加快相关领域的布局，其企业也在加紧研究，力争率先开发出普通家庭都认可的服务机器人产品，在市场竞争中占得先机。一旦国外先进服务机器人打入我国市场，并像苹果手机、日本智能马桶盖一样“绑定”消费者，国产服务机器人将很难有生存空间。因此，我国必须在支持服务机器人研制的同时，培育自主品牌服务机器人的消费市场，关键是要推动自主品牌的服务机器人进入家庭，这直接决定了我国服务机器人未来的发展潜力和空间。

（二）组建服务机器人产业联盟引导消费

组建服务机器人产业联盟，对促进自主品牌服务机器人进入普通家庭具有重要意义。一方面，服务机器人是跨行业、跨领域智力、先进技术等方面资源的集合，但在服务机器人研发推广方面，我国产学研用各方力量分散，存在着较多单一企业或科研机构无法解决的共性问题，需通过产业联盟对各方力量进行整合，并协同解决共性问题。另一方面，受传统生活观念、习惯等方面的影响，消费者完全认可国产服务机器人还需要时间，单一企业或科研机构都不具备令消费者全面接受国产服务机器人的能力，需要通过产业联盟形成合力，引导对服务机器人

的认知和消费。

第一，为服务机器人进入普通家庭铺路，通过联合产学研用各方力量，消除服务机器人进入普通家庭的障碍。一是组织科研机构、企业共同搭建共性技术、通用模块、原理样机等方面的研发平台及仿真应用平台，降低服务机器人研制成本。特别是要搭建服务于机器人的云平台，以适应未来基于云端的服务机器人的发展要求。二是建立服务机器人检测和监测机制，开发相应检测和监测技术，搭建服务机器人检测和监测平台，对出厂机器人进行检测，对用户正在使用的机器人进行监测，保证机器人的使用安全。三是推进具有自主知识产权的服务机器人标准体系建设，推动有实力的企业和科研院所参与国际标准的制订，为服务机器人打入国际市场奠定基础。四是以联盟促进科研院所和企业合作，加快技术成熟服务机器人的产业化进程。

第二，促进消费者接纳服务机器人。一是通过组织开展宣传、展示、体验、试点示范等活动，增加消费者对服务机器人的认知和认同度。二是加强产学研与“用”之间的沟通协调，由联盟组织搭建用户与产业界之间的沟通交流平台，及时反映用户对服务机器人功能、性能等方面的诉求，增强服务机器人的实用性。三是促进新产品的推广和应用。

本文作者：赛迪智库产业政策研究所　程　楠

发达国家发展工业机器人的主要做法和启示

工业机器人作为“制造业皇冠顶端的明珠”，其研发、制造和应用水平是衡量一国科技创新和高端制造实力的重要标志，已成为全球发展热点和竞争焦点。美、日、德等国纷纷将工业机器人纳入国家战略，谷歌、GE 等企业也相继加强布局，发展工业机器人产业。近年来，我国上海、长沙、深圳等地也通过制定指导意见、实施行动计划、设立专项资金、建设产业园等方式大力发展工业机器人。

一、发达国家发展工业机器人的主要做法

美国：着力抢占智能机器人发展制高点。早在 20 世纪 50 年代，美国科学家便提出了工业机器人的概念，并在 1962 年开发出第一代工业机器人；20 世纪 60—70 年代高度重视工业机器人的理论研究；20 世纪 80 年代制定了一系列政策措施，增加研究经费，鼓励工业界发展和应用机器人，并开始生产带有视觉、触觉的第二代工业机器人，很快占领了美国 60%的机器人市场。新世纪以来，又进一步提出投资 28 亿美元用于开发基于移动互联技术的第三代智能机器人。目前，在视觉、触觉等方面的智能化技术已非常先进，高智能、高难度的军用机器人、太空机器人等发展迅速，并应用到了军事、太空探测等方面。

日本：把先进机器人纳入“新经济增长战略”。日本号称“机器人王国”，既是机器人生产大国，也是消费大国，本土装备量占世界的 60%，出口也居世界榜首。日本机器人依靠政府强大的低息贷款、长期租赁、鼓励中小企业发展和推广应用机器人等一系列扶植政策，在汽车、电子等领域占据了绝对优势。在 2014 年“新经济增长战略”中，机器人产业被确立为日本经济增长的重要支柱，着力扩大机器人应用领域，设立“实现机器人革命会议”，加快技术研发，未来还将出台放宽限制政策以促进机器人的使用，以此实现到 2020 年制造业机器人使用量增加 2 倍、市场规模达到 2.85 万亿日元的目标。

欧盟：制定机器人“SPARC”计划。2014 年 6 月，欧委会和欧洲机器人协会联合 180 家企业及研发机构启动了民用机器人研发计划“SPARC”，又称“星火”

计划，重点研发制造、护理、交通、农业、医疗等领域的机器人，目标是将欧洲机器人产业占全球总产值比重由 2014 年的 35% 提升到 2020 年的 42%。欧盟各国也高度重视发展机器人产业，德国早在 20 世纪 70 年代就强制要求部分有毒、危险等不利人类健康的岗位必须使用机器人，2012 年每万人机器人拥有量达 273 台；法国 2013 年制定了《法国机器人发展计划》，提出通过政府采购、产学研合作、政府贴息贷款等九大措施促进机器人产业发展；英国 2014 年发布《机器人和自动化系统战略》（RAS 2020），投资 6.85 亿美元发展机器人、RAS 和建设机器人测试中心。

韩国：分阶段实施“智能型机器人基本计划”。韩国机器人产业起步较晚，但目前已跻身机器人强国行列。20 世纪 80—90 年代韩国建立了独立的工业机器人体系，2004 年启动“无所不在的机器人伙伴”项目，2009 年启动了第一期“智能型机器人基本计划”，2012 年发布《机器人未来战略展望 2022》，2014 年又启动了第二期“智能型机器人基本计划”。韩国在发展机器人产业方面出台了一系列扶持政策措施，如建设机器人主题公园、举行机器人比赛、建立行业标准和质量认证体系、建立机器人论坛、组建机器人研究所和区域机器人中心等。

二、对我国的启示

加强体现国家战略意图的顶层设计。工业机器人是新科技和产业革命数字化网络化智能化特征的集中体现，发达国家为此纷纷制定国家战略和系列行动计划。有鉴于此，我国应前瞻部署、高点定位，在国家制造业发展战略中突出工业机器人的重要地位，或制定专门的工业机器人发展战略。目前，应以贯彻《关于推进工业机器人产业发展的指导意见》为重点，制定实施一系列行动计划、重点工程，促进我国工业机器人产业赶超发展。

充分挖掘市场潜力形成有效需求牵引。发达国家都是在劳动人口锐减、用工成本高涨的背景下，开始发展本国工业机器人产业。目前，我国人口红利正在消失、用工成本不断提高，对工业机器人的需求日益迫切。但从应用领域看，目前我国的工业机器人主要应用于汽车产业，在传统制造业的应用还比较有限，机器人对危险、有害环境的劳动力替代还不够充分，在极端、高端、智能制造领域的应用市场还需要进一步发掘。应当采取多种措施，如制定工业机器人产品推荐目录、举办工业机器人主题展览和比赛、组织工艺技术培训、开展机器人示范应用等，积极培育工业机器人市场需求。

谨防形成新的技术依赖和产业制约。一方面，国内机器人的现实和潜在市场需求巨大，另一方面国外机器人巨头在零部件、集成及工艺上相对国内企业优势显著，把持着我国七成市场份额，这是我国机器人产业面临的竞争形势。为此，既要抓住国外厂商在低端领域的空档，发展通用型六轴机器人等，适应传统产业“机器替代”需求；又要适应机器人发展的智能化、模块化、系统化趋势，大力攻克关键零部件技术，积极开发自主的智能机器人、智能控制系统和智能生产线，全力支持国内研发机构和企业联合开发新型智能机器人，防止国内制造业企业在工业机器人应用上依赖于人、受制于人。

加大政府投资对机器人产业的引导支持。工业机器人产业的战略重要性和高科技性，使各国纷纷注入巨额政府资金加以支持。为此，我国要发挥政府投资的产业导向作用，带动企业和社会资金的投入。一是加大国家863项目、国家支撑计划重大项目、国际合作重大项目等对工业机器人的支持力度，组建工业机器人产业共性技术研究院，加强关键共性技术和核心功能部件的研究开发；二是推进工业机器人产业化，如设立机器人产业集聚发展基金，加强机器人产业园区基础设施建设，培育产业龙头企业和配套产业集群等。

本文作者：赛迪智库规划研究所　黎文娟　乔　标　谢振忠　赵芸芸

对日本发展服务型机器人的思考

人口老龄化、劳动力不足现已成为全球面临的共同问题。在这一背景下，机器人制造大国纷纷将目标市场锁定在服务型机器人领域。2015 年 1 月 23 日，日本政府公布的《机器人新战略》提出，未来将在制造业、服务业、医疗护理、公共建设和农业领域大力推广机器人的应用。日本机器人产业的未来发展目标不仅在工业机器人领域，而且更注重服务型机器人的生产和应用，将发展服务型机器人产业视为经济增长的推动力，更加注重营造有利于推广应用的创新环境，并通过制定标准争夺该领域的控制权。

一、日本《机器人新战略》的出台

（一）出台背景

一是全球人口老龄化问题凸显。联合国经济和社会理事会发布的预测数据显示，到 2050 年，全球 60 岁以上老年人的数量将在 2013 年 8.41 亿的基础上再翻一番。2014 年 9 月，国际评级机构穆迪发布报告称，到 2020 年，将有 13 个国家和地区进入超老龄化阶段。许多国家正在步入出生率低、老龄化严重的社会，共同特征是出现了劳动人口减少、劳动力不足、社会保障费用支出过大等问题。在这一背景下，亟需以机器人来代替价格越来越高的劳动力。不难看出，机器人产业将得到前所未有的发展空间，在“服务业”与“医疗护理”中应用的机器人将占据相当大的市场份额。

二是发达国家纷纷致力于研究服务型机器人。一方面，欧美等国家和地区已经将互联网、物联网应用到传统机器人产业，使得机器人更加智能化、自律化、网络化和信息终端化。另一方面，机器人的研究也从工业机器人向服务型机器人转移。比如，美国已致力于将为军队伤病员开发的机器人假肢和小型无人侦察直升机等技术转为民用；欧盟则启动了全球最大的民用机器人研发项目，到 2020 年将投入 28 亿欧元用于医疗、护理、家务、农业和运输等领域机器人的研发。

三是发展中国家机器人领域发展迅速。我国在“智能制造装备产业发展规划”中，制定了2020年工业机器人销售额增长10倍的目标。为了推动我国工业机器人产业的发展，并促进工业机器人的广泛应用，2014年12月，中国机器人产业推进大会暨首届中国工业机器人峰会在广州成功举办，国际机器人联盟主席Arturo Baroncelli在峰会上表示，中国、东南亚和印度将成为未来工业机器人增长最显著的区域。

（二）面临的国内形势

在主要零部件供给和研究、生产与应用等环节，日本机器人产业在全世界处于领先位置，并一直保持“机器人大国”的地位，主要应用领域集中于汽车与电子制造产业。但近年来，日本也面临着人口老龄化、自然灾害频繁发生等社会及环境问题，以及工业领域国际竞争力下降等经济问题。

一是人口老龄化严重。日本属于高速步入出生率低、老龄化严重的国家，也是最早出现劳动人口减少，劳动力不足、社会保障费用支出过大等社会问题的发达国家。相关数据显示，截至2013年10月1日，日本65岁以上老年人口超过3190万人，占到人口总数的25.1%（老龄化率），创下了历史最高记录。与之相对应，劳动人口持续减少，已从8000万减少到7901万。社会保障费用支出在2012年度曾高达108.5568万亿日元，接近国民收入的30%。

二是自然灾害频繁发生。近年来，由于日本地理位置的关系，地壳比较活跃，导致地震、火山等自然灾害频发。同时，日本的社会基础设施老化严重、社会系统整体亟待完善等社会问题也十分突出。

三是国际竞争力下降。在工业领域，以制造业为例，日本的国际竞争力不断下降，附加值也在不断降低，在过去20年间至少损失了20万亿日元。为了追求低成本运营，不少行业过度依赖于海外生产转移。尽管从长远角度看，保持经济的国际竞争力需要扩大海外市场。但提升国内招商引资的吸引力，也是日本面临的一项重要课题。

综合目前内外部的困境，日本政府已经意识到，如果不推出战略规划对机器人技术加以积极推动，将直接威胁到日本作为机器人大国的地位，同时国内市场也可能被欧美企业抢占。

（三）出台经过

一是“经济成长战略”的提出。2014年6月，日本政府的“经济成长战略”提出，到2020年，制造业领域的机器人市场规模翻一番，非制造业领域要扩大至20倍。

同时，日本政府还设立了由专家学者组成的“机器人革命实现会议”，制定五年发展计划，并定于在东京举办奥运会的2020年举行机器人奥运会，届时向世界展示日本最先进的机器人技术。

二是“机器人革命实现会议”的举行。2014年9月，日本“机器人革命实现会议”的首次会议在首相官邸举行。会议提出了放宽限制，以促进机器人在医疗、看护、农业及建筑工地等领域的应用，将发展机器人产业作为经济增长的新引擎。会议决定于年内制定出2020年五年发展计划，力争解决劳动力不足、提高生产效率和实现机器人普及等问题。会议提出，到2020年，日本官民联合将向机器人关联项目投资1000亿日元，把机器人市场规模扩大至2.4万亿日元，相当于现在的4倍。

三是《机器人新战略》（下称“战略”）的发布。2015年1月23日，日本政府公布了《机器人新战略》，提出了日本机器人发展的三大核心目标，即“世界机器人创新基地”“世界第一的机器人应用国家”“迈向世界领先的机器人新时代”。该战略还指出，在制造、基础设施、服务、工程建设、医疗护理、自然灾害应对和农业等领域，都将确定2020年的战略目标与行动计划，并逐项落实。此外，机器人的应用潜力还很大，比如，机器人在娱乐领域的应用，可以创造出新的价值；机器人在航空航天领域的应用，将完成以往人类难以完成的在极限状态下的工作。该战略还指出，应当进一步扩大机器人技术应用，向更多领域推广其技术开发成果。

二、日本发展机器人的经验

（一）从大型机器人向“易用性”机器人转变

在过去几年，日本机器人产业主要集中于汽车和电子制造领域，生产能够嵌入到大规模生产线中的工业机器人，以大型的、用于焊接与喷漆的生产线专用机器人为主。在《机器人新战略》中，机器人将被更多地应用于食品、化妆品、医药等行业，以及更广泛的制造领域、适合各种各样应用环境的服务领域。日本还计划大力研发更小的、应用广泛的服务型机器人，尤其注重发展能适用于中小企业、家庭、服务领域的高性价比“易用性”机器人。机器人的发展领域将实现从工厂到日常生活的转变。

（二）通过标准控制服务型机器人话语权

从工业机器人时代开始，日本就一直注重通过标准国际化来掌握产业的话语权，通过专利申请来抢占和主导市场，而且多数都是企业行为。在服务型机器人领域，日本也在坚持标准的国际化，2013 年 9 月，国际标准化组织（ISO）在医疗机器人领域采用的标准就是由日本主导，在《机器人新战略》中，日本依然将积极推进标准的国际化作为重要任务。下一步，日本还计划在部分领域推进与欧洲标准的统一。

（三）注重营造有利于推广应用的创新环境

日本成立“机器人革命促进会”，协调各相关机构明确各自职责，共享进展情况，共同推进机器人新战略。同时，不断建设具有开创性和前沿性的新机器人技术应用的实验环境，既能保障机器人实验所需的充分空间，又能保证不受现有制度约束，吸引国内外机器人领域的优秀人才。同时通过专项支持服务型机器人的应用，比如护理机器人，2013 年 5 月，日本经济产业省确定“机器人护理器械开发与引进促进事业”的第一批共 24 个项目，2013 年度的预算额达到 23.9 亿日元。

三、我国如何发展服务型机器人

（一）加大对服务型机器人产业技术研发的支持力度

近年来，我国在机器人领域发展迅速，不管是机器人的生产还是应用都有了长足的提升，但相对集中在低端领域，而且绝大多数都是工业机器人，在服务型机器人细分领域发展动力不足。相比于工业机器人，未来服务型机器人的创新空间和应用空间更大，在服务型机器人起步阶段，我国就应重视这一市场，加大对服务型机器人在技术研发、产业孵化、应用推广领域的支持力度，以争夺服务型机器人发展的主动权。

一是设立服务型机器人产业研发投入补贴专项资金，鼓励龙头企业加强技术研发，对于医疗、护理、运输、生活服务等市场需求大的领域，给予研发资金支持。二是设立技术攻关目录，鼓励在中文语言识别和提取、多模式人机交互、传感器、远程精准控制系统、信息安全等领域的研发突破，抢占技术高点。三是加强政策扶持，出台优惠的财税政策，对服务型机器人技术孵化项目给予相应税收减免；搭建融资平台，做好技术、项目、资金方面的对接，给予有相关专利或技术突破的企业以资金保障。

（二）通过试点示范项目引导服务型机器人应用

一是研究出台关于服务型机器人产业的试点示范专项行动和实施方案，通过专项行动降低服务型机器人的试用门槛，让更多人尤其是机构，能够以低成本体验服务型机器人，进而带动服务型机器人在特定行业的应用。二是要通过专项抓好一批效果突出、带动性强、关联度高的典型应用示范工程，壮大一批实力强的服务型机器人企业，带动企业的品牌建设。

（三）营造有利于服务型机器人产业发展的创新环境

一是以政府引导、龙头企业主导的形式，加快服务型机器人细分领域标准的建设，为创新和市场推广打下基础。二是建立健全有助于服务型机器人创新激励、推广应用、有序竞争的政策体系。建立产需对接的长效机制，通过发布供需信息、供需现场对接、工艺技术培训等工作，促进服务型机器人产业发展。三是研究制定服务型机器人产品推荐目录，鼓励需求者采用自主品牌机器人，提升自主品牌的市场认知度。

本文作者：赛迪智库工业经济研究所　张亚丽　文　芳

信息安全篇

“互联网+”时代的网络治理创新

互联网与经济社会各领域的深度融合，已成为不可阻挡的时代潮流。“互联网＋”时代，社会组织结构加速扁平化，新业态新模式冲击着现有制度，各领域对信息网络高度依赖而更加脆弱，这些变化挑战着传统的治理理念和模式。在此背景下，网络治理亟待创新，急需建立多元主体共同参与、包容创新、勇于突破现有体制机制局限的治理模式。我国应以体制、机制和法制建设为重点，从维护网络主权和公共秩序两个层面推进网络治理。

一、“互联网＋”时代网络治理面临严峻挑战

“互联网＋”加速社会组织结构扁平化，传统的政府集中治理模式面临挑战。互联网架构的最主要特征是扁平和对等。互联网技术的应用，推动社会组织结构由传统的金字塔型向网络型转变，“互联网＋”更使得企业组织结构、产业供应链等彻底扁平化。这种变化给传统政府集中治理模式带来挑战。一方面，扁平化和网络化结构推动形成多中心格局，网络主体之间呈现大体均等态势，治理权力分散化；另一方面，多中心格局改变了决策形式和决策过程，不仅强调“上下”互动，网络参与主体之间的互动也更为关键，垂直的集中决策不足以应对。

“互联网＋”新业态新模式与现有制度的矛盾日益突出，现有制度体系面临冲击。互联网与经济社会各领域深入融合，催生了跨境电商、智能汽车、互联网专车等新业态新模式，对传统行业形态、利益模式和制度体系构成较大冲击。一方面，互联网创新打破了现有制度体系所固化的行业形态和利益模式，现有制度成为互联网创新的桎梏，如互联网专车推出后，由于撼动了出租车的垄断地位，上海、北京等多地以非法运营为由对其进行“打压”；另一方面，面对互联网创新，现有制度存在滞后甚至空白，对新业态缺乏适度规范，如对第三方支付、网络众筹、P2P 等互联网金融的信用、流动性及操作等风险，目前还未进行有效规范。

“互联网＋”加剧了经济社会各领域对信息网络的依赖，但也使其更加脆弱。互联网在经济社会各领域的深度应用，使得经济、政治、文化、军事等对信息网

络的高度依赖，也使其变得十分脆弱，一些看似小的事件可能会产生蝴蝶效应，掀起网络空间和现实世界的飓风，造成经济损害，引发社会动荡，危及国家安全。例如，工业控制系统越来越广泛地接入互联网，病毒、木马等传统网络威胁向其蔓延，将可能造成系统瘫痪、损坏甚至人员伤亡等严重后果；经济和政治利益驱动的网络窃密和间谍行为日益猖獗，我国网络安全态势感知、网络攻击对抗等核心技术研发能力较为薄弱，针对重要信息系统的防御措施和手段明显不足，经济社会各领域面临不小的威胁。

二、“互联网 +”时代网络治理亟待创新

治理主体应多元化，各自责任明确并相互协作。社会组织结构的网络化、扁平化要求政府、企业、公众、第三方机构等多方利益主体共同参与到治理过程中来，实现合作共治。首先，政府应在治理中发挥引导作用，主导统筹协调、战略部署、规划制定、立法执法等方面，要建立跨部门的协同机制；其次，各利益相关方要责任明确，依法承担相应责任；再次，各治理主体应密切合作，建立相互之间的有效合作、协商和互动机制。

治理应包容和容忍创新，政府监管要适度而精准。《国务院关于积极推进“互联网 +”行动的指导意见》提出，要支持和鼓励互联网创新，致力于营造开放包容的发展环境。“互联网 +”时代，以开放、共享为特征的经济社会运行新模式将形成，这一背景下的网络治理应当是一种包容性治理：一是，本着“在发展中逐步规范”的原则，对互联网创新要鼓励和适度容忍，不故意设置这样那样的障碍和门槛，不扼杀创新动力，给予创新一定的政策弹性空间；二是，按照“政府最小干预”原则，要进一步放宽业务准入条件，最大限度减少事前准入限制，逐步从事前监管转向事后监督；三是，政府监管要精准，要充分研究各类新业务新模式，根据产生的新情况新问题采取有效的监管对策。

治理应勇于打破现有体制机制等局限，创新治理手段。“互联网 +”催生了新业态新模式，原有的体制机制难以适用，甚至成为互联网创新的桎梏，需要创新治理理念，在实践中探索有效的治理模式、方法和手段，实现突破。反过来看，互联网新业态新模式改变了原有的利益格局，为打破现有体制机制局限提供了契机。互联网安全与治理领域的著名专家梅丽莎•海瑟薇认为，未来基础设施的主角或将从 ISP 变成热气球和无人机，新的基础设施建设为提出新的网络规则提供

了时机。

三、“互联网 +”时代网络治理创新的主要着力点

以体制、机制和法制创新为重点，逐步实现从“外在管网”向“内在治网”的转变。从体制层面看，我国高级别网络空间领导机构刚成立不久，其办事机构在统揽党政军网络空间各项工作方面存在资源、工具和手段较少的问题，需要尽快构建起由中央网信办统一领导，多元主体共同参与、责任分担、协调共治的网络空间治理格局。从机制层面看，针对关键信息基础设施安全等重大问题，我国的治理机制还不健全，急需按照“填平补齐、创新突破”的思路，建立针对重大问题的长效治理机制。从法制层面看，目前我国网络空间法律法规不完善，急需在关键信息基础设施保护、个人信息保护等重点立法上取得突破，构建起与网络空间发展相适应的治理法律体系。

围绕国内核心矛盾，着力推进网络基础设施和互联网关键资源、网络文化传播等方面的治理创新。围绕当前我国网络空间存在的网络空间发展与国家安全、信息自由流动需求与社会稳定、互联网变革需求与现有制度、大数据资源开发利用与公民隐私权保护等重大矛盾，重点推进四方面的治理创新。一是提升网络基础设施和关键资源治理水平。加速网络宽带化进程，进一步放开民营资本参与网络设施建设和运营的限制。争取尽快在国内设立根域名服务器。二是构建现代网络文化传播体系。建立以国家互联网信息办公室为统领、各部门共同负责的网络信息治理架构。调整和完善媒体布局和结构，重点建设一批具有公信力和国际传播能力的新闻网站及媒体。三是规范互联网新业务发展。对新应用新业态实施“放水养鱼”政策。进一步放宽业务准入条件，最大限度减少事前准入限制，逐步从事前监管转向事后监督。四是建设网络安全威胁防御体系。加强关键信息基础设施安全保障，建设国家级的网络安全威胁感知和预警体系。

立足国际视野，推动建立符合我国利益的国际规则和秩序。针对各国在网络空间治理上共识与重大分歧长期并存的情况，加快研究提出既符合时代潮流又能切实维护我国利益的互联网治理模式和方案，力求打破美国对互联网关键资源的垄断。推动国际社会形成网络主权和“建立多边、民主、透明的国际互联网治理体系”的共识，提出符合我国利益的主张使其成为国际规则。

本文作者：赛迪智库网络空间研究所　闫晓丽

“互联网+”时代工业控制系统面临新挑战

“互联网 +”时代，以移动互联网、物联网、云计算、大数据为代表的信息技术，在推动全球新一轮技术革命的同时，也推动了新一轮工业革命。与此同时，工业控制系统正经历着一场前所未有的变革，利用信息技术加强系统间的集成和互联互通，实现深度网络化、智能化、融合化发展，进而改变传统生产模式，提高管理水平和生产效率。在这场变革浪潮中，工业控制系统需要用新的发展思路迎接挑战。

一、“互联网 +”浪潮席卷而来

（一）“互联网 +”引发众行业大融合、大变革

“互联网 +”是一种全新的经济形态，它将互联网技术、成果、思维深度融合于传统经济社会的各个领域，以降低成本、提高效益，激发实体经济的创新力和生命力。随着网络和信息技术应用的快速发展，“互联网 +”时代已悄然来临，互联网等信息技术与传统领域相结合，衍生出了互联网金融、工业互联网、电子商务等各种基于互联网的新型业态，跨界、融合、变革已成为“互联网 +”时代的重要趋势。可见，“互联网 +”蕴含了巨大的产业和社会变革机会，必将重构未来经济发展新模式。

（二）“互联网 + 工业”已成大势所趋

随着物联网、工业大数据等技术的快速发展，工业生产系统越来越复杂，集成度越来越高，网络连接越来越广，工业生产的网络化和智能化特征也越来越明显，互联网与工业融合发展已经是大势所趋。德国“工业 4.0”和美国“工业互联网”，都是驱动传统工业转型升级、打造核心竞争力、抢夺未来制高点之举。“中国制造 2025”战略即将发布，加上与之配套的一系列相关措施的颁布实施，我国“互联网 + 工业”也将迎来快速发展。据测算，未来二十年，我国“互联网 + 工业”发展至少可带来 3 万亿美元左右的 GDP 增量。“互联网 + 工业”已成为我国抢占

产业变革先机、实现工业转型升级和创新发展的关键契机，也是其实现由大变强历史性跨越的重要途径。

（三）“互联网 +”开启工业控制系统互联互通新需求

随着互联网和新一代信息技术的不断渗透与蔓延，工业控制系统不可避免地朝着“互联网 +”的方向发展，其原有的相对封闭的使用环境逐渐被打破，开放性和互联性越来越强。与此同时，工业控制系统与各种业务系统的协作成为可能，工业设备、人、信息系统和数据的联系越来越紧密，系统一体化、设备智能化、业务协同化、信息共享化、决策需求全景化、全部过程网络化等，正成为工业控制系统的发展趋势。从 SHINE、SHODAN 等工业控制系统网络搜索引擎获得的数据显示，迄今已有数以亿计的工业控制系统与互联网连接，包括 SCADA、PLC、RTU，以及与其相连的计算机、服务器、网关等诸多系统和设备。

二、“互联网 + 工业控制系统”面临双重挑战

（一）“发展”遇到了技术不足、标准缺失等问题

“互联网 +”并非仅限于工业控制系统的一个前缀，简单与互联网相连，并不能形成真正的“互联网 + 工业控制系统”。只有实现“1+1 ＞ 2”的深度创新融合，才能使互联网和工业控制系统成为密不可分、互相促进的有机整体，从而迸发出新的生产力。然而，这条创新融合之路还面临诸多挑战。

一是关键技术亟待突破。目前，数据统计、关联分析等大数据技术尚不成熟，无法满足工业数据海量获取、精准分析和整合反馈的需要；智能控制、精准判断等物联网关键技术还未取得突破，也无法实现传感器、控制器、工业设备、工业控制系统之间的无缝对接和远程职能管控。此外，工业控制系统资源整合、协同制造、实时共享等技术仍处于初级阶段，无法有效盘活工业控制系统的资源存量，也无法实现系统间的对接匹配与资源共享；物联网、大数据等关键技术还无法适应“互联网 + 工业控制系统”的创新融合发展需求，也成为制约其发展的技术瓶颈。

二是生态体系尚未建立。“互联网 + 工业控制系统”的跨领域、跨行业、跨产业链应用特征更为突出，而目前的用户需求、产品设计、生产制造、物流运输、市场营销等环节，却仍处于“各自为战”状态，系统隔离、信息孤岛、行业壁垒现象严重，“互联网 +”的作用无法得到充分发挥。构建覆盖全产业链的、完整

的生态体系，应是推进“互联网＋工业控制系统”快速发展的关键。

三是跨界标准严重缺失。随着新一代信息技术的不断应用，工业控制系统逐渐由独立和封闭变得更加智能、透明、开放和互联。然而，在工业控制系统相关技术标准与新一代信息技术、网络技术等标准之间，仍存在较大差异，严重阻碍了各行业之间的系统兼容、互联互通等无缝对接。此外，工业控制系统网络安全标准的严重缺失，不能适应工业控制系统的网络化发展趋势，它在管理、服务等方面的标准亦未考虑用户及其他行业的需求，而与其他行业创新融合发展的跨界标准的缺失就成为前行的“拦路虎”。

（二）“安全”面临外在风险加大、内在防护不力等诸多威胁

“互联网＋”在为工业控制系统带来巨大创造力和生产力的同时，也将引入更加复杂、严峻的安全问题。

一是深度网络化和多层面互联互通增加了攻击路径。工业控制系统、管理系统、供应链系统等实现了互联、互通、互操作，越来越多的工业控制系统可以通过互联网、移动互联网等直接或间接地访问，管理网和生产控制网的双向信息交互将成为常态。互联趋势的逐步深入，使得工业生产的控制权限不断上移，生产端、研发端、管理端、消费端都可以实现对工业控制系统的攻击，攻击点、攻击面大大增加，安全风险更大，波及面更广。

二是大量 IT 产品的引入带来了更多安全漏洞。为适应工业互联网的发展趋势，工业控制系统厂商越来越多地使用通用操作系统、数据库和服务器等，这些通用和开放的技术与产品拥有众所周知的漏洞，使攻击者能够利用现有漏洞实现入侵攻击，针对伊朗核电站的震网病毒，正是利用了 Windows 操作系统的多个漏洞，实现了在工程师站和操作站之间的不断传播。

三是新兴信息技术在工业控制领域的防护体系尚不成熟。物联网、云计算、大数据和移动互联网等在工业控制系统中的应用，也带来了诸如敏感数据存储等安全问题，而这些新兴信息技术在工业控制领域的安全理论、防护体系尚不成熟。

三、对策建议

（一）着力突破“互联网＋工业控制系统”关键技术

一是深入跟踪德国“工业 4.0”、美国“工业互联网”等战略发展情况，明

确我国“互联网+工业控制系统”技术发展方向，做好核心技术、前沿技术的研发创新。二是深入研究海量工业大数据的获取、分析、应用技术，实现有效的过程控制和决策支撑，打造面向装备制造、电力等重要行业的分布式智能工业控制系统，实现远程诊断、动态管理。三是开展试点示范项目，重点支持制造业搭建工业控制系统、内部管理系统、供应链系统、营销服务系统一体化平台，促进工业控制系统与先进技术融合发展，助力我国制造业转型升级。

（二）构建以“互联网+工业控制系统”为核心的产业生态体系

一是从系统互联、业务互联和全产业互联三个层次出发，充分调动我国工业控制系统运营单位、相关软硬件产品提供商、系统集成商、行业协会、科研机构，以及上下游产业链各环节等多方力量，打破行业壁垒，打造开放化平台，加强资源共享以及产业链协同创新和生产信息的互通共享。二是完成从产品设计到生产制造再到市场营销的全流程一体化，最终建立一个覆盖需求、设计、生产、物流等整个产业链条的“互联网+工业控制系统”生态体系。

（三）尽快出台“互联网+工业控制系统”跨界标准

一是把握“互联网+”下的工业控制系统发展特点和规律，整合国内外标准化资源，学习借鉴德国《“工业4.0”标准化路线图》，以及美国先进制造和工业互联网标准建设的工作思路与组织方式，研究我国工业控制系统标准体系框架和标准制定规划。二是尽早启动急需标准的制定工作，成立包括工业控制系统、电子信息、通信网络、软件、网络安全等行业代表组成的标准工作组，研究制定工业控制系统与新兴信息技术融合、互联互通的相关标准，解决在基础架构、系统集成、网络安全、测评测试、组织流程、管理规范、服务对接等方面的标准化需求。

（四）建立“互联网+工业控制系统”纵深安全防护体系

一是引导工业控制系统厂商与网络安全厂商建立合作机制，组成专业的工业控制系统网络安全攻防研究团队。针对工业控制系统深度网络化和互联互通，开展工业控制系统脆弱性以及安全防护关键点的风险分析，建立分层、分域、分等级的纵深防御体系。二是研究各种新的防护技术，及时部署相应的安全防护措施和安全加固产品，做好工业控制系统安全、网络安全、应用安全、边界安全等方面的防护保障工作。三是搭建测试平台，通过真实的仿真测试，研究发现安全风险，验证安全解决方案和防护手段，实现覆盖云端、网络、系统等全方位的漏洞检测，提高我国工业控制系统的安全保障能力。

（五）加强“互联网 + 工业控制系统”网络安全管理

一是根据我国信息技术产品网络安全审查办法，有针对性地制定工业控制系统网络安全审查办法，确保工业控制系统相关技术、产品、服务的安全性得到有效审查和管控。二是推动建立我国工业控制系统网络安全测评认证制度，明确工业控制系统网络安全测评能力要求，认定一批第三方测评机构，对涉及国计民生的工业控制系统进行安全检测和风险评估，确保网络安全。

本文作者：赛迪智库网络空间研究所　陈月华　冯　伟

大数据平台安全问题不容小觑

随着物联网、云计算、移动互联网等新技术的快速发展，数据种类和规模也以前所未有的速度增长，大数据时代已经到来。大型网站、数据中心、云计算中心等大数据平台作为数据的载体，承担着存储、处理数据的功能，平台安全不仅攸关个人隐私、财务等敏感信息的安全，更是平台业务能够健康、安全运转的关键。然而，近年来大数据平台安全事件层出不穷，信息泄露、服务中断等安全问题已成为大数据平台健康、快速发展的“拦路虎”。深入研究大数据平台存在的安全问题及根源，对切实保障大数据时代的网络安全就具有了重大意义。

一、大数据引发大变革

（一）大数据引发传统行业重构

作为“未来的新石油”，大数据已成为各方关注的焦点。得数据者得天下，大数据可帮助人们开启循“数”管理的模式。麦当劳、肯德基以及苹果公司等旗舰专卖店的位置，正是基于数据分析进行的精准选址；传统企业如沃尔玛通过数据挖掘重塑并优化了供应链；新崛起的电商如卓越亚马逊、淘宝等，则是通过对海量数据的掌握和分析，为用户提供更加专业化和个性化的服务。

（二）大数据改变人们的生活方式

大数据开启了一次重大的时代转型，是一场生活、工作与思维的大变革。以谷歌流行病分析系统为代表的基于信息的创新服务，连接民生，可以救助更广泛的普通大众；以云计算为基础的信息存储、分享和挖掘手段，广泛应用于广告投放、个性化教育、个人服务等领域，可帮助人们发现新的知识，创造新的价值。就像望远镜让我们能够感受宇宙，显微镜让我们能够观测微生物一样，大数据正在改变着我们的生活以及理解世界的方式，成为新发明和新服务的源泉，而更多的改变正在蓄势待发。

（三）大数据促进政府职能变革

随着应用价值的不断体现，大数据已不单纯是一种技术变革，它正以不可思议的魔力影响着政府管理者的管理思维，后者的决策行为越来越取决于数据和分析，不再仅仅依靠经验和直觉，进而实现从“经验管理”到“科学治理”的转变。运用大数据技术，有助于预测经济运行走势和风险，有助于提升政府决策能力，有助于加强和改进市场监管，有助于我国政府职能体系的不断完善及相应政府职能的转化，有助于推动我国政府管理向着更加精细化、科学化、主动化、合理化、服务化的方向发展。

二、大数据平台面临大威胁

（一）敏感信息泄露事件频发

近年来，我国大数据平台的信息泄露事件屡有发生，从个人到企业到国家，各层级互联网用户都处在威胁之中。2014 年 5 月 14 日，乌云漏洞平台曝出小米论坛存在用户资料泄露，涉及 800 万小米论坛注册用户；12 月 25 日，12306 用户数据泄露事件曝发，多达 13 万用户的账号、明文密码、身份证、手机号等敏感信息在网络上疯狂传播；中国联通某系统被曝漏洞，可导致用户通话记录等关键信息泄露；抢票 APP“火车票达人”也被曝漏洞，300 万用户密码可能被泄露。频繁发生的信息泄露事件严重制约着大数据平台的健康、快速发展。

（二）平台业务面临安全威胁

大数据平台多承载电子商务、电子政务、数据存储等重要业务，频繁发生的安全事件严重威胁着平台业务安全。一方面，借助泄露的账号、密码等敏感信息，不法份子能够直接入侵平台，窃取敏感信息，发布虚假消息，扰乱平台业务正常秩序。另一方面，通过 DDOS 等手段，不法分子能够直接对大数据平台进行网络攻击，造成平台瘫痪、业务中断等严重后果。时至今日，大数据平台承载的业务已经成为商务、政务以及金融等重点行业在网络空间的延伸，平台业务受损将直接殃及现实世界。

（三）潜在后果难以估量

作为海量数据的载体，大数据平台的安全问题成为第一张“多米诺骨牌”，可能产生一系列连带后果。一是泄露的个人、金融等敏感信息流入“黑市”，为电信诈骗、互联网欺诈等犯罪活动提供“便利”。二是不法分子可借助大数据平台泄露的数据对其他平台进行“撞库”攻击。互联网用户往往在不同的平台使用相同的账号和口令，但平台的安全防护能力各不相同，一旦其中一个较为“脆弱”的平台发生数据泄漏，其他“坚固”的平台也将遭受鱼池之殃。三是频繁发生的安全事件不只带来经济损失，还会降低广大网民对大数据平台的信心，阻碍大数据平台的健康、快速发展。

三、大数据平台缘何存在安全风险?

（一）软硬件信息技术产品受制于人

我国信息技术起步较晚，大数据相关产业自主能力较差，数据采集、传输、存储、处理等方面技术与国外存在较大差距，数据平台采用的核心信息技术产品多为国外垄断。据统计，我国芯片、操作系统等软硬件产品以及通用协议和标准90%以上依赖进口；国内数据库市场超过90%的市场份额被甲骨文等国际巨头占领；互联网骨干网络中70%～80%的网络设备都来自于思科，几乎所有的超级核心节点、国际交换节点、国际汇聚节点和互联互通节点都由思科掌握；电力、银行等重点行业的核心信息系统有90%以上使用国外产品。“棱镜门”更是突显出软硬件信息技术产品对我国数据安全乃至国家安全的重要性。

（二）网络安全风险愈演愈烈

近年来，由网站及应用系统的漏洞、后门所导致的重大安全事件频频发生，小米论坛用户资料泄露、智联招聘用户简历信息泄露、12306用户数据泄露等皆属此类。《2013年中国网站安全报告》显示，29.2%的网站存在高危漏洞，8.7%的网站遭黑客篡改，上百万网站被植入后门，有60%的网站存在安全漏洞和后门。同时，恶意软件也严重威胁着大数据平台的安全。《瑞星2014年中国信息安全报告》显示，2014年瑞星共截获新增病毒样本5145万余个，同比增长55.44%。此外，黑客攻击手段多样化，针对大数据平台的高级持续性攻击（APT）可以绕过各种传统安全检测防护措施。

（三）安全技术防御能力不足

一方面，随着大数据、云计算等新兴技术的快速发展，传统安全防护措施已经无法满足需要。一是现有安全防护措施的更新升级速度无法跟上数据量非线性增长的步伐；二是大数据分析使黑客的攻击更加精准，同时大数据平台也为黑客发起攻击提供了更多机会。另一方面，我国安全技术严重落后。据《从应对“心脏出血”漏洞看各国攻防能力》报告显示，我国在漏洞修复和危机应急反应能力方面，全球排名仅为 102 位；英国《简氏战略报告》也显示，在网络防护能力最低的国家中，我国赫然在列，位置不仅大大低于美国、俄罗斯和以色列等信息安全强国，而且也排在印度、韩国之后。

（四）用户安全意识严重不足

用户在上网时为图方便，经常一个密码走天下，这极大增加了“撞库攻击”的成功概率。许多用户不加甄别地下载软件、APP 应用，植入其中的木马或恶意程序在用户不知情的情况下就会将用户信息窃走。一旦这些用户使用与泄露信息相同的 ID 和密码注册的网银、网络支付工具、游戏账号，那么黑客就很有可能利用窃取的信息盗取其中的资金、虚拟财产。

四、加强大数据平台安全势在必行

（一）加速建立自主可控的信息技术生态体系

在大数据时代，网络上流动的信息日渐主宰着国家的运转和命脉。一些看似不相关的数据，在大数据的综合与深度挖掘下，也可能泄露出关系到宏观经济数据、政府动态等国家层面的重要信息，造成重大影响。因此，必须加快大数据技术研究，摆脱核心技术受制于人的局面。一方面，加大对大数据、云计算等新兴技术研发的资金投入，加强核心技术攻关，提高我国对新兴技术的掌控能力；另一方面，重点突破芯片、操作系统、数据库等核心软硬件产品，加强产学研用的结合力度，在政府和重要行业进行试点示范，逐步替代国外产品，循序渐进地建立自主可控的信息技术生态体系。

（二）加快发展大数据平台安全技术

在大数据时代，大数据平台承载了来自个人计算机、移动智能终端、可穿戴设备、智能家居设备，以及智能汽车等个人、企业及国家层面的巨大数据资源，必然成为黑客组织、各类敌对势力网络攻击的重要目标。因此，我们亟需加快发展大数据安全技术。一方面，应结合大数据及大数据平台自身特点，加快网络防护、入侵检测、加密存储、加密传输、身份认证、授权管理、责任认定等网络安全关键技术研发，增强大数据平台安全防护能力。另一方面，要建立新兴技术的网络安全预警机制，成立专门机构对新兴技术的网络安全隐患进行分析和研究，为公众提供相关技术的使用指南或标准。

（三）尽快落实大数据平台的监管措施

海量数据的汇集加大了敏感数据暴露的可能性，对大数据的无序使用也增加了重要信息泄露的危险。一方面，应加强对大数据平台等关键信息基础设施的安全防护工作，制定大数据平台网络安全防护相关标准，根据系统等级和面临的风险有针对性地加强管理和技术防护，及时发现风险隐患，完善安全措施。另一方面，要加大对掌握海量数据或运营大数据平台的国内外企业的监管力度，同时加强对进口技术和产品，以及新技术、新产品和新业务的漏洞分析工作，提升发现安全隐患的能力，并在网络安全审查制度中加以明确。

（四）切实提高各方安全意识

包括数据平台开发者、广大互联网用户在内的各方，其安全保护意识的缺乏对信息泄露事件起到了推波助澜的作用，今后必须切实提高各方的网络安全意识。一方面，加大对预防信息泄露方法的宣传，提高终端用户的安全意识，及时修复安全漏洞，不随意下载来源不明或未知签名的应用程序，不在网上购买违规产品，不参与违法交易，要定期更换密码。另一方面，还要通过加强各类软件、APP应用上架前的安全检测与上架后的漏洞通报机制，提高开发者的安全意识，将安全作为网站应用开发中的首要问题加以考虑，在及时采用最新技术的同时，确保产品的安全、可靠。

本文作者：赛迪智库网络空间研究所　冯　伟

大数据安全开放的度与管

随着移动互联网、云计算、物联网的飞速发展和创新应用，大数据深入渗透到经济社会各领域，成为战略性资产。政府、企业等纷纷强化大数据处理能力，我国也提出要扩大政府数据资源向社会开放，探索大数据应用服务。但同时，窃取商业秘密、泄露个人信息等行为也相伴而生，大数据安全面临威胁。开放与安全仿若是硬币的两面，我国有必要明确大数据安全开放的度，并强化数据行为监管，以有效降低风险、实现大数据价值最大化。

一、开放是释放大数据价值的必然途径

大数据正在引发经济社会领域新的变革和创新。信息技术的深入应用和广泛渗透，使人与人、人与物、物与物实现互联，产生了海量数据。对这些数据进行采集、存储和关联性分析，并提取有价值的信息，将极大地提高决策能力和水平，推动制造、金融等经济社会各领域的变革和创新。例如，在工业制造领域，通过监控、采集和分析生产过程中产生的大量数据，工业企业可对产品从设计到销售的全生命周期进行最优化管理，并创新产品研发和生产模式；在金融领域，通过多渠道收集借方的信用数据，如通过电商平台收集卖方的交易量、库存、现金流等数据，金融机构可有效管理风险，提供快速便捷的金融服务。

政府、企业等都在加快数据开放的步伐。数据已经成为战略性资产，开放数据、让数据真正流动起来，才能真正释放大数据的价值。为此，美国 2009 年提出“开放政府计划”，设立政府数据开放门户网站，并在 2013 年发布政府数据开放的行政命令，推动社会力量对政府持有数据的加工利用；英国、法国、德国、日本等国家也纷纷提出开放数据计划，旨在通过挖掘公共数据的价值，改进城市管理、社会保障等公共服务，促进经济社会发展。谷歌、百度、亚马逊、阿里巴巴等企业也在加快大数据挖掘和共享，纷纷推出大数据项目和产品，如谷歌的健康基因项目、百度旅游等。

安全是数据开放绕不开的“坎”。一方面，大数据价值日益凸显，使其成为

了不法分子的重要目标。近年来针对大型互联网企业、零售企业，以及金融、医疗、社保等机构的数据窃取屡见不鲜，如12306网站13万用户信息泄露、美国Anthem公司1100万用户信息泄露。另一方面，由于缺乏数据采集、利用等方面的制度，一些政府、企业存在过度采集用户数据并非法使用的行为，如苹果公司IOS收集用户位置信息，记录用户经常活动的地点、活动的时间、活动的频率等，并对信息加密存储；某些政府机构在执法过程中也会要求其他政府或企业开放共享超出其执法目的的相关数据等。

二、大数据开放必须把握好安全的度

大数据使数据更易被关联，必须区分公共数据和敏感数据，明确相应的采集、开放等规则。大数据本质上是对数据价值的挖掘利用，通过对海量数据尤其是非结构化数据的挖掘分析，可以获得某些敏感的关键数据，或者使已经去除身份信息的数据重新获得身份属性，如将已去除姓名、性别等信息的匿名搜索数据，通过多渠道关联，找出发起搜索的个人。因此，大数据时代必须区分公共数据和敏感数据，明确哪些数据能开放、哪些不能开放、开放到何种程度、开放者和使用者承担何种责任等。如欧盟数据保护相关指令规定，GPS位置信息是敏感数据，不允许采集；美国联邦贸易委员会提出，企业将去除识别信息的数据提供给第三方，应当在合同中禁止第三方再次对数据进行识别。

大数据时代数据的跨境流动更为频繁，必须从国家数据主权高度对数据跨境流动作出限制。数据是一种重要的战略资产，掌控大数据资源的能力是一国综合竞争力的重要体现。新一代信息技术的应用以及经济全球化，使得数据的跨境流动十分频繁，在优化资源配置的同时，也加重了数据主体面临的各种威胁，更可能威胁国家信息安全。对于国家、企业、个人等拥有的数据，都应当纳入国家主权范畴考虑，明确数据的权利归属以及是否允许数据跨境流动。如欧盟数据保护指令明确，禁止将个人数据传输到欧盟以外的国家，除非经安全评估该国能提供与欧盟同等程度的数据保护水平；俄罗斯2014年通过法律，要求所有收集俄罗斯公民数据的互联网公司都应当将数据存储在俄罗斯境内。

大数据交易渐成趋势，必须建立数据交换交易机制，并明确确保数据安全的措施。目前很多机构、企业都占有、掌握了大量数据，但由于缺乏共享形成了众多的“数据孤岛”，大数据价值大打折扣。此外，据国外数据专家称，目前商业企业自身只存储15%的业务数据，其余85%数据都存储在外部公司。因此，建立大数据交换交易机制，推动大数据的整合和共享十分重要。大数据交换交易机制涉及数据资产确权、资产评估、资产定价、数据安全等。资产确权涉及数据归谁所有、数据上有哪些权利、交换交易的是数据何种权利；资产评估和资产定价涉及资产的价值评估；数据安全涉及如何采用技术手段对数据脱敏、采取哪些措施保障数据安全等。目前国内外都在进行此方面的探索。

三、我国应加强对大数据安全开放的监管

加强立法完善数据安全开放的法律制度。修订《政府信息公开条例》，进一步厘清“公开”与“保密”的界限，明确政府可开放的公共数据范围，明确开放程序、标准等事项，清晰界定政府等各方的权利义务和法律责任。借鉴美国《经济间谍法》，在国家安全相关法律中对商业秘密进行较广泛的界定，并在刑法中增设经济间谍犯罪的新罪名，从国家安全高度保护商业秘密。在《网络安全法》中设专章规定个人信息保护，明确个人信息含义，确立判断个人信息的基本规则，明确个人信息权利及信息采集使用和安全保护要求，并参考国外立法确立数据泄露通知制度。

加快建立大数据安全开放的监管制度。制定大数据采集、传输、存储、使用和跨境流动的规则，明确安全保护技术措施。特别针对电子商务、金融、教育、医疗等相关行业，出台个人网络信息保护的具体规则，并按照现有法律法规确立的保护框架，从技术研发、内部管理、用户使用等环节出发，探索建立商业秘密、专利等企业敏感数据的安全保护规则和实践。制定政府数据开放政策，探索大数据交换交易政策和规则。

强化对重点行业和领域数据和网络安全的监管。在大型数据中心、重点行业和领域信息系统深入落实等级保护制度，开展信息安全风险评估，并部署基于主动防御理念的技术防护手段和措施。开展信息技术产品和服务审查，引导企业加强信息技术产品供应链管理，有效降低使用国外产品和服务而可能导致的数据泄露风险。加强大数据等数据分析技术研发，运用大数据技术实时监测和感知网络安全威胁，提升对大规模网络攻击威胁的发现和应对能力。

本文作者：赛迪智库网络空间研究所　闫晓丽

跨境电子商务发展中的信息安全隐忧

2015年以来，国务院陆续发布《关于大力发展电子商务加快培育经济新动力的意见》等利好政策，跨境电商迎来发展的春天。商务部预测，到2016年我国跨境电商年均增长将超过30%，是传统外贸增长速度的3倍。然而，在跨境电商蓬勃发展的同时，信息安全威胁却如影随形，交易信用缺失、信息泄露、支付不安全等诸多问题步步紧逼，成为跨境电商发展的瓶颈，如何应对信息安全挑战值得深思。

一、国家力推“互联网＋外贸”，跨境电商蓬勃发展

“互联网＋外贸”扶持政策频出台。2015年5月4日，国务院发布《关于大力发展电子商务加快培育经济新动力的意见》，提出到2020年基本建成统一开放、竞争有序、诚信守法、安全可靠的电子商务大市场，并强调构筑安全防线，保障电子商务网络安全和交易安全。5月12日，国务院印发《关于加快培育外贸竞争新优势的若干意见》，指出要加快培育新型贸易方式，大力推动跨境电子商务发展，培育一批跨境电子商务平台和企业。6月10日，国务院召开常务会议，提出优化通关流程，落实零售出口货物退免税政策等四大措施，明确用“互联网＋外贸”实现优进优出，打造新的经济增长点。

跨境电商试点全面铺开并取得积极成效。2012年12月，跨境电商进口试点城市和出口试点城市工作启动，2013年10月跨境电商试点在有条件的城市全面铺开。试点城市主要集中在物流集散地、口岸或是产品生产地等。根据海关总署的统计，2013年7月至2014年12月底，上海、重庆、北京、青岛等16个试点城市实现跨境电商出口额累计约20.4亿元；同期，获批的7个跨境商务进口服务试点城市上海、杭州、宁波、郑州、重庆、广州、深圳前海等累计实现跨境电商进口业务额达到10.1亿元。

跨境电商企业和第三方服务企业蓬勃发展。我国跨境电商企业主要包括平台式和自营式跨境电商企业，第三方服务企业包括支付企业、物流企业等。在政

策刺激和资本市场追捧下，跨境电商企业和第三方服务企业蓬勃发展。如，敦煌网积极开拓俄罗斯、南美等地区市场，兰亭集势60%的市场已在欧洲；2015年5月29日，阿里、京东、敦煌网、兰亭集势等30余家具有影响力的电商平台还成立全国首个跨境电商产业联盟。目前跨境电商已成为扩大海外营销的新渠道，商务部数据显示，2014年我国跨境电商成交额达到3.75万亿元人民币，占进出口总值14.2%，预计2016年我国跨境电商进出口额将增至6.5万亿元人民币，跨境电商年均增长超过30%。

二、信息安全风险如影随形，跨境电商面临严峻挑战

交易信用缺失问题十分突出。一方面，假冒商品充斥各大跨境电商平台，尤以母婴用品、化妆品等为最。2014年8月“承诺100%正品保障”的电商平台“蜜芽宝贝”被爆出售国外假货；2015年4月食品药品监督部门从“乐蜂网”北京顺义仓库查抄了一千多箱缺少批文编号的化妆品。另一方面，虚假促销、价格欺骗等现象仍然存在，特别在“6·18”“双11”等网络促销活动中部分电商先提价后降价、虚称限时特价等现象突出，严重损害了消费者利益；此外，还有大量卖家购买好评软件刷信誉，误导消费者。

信息泄露影响越发严重。阿里、当当、京东等大型电商平台都曾被爆出信息泄露事件，涉及用户数量大、真实性强，且信息详细，甚至包括用户实名、性别、手机、电子邮箱、家庭住址、身份证、银行卡卡号、消费记录等重要信息。大规模准确详尽的信息泄露极有可能流向黑市，一些非常敏感的信息还会流向国外。信息泄露不仅会被运用到商业竞争领域，严重影响人们生活，造成广告骚扰、钱财诈骗、银行账户失窃等不良后果，还有可能对我国经济和社会健康发展造成威胁。

支付不安全制约跨境电商发展。诈骗分子经常利用跨境电商平台发布虚假廉价商品信息，通过“预付金”“手续费”“托运费”方式骗取钱财；此外，还通过支付链接虚假“钓鱼网站”盗取消费者的网银账号和密码。通过对美国、德国、英国、中国和巴西等市场6000多名跨境在线消费者的调查，90%的消费者对支付安全表示担心，特别是中国消费者。跨境电商的安全支付问题已成为制约跨境电子商务发展一大瓶颈。

三、提升我国跨境电商信息安全保障能力的几点思考

建立跨境电商的新规则和监管体系。建立“互联网+外贸”的新规则和新秩序，调整现有监管体系，探索建立适合的监管方式，尤其要推动建立多方参与的消费者权益保护机制，保障消费者的合法权益。严厉打击假冒伪劣、虚假信息、违法倒卖信息、网络诈骗等不法行为，保障“互联网+外贸”健康发展。引导跨境电子商务行业自律体系建设，推动跨境电商行业相关标准出台，规范跨境电子商务交易渠道、交易过程等环节，营造开放、竞争、有序的国际贸易市场环境。

加快跨境电商信用体系和安全防护体系建设。建立跨境电商信用公共服务平台，提供电商主体身份识别、电商信用查询等信用服务；充分发挥跨境电商平台的把关作用，通过企业认证、支付认证、黑名单等措施，加强“互联网+外贸”诚信体系建设，强化跨境电商平台和网站系统构架的安全性设计，提高跨境电商企业信息安全技术水平。引导跨境电商企业采取安全防护措施，加强对会员信息资料、网站和服务器等的安全防护，特别要加强对内部人员的管理、对后台数据访问权限进行限制等。鼓励跨境电商企业采购专业的第三方信息安全服务，鼓励信息安全企业探索跨境电商的安全模式，为跨境电商保驾护航。

加强安全交易技术研发和PKI应用推广。加强跨境电子商务安全支付技术自主研发，增强自主创新能力和安全支付保障能力，细化安全技术标准，针对移动支付端的交易安全问题，探索有效的解决技术和途径。加快公钥基础设施（PKI）建设，推进电子签名证书跨境互认，利用国际通用、服务体系成熟、具有法律基础的CA认证体系，为跨境电子商务提供身份认证、行为追溯、责任认定等安全保障服务，以增强跨境交易支付的安全性。

本文作者：赛迪智库网络空间研究所　刘金芳

欧盟《国家网络安全战略评估框架》解析

目前世界上共有50多个国家和地区出台了网络安全战略，但在如何评估网络安全战略的实施效果、更有效地对战略进行优化调整方面，尚缺乏相关指导标准。为此，欧盟网络与信息安全局（ENISA）在研究当前网络安全战略内容的基础上，通过逻辑建模开发出一套评估框架及业绩指标（KPI），并发布了欧盟《国家网络安全战略评估框架》（以下简称《评估框架》），以满足欧盟成员国进行网络安全战略评估的需求。《评估框架》对欧盟及其成员国以及其他国家制定网络安全政策具有极大参考价值，对我国网络安全战略的实施、评估、调整亦有诸多启示。

一、出台背景

（一）开展网络安全战略评估“审时度势”之策

随着信息技术的快速发展，网络的影响逐渐从经济社会领域扩展至政治、外交、安全等领域，网络安全在国家安全中的地位不断上升。近年来，世界各国对网络安全的重视程度不断增强，一些国家和地区纷纷出台网络安全战略。英国先后于2009年6月和2011年11月发布两份《英国网络安全战略》，美国于2011年颁布了《网络空间国际战略》和《网络空间行动战略》，欧盟于2013年2月出台《欧盟网络安全战略》，日本于2013年6月出台了《日本网络安全战略》，意大利则是在2014年2月发布了《意大利网络空间安全国家战略框架》。目前全球已有50多个国家和地区发布了网络安全战略，我国也即将出台国家网络安全战略。显然，如何客观科学地评估战略效果就成为一个迫切需要解决的问题，《评估框架》应运而生。

（二）推进欧盟网络安全战略“按部就班”之举

欧盟将网络安全战略生命周期分为战略制定、战略实施、战略评估和战略调整四个阶段，出台《评估框架》是欧盟落实网络安全战略四部曲之三。在战略制定阶段，欧盟2010年出台的“欧盟数字纲领”已经开始关注网络安全问题，并于2012年发布了《国家网络安全战略实践指导白皮书》，以对各成员国网络安全战略制定提供指导。在战略实施阶段，欧盟鼓励成员国陆续出台并实施国家网络安全战略，当前28个欧盟成员国中已有18个发布了战略，欧盟委员会也出台了第一份联盟层面的战略。目前，诸多欧盟国家已进入网络安全战略的评估阶段，《评估框架》的出台是欧盟网络安全战略制定、战略实施的延续，是欧盟网络安全战略生命周期的“按部就班”之举，也是全面推动欧盟网络安全战略评估的开始。

（三）实施网络安全战略实效检验“迫在眉睫”之需

网络安全战略是提高国家网络安全意识，提升国家网络安全风险应对能力，增强国家网络安全恢复力的纲领性文件，对国家网络安全工作具有重要指导作用。如何检验网络安全战略的作用和效果，是欧盟当前落实网络安全战略迫切需要解决的问题。一是需要对网络安全战略内容的全面性、战略目标的合理性、战略任务的针对性、行动方案的可行性进行验证；二是需要对网络安全战略落实过程中实施措施的正确性、各组织之间的协调度、资源投入的有效性进行评估；三是需要对网络安全战略实施进度以及整体实施效果进行掌握。出台《评估框架》正是迎合了当前各国检验网络安全战略实效的需要。

二、主要内容解析

（一）明确了《评估框架》的出发点及目标

制订《评估框架》的战略出发点主要基于两个方面。一是ENISA认为，在欧盟范围内已经实施网络安全战略的国家在网络安全事故处理中跨行业和跨部门协调尚存在不足，有必要制定评估框架，以提高欧盟整体网络安全意识。二是欧盟委员会要求ENISA对欧盟成员国网络安全战略进行评估，对网络安全战略中的良好经验进行推广，通过重点加强工业控制系统、运输及能源等关键基础设施的网络安全能力，提高成员国国家网络安全防御水平。

《评估框架》的目标是，对各国网络安全战略评估工作提供指导，最终帮助成员国开发网络防御政策和能力，获得网络恢复力，减少网络犯罪，保护重要信息基础设施，支持网络安全产业发展，形成健康安全的网络环境以推动数字经济的全面发展。

（二）盘点了现有网络安全战略的主要举措

ENISA 在汇总、分析各国战略的基础上，提出了一套网络安全战略指标全集，涵盖了网络安全的战略目标、行动方向、投入、活动、产出、影响、评估过程七个方面，共有 97 个指标项。在此基础上，ENISA 对 18 个欧盟国家和 8 个非欧盟国家相关战略中的举措进行符合性验证，试图找出影响战略实施及评估的关键指标。

分析发现，欧盟成员国由于制度和文化方面的差异，对战略的理解不尽相同，在上述七个方面的指标中侧重点各有不同，但在一些指标上又具有一定的相似度。例如，在战略目标的 19 个指标中，欧盟国家中有 13 个成员国将“国家具有应对网络安全威胁能力，以保护网络关键职能发挥”作为网络安全战略目标。在行动方向的 10 个指标中，相似度较高的前四个指标是“参与国际合作”“建立一种网络安全文化”“保护关键基础设施”“制定网络安全立法及标准规范”，超过 12 个国家将其作为国家网络安全战略的行动方向。ENISA 对相似度较高的关键指标进行提炼，作为设计评估框架和确定 KPI 指标时的重要参考。

（三）提出了基于实证的战略评估框架

基于对现有网络安全战略的分析，ENISA 采用一种基于实证的风险评估方法，建立了一个能容纳欧盟各国制度差异的灵活的评估框架，主要包括对网络安全战略评估的两种逻辑模型和一套 KPI 指标。两种逻辑模型均是从投入、活动、产出、影响四个阶段进行建模，并对网络安全战略进行分析，其中影响又分为短期、中期、长期三个阶段。

逻辑模型一完全基于政策驱动角度，对网络安全战略按照各阶段进展进行分析。逻辑模型二是在对 18 国网络安全战略进行分析的基础上，结合《欧盟国家网络安全战略》的五大战略任务提出的。其具体评估内容主要有五个方面：开发网络防御政策和能力，通过加强公私合作提高网络安全防御能力，减少网络犯罪，开发网络安全的行业资源和技术资源，保护重要网络安全基础设施。具体按照上述四个工作阶段进行评估。

（四）确定了战略评估 KPI 指标

KPI 指标是衡量国家网络安全战略等国家政策实施进展和实施效能的重要标准。KPI 指标一般是可以量化的，但 ENSIA 认为，网络安全战略评估应更多地关注战略实施的长期影响，从定性的角度制定 KPI 指标。在国家网络安全战略设计阶段对 KPI 指标进行界定，能够使决策者在实施阶段就跟踪战略走向和进展情况。《评估框架》根据逻辑模型二中的五项评估内容制定了相应的 KPI 指标，最后在此基础上提出了针对国家网络安全战略实施的高级指标，共分为 6 项。

在开发网络防御政策和能力方面，确定了包括“组建计算机应急响应小组”在内的 6 个指标；在通过加强公私合作获得网络恢复力方面，确定了“设立国家网络安全部门”等 9 个指标；在减少网络犯罪方面，确定了“建立减少网络犯罪的国家制度”等 6 个指标；在开发网络安全的行业资源和技术资源方面，确定了“支持信用标志和安全标签的标准化发展”等 5 个指标；在保护重要基础设施方面，确定了“划分重要基础设施”等 8 个指标；在战略实施评估指标方面，确定了“评估国家网络安全战略”等 5 个指标。通过这些 KPI 指标，能够实现对国家网络安全战略各方面的有效评估。

三、对我国的启示

（一）提高重视程度，尽快明确国家网络安全战略全生命周期的顶层规划

目前我国国家网络安全战略即将出台，但还缺乏战略实施、评估及优化调整等方面的后续顶层规划。为此，一方面，应充分借鉴欧盟经验，在重视内容的同时，加大对战略实施、评估、调整的重视程度，结合我国网络安全工作实际，制定完善的、围绕网络安全战略全生命周期的顶层规划，为我国网络安全战略的实施、评估、优化提供指导。另一方面，应绘制网络安全战略实施、评估、调整路线图，明确战略评估时间表及评估周期，以实事求是的态度对战略进行评估，增强我国网络安全战略的实际效果。

（二）梳理网络安全战略主要内容，尽快出台战略实施方案

网络安全战略事关一国网络安全整体布局和具体实施，因此，建议我国参考欧盟做法，梳理战略要点，分析我国网络安全保障工作的实际情况，确保我国网络安全战略内容应符合安全保障工作自身规律和国情需要。另外，还要充分参考国外战略实施过程中的得失，制定与网络安全战略配套的实施方案，规划网络安全战略实施的时间表、路线图，明确重点任务实施计划，以及各参与方的责任与义务。

（三）开展网络安全战略评估标准研究，明确战略评估关键指标

要以科学、合理的标准化指标为指导，尽快开展战略评估标准研究。一是梳理包括欧盟《评估框架》在内的国内外网络安全战略评估相关做法，明确制定我国网络安全评估标准的思路和方法，尽快启动标准制定工作。二是根据我国网络安全工作的实际情况，提炼战略评估标准的核心指标。三是明确评估机制和评估流程，确保战略评估工作的客观性、公正性、有效性。

（四）营造良好环境，保障战略实施、评估、调整的顺利进行

出台网络安全战略仅仅是工作的开始，在重视战略内容的同时，更要重视战略实施、评估、调整等后续环节，从系统工程的高度进行通盘考虑。一是设立专项经费，确保战略实施、评估、调整等各环节的顺利推进。二是加强战略宣贯，通过社会宣传和行业教育、培训等多种途径提高全社会对网络安全战略的认识，为战略实施、评估、调整营造良好的社会环境。三是注重人才队伍建设，提升专业人员的能力与素质，加快培养一批既懂技术又懂管理的复合型人才，为战略实施、评估提供智力支撑。

本文作者：赛迪智库网络空间研究所　张伟丽　冯　伟

欧盟“废除”《安全港协议》：数据主权争夺升级

在大数据时代，数据资源成为国家核心战略资产和社会财富，信息技术成为构筑国家竞争优势的关键因素，网络空间的数据主权正在成为大国博弈的新领域。2015 年 10 月 6 日，欧盟最高司法机构欧洲法院以“美国企业未能对欧洲个人数据提供有效保护”为由，宣判与《美国—欧盟安全港协议》（以下简称《安全港协议》）有关的“2000/520 号欧盟决定”无效，《安全港协议》被架空。欧盟“废除”《安全港协议》彰显了其对数据主权的重视，有必要深入分析该事件的原因、影响及其对维护我国数据主权的启示，为有关部门决策提供依据。

一、事件始末

（一）个人维权引发“无效判决”

2013 年曝光的“棱镜门”事件为欧洲敲响了信息安全警钟，美国企业能否充分保障欧盟公民的个人数据安全引起社会各界广泛质疑。奥地利法律学者施雷姆斯以“Facebook 参与美国政府监控计划，非法追踪用户数据”为由，向爱尔兰数据保护委员会提出申诉，要求该机构行使法定权利，禁止 Facebook 在爱尔兰的分公司将其个人数据传输至美国。爱尔兰数据保护委员会依据“2000/520 号欧盟决定”，认为“遵守《安全港协议》的美国企业能对个人数据提供充分保护”，并驳回了施雷姆斯的申诉。施雷姆斯随即向爱尔兰高等法院提起诉讼，由于该案涉及欧委会“2000/520 号欧盟决定”的效力问题，爱尔兰高等法院提请欧洲法院进行裁决。欧洲法院认定美国企业未能对欧洲个人数据提供有效保护，并依据欧盟《个人数据保护指令》，宣判“2000/520 号欧盟决定”无效。

（二）“无效判决”导致美欧《安全港协议》“失效”

为了实现美国和欧盟之间的数据跨境流动，2000 年美国和欧盟达成了《安全港协议》。协议达成后，欧委会通过“2000/520 号欧盟决定”，确认《安全港协议》的隐私原则及附属条款对个人数据的保护程度满足欧盟《个人数据保护指令》的数据保护要求。由于“2000/520 号欧盟决定”对欧盟所有成员国有效，美国企业只要满足《安全港协议》就能自由收集、存储欧盟公民的个人数据，并将其传输至美国境内，欧盟各成员国的数据监管机构则无权过问。此次“无效判决”意味着欧盟重新赋予各成员国相应的数据监管权力，其数据监管机构能够根据美国企业保护个人隐私的程度，自主决定是否禁止美国企业将其本国公民数据传输、存储至美国，即便该企业通过了《安全港协议》认证。“无效判决”的宣布意味着《安全港协议》已名存实亡。

（三）《安全港协议》“失效”冲击美欧数据流通秩序

《安全港协议》“失效”，不仅波及众多美国企业，还对业已形成的美欧数据流通机制造成严重影响。一方面，新的美欧数据流通新秩序将加速形成。早在两年前，美欧就着手研究制定新的《安全港协议》。10 月 26 日，“无效判决”宣布后仅 20 天，欧盟就与美国关于新的跨大西洋数据转移协议达成原则性一致，通过赋予欧盟各成员国数据监管机构独立检查的权力、增强美国商务部监管权力、设立年度检查机制、增加惩罚措施等方式，确保美国企业能有效保护欧盟公民的个人数据，并符合欧洲法院规定。另一方面，美国企业不得不改革数据传输方式。在美欧新的数据转移协议正式出台前，高达 4500 多家美国相关企业将被迫采取欧盟相关数据保护法案许可的其他数据转移方式。如果需要将数据存储在欧盟成员国，许多企业不得不在技术上大幅调整。巨大的时间、经济成本可能导致部分美国企业暂时撤离。

二、《安全港协议》“失效”的因由

（一）夺回用户数据资源是欧盟“废止”《安全港协议》的重要原因

在大数据时代，用户即数据，数据即资源，人类社会正逐渐走向数据经济时代。据 Gartner 预测，2016 年全球大数据相关产业规模将达到 2320 亿美元。作为大数据时代的核心资产，用户数据资源是国家提升综合竞争力的关键之一，势必成为欧美双方争夺的焦点。据统计，2011 年欧盟公民个人数据的价值已高达 3150 亿欧元，预计到 2020 年，该数据价值将上升到 1 万亿欧元。面对数量如此可观的重要经济资源，欧盟显然不会拱手相让，“废止”《安全港协议》不仅是欧盟保护用户数据的做法，更是为了加强自身对用户数据的掌控，避免数据资源落入他人之手的必然之举。

（二）保障本土企业发展空间是导致《安全港协议》“遭弃”的关键因素

随着大数据、云计算技术的迅速发展，美欧双方在新技术领域的市场竞争愈发激烈，美国在新技术领域的巨大优势，使得欧盟对美国科技企业在欧洲的市场垄断地位愈发警惕。2015 年 2 月，欧洲议会以保护隐私为由，宣布禁用微软新版电子邮件软件 Outlook；3 月，欧盟对亚马逊等电子商务公司开展调查，以评估其是否存在非法限制欧盟内部的跨境交易的行为；4 月，欧盟指控谷歌涉嫌利用其在搜索市场的主导地位，将搜索结果导向自己的购物服务，并正式对谷歌提起反垄断诉讼。此次《安全港协议》“遭弃”事件，是美欧之间再次发生的利益碰撞。“废止”《安全港协议》有利于削弱美国对欧盟市场的掌控，为欧盟地区本土互联网企业创造发展空间，促进欧盟的数字一体化进程，帮助欧盟在未来经济发展制高点的争夺中占据主动。

（三）宣誓数据主权是欧盟“废除”《安全港协议》的根本目的

欧盟历来重视数据主权建设，出台并修订了《个人数据保护指令》等一系列法律法规，旨在为加强个人数据安全、明确数据主权提供清晰、可遵循的基本原则。为方便美欧间的数据跨境流动，美欧双方协商签订了《安全港协议》，作为美国和欧盟在数据保护方面的折衷框架。然而，《安全港协议》只对自愿加入的美国企业有效，难以约束美国政府。谷歌、Facebook、雅虎等美国互联网巨头在面对美国政府索要数据的要求时，为了履行其保障国家数据主权的义务，往往会按照美国《爱国者法案》的要求进行配合，《安全港协议》形同虚设。这就使得欧洲公民个人数据完全暴露在美国政府的监控之下，严重挑战了欧盟的数据主权，并在一定程度上威胁了欧盟的国家安全，最终导致了《安全港协议》的“废除”。

三、对维护我国数据主权的启示

（一）加快数据主权立法，界定数据主权

欧盟对数据主权法制化的重视程度日益提高，自 1995 年以来，不断出台并修订相关法律法规。与之相比，我国数据法治建设明显滞后，尚不能满足大数据时代不断提高的数据主权要求。为此，我国必须加快数据主权立法，对数据主权予以清晰界定，理清大数据时代复杂的数据权责关系。一是通过法律手段明确个人的数据所有权、“被遗忘权”等基本权利。二是保障云服务提供商等数据使用者合法收集、存储、传输、加工数据的权利，规范其数据挖掘、关联分析等数据

分析活动，在提升数据资源开发利用能力的同时，防范“间接”损害数据所有者权益事件的发生。三是明确政府部门对数据使用过程依法进行监督管理的权利，保护数据所有者、使用者的合法利益。

（二）开展跨境数据信息安全风险评估，强化数据主权

欧盟重视数据跨境流动管理，要求数据接收国存在相关法律或跨国企业以合同等形式保障跨境数据安全，但却没有对跨境数据进行信息安全风险评估，导致《安全港协议》事实上赋予了美国企业“豁免权”，跨境数据管控“流于形式”。目前，微软、IBM 等云服务商纷纷加速进军我国云服务市场，由于其数据平台多位于国外，数据跨境流动管理成为我国面临的严峻挑战。为此，我国必须尽快开展跨境数据信息安全风险评估，加强对跨境数据的管控力度。一方面，要成立专门的信息安全风险评估机构，对跨境数据及其服务运营商的安全性和可控性进行信息安全风险评估，严格禁止涉及国家机密、国家安全、经济安全等方面的数据出境；另一方面，要构建跨境数据服务商安全认证制度，对于确实需要跨境处理的高安全风险数据，只有符合特定安全资质的服务商才有资格处理，并通过明确数据服务商的数据安全管理责任、签订相关数据安全保障合同等方式，保障跨境数据的安全性。

（三）制定跨境数据流动安全协议，保障数据主权

《安全港协议》是过去 15 年来美欧间数据转移确立的规范，虽然近期欧盟的“无效判决”导致《安全港协议》“失效”，但客观上也促进了美欧新的跨大西洋数据转移协议的初步达成。我国应借鉴美欧间数据转移的保障方式，在我国数据主权立法尚未完善的情况下，结合国情，与相关方采取签订数据安全转移协议的方式，确保我国跨境数据的安全性。一方面，通过签订协议，明确我国流出数据的转移途径、存储地点、使用条件、处理方式、服务范围等要求，明确数据转移各方的安全责任，并以法律的形式对我国流出数据的安全性予以保障。另一方面，应成立相应的数据保护监管机构，加强与国外其他监管组织的交流，积极构建国际层面的协调监管机制，着力推进跨境执法合作，通过法律手段对违反数据安全转移协议的跨国企业进行追责。

（四）提高数据掌控分析能力，捍卫数据主权

在大数据时代，数据掌控分析能力是国家竞争力的核心部分，在一定程度上决定着数据主权能否真正掌握在自己手中。2014 年 10 月，欧盟宣布将在未来 5 年投入 25 亿欧元，支持大数据技术研发，以提高数据掌控分析能力。我国也应积极采取措施，着力提高数据掌控分析能力。一是加大对大数据、云计算等数据分析处理技术的研发资金投入，重点研究大数据处理和分析机制、网络态势感知以及大数据舆情分析能力，突破核心技术难点，提高我国对数据的掌控分析能力。二是以数据的安全可控为出发点，加强芯片、操作系统、数据库等核心软硬件产品的自主研发，通过在重要网络和信息系统中部署国产产品，逐步推动关键信息技术和产品的国产化替代，建立安全可控的信息技术产业生态体系。

本文作者：赛迪智库网络空间研究所　王　超　冯　伟

日本新版《网络安全战略》之“新”解析

2015 年 8 月 20 日，日本发布新版《网络安全战略》（以下简称新战略），旨在通过政府、私营企业和公民的共同努力，创造安全的网络环境，助力日本经济和社会发展，增强民众生活信心，保障国家安全。日本自 2005 年开始制定网络安全战略，先后出台过《第一份国家信息安全战略》《第二份国家信息安全战略》《保护国民信息安全战略》《2013 年网络安全战略》。与上述战略相比，此次出台的新战略表现出诸多新特点，一经推出，便引起了国际社会的高度关注。

一、新战略主要内容

（一）阐述了网络空间面临的机遇和挑战

新战略从机遇和挑战两个方面论述了对网络空间的认知。机遇方面，新战略提出网络空间的无国界性和无差别无排斥性，使得任何人都可以自由参与讨论，任何信息都可能实现自由准确的流通，从而迎来现实空间与网络空间的高度深层融合，也即“连接融合信息社会”的到来，这将为日本经济和社会的发展带来无限多的机会。挑战方面，新战略认为主要有两点：一是网络空间参与门槛低的特性，使恶意攻击者拥有明显的非对称性优势，网络攻击的开展变得非常容易；二是网络攻击尤其是有国家背景的组织和团体发动的攻击，将对经济社会造成不可估量的危害。

（二）确立了战略目标和基本原则

新战略的目的是创建并发展“自由、公正、安全的网络空间”，助力提高经济社会的活力和实现可持续性发展，增强国民生活的信心和社会稳定，保障国家安全和实现国际社会的和平。其中，“自由”是指言论自由和促进创新，不受不必要规则的限制；“公正”主要指对所有参与主体都无差别无排斥；“安全”是指防止网络攻击非法窃取公民信息和财产，以及给国际社会带来危机。为实现这一目标，新战略提出了五大基本原则，即确保信息的自由流通、网络空间应受国内法律和国际法律规范的约束、开放性、自律性，以及各主体的协同性。

（三）明确了三大战略方针

新战略确立了三大方针：一是“从事后到事先”，即面对黑客不断变换网络攻击手段，不是遭受网络攻击后采取对策，而是要在分析未来变化趋势和可能产生风险的基础上，事先展开必要的行动；二是“从被动到主导”，即指在国内层面要促使私营部门和民间团体自发主导行动；在国际层面要树立负责任的国家形象，更加主动地开展行动，积极促进全球网络空间的和平与稳定；三是“从网络空间到融合空间”，意指必须考虑网络空间与现实空间各种事物和现象的相互交织，以及这种交织融合对社会可能产生的影响。

（四）提出了具体对策建议

为实现三大目标，新战略提出了相应措施。

第一，为提高经济社会的活力和实现可持续发展，要创建安全的物联网系统，整合体制机制，带动产业发展；提高企业在经营活动中的网络安全意识，提升公司管理层对网络安全的认识，加强内部人才培养；为网络安全产业发展创造良好的国内国际环境，国内层面需完善法律法规，国际层面要争取国际贸易规则的制定权，同时保护供应链安全。

第二，为增强国民生活的信心和社会稳定，要构建安全放心的网络环境，网络安全企业从产品服务的系统策划和设计阶段开始就应当确保安全；保护重要基础设施，开展网络安全审查，实现信息共享；提升政府机构网络安全保障水平，提高网络攻击防御能力和安全威胁渗透测试能力，增强安全事件处置能力。

第三，为保障国家安全和实现国际社会的和平，需强化警察和自卫队等机构的网络攻击应对能力，对人才培养、技术引进及研究开发等进行审查，加强对国家尖端技术的保护；支持传统国际法和国际规则适用于网络空间，推动建立信任措施，加强国家间能力建设合作；加强国际合作，分别与亚洲、大洋洲、北美、欧洲、中南美洲、中东和非洲的国家开展技术、能力建设等方面的合作。

二、新战略“新”在何处

（一）首次在战略目标中出现“自由”“公正”等字眼，表明日本对网络空间的认知趋于“国际范”

从日本历次发布的网络安全战略的目标来看，之前均突出“要创造领先世界的网络空间”，强调“世界领先”“可恢复”和“有活力”等字眼，新战略则提出“自由”“公正”“安全”的网络空间。新战略看似降低了对全球网络空间的诉求，但实质并未改变其积极谋求获取网络空间主导权的初衷，而只是目标的提法朝国际社会更乐于接受的方向转变。“自由”“公正”等字眼主要见于美国、欧盟等国家和地区的战略，日本的提法正向西方大国靠拢。

（二）首次在基本原则中强调法制化、开放性和自律性，表明日本在为积极参与网络空间国际行为准则的制定埋“伏笔”

与以往战略相比，新战略的基本原则既有延续性又有新变化，具有延续性的是“确保信息自由流动”和“多主体协同”，新提出的是“法制化”“开放化”和“自律性”。近两年来，国际社会围绕网络空间国际行为准则展开了激烈较量，对传统国际法和行为规范是否适用于网络空间等问题争论不休。日本新战略明确表达了支持传统法律适用网络空间的立场，与美国、欧盟等国家和地区的看法如出一辙。另外，日本还将“开放化”和“自律性”列入原则，实质上是为更积极主动地参与网络空间行为准则的制定做准备。

（三）首次在战略方针中提出“从事后到事先”的积极防御政策，表明日本保护网络安全的手段将更具“进攻性”

日本以往的战略对网络空间防御政策涉及较少，而且措辞比较模糊，新战略首次将“从事后到事先”列为第一大战略方针，明确了日本在网络空间奉行的是积极防御的政策立场。日本推出积极防御战略方针，暗藏着其对网络攻击和网络战争的态度，这种防御政策虽然在程度上不及美国国防部2015年4月发布战略中提及的网络威慑激烈，但本质无异，表明其未来保护网络安全的手段将更具“进攻性”，必要时会“先发制人”采取行动。

（四）首次在战略内容中多处强调私营企业的自发和主导作用，表明日本政府在网络安全保障中的角色有变化

日本之前战略有较大篇幅论述政府在保护网络安全过程中的作用，而且有关政府的部分在文件中的位置始终位于企业之前，新战略则将提高经济社会的活力和发展即产业和企业发展放在第一位，而将保护国家关键基础设施和政府信息系统安全放在第二位，并一再强调私营企业和民间团体在网络安全中的自发和主导地位，表明日本有意加强市场色彩，淡化政府作用。在新战略中，日本政府对自身角色的定位主要集中于制定扶持政策，鼓励企业运用信托等市场手段

发展壮大。

三、对我国的启示

（一）宣扬“和平”“安全”“合作”等理念，提升我国的网络空间话语权

网络空间是新兴领域，国际社会尚未就网络空间的本质属性和文化内涵达成共识，部分国家借此树起各种大旗，输出本国价值观，抢占道义制高点。如美国在2011年《网络空间国际战略》中提出“开放和互操作”“安全可靠”，日本在新战略中提出“自由”“公正”“安全”。建议我国在网络安全战略文件中也应宣扬一贯坚持的“和平”“安全”“合作”等理念，一方面表明我国对网络空间的立场和态度，另一方面以此团结部分国家，提升我国网络空间话语权。

（二）加强对传统国际法和行为规范的研究，呼应“信息安全国际行为准则”草案

当前，国际社会对网络空间行为准则的看法不一。美国、日本和欧盟部分国家认为传统国际法适用于网络空间，并提出了建立互相信任措施等；我国和俄罗斯等国家则认为，传统法律和规范的适用性仍有待商榷，并联合推出了“信息安全国际行为准则”草案。建议我国在制定网络安全战略文件时，要加强对《武装冲突法》等现有法律规范的研究，阐明是否支持现有法律规范适用于网络空间的立场。同时，战略中涉及网络空间行为准则和规范的部分要与“信息安全国际行为准则”草案内容相呼应。

（三）明确我国关于网络空间防御的政策，表明我国捍卫网络主权和网络安全的立场

近年来，各国都在不断加大在网络空间的部署，建立和增设网络部队，研发网络武器和新型对抗技术，国家间的网络冲突不断升级，网络空间形势日益紧张。美国国防部发布的第二份网络安全战略，明确将网络威慑作为战略目标，进一步加剧了网络空间军备竞赛和国家级网络冲突的风险。建议我国在网络安全战略中也直接表明国家对网络攻击和网络战争的态度，明确我国的网络空间防御方针，明确国家将保护关键基础设施、重要信息系统和资源免受威胁、干扰和破坏，显示出我国坚决保护网络主权和网络安全的决心。

（四）突出企业主体地位，将政企合作作为一项基本原则长期坚持

随着网络安全威胁的泛在化和复杂化，充分发挥企业保障网络安全的积极性已成为国际潮流。近年来，我国已认识到了企业在网络安全保障中的重要意义，但至今尚未在顶层设计层面明确企业地位，其所处境地一直比较尴尬。建议在制定网络安全战略文件时，明确企业在网络安全保障中的主体地位，将政企合作作为一项基本原则长期贯彻和落实到网络安全工作之中。同时，还应建立政企共赢的合作机制，重点推动政企间网络安全信息共享，提升网络安全预警响应能力。

本文作者：赛迪智库网络空间研究所　张　莉

企业战略篇

西方IT巨头技术换市场行为应引起警觉

“棱镜门”等事件揭示，实现核心技术的自主可控才能真正保障国家网络安全。然而，在我国大力发展自主信息技术的同时，IBM、英特尔等西方 IT 巨头近期纷纷向我国企业抛出“橄榄枝”，以合作、开放或出售等方式向我国释放出一系列核心技术。这是巧合还是另有深意？其动机令人深思。尽管这些做法可以为我国发展自主技术提供支持，但同时也可能会干扰我国的战略决心，打乱战略部署，相关政府主管部门应有所警觉。

一、西方 IT 巨头以多种方式逐步介入我国自主核心技术发展

一是战略合作。英特尔于 2014 年 5 月宣布和瑞芯达成战略合作，研发基于英特尔技术的移动芯片平台，并于 2014 年 9 月宣布入股清华紫光，与其旗下的展讯和锐迪科合作开发和销售基于英特尔技术的移动芯片。

二是开放授权。ARM 公司通过技术授权形式融入我国芯片产业，如展讯、瑞芯等均采用 ARM 架构，而华为等则获得了 ARM 的架构授权，可以发展基于 ARM 架构的自主芯片。2013 年 8 月，IBM 联合谷歌、NVIDIA 等成立 OpenPower 联盟开放 POWER 架构的 CPU 芯片与系统，并在 2014 年 4 月吸纳苏州中晟宏芯、浪潮、中兴等 6 家企业加入联盟；2014 年 9 月，IBM 还将 Informix 数据库授权给南大通用。在 2014 年 11 月的世界互联网大会上，高通表示将与我国公司合作共同研制低耗能芯片。

三是业务出售。IBM 于 2004 年和 2014 年先后将其 PC 和 X86 服务器业务出售给联想。谷歌于 2014 年 10 月将摩托罗拉移动业务出售给联想。

综上可以做出初步判断，西方 IT 巨头通过向我国企业释放部分信息领域的核心技术，试图潜移默化地介入到我国自主核心技术发展的进程中来。

二、西方 IT 巨头的战略意图何在?

甩掉包袱，转移战略方向。信息技术产业发展瞬息万变，跨国企业为了保

证高利润和高速度发展，必须迅速摆脱低利润业务并加快战略转型。如IBM通过出售芯片制造、低端服务器制造等低利润业务加速向服务提供商转型，同时还保留了高端服务器等核心业务，并通过知识产权等手段保持对核心技术的控制权。

突破限制，争取中国市场。随着我国市场监管措施的不断完善，市场竞争环境日益规范，尤其是近年来网络安全审查、反垄断调查等政策措施力度不断加大，国外IT巨头们的在华业务势必受到影响，如中央机关政府采购将微软的Windows 8系统排除在外，国家发改委启动了对高通的反垄断调查等。为规避相关审查和监管措施，维护其在中国甚至国际上的市场地位，与国内企业合作成为其"不得已"的选择。

借力东风，提升竞争能力。我国当前大力发展集成电路设计和制造等核心技术产业，政策、资金和市场等方面的投入巨大，部分西方企业则试图借助中国力量来挽回其在国际市场竞争中的败局，如英特尔为对抗ARM而加强与我国企业的合作，但这一合作也被严格限定在其相对较弱的移动芯片领域。

综上可初步判断，西方IT巨头根本目的是以最小的代价换取中国巨大的市场，从而维持其市场地位。实际上，这些所谓的技术合作主要局限在一些相对落后或非核心的技术领域，在真正的核心技术上，西方巨头仍保持绝对控制权。

三、影响分析与对策建议

西方IT巨头们技术换市场的行为可能会给我国发展自主核心技术埋下重大隐患。一是可能引发对于是否发展以及下多大力气发展自主核心技术的质疑；二是可能导致企业间因技术发展路线不一致而产生内耗，甚至破坏国家发展自主核心技术的整体路线和方向；三是西方IT巨头仍保持对核心技术的控制权，在此基础上发展起来的自主核心技术仍难避免受制于人的窘境。

由此提出三条措施建议。一是组织开展核心技术发展战略研究，制定符合我国国情和市场发展规律的技术方向和发展路径；二是研究制定核心技术相关的审查和管理制度，对于外资合作审查、自主可控测评、知识产权保护等做出明确规定，并指定相关部门严格落实；三是制定和实施自主核心技术产品发展计划，依托国内市场，整合国内各方力量，充分利用全球资源，培育具备核心技术控制权的龙头企业。

本文作者：赛迪智库网络空间研究所　王　闯

借鉴红帽经验推动我国开源软件发展

近年来，随着开源成为云计算、大数据等新兴信息技术创新的主流模式和重要依托，开源软件开始主导软件产业乃至整个信息技术产业的发展，全球各大IT巨头纷纷张开双臂拥抱开源。在开源软件领域，红帽（Redhat）是当之无愧的领跑者，自创立以来，它基于开源软件、遵循开源发展规律，在技术创新、人才培养、市场开拓等方面取得了令人瞩目的成绩。2014年，红帽创下了连续12年营收增长的记录，并荣膺《福布斯》杂志评选的“全球最具创新力企业”称号。红帽多年来的成长经验为我国发展开源软件、培养壮大国产操作系统等基础软件，乃至在云计算等新兴领域抢位发展，都提供了有价值的借鉴，值得认真总结和分析。

一、红帽的发展历程和成功经验

（一）发展历程

红帽软件公司创立于1995年，近20年的发展历程可分为起步期、成长期、扩张期三个阶段。

起步期（1995—2002年）：专注于领先技术研发，加强人才、市场布局。早期的红帽专注于开源Linux操作系统，通过与开源社区的良性互动，建立了红帽Linux的技术优势，从1999年起便一直占据着Linux市场的领导地位。但由于当时基于开源软件的商业运营模式尚不成熟，红帽一直处于亏损阶段。

成长期（2003—2011年）：依托商业运营创新，企业实力不断增强。依托持续累积形成的技术优势，基于对开源软件发展模式的深刻理解，红帽将Linux桌面版和服务器版分离运营，聚焦于企业级市场，成功开创了通过提供产品和服务使用权来获取用户定期支付费用的订阅式商业模式，实现了企业运营能力的大幅度提高。自2003年二季度起，红帽开始盈利且收入增幅常年保持在两位数，其企业级操作系统现已拥有全球500强企业中90%以上的客户。

扩张期（2012 年至今），在保持传统操作系统市场优势的同时，积极向云计算等领域扩张。为适应云计算等新兴技术快速发展带来的新需求，红帽快速吸收新兴开源软件技术，积极向操作系统之外的更广阔领域扩张。当前，红帽已拥有一系列的商业化开源解决方案，涵盖操作系统、中间件、虚拟化、存储、云计算等领域。在快速发展的云计算领域，红帽已成为 OpenStack[1] 首屈一指的商业解决方案供应商。

（二）发展经验

以建立与开源社区的良性互动为发展核心。开源社区是开源软件开发、维护、更新的重要平台，在开源软件发展中占据着不可或缺的核心地位。对于开源社区，红帽并非单向的“拿来”，而是坚持双向互动，以期实现可持续的共同发展。为此，红帽积极为开源项目提供代码支持，主动提交开源项目的缺陷报告及改进代码；为开源项目提供资金支持，保障开源项目的顺利推进；为开源项目提供管理支持，参与开源项目的管理和运作。由此，红帽长期占据了 Linux 内核企业贡献度榜首，其雇员成为 Linux 内核的核心维护者；在 OpenStack 各版本累计贡献度排名中，红帽同样位居第一。回馈开源社区，不仅使得红帽能够掌握开源软件最新的核心技术，具备更加敏锐的产业洞察力，而且还能加大在开源项目中的话语权，扩展在开源世界中的影响力。

以构建全球化的人才培养体系为发展基石。红帽充分借鉴了开源软件的全球化开发思想，将人才培养范围扩大到全世界。为网罗全球优秀人才，红帽构建了多方向、多层次的人才培养体系。一是加强企业内部员工的技能培训，并从开源社区引进项目核心人员。二是建立了以“红帽认证工程师”（Red Hat Certified Engineer，RHCE）为基础的多级人才认证体系。三是成立了红帽学院，给全球各类学校提供“RHCE”认证培训课程。这些举措使红帽不仅拥有了一支掌握开源软件核心技术的企业内部人才队伍，也培养了一大批熟悉红帽产品的人才后备军，同时进一步扩大了红帽在全球软件行业中的影响力。

以不断创新的市场运营模式为发展动力。盈利难是开源软件企业普遍面临的问题。红帽在坚持开源发展的基础上，依靠创新不断改进运营模式，成为开源软件领域盈利能力最强的企业。在产品营销方面，红帽面向企业客户推出了收费

---

[1] OpenStack是当前一种主流的开源云计算管理平台。

的企业级软件产品或商业解决方案，并提供订阅式的企业级服务以获取持续收益。在产业布局方面，红帽积极收购各种战略性的开源软件企业，以填补自身的短板或开拓新的产业领域。2014年，红帽为了完善其开源生态，收购了FeedHenry等3家企业。在企业合作方面，红帽于2002年就与IBM、戴尔、惠普等公司建立联盟，其云计算合作伙伴遍布全球。全球性的企业合作，不仅扩大了红帽的市场空间，同时也减少了其他企业与红帽产品的竞争。

二、红帽经验对我国开源软件发展的启示

（一）遵守开源世界基本规则是前提

开源软件在软件开发、分发、改进等诸多方面与普通商业软件不同，难以简单套用传统商业软件发展模式，需在提高对软件开源模式的理解、遵守开源世界基本规则的前提下寻找发展道路。红帽一直坚持软件的开源式发展，严格遵守各类软件许可证协议要求，构建了良好的开源生态。正是基于对开源规则的理解，红帽将与开源社区互动作为技术创新的核心，并成功开创了订阅服务的商业运营模式，使企业发展步入了快车道。反观我国，大多数软件企业对开源的认识尚不清晰，对开源世界的规则理解还不透彻，不少企业仍在直接套用商业软件的运营模式，甚至用闭源的方式运营开源软件，这不仅导致产业发展缓慢，也在国际开源世界中带来了负面声誉。

（二）具有开源精神的企业是主体

开源软件项目孵化有多种途径，包括社区爱好者开发项目、校园创新项目、企业开源项目等等。但仅靠普通爱好者支撑的开源软件很难获得大的产业界影响力，能够真正推动开源软件产业发展的均是企业级的开源项目，目前全球大型开源项目都有红帽这样的企业来提供赞助和参与运维。比如，在OpenStack项目中，企业贡献度总计超过97.5%。当前，企业开源其自身项目也成为参与开源的重要方式。由于这类项目先天就得到企业的支撑，因此更易获得长久发展动力。我国开源软件产业发展面临的一个主要困境就在于缺乏企业的参与和支持，比如，在OpenStack项目的核心开发者中，仅有华为一家国内企业。导致这种局面的主要原因有三个方面：一是企业缺乏开源精神，不愿意将自身产品开源；二是企业缺乏开源实力，产业联盟的力量没有得到充分发挥；三是企业缺乏开源生态，开源

产品缺乏知识产权保护。

（三）加强与开源社区互动是途径

红帽的成功经验表明，坚持回馈开源社区，合理利用社区资源，建立与开源社区的良性互动，是开源软件企业发展的有效途径。一方面，企业应提高对开源社区的投入力度，包括资金投入和人力投入。投入资金可以提升企业在开源项目中的管理权限，提升在项目发展中的话语权。投入人力做出更多的代码贡献不仅可以扩大企业对项目发展的影响力，也可帮助企业掌握技术发展动向，获取技术主动权。另一方面，企业应注重对社区资源的综合开发。除了获取软件源代码之外，开源社区还提供了丰富的人力、影响力、信用力等资源，均是关系开源软件发展的宝贵财富。例如，对社区人力资源的开发利用就是红帽成功的重要因素。近年来，尽管在政府的大力扶持下，我国开源社区发展迅速，企业也加大了对开源项目的资金支持，但我国开源软件产业界尚未形成与开源社区的良性互动，大多数企业对开源社区的贡献较少，且仅对开源社区提供的代码资源进行利用开发，未建立起与社区发展相适应的人才培养体系。

三、政策建议

（一）提高开源认识，完善开源生态

一是进一步提高对开源世界基本规则的认识，明晰开源软件产业发展的路径和方向，强化对开源软件开发模式和商业运营模式的理解，厘清开源软件开发及应用模式和自主知识产权的关系，组织研究开源软件中保障信息安全的方式和途径。二是健全知识产权法律法规，对开源软件许可证协议进行司法界定，提供对违反许可证协议具体行为的解释说明，继续推进中国通用开源软件许可证协议的制定和推广。三是加大对软件产业知识产权的保护力度，严肃处理各类侵权案件。继续推进软件正版化工作，严厉打击各类盗版软件。

（二）培育龙头企业，组建企业联盟

一是鼓励企业在遵守开源软件许可证协议的基础上开展商业运营模式创新，借鉴红帽等开源软件企业的成功经验，大力推广订阅服务、集成应用等商业模式。二是对遵守开源规则、积极与开源社区互动的开源软件企业提供资金扶持，面向本国开源软件企业开放政府市场，提升我国开源软件企业特别是国产操作系统等

基础软件企业和云计算等新兴领域企业的综合实力。三是牵头组建开源软件企业联盟，建立开源软件企业与产业链上下游的协同发展机制，鼓励企业通过合并、收购等方式做大做强。

（三）激发企业提升贡献度，扩大影响力

一是培养我国企业的开源精神，指导企业制定开源软件发展规划，激发企业开源自身项目和提供代码反馈的积极性，针对重点开源项目定期公布企业贡献统计，对贡献度大的企业提供奖励。二是加强对全球开源软件发展的跟踪研究，鼓励我国企业通过资金赞助等方式参与国际著名开源软件项目。三是加快建设我国开源社区，整合各方力量重点建设一到两个综合性的、功能完善的、面向全球用户的开源社区，全面提升社区的代码托管、项目迁移、代码审查等能力。

（四）多渠道培养和储备开源人才

一是在高等院校中普及 Linux 操作系统，组织其设立开源软件相关课程。二是建立开源软件人才认证体系，设定多层分级的认证称号及标准，建立基于国家人才认证标准的人才推荐机制。三是鼓励企业积极吸收开源软件开发和管理人才，对企业成功引进重点开源项目的核心技术人才提供资金奖励。

本文作者：赛迪智库软件产业研究所　蒲松涛　安　晖

Windows 10“兼容”安卓和iOS为哪般

自新 CEO 纳德拉上任后，微软秉承“移动为先、云为先”的发展战略，在云计算、移动互联网等领域不断增强企业面向新兴信息系统的综合竞争力。近期，微软宣布其新推出的 Windows 10 操作系统将实现对安卓、iOS 应用的“兼容”，令全球开发者为之振奋，也引发了产业界的深思。作为国际软件产业巨头，在既往四十年的大多数时期，微软一直占据着桌面计算市场的霸主地位，系统的封闭性是其成功因素之一。可是，微软为何现在开始“拥抱”谷歌和苹果？此举是否会对现有市场格局造成冲击？会给我国软件企业发展带来哪些借鉴？这些问题值得认真探讨。

一、Windows 扩大兼容范围的做法与意图

（一）四措并举实现应用迁移

2015 年 4 月底，在 Build 2015 开发者大会上，微软宣布将打造 Windows 10 通用应用，通过四种方式实现 Windows 平台对安卓、iOS 等各类平台应用的兼容。一是支持 Web 应用迁移。开发者可通过微软提供的工具直接将 Web 页面打包成应用，调用系统通知、联系人、摄像头等 API。二是支持传统桌面程序迁移。开发者可直接通过 App-V 虚拟化技术将 .Net 和 Win32 应用转化为 Windows 10 通用应用。三是支持安卓应用迁移。开发者无需对原始的 Java 和 C++ 代码做太大改动，使用微软提供的 Visual Studio 即可重新对安卓应用进行编译，封装成为 APPX，该应用可通过微软在 Windows 10 中的子系统来完美运行。四是支持 iOS 应用迁移。iOS 开发者可以借助微软提供的 iOS Objective-C 编译器，重复利用已有的代码来编写 Windows 10 通用应用。

（二）浅层目的：丰富移动平台应用

应用匮乏是微软推广移动终端操作系统的主要瓶颈。微软很早就认识到移动平台广阔的发展前景，早在 2000 年就推出了首个适用于移动终端的操作系统

Pocket PC2000。但在智能终端操作系统开发和推广方面，进展一直较为缓慢，平台应用数量远少于两大竞争对手安卓和 iOS，并导致其用户数量不足、开发者热情下降。部分热门应用仅支持安卓或 iOS 平台，这成为用户放弃 Windows 智能终端的原因之一。截至 2014 年底，苹果 iOS APP 商店中的应用数量超过了 120 万，安卓平台应用数量接近 150 万，而 Windows Phone 的应用总数不足 50 万。

支持应用兼容有助于提升微软移动平台应用规模。开发难度和用户规模是开发者选择开发平台的两大主要因素。尽管微软为开发者提供了优异的开发工具和平台，但由于用户规模太小，开发者仍将安卓和 iOS 列为首选。如需开发 Windows 平台应用，开发者就要重新进行代码编写和编译，因此也很少有开发者乐于将其安卓或 iOS 应用迁移至 Windows 平台。此次，微软向不同平台开发者提供了更加便捷的开发工具，开发者可直接利用安卓及 iOS 应用原始代码，通过简单编译即可转换为 Windows 10 通用应用，大大提高了开发者进行应用迁移的积极性，使得应用软件数量有望快速增长。另一方面，据微软估计，未来三年内搭载 Windows 10 系统的设备将达到 10 亿台，庞大的用户规模对开发者具有相当大的吸引力。

（三）深层目的：打造通用系统新体系

简单的应用兼容无法推动移动平台的快速发展。自安卓成为移动终端首选平台起，其他平台也曾力图通过兼容安卓应用获取市场竞争力，但效果并不显著。在国外，黑莓 10 系统提供了兼容安卓应用的功能，但仍无法获得用户青睐；在国内，阿里 YunOS 虽可实现对安卓应用的兼容，但也无法撼动安卓的产业领导地位。显然，微软仅靠 Windows 10 对安卓和 iOS 应用的兼容，并不能实现其移动平台业务对谷歌和苹果的赶超。

应用兼容指向微软打造的“通用平台＋通用应用”的新体系。微软在实现应用兼容方面提供的四个途径，均指向通用应用开发，而这背后正是微软力图打造的“通用平台＋通用应用”的新体系。Windows 10 将是微软的第一个通用平台，不仅能打通个人计算机和智能手机操作系统，还支持平板电脑、Xbox 游戏机、智能穿戴设备等终端。在这个通用平台上，可运行的就是通用应用，各设备之间可以实现应用的无缝共享，用户在任意设备上均可获得优异的应用使用体验。同时，微软还开发了 Windows 10 应用商店，搭建起连接通用平台和通用应用的桥梁。

二、微软打造通用平台的优势与挑战

（一）优势一：技术能力构筑坚实基础

微软要想建立“通用平台＋通用应用”新系统体系，对于自身技术能力要求极高，这种面向普适应用的跨平台体系的开发和维护难度，也远远大于单一平台如桌面操作系统的研发，而微软恰恰是全球少数具备这种技术能力的巨头企业之一。当前，微软拥有约5万研发人员，遍布全球的微软研究院一直处在前沿科技研究组织的第一梯队，每年向微软贡献大量的新技术，促进微软新产品、新功能的开发和商用。在桌面计算领域，微软 Windows 操作系统、Office 办公套件以及 IE 浏览器均是卓越的软件产品。微软在软件开发和维护上的强大技术能力，为打造通用平台提供着强大的支撑。眼下微软正积极向移动计算拓展，除去为自身平台开发应用之外，在 iOS 和安卓平台上，Office、OneNote、Outlook、OneDrive 等产品也广受欢迎，凸显出了微软在软件开发中的强大实力。

（二）优势二：开放精神提供发展路径

作为传统的商业软件企业，建立完善的封闭体系长期以来都是微软发展的主要路径，Wintel 体系的构建助力微软实现了在桌面平台的长期称霸。当前信息技术的快速演进使产业格局发生了巨大变化，开放已成为企业提升市场竞争力的必然选择，而在移动平台竞争中坚持封闭路线的微软远远落后于开放的谷歌。显然，自2014年11月宣布将其 .NET 框架开源起，微软就开始沿着开放的路径不断前行：在技术领域，不断将其产品开源并积极参与开源软件发展；在市场方面，积极向广大企业张开双臂，欲建立更广泛的合作体系。2015年3月，微软与腾讯、360、小米等国内企业达成合作协议，拟共同建立基于 Windows 10 的应用生态。此次 Windows 10 实现对安卓和 iOS 应用的兼容，也是微软践行开放发展战略的体现。开放将使微软的产业生态更加完善，提高对开发者、用户、合作伙伴的影响力，助力其通用平台体系的构建。

（三）挑战一：市场竞争环境并不乐观

在桌面计算市场，微软仍旧占据行业领先地位，但营收却呈下降趋势，转型发展势在必行。微软首席执行官纳德拉上任伊始，就提出了“移动为先，云为先”的发展战略，试图在云计算和移动计算领域着力突破，但在这两个市场微软面临的竞争对手众多且强大，形势并不乐观。在移动计算领域，谷歌、苹果等公司已分别建立起完善的产业生态，并积极向其他新兴领域延伸。谷歌开发了专门面向智能手表的 Android Wear 和适用于汽车的 Android Auto 操作系统，苹果则为 iWatch 开发了全新的 Watch OS。微软要想实现其构建通用平台的构想，就必须面对来自谷歌、苹果等企业的竞争。

（四）挑战二：产品形态或难匹配市场需求

从市场需求来看，微软力图打造的“通用平台 + 通用应用”的新体系不一定能满足用户的实际需求，这就给市场推广带来较大的不确定性。与传统互联网相比，移动互联时代更强调与用户所在场景的对接，对终端平台和应用的个性化、定制化要求较高。用户需要的并不是一个通用型的信息处理平台，而是一个能满足其特定需求和彰显个性的智能终端设备和系统，谷歌研发的模块化手机正是瞄准了这一市场需求，而微软构建的通用平台则可能难以获得用户青睐。另一方面，微软试图用通用平台打通包括计算机、平板、手机等多个终端，而不同终端的应用场景和目的均不一样，使用通用平台并不能体现出各个终端的特异性，用户对不同终端的差异化需求或难以得到满足。因此，通用平台固然是微软在信息系统领域的巨大创新，但其是否受到用户欢迎还有待市场检验。

三、几点启示

（一）瞄准前沿领域提前布局

Windows 10 实现对安卓和 iOS 应用的兼容，反映了微软在移动平台业务发展中的无奈，毕竟，其在移动操作系统领域已远远落后于谷歌和苹果。反观谷歌，它之所以能在操作系统这个本不擅长的领域实现主导，无疑离不开早期在移动平台领域的提前布局。对我国企业而言，理应借鉴谷歌经验，认真研判全球信息技术演进方向，瞄准前沿领域提前布局，抢占产业先发优势。政府部门应定期组织专家研究未来前沿领域和核心技术，引导企业面向前沿领域进行技术突破和产品研发，抢占未来产业发展的制高点。

（二）开放思想加速完善生态

Windows 扩大兼容范围，反映了微软在产业发展中的开放思想，它正助力微软汇聚开发者、用户、合作伙伴等各类资源，构建产业发展新优势。未来产业竞争的聚焦点，将从产品转向生态体系，构建完善的生态将成为企业提升市场竞争力的必然选择。对我国企业而言，应积极建立开放发展战略，依托开源构筑企业技术能力，依托兼容共建产品应用生态，依托合作同享市场发展机遇。政府部门应注重建立国产品牌的协同发展机制，促进产品间的适配，构筑产业良性发展生态。

（三）注重人才培养和技术创新

微软之所以能为开发者提供一整套的应用迁移工具，打造“通用平台 + 通用应用”的新体系，就在于强大的技术能力，且离不开其遍布全球的研发队伍。随着新兴技术的不断演进，产业格局可以发生变化，而企业产品创新能力则始终源于其研发团队的技术能力，人才培养和技术创新一直都是建立企业竞争优势的核心要素。对我国企业而言，应注重对研发人才的引进和培养，提升研发人员在企业总员工中的比例，完善研发平台，加大对技术创新的投入力度。政府部门应进一步完善技术人才培养体系，推动海外优秀人才回国创业，创新专项扶持机制，为企业进行技术创新提供必要的资金支持。

本文作者：赛迪智库软件产业研究所　蒲松涛

Edge浏览器背后的微软发展战略及启示

近期，微软宣布将斯巴达（Spartan）项目推出的浏览器正式命名为Microsoft Edge，用于替代IE浏览器，引发了广泛关注。比之于IE，Edge浏览器在界面、功能等各方面均有较大提升，采用全新的渲染引擎Edge，深度整合了Cortana语音助手，并支持Chrome、Firefox插件的快速移植，还能提供页面标注、阅读模式切换、离线存储等新功能。事实上，IE浏览器自1995年发布以来，一直称霸市场，至今仍占据着全球一半以上的桌面浏览器市场份额。那么，在如此局面下，微软为何“抛弃”IE，开发新浏览器软件？这一举措与其未来发展战略有着怎样的联系？对我国软件企业发展有哪些启示？这些问题值得认真思考和探究。

一、Edge浏览器昭显微软发展新战略

（一）继续将浏览器作为抢夺互联网入口的最佳选择

在桌面互联网时代，浏览器是互联网信息流出入口的主要载体，是连接桌面用户和信息提供者之间的重要桥梁。用户可以通过浏览器获取互联网中的文字、图像、视频和其他信息，并实现与可视信息的交互。进入移动互联网时代后，用户获取信息的途径越发多样化，微信、微博等各类APP都在努力为用户提供更便捷、更直接的信息获取方式，浏览器作为信息门户入口的地位面临极大挑战。但随着HTML 5等技术的不断进步，浏览器的跨平台功能逐步完善，网页应用（Web APP）借助开发成本优势加速普及，浏览器依然是用户获取网络信息的首选平台，作为互联网入口、移动互联网入口的价值持续提升。

微软选择在浏览器领域进行产品创新，原因有二。一是在“移动为先”战略指引下，迫切需要拥有掌控移动互联网信息流的强大入口。单个APP作为信息流通道面对的用户有限，而基于具有通用性特征的浏览器，可搭建出跨平台的综合性信息通道，这与微软的全平台发展战略一致。二是微软在浏览器领域已经具备较强的技术能力，拥有业界领先的技术团队，对浏览器开发和运营模式相对

成熟，加上强大的品牌优势，更能为新产品、新战略的推广提供助力。

（二）瞄准移动战略发展，舍弃 IE 打造全新核心组件

历史上，IE 浏览器同 Windows 操作系统、Office 套件是微软成就桌面计算机软件霸主的“三驾马车”，曾拥有全球 95% 以上的桌面浏览器市场份额，当前份额仍高达 58%，IE 浏览器的标志“e”至今都是互联网的形象代表。

但近年来，随着移动终端逐渐抢食传统桌面 PC 市场，IE 浏览器的市场地位不断下滑。在桌面端，IE 受到 Chrome、Firefox 的挑战，市场份额逐年降低；在蓬勃发展的移动端，IE 的全球市场份额仅为 2%。在微软全面推进移动平台业务的当下，IE 的功能创新和业务拓展面临极大困难。一方面，微软如果要改进 IE，就必须实现向前兼容，而在一个已经非常臃肿的代码基础上进行创新，其难度远远大于重新开发一款新产品的难度，消耗的人财物成本和机会成本过高。另一方面，IE 的技术架构以桌面操作系统为根本，与移动平台间有着难以调和的矛盾，严重阻碍了浏览器功能的增加。因此，微软只能放弃多达 22 万行 IE 原代码，移除 300 多个 IE 独有的编程接口，重新开发 Edge 浏览器。

从发展策略来看，Edge 浏览器将是微软实现全平台发展的核心组件，可为微软在移动互联网领域发力提供重要依托。Edge 浏览器的多项新功能均指向移动互联网：采用全新渲染引擎，页面更加简洁，是为了减少浏览器的整体功耗，提升移动终端的续航时间，提高触控操作的有效性；笔记模式主要是方便触控操作下的信息记录；标注功能可为多平台之间的信息共享和网络用户之间的网页分享提供帮助；阅读模式主要针对移动终端用户的阅读体验改善；内置语音助手，Cortana 则是为了方便移动终端的信息录入。这些新功能能够改善面向触控操作和小屏幕环境下的信息获取及交互体验，在移动平台中的作用远胜于桌面平台。可见，微软开发 Edge 浏览器瞄准的主要就是移动终端市场，目的是成为移动互联网的流量通道。

（三）依托浏览器完善生态体系，加速移动市场赶超

Edge 浏览器另一个引人关注的特点是支持基于 JavaScript 的扩展程序，允许第三方对 Web 网页视图进行定制并提供新功能，支持 Chrome、Firefox 插件的快速移植，微软完善浏览器生态体系的决心可见一斑。近年来，Chrome、Firefox、Opera 等新型浏览器都将核心组件开源，开发者可便捷地在其平台上进行二次开发。与此同时，IE 却仍将其浏览器 Triden 引擎闭源，相比其他浏览器，在开

发生态方面已处于明显劣势。基于此，微软在Edge浏览器中增加了对Chrome、Firefox插件的支持，力图提高其对开发者的吸引力，完善其浏览器生态体系，在移动市场加快赶超步伐。不过，由于Chrome已经具备先发优势，并控制着开发标准的话语权，微软借力发展的前景如何，目前还存在着较大的不确定性。

二、微软开发Edge浏览器的启示

（一）传统软件依然是信息系统的重要支撑

传统软件是相对于新兴软件而言的，主要指各种基础软件、应用软件和工具软件，一直以来都是软件产业的重要组成部分，在软件产业体系中发挥着基础性作用，应用范围广泛。尽管云计算、移动互联网、大数据蓬勃兴起，并不断丰富着软件的内涵和外延，新兴软件产品和服务不断涌现，但传统软件的基础地位尚未动摇。以浏览器为例，它依旧是控制互联网信息流的第一入口，也是重要的应用分发和运行平台。谷歌、苹果、微软、搜狗、腾讯等国内外IT企业均投入大量资源聚焦浏览器产品和服务的发展。从微软投入大量研发资源开发Edge浏览器不难看出，微软依然将传统软件视为信息系统的重要支撑组件，浏览器在微软产品序列中依然处于核心地位。

（二）技术和产品创新是企业战略转型的重要路径

不容忽视的是，新兴信息技术的快速发展驱动着信息产业格局的变化，借助新技术、新产品、新业态的发展，谷歌、苹果等公司成为新一代的全球霸主，而传统软件和信息服务公司如微软、IBM、红帽等均在进行战略转型。微软开发Edge浏览器，无疑是其实施战略转型的利器。

从软件产业发展来看，新兴技术带来了传统软件需求端的巨大变化，软件的分发方式、功能定位也随之改变。企业在转型发展中，传统软件的功能也需要重新定义和设计，而不是简单的复制迁移，这就对传统软件企业的创新发展提出了新的要求和挑战。企业需要向微软学习，依托技术创新，适应移动端新的应用需求，以及跨平台统一、开放合作等新趋势，进行颠覆性的产品创新，提升企业的市场竞争力。

（三）完善生态是企业提升市场竞争力的关键

浏览器生态体系的构建，是指通过建设开放的合作平台，优化开发环境和政策，聚拢开发者和合作伙伴，丰富平台应用，增强平台的凝聚力和吸引力。微软浏览器与 Chrome、Safari、Firefox 等浏览器的竞争，归根到底是生态体系的竞争，谷歌正是通过积极扩张Chrome生态来不断蚕食微软的市场份额。作为落后方，微软发展 Edge 浏览器不得不采取依从 Chrome 生态的方式，以提升对开发者的吸引力。

当前，在信息产业的各个领域，竞争已经从单一的企业竞争演进到以聚合生态体系协同效应的全产业链竞争，生态体系建设的重要性更加凸显。在我国，百度、阿里巴巴、小米、浪潮等企业纷纷发力开放平台，努力构建“软件 + 硬件 + 平台 + 内容 + 应用”的完整生态体系，以增强核心竞争力。对软件产业而言，其生态体系的构建同样重要，只有整合和推动技术能力提升、服务模式创新、应用推广升级等多个环节，才能为产业进步创造更广阔的空间，提升竞争力。

三、几点建议

（一）加大对传统软件企业的扶持

一是加强对传统软件在信息系统中基础性地位的认识，加大对操作系统等基础软件领域以及测试平台的扶持力度，不断提高传统软件领域中的自主可控水平。二是向传统软件企业开放政府市场，继续推进国产操作系统、数据库等基础软件的政府采购。三是为企业开展市场推广活动提供资金扶持，选择部分行业开展国产传统软件的应用推广示范，鼓励企业采取软件免费等方式扩大用户规模。

（二）继续推进技术创新和产品创新

一是继续推进“核高基”重大科技专项工作，支持软件企业在旧产品改进和新产品研发方面进行技术创新和产品创新。二是组织专家组为我国软件企业转型发展提供指导，鼓励企业在转型中继续开展传统软件业务，建立面向传统软件的产品创新奖励机制。三是配合“中国制造 2025”方案实施，支持企业在工控中间件、物联网操作系统等领域开展研发创新。四是依托开源软件，构建基础技术能力，大力发展我国开源软件社区，构建汇集基础技术工具及软件的公共技术平台。

（三）构筑产业发展新生态

一是围绕我国操作系统等核心基础软件，继续推进国产软硬件适配工作，建立基于国产芯片、操作系统的信息系统发展生态。二是借鉴中国工业软件产业联盟发展经验，组织国内传统软件企业，组建中国传统 / 基础软件产业联盟，鼓励传统软件企业之间广泛开展合作。三是组织制定围绕生态构建的企业发展指导意见，鼓励软件企业借鉴国内外先进经验，建立提升产业生态竞争力的发展战略。

本文作者：赛迪智库软件产业研究所　蒲松涛　吕海霞　安　晖

GE借并购重组加速构建工业互联网生态系统

自美国2012年2月宣布实施“再工业化”战略后不久，GE正式提出“工业互联网”概念。三年来，GE对其业务进行了重大调整重组，剥离金融与家电板块，整合了核心业务板块，并在医疗、航空等领域迅速推出多个工业互联网项目。通过一系列的并购重组，GE试图迅速抢占战略高地，其工业互联网战略布局逐渐清晰。

一、围绕工业互联网，GE频繁并购重组

（一）通过并购整合加强核心业务板块

2012年以来，GE开展了多项围绕工业互联网项目的投资活动，不断强化在软件和硬件方面的建设，并加大在能源管理、石油天然气、航空、医疗、运输系统等领域的渗透与发展力度。

一是强化工业领域的软件服务能力。2013年，GE以1.05亿美元注资云服务和大数据服务公司Pivotal，购入其10%的股权，后者是由VMware和EMC合资成立，为工业化产品和服务提供数据服务。GE的软件中心以Pivotal的多个技术作为标准来开发新应用，拓展互联网产业在工业领域的应用。2014年5月，GE收购加拿大的网络安全公司Wurldtech，后者的网络安全相关服务既适用于炼油厂、输电网等复杂环境，也可应用于医疗器械、智能电表等单一设备。该收购将推动GE对关键工业领域的技术设施的网络安全保护。

二是弥补能源电力业务短板。2014年6月，GE以123.5亿欧元收购法国阿尔斯通的能源和输电业务，成为GE在工业领域规模最大的一次并购。此外，两者还将组建各占50%股份的合资公司，以管理阿尔斯通未出售的电力设备资产。两者能源设备类似，在热电领域存在互补，在风电、水电领域也各有所长，不但契合GE在能源业务的全球化布局，更重要的是可以弥补GE在输变电业务方面的短板，使其能够在此基础上加强能源管理系统的构建，优化能源系统设计。

三是加强医疗领域互联网融合。近年来，GE不断推进工业互联网在医疗资源共享、预防性维护及资产优化等方面的应用。2014年1月，GE宣布收购医疗人力资源管理软件及分析解决方案提供商API Healthcare公司，希望通过该收购为医疗机构提供实时数据监测，加强人员管理和患者的相互衔接。2月，GE又收购了一家手术室管理和分析解决方案提供商CHCA公司，希望借此提高手术室内各种手术流程中的决策和管理能力，“利用软件、实时数据和强大的分析能力帮助提升治疗效果”，不断推进医疗工业互联网生态系统的建立和医疗信息化进程。

四是构建联盟并广泛开展合作。2014年4月18日，AT&T、思科、GE、IBM和英特尔在美国波士顿宣布成立工业互联网联盟（IIC），以期打破技术壁垒，形成跨产业界的联动，通过促进物理世界和数字世界的融合，释放所有工业领域的商业价值。思科为GE的软件提供网络产品支持，英特尔的处理器与GE的系统进行集成，AT&T通过网络将火车、货轮和飞机引擎连入云端。早在2013年，GE就与亚马逊展开合作，利用其全球基础设施、广泛的服务和大数据优势，提供面向工业应用和基础设施的云解决方案。2014年10月，GE还与软银、Verizon和沃达丰达成全球联盟，为工业互联网优化无线网络连接方案。

（二）对非核心业务板块进行出售剥离

一是剥离金融业务。GE拥有庞大的金融业务，一直是金融和工业融合发展的典范，2014年金融业务甚至占到总利润的42%。但随着金融风险的加大，GE的金融业务也面临着愈加严格的金融监管压力。因此，GE主动剥离金融部门大部分业务，从而降低对金融业务的依赖，进一步回归工业领域。2014年，GE分拆了旗下金融信用卡业务以及消费金融公司；2015年3月，以62.6亿美元的价格将旗下金融子公司GE Capital的澳大利亚和新西兰消费者贷款业务出售给KKR公司和德意志银行在内的金融财团；2015年4月宣布，将在未来两年内继续剥离3630亿美元的GE Capital的大部分金融业务，以期更加专注于高端制造业。目前，对金融业务的剥离工作在加速进行中，但GE还会保留与航空、能源和医疗设备等领域相关的金融租赁业务，主要为工业部门提供必要的支持。

二是退出家电行业。2014年9月8日，GE宣布将退出家用电器行业，把旗下包括冰箱、洗衣机等在内的家电业务以33亿美元的价格转让给瑞典伊莱克斯公司，后者是欧洲最大的家电企业。GE家电部门唯一保留下来的业务是照明。

同时，其他电子电气巨头也纷纷退出家电市场。2014 年 9 月，博世集团以 30 亿欧元的价格收购西门子所持有的合资企业博世和西门子家用电器集团 50% 的股份，西门子从此彻底退出家电市场，主要业务将集中在工业、能源、楼宇、交通和医疗等领域。显然，国际巨头都开始淡出利润率低的家电行业，而选择那些利润和技术门槛更高的领域，GE 也朝着“去多元化”、专注发展高端制造业的方向发展。

二、GE 大力并购重组的特征与成效

（一）加快向软件和服务方向转型

GE 启动工业互联网战略，正是基于其在航空、医疗等领域高端机器和设备的制造优势，将这些硬件接入互联网后，物理资源优势就转化成为数据资源优势。GE 通过在硅谷建立自己的软件和分析中心，同时不断地收购整合其他软件公司的技术，大大增强了对数据的分析和处理能力。GE 将这些数据信息处理技术转化成工业互联网产品，以市场需求和行为为导向，致力于资产优化和运营优化，进而达到降低成本和提高生产效率的目的。除了进行发动机制造外，GE 还为全球的航空公司和航空货运公司提供服务，通过利用飞机性能数据、故障预测、恢复和规划，来提高飞机的运营效率。目前工业互联网产品的应用将为 GE 公司每台设备带来 3%—5% 的销售额增长，软件的销售额每年将增长 15%。GE 已构建起高端制造业的新商业模式，即向软件和服务化转型。

（二）着力打造开放式工业互联网平台

自 2012 年实施工业互联网战略以来，GE 用了短短三年的时间，就推出了工业互联网平台 Predix，并试图将其打造成工业互联网的操作系统标准，预计 2015 年 Predix 软件平台将向所有用户开放。该软件平台成为 GE 工业互联网生态系统的重要载体，它允许安装各种不同的工业软件，将各种工业装备、设备连接到互联网并接入云端，提供资产性能管理（APM）和运营优化服务，大大降低了企业应用工业互联网的门槛。为了进一步推广 APM 方案，GE 还发布了 Predix 应用工厂（App Factory），用于快速开发建模、实现和部署工业互联网应用。也正是基于平台的开放性，工业设备的互联网接入将加快推进，Predix 生态系统得以不断完善，从而为 GE 带来更多产品订单和服务需求。

（三）软硬件紧密对接，实现制造业智能化

GE 的工业互联网旨在将所有机器互联，并实现人与机器的互联，从而提升整个工业系统的效率。GE 的工业互联网生态系统包括三个层次：一是智能设备，不仅能够产生各种有效信息，还能向自身反馈并与其他设备分享；二是智能系统，它是一个统一、开放的工业大数据平台，可以连接所有物理设备；三是智能决策，可将庞大的工业数据转换为信息，并充分发挥机器的效用，以提升整个工业系统的效率。GE 的一系列收购和整合都是围绕这些方面展开。例如，对阿尔斯通的收购使 GE 构建起从发电、变压，到输配电、保护控制等一条完整产业链，通过将智能电力设备接入平台系统，可实现各机器设备间的协作，大大提升能源管理效率。同样，GE 的工业互联网也将推动飞机引擎、燃气轮机、医疗设备等大型工业设备的智能化，通过工业互联网系统平台，对智能设备产生的工业大数据进行分析，优化资产的使用和管理。

三、对我国的启示

（一）重视基础系统软件的开发和标准的制定

长期以来，我国重硬件制造、轻软件开发的现象十分普遍，智能制造装备生产企业的软件技术积累严重不足。在跨国公司布局智能制造装备模块化生产以及操作系统研发时，我国智能制造装备产业将面临基础操作系统缺失的风险。之所以从国外进口高端装备和成套生产线，一个重要原因就是我国缺乏自主工艺数据库和专家系统。未来高端制造业的发展将围绕软件系统展开，因此，必须重视基础软件系统和标准的制定工作，掌控自主智能制造产业制高点，避免在硬件制造中再次受制于国外操作系统。

（二）依托“互联网 +”，加快推进我国制造业的服务化转型

新一代信息技术的发展，使得新产品、新业态不断出现，也加速推动了制造业价值链向微笑曲线的两端延伸，服务型制造成为全球制造业发展的必然趋势。目前我国工业的制造工艺流程、盈利能力与发达国家还存在较大差距，而工业互联网可以提供现实的解决方案。我国企业应抓住“互联网 +”发展机遇，加强软件和硬件的适配集成能力，加快布局工业大数据、云计算、互联网工厂，注重信息化技术的落地，以信息化技术推进工业制造转型，提升我国制造业企业的服务质量和能力。

（三）推动交叉产业领域的广泛合作

GE 在构建工业互联网初期，就与电信运营商、大数据巨头、芯片和处理器的高端制造商等全球 IT 巨头展开合作。在将工业互联网产品推进我国市场后，又积极与我国电信运营商、电力工程公司、航空公司以及各大科研院所进行合作。工业互联网是一项各部门交叉性很强的系统工程，其强大功能的实现离不开人工智能、云计算、大数据、系统集成等相关技术。而我国要实现制造业的高端化发展，也必须依托相关产业的跨界融合，构建起跨产业联盟，增强不同行业间的融合协同发展。

本文作者：赛迪智库产业政策研究所　韩　娜

支付宝为何“微信化”

作为我国最大的第三方支付平台，支付宝于2008年推出手机支付业务，时隔一年发布了手机客户端，现已占据我国第三方移动支付近80%的市场份额。近期，支付宝发布了手机客户端9.0版本，最大的变化是新增了“朋友”和“商户”菜单。其中，“朋友”菜单与微信相似，包含了一系列生活和沟通功能，引起业界的高度关注。支付宝手机客户端为何“微信化”？此举能否被视为阿里巴巴进军社交领域的再次尝试？它昭示了“互联网+”背景下哪些新的发展趋势？这些问题值得认真探讨。

一、支付宝通过“微信化”完善移动生态布局

（一）支付宝升级至9.0版本，强化社交和O2O

支付宝手机客户端9.0版本通过三方面的更新，着力布局基于支付功能的社交服务和LBS本地化生活服务。一是引入一级菜单“朋友”，支持类似微信的聊天功能，可以通过添加好友进行一对一沟通与群组功能，并新增亲情账户、借款欠条、群组经费等基于支付的生活和沟通功能。二是添加一级菜单“商家”，用户可根据定位附近商户来进行消费，由阿里巴巴与蚂蚁金服近期联合投资60亿元的本地生活服务提供商口碑网进行运营。三是整合原本的金融服务功能，打通余额宝、招财宝、娱乐宝等所有账户并集中显示，同时开通购买股票、淘宝众筹等投资理财功能。

（二）应用场景持续丰富，打造综合移动平台

随着移动支付的快速发展和用户习惯的迁移，支付场景不再局限于手机购物等成熟模式，应用场景拓展成为本次支付宝变化的重点。通过引入“朋友”、“商家”菜单，并整合原有的金融服务，支付宝成为能够提供四大种类服务的移动生活与金融服务平台。一是线上消费，即网络购物、游戏充值等，支付宝能依托淘宝平台建立巨大优势；二是线下消费，包括餐饮、超市、医院、出租车等的各

类 O2O 服务；三是社交服务，即聊天功能及其基础上的亲情账户、借条等功能；四是投资理财，包括以余额宝为代表的基金投资、股票投资，以及小额借贷、众筹等其他互联网金融创新服务。

应用场景的丰富，不仅能助力支付宝发展，还为阿里巴巴庞大的业务和资源拓宽了移动互联网入口与平台。一方面，能够强化阿里巴巴对多元业务的整合，构建起包含社交、餐饮、电影旅游、物流、城市服务、金融服务在内的全业务平台。另一方面，通过开放各业务平台，与开发者、企业、政府共享入口、数据、用户等资源，构建健全的生态体系。比如，在“商户”模块下，入驻的商户、开发者都可以调用支付接口、信用接口和大数据接口等八大类接口，有助于进一步聚拢第三方资源。

（三）持续强化金融服务，提升综合应用价值

自成立以来，支付宝一直以互联网金融为业务重心，拥有显著的先发优势、庞大的账户体系和海量的数据积累。2013 年，余额宝的出现更是带动了我国互联网金融整体升温。随后，依托阿里巴巴的电子商务业务，商家数据、消费者数据、商品数据及电商合作伙伴数据实现融合，招财宝、蚂蚁花呗、芝麻信用等业务相继推出，为支付宝强化金融服务提供了有力支撑。

此次新版本在理财金融的基础上，还拓展了社交金融、消费金融等应用，加强了对用户、企业数据的深度挖掘分析，能够为互联网金融业务创新奠定基础。随着用户活跃度的提升和数据挖掘的深化，网络信用评价体系建设的健全，支付宝有望提供更加多样化、个性化、精准化的金融产品，满足中小微企业、创新型企业和个人的投融资需求，进一步提升支付宝的移动平台价值。

二、从支付宝“微信化”看互联网融合发展的新趋势

（一）“互联网 +”战略实施对互联网工具提出新要求

“互联网 +”战略的实施，凸显了互联网在经济发展中的重要作用，并对互联网提升经济社会创新力和生产力提出了新要求。此次支付宝由支付工具向基于支付功能的移动服务平台转型，顺应了互联网在新形势下跨界融合、整合共享的发展新方向。

一是移动应用与现实生活结合得更加紧密。随着互联网与人们工作生活各个层面的关系日益密切，购物消费、医疗健康、文化教育等催生出了巨大的应用

需求。以移动应用为载体，互联网企业响应新兴消费、新兴服务的发展需求，培育出了形式多样的新模式、新业态，比如移动支付、O2O社区服务、网络约租车等业务，互联网高效便捷的优势得到了充分发挥。

二是开放平台与各行业的融合更加深化。阿里巴巴、腾讯等企业已经依托平台经济模式实现创新发展。开放共享模式为企业提供了转型互联网的路径和工具，推动了传统企业与客户资源的有效整合，正成为互联网平台发展的重要方向。2015年初，微信推出“微信行业解决方案”，就推动了快递、百货、医疗等多个行业的移动互联网化。

三是互联网服务将依托新兴技术持续创新。“互联网+”提出了创新引领的要求，促使互联网企业必须巩固和提升其发展优势，加快推进融合创新。此次支付宝即是以数据聚合为突破口，运用大数据等信息技术探析市场需求，拓展互联网金融服务创新的深度和广度，以期加大对经济提质增效的促进作用。

（二）“互联网+”背景下原有竞争格局将发生变化

互联网和以互联网为引擎的新经济发展方式受到了各界的高度关注，争夺“互联网+”背景下产业制高点就成为互联网企业的竞争焦点。阿里巴巴、腾讯、百度等企业正从多个方向展开体系化竞争。

在新兴市场方面，智慧城市成为“互联网+”推进城市生产、生活和管理方式创新的主要体现。2015年以来，阿里巴巴、腾讯纷纷与各地市签署智慧城市战略合作协议。截至6月，微信已在11个城市上线“城市服务”平台，接入民生服务达150多项。同时，支付宝已在全国17个城市开通城市服务业务。此次支付宝的更新，“城市服务”直接列在应用首页，标志着智慧城市服务的重要性进一步提升。

在关键环节上，移动支付是贯穿互联网生态体系的战略级业务。随着互联网金融门槛的降低，互联网企业纷纷开始构建各自的支付系统。微信借助其庞大的社交基础，创新并推广多种应用功能，如微信红包、打车补贴等，微信支付才得以迅速成长。京东于2011年底全面停用支付宝，随后推出自己的支付工具——网银钱包。线下支付厂商也积极向移动支付拓展，如拉卡拉推出手机银行。在此形势下，支付宝作为高度依赖应用场景的支付工具，面临市场地位逐渐被稀释的挑战。本次增加社交和O2O服务，正是支付宝在添加服务窗、创新金融增值服务后再次扩展应用场景的重要举措。

（三）细分社交服务成为移动入口竞争的新焦点

微信、WhatsApp 等移动社交应用，是移动互联网的最重要入口，巨大的市场价值有目共睹。为布局移动社交，2014 年 Facebook 以 190 亿美元的价格收购了移动应用 WhatsApp。对于发展社交工具，阿里巴巴一直以来都在进行多种尝试，曾先后试图以旺信和来往等移动应用切入社交领域，建立自己的社交生态圈，但面对微信已然形成的进入壁垒，其收效甚微。

在此形势下，阿里巴巴等互联网企业大规模转向移动社交领域更加细分的领域发展，挖掘垂直群体需求。迄今，图片视频社交、职场社交等细分领域已经出现了一批用户规模增长迅速、活跃度高的社交平台，如 Instagram、美拍以及领英等。本次支付宝新增“朋友”功能，并以提供基于社交关系链的金融服务为侧重点，也正是支付宝以支付功能为突破口、建立社交网络的反向努力，即在个人财富管理的基础上，拓展亲情账户、亲密付等家庭财富管理，深入探索经费群组、借款欠条等社交金融功能。

不过，移动社交细分市场尽管潜力巨大，但其技术壁垒低、模式易被复制等问题，使社交产品有极大可能陷入胶着竞争。例如，国内图片社交应用由于模式创新的技术门槛较低，产品可替代性明显，在短期火爆后难以支撑有效的社交网络。在支付宝 9.0 版本中，“朋友”菜单的界面、交互与微信相似，在加深用户印象、降低学习成本的同时，也显现了当前互联网企业几近雷同的竞争手段。

三、三点建议

（一）围绕用户需求拓展新兴应用

一是积极拓展信息消费新渠道，创新生活服务新业态，支持面向城乡居民提供日常消费、家政服务、远程缴费、健康医疗等商业和综合服务的平台发展，推动文化、教育、旅游等在线服务模式创新，发展方便群众日常生活的移动位置服务产品。二是加快出台公平竞争审查制度，建立统一透明、有序规范的市场环境。组织开展创新政策清理，及时废止有违创新规律、阻碍新兴业态发展的政策条款，破除限制新服务、新商业模式发展的不合理准入障碍。

（二）面向行业创新产品和服务

一是鼓励互联网企业、网络运营商利用技术优势和产业整合能力，构建行业云服务平台，促进上下游企业和客户紧密对接，向企业和创业团队开放平台入口、数据信息、计算能力等资源，提供市场营销、经营管理等方面的支持和服务。二是以互联网企业、软件企业为主体，加强研发并推广基于移动互联网、面向特定行业领域及功能需求的企业级解决方案。三是支持互联网企业与金融机构合作，提供创新金融产品和服务，探索和利用云服务平台开展金融核心业务。四是加快高速宽带网络的建设，积极支撑和服务各行业，持续推进网络的提速降费，推动宽带普遍服务机制等措施落地。

（三）注重企业自主创新能力提升

一是引导和支持互联网企业加强技术研发能力建设，以专业服务提供和数据分析应用为基础，深化资源挖掘和形成具有竞争力的产品和服务。二是加大对中小企业、微型企业技术创新的财政和金融支持，落实好相关税收优惠政策。三是鼓励科研院所和高等学校更多地为企业技术创新提供支持和服务，促进技术、人才等创新要素向企业研发机构流动。引导和推动科技企业孵化器、新型孵化机构与高校、科研院所的技术成果转移相结合，完善技术支撑服务。加强知识产权保护，研究商业模式等新形态的知识产权保护办法。

本文作者：赛迪智库软件产业研究所　杨婉云　安晖

从中铁建“墨西哥惊变”看中国企业“走出去”

2014年11月6日，墨西哥撤销中铁建中标高铁项目的消息引起了国内外媒体的广泛关注。作为我国海外基建投资的“排头兵”，中铁建“墨西哥惊变”对我国企业“走出去”发出了警示。我国企业“走出去”虽取得了巨大成就，但也面临诸多问题。在国家“一路一带”战略实施，以及中巴和孟中印缅经济走廊、461中非合作框架等一系列战略构想的背景下，我国应抓紧研究制定有针对性的对策，以促进企业更好地“走出去”。

一、我国企业“走出去”的现状及特点

（一）我国对外投资规模快速增长，连续两年成为全球三大对外投资国之一

我国自2000年提出“走出去”战略以来，对外投资开始逐步提速。2002年，我国对外投资仅27亿美元，2003年为28.5亿美元；到了2013年，我国对外直接投资流量已达到1078.4亿美元，比2002年增加了近39倍，年均增速约40%。截至2013年，我国对外直接投资累计净额达到6604.8亿美元，全球排名第11位，连续两年成为全球三大对外投资国之一。2014年1—11月，我国实现对外直接投资898亿美元，同比增长11.9%。

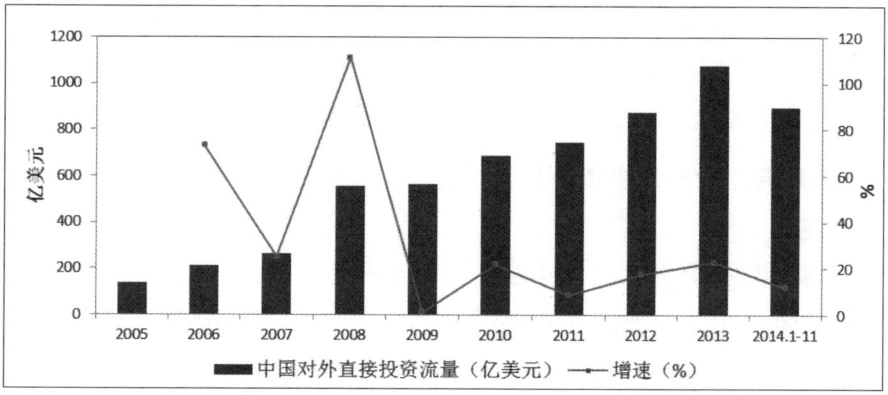

图1　2005—2014年11月我国对外直接投资情况

数据来源：商务部《中国对外直接投资统计公报》

（二）我国对外投资领域不断拓宽，制造业等五大行业占比超过八成

我国对外投资最初主要集中在商贸服务及能源矿产领域。经过多年的发展，对外投资领域逐步拓宽。截至2013年底，对外投资已涵盖国民经济所有行业类别，其中，租赁和商务服务业、金融业、采矿业、批发和零售业、制造业等五大行业累计投资达5486亿美元，占到我国对外直接投资总额的83%。特别是制造业领域，最近几年对外投资比较活跃，并已涌现出一批成功案例。比如，吉利并购沃尔沃轿车，三一重工并购德国普茨迈斯特，以及中联重科并购意大利CIFA等。

（三）我国对外投资国别涉及全球184个国家和地区，主要集中在欧、美、亚地区

根据商务部的相关统计数据，截至2013年底，我国1.53万家境内投资者在国（境）外设立2.54万家企业，分布在全球184个国家和地区。从地域来看，主要集中于欧、美、亚发达国家和地区。其中，欧美发达国家和地区的非贸易性投资占70%以上。从国别来看，美国、俄罗斯、日本、德国、澳大利亚聚集程度最高，集中了我国境外企业的43%。近年来，随着国际经济形势的变化，我国对欧洲地区投资出现下滑，在其他地区均有不同程度的增长。2013年，我国对欧洲地区投资下降15.4%；对拉丁美洲的投资增长最快，达到132.7%。

（四）投资方式日趋多元，跨国并购成为主要方式，且单项并购金额不断扩大

目前，我国对外投资的方式日趋多元化，有关专家总结出了海尔“安营扎寨”模式、TCL品牌共享模式、联想借船出海模式、华为以领先技术形成品牌优势方式等。虽然我国企业对外投资的方式多种多样，但近年来，对外投资已开始由绿地投资向跨国并购等方式拓展，并以跨国并购方式为主。据统计，2013年我国企业共实施对外投资并购项目424个，实际交易金额529亿美元。其中，中海油151亿美元收购加拿大尼克森公司，创下了我国企业海外并购金额之最。

（五）民营企业对外投资活跃，投资角色从全球产业链参与者逐渐向产业链主导者转变

近年来，民营企业日益成为我国企业海外并购的生力军，国有企业在对外直接投资中的占比却不断下降。据商务部统计，截至2013年底，在我国非金融类对外直接投资5434亿美元存量中，国有企业占比55.2%，非国有企业占比44.8%，同比上升4.6个百分点。同时，部分企业开始注重全球产业链整合，从全球产业链参与者逐渐向产业链主导者转变。据中国与全球化研究中心（CCG）统计，62% 的对外直接投资是为了获得销售渠道和营销服务的网络优势。

二、存在的问题

（一）对外投资目标不清晰，整体效益不高

相比于西方跨国公司 130 多年的发展历史，我国企业的国际化经营才二十多年，海外投资经营的经验积累不够，“走出去”效益不高。从企业“走出去”的动机看，与跨国公司通过“走出去”实现全球化战略布局相比，我国部分企业缺乏对外投资的长期发展战略，目标不清晰，投资存在一定的盲目性。从投资结构看，大多数以中小型项目为主，偏重于对加工制造初级产品等产业价值链低端的投资。从投资效果看，2009 年发达经济体对外直接投资绩效指数是 1.11，发展中经济体是 0.72，我国仅有 0.69，远低于世界平均水平，表明对外直接投资项目效益较差。

（二）品牌创建意识薄弱，国际竞争力不强

据商务部等政府部门统计，我国“走出去”的大部分企业主要依靠资金和劳动力优势，真正依靠自主知识产权和品牌的并不多，占比尚不足 20%。自主知识产权和品牌创建意识薄弱，导致我国企业“走出去”的影响力较弱。在世界品牌实验室发布的 2011 年“世界品牌 500 强”排行榜中，中国大陆只有 21 个品牌入选；而在美国国际品牌咨询公司（Interbrand）发布的 2011 年度“全球最佳 100 品牌排行榜”中，中国大陆没有一家企业入围。知名品牌缺乏，导致我国企业在国际市场的谈判能力低下，在产品定价和贸易方式选择上缺乏主动权和话语权，市场开拓难度较大。

（三）区域性风险防范不足，抗风险能力弱

我国企业对国际化过程中可能产生的政治、经济、法律风险等防范不足，导致投资失败频发。根据 CCG 对 2005 年 1 月 1 日至 2014 年 6 月 30 日期间发生的 120 件舆论影响大、投资失败的典型案例分析显示，25% 的投资事件是政治原因导致，16% 的投资事件是直接或间接因为法律原因而导致失败。例如，2011 年我国在利比亚投资了 50 多个大型项目，合同金额超过 188 亿美元，但因利比亚战争爆发这些合同大部分无法履行。另外，不同国家对外国投资的政策和法律存在差异，在国家安全、反垄断、环境保护、劳工、税务以及行业限制等方面有着

不同规定，而我国不少企业对国外法律不熟悉，守法不严格，面临较大的法律挑战。

（四）政策、融资、中介服务等配套体系欠缺

总体来看，我国企业的对外投资多是个体行为，缺少国家层面、政府层面的战略推动和法律保障，既不利于投资的顺利开展，也不利于国家监管和保护。同时，我国企业对外直接投资融资渠道狭窄。调查显示，大型国有企业和大型私营企业多为上市企业，资本市场是其对外投资的主要资金来源。同时，商业银行贷款、政策性银行贷款及并购贷款等专项贷款也主要向大型国企倾斜，中小企业在国际化运营方面融资普遍困难。此外，国内对外投资中介服务机构比如律师事务所、会计师事务所、资产评估公司、投资顾问公司等，由于专业经验欠缺，没能充分发挥作用。

三、对策建议

（一）加强宏观政策引导

一是研究制定“走出去”的国家战略规划，加强对我国企业“走出去”的宏观指导。在此基础上，研究制定高铁、核电、工程机械等高技术产业，纺织、服装、家电、食品等传统优势产业，以及钢铁、水泥、电解铝、平板玻璃等产能过剩产业“走出去”专项规划，研究制定有针对性的对外投资策略，提高企业对外投资的针对性、有序性。二是加快建立健全企业“走出去”服务保障体系和风险防控体系，为企业“走出去”提供相关法律法规、政策等信息服务，加强企业对外投资风险研判，对不同国家的经济发展水平、社会状况、科技实力、资源禀赋等做出综合评价，为企业提供海外投资环境信息，指导企业境外投资，防范潜在风险。

（二）增强企业竞争实力

一是引导企业做好与同行企业之间、产业链上下游之间，以及国企与民营企业之间的协调分工，避免同行之间进行恶性竞争，要形成合力实现“走出去”，提高我国企业的整体国际竞争力。二是强化技术创新，鼓励和引导企业在国外设立研发中心，提高适应本地化产品或方案的水平，实现从注重规模扩张向提升质量效益转变，更好地满足当地市场需求。三是鼓励和引导企业并购国外研发机构、国外品牌和营销渠道，不断提高企业研发设计能力、品牌知名度和市场占有率，

为企业创造新的比较优势，加快企业“走出去”步伐，实现国内产品升级。

（三）提高金融机构服务能力

一是在继续加强为企业境外投资提供专项贷款和担保业务的同时，进一步加强金融服务创新，不断完善金融服务功能和产品，提高为企业境外投资提供多元化、全方位创新金融产品服务的能力。二是与国际通行的融资模式相比，现行主权担保或资产抵押等主流融资模式严重制约了我国相关设备和技术优势的有效发挥，应加快推进以项目预期收入作为贷款抵押的融资模式改革，实现与国际通行融资模式接轨。三是引导金融机构加强对重点国别的产业政策和重点行业风险的研究，增强金融机构针对不同国别的风险管控能力，帮助企业降低、化解潜在风险。

（四）充分发挥行业协会和中介组织作用

一是充分发挥行业协会在行业自律、维护市场公平竞争、避免恶性竞争、承担政府转移职能等方面的作用，引导、组织、协调企业有序开展“走出去”。同时，积极发挥行业协会作为民间组织的优势，提高在处理贸易摩擦等国际经济争端中的话语权。二是继续提高中介机构在法律、知识产权鉴定与认证、项目评估、国际投资情报等专业服务能力，同时，还要鼓励其建立企业“走出去”的风险评估长效机制，加强对投资国别社会、政治、经济、法律法规、技术、市场等方面的风险研究与评估，为企业提供更具针对性的境外投资风险保障服务，降低企业“走出去”风险。

本文作者：赛迪智库规划研究所　黄玉洁　赵芸芸　王厚芹　邵立国

特斯拉在中国为何遭遇滑铁卢

作为电动汽车行业的领跑者，曾经一车难求的特斯拉如今在中国市场遭遇滑铁卢。2014年，特斯拉海关进口量为4800辆，在中国实际上牌量为2499辆，相对美国总部定下的10000辆销售目标，最终完成额不足25%，中国成为特斯拉在全球唯一有多余库存的市场。此外，特斯拉中国区大规模裁员、高管频频离职等风波不断。与此相对应，2014年中国市场共销售电动汽车45048辆，同比增长211%，比亚迪、众泰等国内企业的电动汽车销量均实现了大幅增长。那么，为何特斯拉在中国市场经营惨淡？对我国电动汽车的发展又有何启示？值得我们深入研究。

一、特斯拉在我国为何经营惨淡?

（一）失“天时”：盲目自信的市场规划

特斯拉被美国的成功和进入中国市场的一时热捧冲昏了头脑。经过在美国十多年的苦心经营，依靠其出色的外观和加速性能，特斯拉带动了全球电动汽车热潮。2013年11月特斯拉进入中国市场，原定2014年3000辆车的销售目标，仅在一季度就基本完成。在意外惊喜的刺激下，2014年3月，特斯拉中国区接到了美国总部5000辆车的新销售指标。2014年4月底，特斯拉创始人兼CEO埃隆•马斯克造访北京、上海和杭州等城市，面对狂热的粉丝，他和特斯拉团队建立起了期望2014年在华实现销售10000辆车的目标。

然而，在热潮过后，2014年特斯拉在我国的销售量不足预期目标的25%，惨淡的经营业绩使特斯拉在我国迅速走下神坛。特斯拉在美国的成功做法，比如零库存的订单制造、“苹果”式的营销、急剧膨胀的团队、不兼容的充电方式、自主建设的充电网络等，在我国带来的却是大量“跑单”，进口量与销售量之间的巨大差距，以及顾客对销售方式的不认可、不堪重负的人力成本。

（二）失“地利”：充电方式不与国标接轨

在欧洲、日本和中国等国家和地区力求实现充电方式兼容的大背景下，特斯拉的做法特立独行，其单打独斗的充电模式，使其游离于我国电动汽车发展大潮之外。在我国政府推动下，针对电动汽车的充电网络正在不断拓展，此时原本有可能成为特斯拉等国外电动汽车进入我国市场的良机，但马斯克却固执地将其在美国自建充电网络和设施的方式引入中国，坚持自己的充电接口标准，这就丧失了加入中国新能源汽车大发展的最佳切入时机。其原因有三点。第一，特斯拉没有考虑中国家庭与美国家庭在住房上截然不同的区别，家庭充电桩的配置在我国一时还难以实现。第二，仅在大城市中建设超级充电站，没有考虑用户长途旅行的需要。第三，与国家充电标准不兼容，自大任性的表现使其失去了融入本土体系的良机。美国公司到中国来，就应该遵守中国的标准。

（三）失“人和”：决策失衡造成人事变动频繁

不断更迭管理团队，是导致特斯拉在华急功近利、失去市场信任的一大败笔。特斯拉自进入中国市场后，高层人事变动频繁。按时间脉络梳理，2013 年 3 月，原宾利中国区总经理郑顺景加入特斯拉，担任中国区总经理，2014 年 3 月离职；2013 年 11 月吴碧瑄加入特斯拉，担任全球副总裁兼中国区总裁，位居郑顺景之上，2014 年 11 月离开特斯拉，在任时间同样仅一年；2015 年 1 月离职的特斯拉全球副总裁、大中华区 CMO 金俊，在职时间仅 4 个月。对于需要经验积累和关系沉淀的中国市场而言，过于“集权”的马斯克，使特斯拉中国区一直没有清晰和统一的管理权划分，管理层缺少足够的话语权。马斯克奉行不妥协的管理模式，以自己的心理预期和满意程度作为用人评价的标准，而且急于求成，致使其中国团队不断更迭。管理层短期更替的恶性循环和大幅裁员，不仅使特斯拉中国团队人心浮动，更严重影响了特斯拉在中国的形象。

二、特斯拉在我国陷入困境带来的思考

（一）应尊重汽车市场的客观要求

无论是传统汽车还是电动汽车，必须明确自身是汽车家族的一员，才可立足汽车市场。一方面，汽车在市场中有其商品价值和使用价值，对品牌、外型、配置、性能、价格的偏好都会影响顾客的选择，忽视其中任何一个因素，都可能影响汽车在市场中的份额。电动汽车的消费者，都不同程度地体验过传统汽车，

出于思维惯性，他们仍会从汽车设计、制造、销售、服务和驾驶等角度去评价特斯拉，调查显示，特斯拉提供给消费者的驾驶感受是比较难以适应的。另一方面，中国汽车市场有自己的特色，消费者有自我评价标准，面对中国消费者的热情，特斯拉在销售时的预订模式和8—9个月的长周期提车期限，表现出了过分自信，其实是对中国消费者购买习惯缺乏认识和尊重的表现。

（二）靠单方力量无法解决充电问题

公共充电网络和个体充电桩的建设，必须依靠多方力量来实现。国内外充电网络建设的推动力主要来自于政府，电网企业、电动汽车制造企业、社会资本是建设和投资的三个主要参与方。纵观全球，由于电动汽车保有量少，充电站收入有限，致使其实现运营赢利比较困难，直接影响了各方对充电网络建设和投入的热情，这也成为各国和地区充电网络建设低于计划目标的主要原因。目前，我国电网企业关注更多的是干线公路的充电网络建设，社会投资关注更多的是城市公共场所的充电站建设，车企则在用户个人充电设施建设方面承担着重要角色。尽管国家和地方政府均采取了一系列政策，鼓励推进充电网络建设，但由于体制机制、经济效益等问题的制约，尚无企业在充电网络建设与运营中发挥主导作用，致使充电建设的长期性和稳定性受到影响，难以吸引更多社会投资参与，特斯拉在美国的充电网络建设模式显然是不能照搬到中国的。

（三）用本土化推动电动汽车发展

由美国总部制定中国市场的销售战略，是特斯拉中国团队难有作为的主因。特斯拉的几任中国区负责人都非等闲之辈，他们及其团队针对中国市场的发展，以及处理特斯拉进入中国后遇到的问题，都提出过许多有价值的建议。例如，特斯拉中国区2014年曾高调宣布进驻天猫商城，参战天猫“双11”购物狂欢节，这是特斯拉中国在自身官网销售渠道之外，首次尝试与第三方平台联手销售合作。但可惜的是，该计划最后遭到美国总部的强势否决。天猫合作风波暴露了特斯拉中国与美国总部的沟通不畅，以及特斯拉在中国市场落地的难度。入乡随俗是国外汽车进入中国市场的一条成功经验，德国和日本汽车企业在华的成功，就离不开他们本土化的发展模式，而特斯拉在美国的成功也得益于他们对美国市场的了解，但很显然，特斯拉在进入中国市场时却忽略了本土化。

三、对我国电动汽车发展的几点启示

（一）通过标准化支持电动汽车规范发展

坚持和完善我国电动汽车标准体系是支持我国电动汽车发展的关键。我国电动汽车标准已处于国际前列，有些标准要求更严、更细、更全。为了更好地支持我国电动汽车的发展，在标准化方面应做好以下工作：一是增加电动汽车安全强制标准。因大量电池的存在，消费者对电动汽车安全性能的担忧更多一些，而安全标准的缺失会直接制约电动汽车的发展。所以，除了继续抓好技术进步外，还需明确安全定义和安全值范围，通过建立强制标准为电动汽车安全认证打好基础。二是继续完善充电标准体系。在达到充电接口统一的最基本要求后，充电电压、充电电流、交/直流充电方式等也需要有统一的标准，统一标准的充电设备是电动汽车发展的基石，欠缺标准的“兼容”易缩短电池寿命，形成安全隐患。三是加强国际合作，特别要充分利用中欧、中德、中美、中日政府间的合作机制，全面推进我国电动汽车标准体系的国际化进程，加大我国的话语权。

（二）让车企成为充电网络建设的主导者

作为电动汽车发展的主要受益者，制造企业应当更多地承担起充电网络建设和运营的责任；不能因为特斯拉自建网络遇到困难，就否定车企在充电网络建设中的地位。特斯拉在美国充电网络建设的成功经验，以及日本车企联合建设充电网络的做法，都是我国可以借鉴的经验。一是要支持车企联合充电服务企业在公共区域建设充电网络设施。借鉴日本的成功经验，由充电服务企业承担建设成本及维护费用，在政府投资或基金的支持下，在商场、超市、便利店等公共商业区域设置充电设施。二是鼓励车企主导家庭充电设施的建设。家庭慢充是电动汽车最合理的充电方式，应出台激励和补贴政策，将电动汽车销售与家庭充电设施配套纳入城市电动汽车发展鼓励措施中，政府主要负责“清障”工作，应协调家庭充电桩建设中企业、社区、电网之间的关系。三是采用新能源建设充电网络。将光伏和风电等可再生能源的支持政策与电动汽车发展接轨，借鉴特斯拉的经验，支持车企主导可再生能源免费充电设施与网络的建设，使新能源汽车真正使用新能源，降低电动汽车使用成本。

（三）推进电动汽车发展应以用户需求为导向

满足用户需求应成为我国电动汽车发展的首要方向。成本高、充电难、续航里程短一直是困扰电动汽车发展的三大障碍。基于此，推动电动汽车发展当前应重点做好两方面的工作。第一，支持满足我国消费者实际需求的动力电池发展。要把关注重点更多地放在电池的安全性、使用寿命、能量密度提高、降低成本、环境适应性等五个方面，重点发展经济适用、安全可靠的电池产品，降低整车成本。第二，充分发挥市场配置资源的决定性作用。政府在电动车充电设施建设中，要做到既不缺位也不越位，建议出台相关政策，要求一线城市的新建小区和商住楼宇必须建设一定比例的充电桩，或者是提前铺设好电线、预留电容，并将该模式逐步向二、三线城市推广，鼓励已建小区实施充电桩建设改造计划，发展便携式充电装置及配套服务。

本文作者：赛迪智库安全产业研究所　高　宏　刘文婷

特斯拉发布“大电池”产品剑指何方

2015 年 4 月 30 日，特斯拉在美国召开新品发布会。与以往新品发布不同，此次并未展示其引以为傲的电动汽车新产品，而是郑重发布了被外界称为“大电池”的“Tesla Energy”电池组，由此正式进军储能①行业。从电动汽车产业到储能产业，特斯拉开启了全新的商业尝试。对特斯拉而言，锂离子“大电池”进军正在兴起的储能行业看似冒险，实则是“进可攻、退可守”的一步好棋。

一、特斯拉为何要推出“大电池”产品？

（一）是开辟储能新市场的重要步骤

特斯拉在此次新品发布会上推出了两种锂离子“大电池”产品。一种是家庭使用的储能产品 Powerwall，分 7KWh 和 10KWh 两个版本，售价分别为 3000 美元和 3500 美元；另一种是供商用和公用事业使用的储能系统 Powerpack。Powerpack 可以无限扩展，由多个容量为 100KWh 的电池模块组成，可集成并适用于各种规模的项目。实际上，特斯拉推出锂离子“大电池”，是其正式宣告进军储能市场、开拓储能新市场的重要步骤。之所以选择在这个时间点，则是因为目前美国乃至全球储能市场拥有着良好的发展前景。

据不完全统计，截至 2014 年底，全球化学储能在电力系统的累计装机总量达到 840MW。在美国市场，加州的 1.325GW 储能系统采购量给了储能产业参与者更多的信心和希望，“自发自用补贴计划（SGIP）”的延长，也为储能盈利模式的探索创造了更多机会。在澳大利亚、德国和日本等国市场，金融资本的支持使得家用光储系统获得了更多的市场机遇。

（二）是巩固电池领域优势的重要举措

特斯拉的旗舰产品 Model S 电动汽车凭借出色的锂离子电池控制技术、长续航里程、良好的起步加速性能，以及较高操控性、强烈的科技感等优点，一经推

---

① 本文提及的储能仅指用于电力网络的化学储能。

出就受到了广大潮流人士的热捧，被誉为“电动汽车界的苹果”。其中，最关键的还在于特斯拉独有的锂离子电池控制技术。特斯拉推出“大电池”产品，不仅可以帮助其打开锂离子电池产品的应用新蓝海，将优势拓展到储能领域，还有望反过来拉动电动汽车的发展。此外，它也有利于扩大特斯拉“超级电池”工厂的规模优势。特斯拉投资50亿美元打造的“超级电池”工厂将在2015年底投产，届时，其锂离子电池系统产能将得到大幅度提升。不过，由于特斯拉电动汽车走高端路线，销量增长幅度有限，可能会使“超级电池”工厂的产能无法得到充分发挥。此时进军储能市场，则可有效利用“超级电池”工厂产能，发挥规模优势，进一步提高其电池产品的市场竞争力。

（三）是实现发展战略目标的重要一环

当前，随着环保压力的日益增大，世界主要国家纷纷将发展太阳能、风能等可再生能源上升为国家战略。但由于太阳能发电、风能发电具有间歇性，峰谷之间变化很大，要避免出现“弃光”、“弃风”，就需“削峰填谷”，而关键就在于储能。

特斯拉发布的用于储能的“大电池”产品，可以充分发挥“移峰填谷”作用，更好地利用太阳能、风能等可再生能源，促使电能网络更加环保，助力其践行“无污染能源公司”的承诺。特斯拉CEO马斯克曾宣称，“我们的目标是从根本上改变全球能源使用方式，让电池储能规模达到兆兆瓦级。目标就是彻底改变全球的能源基础设施。”从这个意义上说，“大电池”产品是特斯拉实现其战略目标的重要一环。

二、锂离子“大电池”的应用前景

（一）从近期看，锂离子“大电池”有望成为储能行业新热点

在欧美家庭、商业和公共事业等领域，分布式光伏发电系统的应用日益广泛。出于维护电网的稳定性和提高发电利用效率等方面的考虑，欧美等国家和地区大都倾向于注重储能市场并给予相应补贴，从而使全球储能市场尤其是分布式光伏用储能市场得以快速崛起。与大型风电站、太阳能光伏电站相比，分布式光伏系统能利用的储能技术十分有限，一般采用化学储能即电池储能。目前常用的电池纯能技术有6种，如表1所示。

表 1　常用的电池储能技术比较

储能技术	能量密度（Wh/Kg）	成本（$/KWh）	安全性	寿命	循环次数	电压
铅酸电池	30～50	100～250	有毒	3～5年	500～1000	2V
钠硫电池	150～240	300～500	易燃易爆	5～10年	2000～3000	2V
全钒电池	80～130	150～1000	高	10～20年	>10000	~1.5V
锌溴电池	30～50	150～1000	有毒	5～10年	2000～3000	1.8V
锂离子电池	150～250	250～1000	过热易燃	5～10年	1000～3000	3.3～4.2V
超级电容器	1.5～2.5	300～2000	高	20年	>10000	<2.7V

数据来源：赛迪智库整理，2015 年 5 月

在各种技术中，锂离子电池由于有技术成熟、比能量高、稳定性好、价格较为适中等优点，非常适合分布式光伏用储能市场，因此成为当前储能行业的热点和主导技术。特斯拉此次推出的家庭储能产品，体积小巧，外形美观，非常适合家庭使用，有望成为储能行业关注的新热点。

（二）从远期看，锂离子“大电池”将占据储能市场的主要份额

尽管当前锂离子电池在全球电池储能市场的份额还低于钠硫电池，但综合来看，锂离子“大电池”有望成为电池储能市场最重要的组成部分。

从技术演进看，铅酸电池由于能量密度低、使用寿命短等问题，在储能市场很难与其他电池技术竞争。同时，钠硫、全钒、锌溴和超级电容器这四种电池的发展局限性较大，产业成熟度不高，近年来吸引投资的力度并不大，而且主要技术仅掌握在少数企业手中。相比之下，锂离子电池不仅产业规模遥遥领先，应用领域也广泛得多，而且近两年来已在全球范围内吸引了超过 300 亿美元的投资，并且还将进一步加快其性能提升和成本降低，锂离子电池技术在储能领域的优势也会更加突出。

从市场前景看，随着太阳能光伏装机量的快速增长，全球主要国家纷纷将发展重点由大规模电站向分布式光伏系统转移，补贴力度也向分布式光伏系统倾斜。它将有力带动非常适合分布式光伏储能的锂离子电池需求增长，目前市场份额第一、更适合大规模电站的钠硫电池则将被锂离子电池超越。

从长期看，随着太阳能光伏、风电站装机量的不断提升，储能市场需求也将快速上升。对锂离子电池而言，这是一个前所未有的机遇，也是一个庞大的极具潜力的市场。

（三）从我国需求看，“大电池”市场潜力还需进行有针对性的发掘

与欧美国家相比，我国太阳能光伏、风能等新能源装机量增长迅猛，且主要集中在大规模电站，但几乎都没有配置电池储能系统，仅有的几个配置了电池储能系统的光伏项目都属于示范工程。2014 年我国化学储能在电力系统的累计装机总量大约只有 80MW，但锂离子电池的应用却比例超过了 70%，是全球锂离子电池应用比例的两倍左右。考虑到 2014 年我国光伏累计装机量不足 30GW，国家能源局设定的 2020 年目标为 100GW，所以新能源发电的发展空间非常大，也给电池储能及“大电池”产品带来了巨大的潜在市场。

在具体应用市场方面，受居民收入水平、日照资源、屋顶资源等因素影响，我国家庭用分布式光伏系统发展十分缓慢，甚至基本上不存在家用电池储能需求，这一点与欧美国家有着很大区别。相反，我国大规模光伏电站、商业和公共事业分布式光伏系统的装机量则迅猛增长，电池储能市场也主要集中在这两个领域。

不难看出，我国“大电池”市场前景广阔，但需要进行有针对性的发掘，而不适宜照搬国外模式，特斯拉开发的家用“大电池”产品在我国市场的反响就不一定会很高。

三、思考与建议

（一）重视储能市场发展

在我国将新能源上升为国家战略并大力发展的同时，也应对储能市场给予同样重视。从国家层面看，我国正在调整太阳能光伏发展战略，分布式光伏电站成为发展重点。随着装机量的快速扩大，不管是从保护电网还是提高光伏发电利用效率的角度出发，适当增加电网储能非常有必要。从企业层面看，用于消费类电子（手机、电脑等）的锂离子电池市场增速放缓、集中度愈发集中，而电动汽车用锂离子电池供应商有限，开辟新的市场对锂离子电池企业可持续发展十分重要，潜力巨大的储能市场理应受到重视。尤其是在我国迫切需要培育新经济增长点的背景下，培育储能市场不仅可保障电网安全，还有望形成新的产业增长点。

（二）推进产品创新、应用创新和模式创新的有机结合

特斯拉发布的家用“大电池”产品，形态上应当算得上是一件艺术品，只有约 7mm 的厚度，可以挂到墙上，在当前推出的“大电池”产品中卓尔不群。

从电动汽车到储能产品，特斯拉实现了产品创新与应用领域的有机结合。这一点值得我国企业借鉴，尤其是在“互联网+”时代，仅仅依靠产品创新并不足以取得市场优势，只有充分了解消费者实际需求，通过产品创新和应用领域的完美结合，才有可能在激烈的市场竞争中占据主动。

（三）主动引导和培育储能消费需求

任何新生事物进入市场，要最终得到消费者的认可，都需国家通过适当手段主动引导和培育消费需求。对于储能，美国加州政府没有采用电动汽车一样的税收减免政策，而是通过行政手段提供储能市场空间，德国则按照家用储能系统给予资金补贴。因此，要培育我国的储能市场，并带动锂离子电池产业发展，也必须采取有效手段主动去引导和培育消费需求。一是通过行政手段，要求大规模光伏电站、商业和公共事业分布式光伏系统项目必须配置一定规模的储能电池系统。二是对储能电池系统按照装机容量通过各级财政资金给予一定的补贴，补贴比例和方式可以多样化。三是对于储能电池系统上网电量，根据我国新能源发电上网补贴相关规定，由中央以及各地方政府给予补贴。

本文作者：赛迪智库电子信息产业研究所　余雪松　安　晖

借力众筹推动智能硬件创业企业成长

自2014年起，智能硬件领域开始异常火热，被视为潜力巨大的新经济增长点。与传统电子领域相比，智能硬件具有创意主导、进入门槛低等特点，吸引了大批初创型企业。然而，这些企业普遍面临研发资金缺乏、营销渠道不畅等问题，互联网时代的“众筹”模式与智能硬件在发展特点上有着天然的适配性，在推动智能硬件发展方面能够发挥积极作用。那么，众筹对推动智能硬件创业企业发展有何作用？当前面临哪些问题？如何更好地运用众筹模式营造良好的创业发展环境？

一、众筹助力智能硬件创业企业发展的主要优势

（一）众筹的普惠金融特性可为智能硬件产品开发提供便捷可得的资金支持

对智能硬件创业企业来说，资金瓶颈是其实现从创意到成品的最大“拦路虎”。这些企业普遍规模小、合同少、可抵押资产不足，难以从以趋利避险为首要诉求的银行等传统金融机构获得启动资金支持。融资门槛低、融资方式灵活、直接面向大众、带有普惠特质的众筹，就成为解决智能硬件创业企业资金问题的最佳选择。只要产品创意足够，并且能打动投资者和用户，企业就有可能通过众筹获得较为充足的资金支持。例如，可实现路由器零配置的“吻路由（Kisslink）”登陆京东众筹不到24小时，就获得了近5000人的支持，筹资金额超过百万元；针对0—10岁儿童呼吸系统特征设计的“三个爸爸空气净化器”上线不到两小时就筹集了100万元，上线29天众筹金额突破1000万元。可见，众筹的资金筹集速度远远快于传统金融模式，对亟需资金的创业企业而言更显宝贵。

（二）众筹的市场验证特性为智能硬件产品开发提供了及时精准的需求指导

依托互联网提供的充足信息资源和多元交互渠道，消费者需求的个性化特征得以大大彰显，也使得市场呈现愈加细分的发展趋势，单个企业产品开发面临的不确定性显著增加。智能硬件产品能否对接目标消费者的个性化诉求、切中其

需求痛点，目标市场是否具有充足的容量，已成为决定产品价值和未来发展空间的关键。与产品问世并投放市场后才能得知消费者确切反馈的传统开发方式相比，众筹模式有着资金募集达到一定标准项目才开始运作的基本要求，这就促使产品在创意阶段就要与市场需求紧密对接，通过筹资金额和市场热度就能验证开发方向的正确与否，从而大大降低产品开发的市场风险。众筹所具有的市场验证功能，为产品提供了市场“试金石”，进而为智能硬件产品迅速产品化和企业迅速成长提供了需求指导。

（三）众筹的交互参与特性为智能硬件企业经营提供了高效互动的营销平台

双向互动是互联网的重要特征之一，互动过程既是多源信息的交换过程，又是产品和品牌的共建过程，更是目标客户的发现和培育过程。通过众筹，开发者与潜在用户之间进行开放式的双向沟通，可使产品在创意阶段就及时修正方向偏差、提高市场成功率，同时也可以在短时间内为产品集聚忠实的粉丝和极客群体，并使他们愿意为一个创意、一个想法或一个仍处于襁褓之中的产品付费，愿意不断地献计献策，与创业者共同创造一个“共有的”产品或品牌。这种互动模式将产、用双方紧密结合在一起，每个用户都可深入参与到产品设计的每个环节，可以见证和体验产品由生涩到完善的历程。与此同时，企业的理念、品牌形象也逐渐植入用户心中，无形中提高了用户的，也为企业提供了互动高效的营销渠道和品牌基础。

（四）众筹的商业模式创新性为智能硬件企业提供了更加完善的创业生态环境

作为资金募集达标项目才运作的 C2B 模式，众筹模式重构了价值创造流程，将产品开发、资金获取与需求发现诸多环节并行融合，因而改变了价值要素的组合方式。这种将投资者与消费者角色合二为一、交互开放的模式，提高了价值创造效率，是对传统商业模式的一种颠覆性创新。这种创新能有效化解智能硬件初创企业面临的资金和市场瓶颈，降低风险，与传统的先研发、生产再销售的 B2C 商业模式相比，它能够更好地解决技术、资金和市场等方面的问题。对尚处于探索期的智能硬件创业企业而言，众筹模式提供了更优的创业生态环境，可大幅提升创业成功率。

二、众筹助力智能硬件创业企业发展面临的问题

（一）法律不健全致使投资者权益无法得到有效保障

虽然“智能硬件＋众筹”的发展模式风光无限、赚足了眼球，但却始终无法掩盖项目落地后的各种“尴尬”。其一是质量问题。与传统的商品预售制不同，通过众筹获得的商品一旦出现质量问题，对相关商品的赔偿、退款和召回程序目前还没有明确的法律规定。法律空白导致监管主体、监管手段、监管程序不明晰，也为一些不良商家逃避责任提供了可钻的漏洞，致使消费者投诉无门，权益无法得到有效保障。前不久，某款无线充电产品因与众筹宣传效果存在较大差距，被众多投资者投诉，投资者在多次向项目团队维权无果后，众筹平台又以项目已经结束为由，拒绝提供任何售后服务保障。

（二）产业链配套不健全致使智能硬件项目频繁“跳票”

据统计，目前国内有 70% 的众筹项目都存在延期交货的“跳票”现象，“跳票”已成为众筹项目挥之不去的阴影。土曼 T-Fire 手表承诺 2014 年 11 月 11 日发货，但直到 12 月 22 日才发出第一批测试工程机，数量也仅仅只有 500 台。利用 NFC 技术帮助用户方便控制智能手机的智能手环 HALOBAND，原定 2014 年 3 月发货，但真正发货时间是 2014 年 7 月。频繁“跳票”与智能硬件产业链配套不健全有着直接关联。很多众筹产品创意虽好但缺乏相关制造工艺、新材料开发、供应链支撑等方面的配套，致使“跳票”不可避免。而频繁“跳票”又可能使众筹平台和众筹项目逐渐失掉用户的信任，从而动摇众筹这种融资方式的生存根本。

（三）创意创新保护不力致使项目被抄袭风险加大

智能硬件产品的最大价值在于其创意，但众筹模式的流程使得上线项目要吸引潜在投资者，就必须公布足够的信息。加之目前多数众筹项目开发周期过长，导致了参与众筹的智能硬件产品容易被山寨、被抄袭。例如，可以充当手机任意键的超级按键 Pressy 项目在众筹网站上线后，虽然凭借功能强大、设计独特获得了 70 万美元的筹资，但在其还未提交专利申请、也未做出产品时，两款功能相似且报价较低的产品就已抢先发布，致使 Pressy 的商业价值荡然无存。可见，初创型智能硬件企业很容易陷入一种两难境地，参与众筹，被抄袭的风险加大；不参与众筹，又无法获得足够资源推动项目继续前行。

（四）行业监管不力致使虚假众筹行为盛行

当前，我国关于众筹的相关制度和监管体系尚不完善，一些虚假众筹行为频频出现。比如，由于众筹能够帮助创业团队获得资金，还能在短时间内帮助产品获得极大的市场关注度，因此有些并不缺乏资金的企业把众筹平台当成了市场推广的新渠道和增强用户黏性的新手段。还有些项目为了达到筹资目标进行虚假宣传。比如，某品牌手机在众筹时宣称手机图形处理器（GPU）是 16 核，但在众筹结束之后两天就更改为双核，同时，其先前宣称的蓝宝石屏幕、全金属机身等参数也名不副实。此外，通过不正常的手段进行数据造假，制造上线产品虚假繁荣的现象也屡见不鲜。若众筹造假现象长期得不到禁绝，屡屡“受伤”的投资者必然会失去对创意产品和众筹平台的信任，进而会伤害到企业的创业热情。

三、相关建议

（一）提高重视程度，推动智能硬件众筹发展

充分认识智能硬件发展的巨大潜力和对电子信息产业转型升级的重要意义，重视众筹模式对智能硬件创业企业成长的推动作用，多措并举，推动我国智能硬件发展。鼓励支持众筹平台建设，降低智能硬件众筹上线门槛，开创全民创业、万众创新的新局面。

（二）完善相关立法，优化网络诚信建设环境

密切跟踪和借鉴美欧等先导国家和地区利用众筹模式推动智能硬件企业创业的最新探索和经验，尽快出台相关法律制度，营造完善的智能硬件众筹法律环境。尽快将众筹商品纳入合同法和消费者权益保护法的监管范畴，探索制定既符合众筹特征又能有效保护消费者利益的相关法律规定。加快推进网络个人征信制度建设，充分利用网络自身的监督和约束功能，提升诚信法律意识，真正夯实面向互联网金融时代的法制基础。

（三）加强产业配套，提升线下供应链水平

引导智能硬件创业企业加强线上众筹与线下配套工作的衔接，协调产业链上下游资源，弥补与产品创意相关的制造工艺、新材料开发、供应链支撑等方面的薄弱环节，夯实众筹项目的产业化基础，提升众筹项目的商业成熟度，减少“跳票”现象发生，避免出现“众筹变众愁”的被动局面。

（四）加大监管力度，规范众筹各方运营行为

建立完善的众筹平台监管机制，明确监管主体、监管内容及监管程序，切实规范众筹平台行为，从根本上确保众筹平台核心中介作用的充分发挥。应规范筹资人行为，确保众筹项目信息披露的及时性和真实性，同时，还可尝试进行资金的第三方托管，切实保护投资者权益。建立行业管理协会，在投资者认证、准入制度、项目管控和资金监管等方面加强行业自律。

（五）探索平台保证制度，保护创意创新合法权益

借鉴欧美经验，联合保险机构，探索推出平台保证保险，保障智能硬件众筹项目创意创新的合法权益。完善智能硬件创意团队与众筹平台的合作协议框架，强化平台主体责任，降低侵权风险。提高知识产权保护意识，优化知识产权保护环境，切实保证对智能硬件创意创新知识产权的有效保护。

本文作者：赛迪智库电子信息产业研究所　潘江玲　安　晖

钢铁电商应警惕脱实入虚

在“互联网 +”快速渗透的大背景下，发展钢铁电子商务平台正成为目前行业转型的重要抓手。钢铁企业、钢贸企业以及第三方 IT 企业纷纷加入到构建电商平台的潮流中，国内钢铁电商平台遍地开花，行业内同质化竞争严重，电商热、行业冷，钢铁电商正面临脱实入虚的风险，这一现象值得高度关注。

一、“互联网 + 钢铁”，钢铁电商呈爆发式增长

（一）低迷的钢铁行业急需“触网”实现转型

近年来，我国钢铁行业由于结构性产能过剩、供大于求矛盾突出，导致钢铁价格持续下探、企业效益大幅下滑。根据中国钢铁工业协会的统计，2015 年 1—5 月，重点钢企实现销售收入 1.3 万亿元，同比下降 16.9%，主营业务亏损达 165 亿元。同时，钢铁企业还面临着更加严格的环保政策，以及日趋收紧的融资压力，钢铁行业经营形势愈加严峻。于是，越来越多的钢铁企业和钢贸商借助互联网的力量，大力发展电子商务平台，希望为微利时代的钢铁行业带来转机。借助电子商务平台，有望整合上下游产业链：向下可实现钢企直销，大大减少流通环节，使销售结构扁平化，节省流通环节的费用消耗；向上可开展联合大规模采购，降低采购成本，钢铁电商已成为传统钢企营销方式转变的重要方向。目前，钢贸企业数量已从三年前的 20 万家减少到 10 万家左右，而钢铁电商平台则从三年前的寥寥无几发展到现在的两三百家。尤其是近两年随着仓储物流条件的优化，以及大量风险资本对这类软资产的热捧，钢铁电商热的出现似乎水到渠成。

（二）钢铁企业纷纷打造电子商务平台

早在十年前，钢铁企业就依托积累的行业资源，开始探索电子商务，开展销售、采购、物流的信息化管理。在国家推动电子商务发展和“互联网 +”战略的背景下，钢铁电商已然进入加速发展通道，越来越多的钢铁企业开始从非生产领域挖掘利润，纷纷加入到建立钢铁电商的潮流中，宝钢、武钢、鞍钢、河钢、

首钢、邯钢、马钢、沙钢、攀钢、华菱钢铁等钢铁生产企业都建立了企业级电子商务平台。2015 年更是动作频频：2 月份，宝钢集团联合旗下上市公司投资 20 亿元，建设了钢铁电商平台——欧冶云商股份有限公司，为钢铁流通领域提供资讯、交易结算、物流仓储、加工配送、投融资、金融中介、技术等服务。7 月份，河北钢铁集团与宝钢集团签署战略合作协议，共同打造中国钢铁电商联盟，对接“欧冶电商”与“河北钢铁交易中心”平台系统。同月，唐山钢铁联合 28 家钢铁企业与中国物流金融服务平台合作，通过互联网平台实现了对五金机电产品的联采联供。

钢铁企业纷纷拥抱“互联网 +”布局电商平台，将供应商、贸易商、需求客户搬到网上，使垂直在线交易成为钢铁现货交易的一种重要方式。同时，经过多年运作，这些钢铁电商网站也有了一定的客户积累。中国冶金规划院的统计数据显示，2015 年，国内钢铁电子商务网站的新增用户已达数万人，第一季度电子商务钢材交易规模达 1417 万吨，销量占到重点企业总销量的 10.6%。

表 1　主要钢铁企业电商平台汇总表

企业	电商平台	成立时间
宝钢集团	东方钢铁在线	2000年8月
	上海钢铁交易中心	2013年5月
	欧冶云商	2015年2月
广钢集团	广钢物流网 广钢电子商务平台	2004年3月
首钢集团	首钢集团电子商务平台	2005年6月
莱钢集团	莱钢电子交易中心	2011年9月
华凌钢铁	荷钢网	2012年3月
河北钢铁集团	河北钢铁交易中心	2012年5月
邯钢集团	邯钢电子商务系统	2012年7月
安钢集团	安阳钢铁集团电子商务平台	2012年11月
昆钢集团	昆钢在线	2012年12月
济钢集团	齐鲁钢铁电子商务平台	2013年2月
沙钢集团	玖隆钢铁网	2013年6月
鞍钢集团	鞍钢电子商务网	2014年4月
渤海钢铁集团	渤商网	2014年12月
攀钢集团	积微物联网	2015年7月

数据来源：赛迪智库根据网上数据整理

（三）钢贸商及第三方电商纷纷加大钢铁电商的全国布局

在钢铁企业自身的企业级电子商务平台之外，钢贸企业和第三方交易网站也纷纷加入钢铁电商领域，并加强了对电商平台在钢铁行业的渗透和全国布局，钢企电商、钢贸电商和第三方电商构成了钢铁电商行业“三足鼎立”的发展格局。例如，传统钢贸领域的龙头企业——五矿发展公司凭借其丰富的传统线下资源，构建起钢铁电商平台“鑫益联”，2014 年 1 月正式上线，并在 2015 年 5 月举办了“首届 5.20 钢铁电商节”，通过钢铁产业链上中下游企业的参与，形成了钢贸平台生态圈。此外，我的钢铁网（上海钢联旗下）、欧浦钢网、西本新干线、找钢网、兰格钢铁等众多钢铁电商平台，大都是由钢贸商或 IT 企业建立起来的行业级钢铁电商，他们更多的是依托庞大的现货交易市场，覆盖范围从上游钢厂、铁矿石企业，到中间的代理商，再到下游买家，并开展咨询、物流、仓储、金融等多方面的服务，力图打造全流程的电子商务服务平台。

二、钢铁电商遍地开花弊端重重

（一）大量钢铁电商涌现，同质化竞争加剧

钢铁电商是增加销售渠道、提升流通效率的重要方式，也是钢铁行业今后发展的趋势。但随着“互联网 +”、电子商务等概念在市场发酵，越来越多的钢厂、钢贸企业、第三方电商加入到钢铁电商的行列中。目前国内大大小小的钢铁电商已达到两三百家，同质化竞争非常激烈，势必会带来一系列的问题：一是电商企业为了维持或扩大市场份额，会不断“烧钱”，这将为原本盈利能力就不强的钢铁企业带来资金困扰。二是在盈利模式尚未明朗的情况下，加大重复性建设，不但浪费行业资本，更增加了电商平台的盈利难度。例如，2015 年一季度上海钢联就报亏 1298 万元。钢铁电商亏损经营非常普遍。三是对快速发展的钢铁电商缺乏必要的监管，部分商家为了竞争而虚构交易数据、泄露用户信息，严重损害了消费者的利益。

（二）钢铁电商跨界销售凸显运作非专业化

电商发展离不开持续投入和专业化经营，钢铁行业的电商平台也不例外，但随着竞争加剧，为寻求更大盈利空间，不少钢铁电商开始跨界销售。例如，2015 年上线的“积微物联网，就是由攀钢投资 4.8 亿元打造的电商平台。它不仅销售

钢铁相关产品，同时还卖水果，投资者试图将其打造成像淘宝或京东那样的综合性电商平台。2015 年 8 月，广东欧浦钢铁物流股份有限公司打造的“欧普钢网”正式更名为“欧浦智网”，意在拓展服务领域，由原来单一的销售钢铁变身为集销售钢铁、家具、物流、金融等于一体的综合服务商。不言而喻，钢铁电商的跨界销售同样需要大量的资金投入，这样一来，在资金有限的情况下，企业就无法在钢铁行业做深、做精。

（三）电商热、行业冷，产能过剩矛盾仍无法解决

在自建电商平台之后，目前钢铁企业更多的是在集中销售本企业的产品，具有一定的排他性，电商平台几乎就是本企业的资源网店，或者是企业管理信息系统的升级版。另外，由于钢铁电商平台持续的投入高、回报周期长，钢铁企业电子平台的生存压力较大，不但无法解决企业产品结构升级、消减产能等问题，而且还会消耗企业大量的流动资金。在社会资本投资方面，钢铁电商轻资产与“互联网 +”的概念相吻合，因此很容易拿到融资，但 VC/PE 投资钢铁电商平台，旨在通过上市获取高额回报，无法或无意应对钢铁企业的生存困境。一边是钢铁电商的投资热，一边是钢铁行业价格的一路探底，资本越来越多地流向互联网领域，在钢铁实体经济方面并未充分发挥作用，钢铁产能过剩矛盾依然严峻。

三、“专注 + 整合”，钢铁电商应防范脱实入虚

（一）加深钢铁电商平台整合

比之于其他大宗产品的电商，钢铁电商相对较为成熟。目前这一市场已经涌现出大型成熟的钢铁电商龙头企业。建议以龙头钢铁电商企业为依托，充分发挥钢铁企业及第三方平台的核心竞争力，通过开展多维度、不同层面的合作，加强平台间的互联互通，完善钢铁生态圈，以实现产业整体升级。通过采取并购、整合以及退出等方式，提高钢铁电商领域的行业集中度，打造领先的行业级钢铁电子商务平台，同时，还要充分发挥钢铁电商在横向钢铁企业方面与纵向产业链方面的整合作用，有效引导行业提升生产标准和降低产能，促进电商行业和钢铁实体企业健康有序地发展。

（二）鼓励钢铁电商平台专业化运作

明确钢铁电商平台的定位，由贪大求全向专业化运营转变。结合钢铁行业的发展特色，探索成熟的电商盈利模式，由简单的“信息费”“会员费”向增值服务转变。加快与钢铁生产销售相关的金融服务、仓储物流服务的专业化发展，建立电子商务技术、物流、支付和信用的支撑体系，形成钢铁生产、贸易、用户、仓储、加工、物流、银行、保险等多方共赢的闭环网络。加强钢铁电商平台的品牌建设，利用专业的电商团队，逐步完善系统建设，打造行业级电商平台，提供专业化服务，而不是利用“互联网＋”概念进行圈钱。

（三）利用钢铁电商契机，加快向服务型制造转型

钢铁电商不但有助于实现各种资源的整合，更重要的是有利于实现信息的互联互通，形成大数据积累，而这将成为服务型制造的基础。建议将钢铁电商作为服务型制造的突破口，鼓励钢厂与下游用户紧密互动，促使不同类型的钢材用户及有色金属材料用户与钢厂顺利对接，推动钢厂根据需求开展大规模的定制化生产，促进钢铁产业链的高端化发展。钢铁电商也可以与钢铁物流园开展合作，增强服务功能，提升产品的服务价值，搭建提高行业效率的O2O组织结构，减少钢厂与用户之间的中间层级，进而推动整个行业的结构调整。

（四）稳步、谨慎开展钢铁跨境电子商务

海关数据显示，2014年，我国钢材出口量9392.6万吨，同比增长50.4%，而之前三年只有百分之十几的增速。可见，对外出口正成为我国钢铁电商发展和产能消化的“蓝海”。目前已有部分平台开始接触跨境业务，比如上海钢富电子商务有限公司下属的电商平台“找钢网”，2014年10月帮助安阳钢铁向韩国出售了4000吨中厚板；上海钢联电子商务股份有限公司下属的钢银电商平台，凭借庞大的海外客户群体，已开展跨境撮合交易。但与此同时，跨境电子商务也面临着进出口贸易融资、跨境文化、流程把控，以及反倾销等一系列风险。因此，既要鼓励我国钢铁电商开展跨境业务，带动国内钢铁、物流行业的发展，同时也要警惕各种风险，维护国内钢铁生产企业的利益，确保钢铁跨境电商的稳步有序推进。

本文作者：赛迪智库产业政策研究所　韩　娜

国际借鉴篇

工业4.0和工业互联网的异与同

为了在新一轮工业革命中占领先机，争夺国际产业竞争话语权，德国实施工业 4.0 战略，美国则推动了工业互联网概念，二者基本理念相近，都是将虚拟网络与实体连接，是对工业未来发展方向和发展模式的探索。工业 4.0 旨在推进生产或服务模式由集中式控制向分散式增强型控制转变，帮助实现高度灵活的个性化和数字化生产或服务。工业互联网更加注重软件、网络和大数据，目的是实现通信、控制和计算的集合，二者在应用范围、强调重点和实现方式等方面存在一定差异。本文在总结二者差异的基础上，把握各自重点和特征，总结出对我国推进制造业智能化发展的启示和建议，为政府决策提供参考。

一、工业 4.0 与工业互联网的相同点

从推动力量上看，二者都体现了由大企业主导的产学研密切配合。工业 4.0 是由德国工程院、弗劳恩霍夫协会、西门子公司等联合发起的，并由德国政府纳入《高技术战略 2020》，成为国家十大未来项目之一。工业互联网则是由美国通用电气公司发起的，并由 AT&T、思科、通用电气、IBM 和英特尔成立工业互联网联盟进行推广的。由于两大战略都是由企业提出的，企业具有内在动力去宣传、推广和实施，市场亲和度较高。因此，在推行过程中都得到了产业界的认可与欢迎。这反映出企业对创新活动的热情，以及对产业未来方向的深刻把握，也启示我们在工业发展战略制定过程中，应注重引导和支持企业开展产学研合作，激发企业的创新创业热情，充分调动企业及各方面的积极性，共同推进产业和技术的进步。

从发展目标上看，打造智能化的产业体系实现生产效率提升是两大战略的核心。数字化、网络化和智能化已经成为制造业发展的重要特征，是制造业企业未来发展的主要方向。工业互联网和工业 4.0 战略都不约而同地提出，利用信息化、智能化技术改造当前的生产制造与服务模式，提高企业的生产效率，提升产品和服务的市场竞争力。其中，工业 4.0 战略提出，要把信息互联技术与传统工业制造相结合，打造“智能工厂”与“智能生产”，以提高资源利用率。工业互联网

战略则提出，要将工业与互联网在设计、研发、制造、营销、服务等各个阶段进行充分融合，以提高整个系统运行效率。

从实现方法上看，依托互联网、物联网与大数据实现集成与互联是两大战略的基础。集成与互联是实现智能化制造的核心，两大战略都是以物联网和互联网为基础，进行实时数据的收集、传输、处理和反馈。其中，工业 4.0 提出，通过信息网络与工业生产系统的充分融合，打造数字工厂，实现价值链上企业间的横向集成，网络化制造系统的纵向集成，以及端对端的工程数字化集成，来改变当前的工业生产与服务模式。工业互联网提出，要将带有内置感应器的机器和复杂的软件与其他机器、人连接起来，从中提取数据并进行深入分析，挖掘生产或服务系统在性能提高、质量提升等方面的潜力，实现系统资源效率提升与优化。

二、工业 4.0 与工业互联网的不同之处

从产业链环节上看，工业 4.0 战略偏重生产制造的“硬”环节，工业互联网战略偏重分析服务的“软”环节。工业 4.0 立足于“智能工厂”与“智能生产”两大主题，偏重于生产与制造过程，旨在推进生产或服务模式由集中式控制向分散式增强型控制转变，实现高度灵活的个性化和数字化生产或服务。工业互联网则旨在形成开放且全球化的工业网络，实现通信、控制和计算的集合，在智能制造产业体系中偏重于设计、服务环节，注重物联网、互联网、大数据等对生产设备管理与服务性能的改善。

从发展重点上看，工业 4.0 强调生产过程的智能化，工业互联网强调生产设备的智能化。工业 4.0 倡导的是以 CPS 为核心，将产品与生产设备之间、工厂与工厂之间的横向集成，实现生产系统的有机整合，进而实现生产过程的智能化与效率提升。工业互联网立足于全行业的信息资源，提高设备安全性与可靠性、降低能耗、物耗与维护费用等，同时，可以减少生产过程中的人力劳动需求，提高生产过程的柔性与智能化水平。例如，海航通过改进飞机控制系统，在一年内节省了 1.1% 的燃油使用量，约为 3.1 万吨燃油。

二、几点启示

一是立足基础，完善我国制造业智能化进程的顶层设计。工业互联网与工业 4.0 分别由美国和德国提出，是有着深刻的历史渊源与产业背景的。美国信息

技术世界领先，推行工业互联网有先天优势；德国制造闻名全球，发展工业4.0条件得天独厚。相比之下，我国虽拥有世界最完整的供应链条和工业体系，传感器、控制系统等智能化的核心技术与设备仍受制于人，短时间内难以复制、推广、实现两大战略的发展目标。因此，我国在推进制造业智能化过程中，应立足产业发展基础，科学规划发展方向与实施路径。一方面要布局前沿，把握产业与技术变革的历史机遇；另一方面要强化产业基础能力培养，避免高端产业的空心化与低端化发展。

二是优化环境，推进制造业智能化的配套体系建设。在推进制造业智能化过程中，由富于冒险精神、敢于先行先试的企业进行探索和尝试，政府应组织实施一揽子支持计划，鼓励企业进行模式探索和业务创新。逐步加强宽带基础设施建设，提高通信网络的稳定性和可靠性，满足未来智能制造模式对大数据和网络的服务需求。推进标准化体系建设，鼓励企业参与标准的制定，推进中国标准的国际化进程。同时要逐步完善相关法律体系，为企业营造良好公平的竞争氛围。

三是强化安全，加快信息安全防护体系建设。工业互联网与工业4.0都是以网络为基础进行数据传递与生产控制，对互联网的可靠性及信息安全提出了更高的要求。目前，我国在信息安全体系建设方面仍存在核心产品与技术依赖进口、制度化的防范机制缺失、网络安全管理人才匮乏等问题。未来，要加强互联网及信息安全关键产品设备的研发，实现关键产品的自主可控。同时，要加快在网络防护、入侵检测等领域信息安全关键技术研发，推进安全防护中介机构建设，培养网络安全人才队伍，全面提高工业网络的安全防护能力。

本文作者：赛迪智库规划研究所　邵立国　王厚芹　黄玉洁　赵芸芸

"工业4.0"的根基：德国技术创新战略及启示

目前，世界主要发达国家纷纷将发展战略重心转移至制造业，德国提出"工业4.0"战略，美国提出先进制造业计划，我国推出"中国制造2025"，制造业重新成为各国竞争的主战场。与其他国家不同的是，德国的"工业4.0"计划建立在其完善的技术创新战略基础上，这使"工业4.0"具备了更为坚实的基础。在当前我国产业转型升级的关键时期，充分借鉴德国技术创新战略的成功经验，对我国建设制造业强国具有重要意义。

一、德国制造业技术创新战略概况

加强顶层设计，促进产业集群发展。一是制定创新战略，明确创新路线。2010年德国政府推出《高科技战略2020》，旨在加强科技与产业间的协作能力，同时为基础和应用研究制定框架，"工业4.0"正是其中十大未来项目之一。该战略为交叉领域的科技研发提供150亿欧元资金支持，提高了科技在制造业的广泛适用性。二是促进产业集群发展，提高创新积极性。由于意识到创新通常发生在研究机构、企业和大学聚集的地方，德国教育部曾于2007年举办了"尖端集群竞赛"，每18个月选拔出5个产业集群，并提供4000万欧元的资金用于鼓励足以影响整个供应链的核心科技。集群的溢出效应大大调动了各部门研发积极性。研究表明，参与这项竞赛的中小企业致力于研发的几率大大提高。此外，中央政府鼓励创新的举措也会带来地方政府的研发资金支持。例如，参与尖端集群竞赛的两个集群也曾得到巴伐利亚州经济、基础设施、交通和技术部的资金支持。

政产学研用协同合作，夯实技术创新基础。一是加强基础研究，积极打造创新平台。德国有大量的基础研究机构为产业创新提供基础支撑。这些机构包括综合、理工类大学及霍兹联合会、莱布尼兹协会等国家级研究中心，研究内容遍及能源、航空、医疗科学、新材料等方面。相关研究不仅为工业新技术的研发提供了坚实的理论基础，同时也为政府的补助政策提供前瞻参考。二是高度重视应用研究，注重将科研成果转化为商业生产。德国的技术创新体系最大的特点就是非常重视应用研究，并涌现了一些著名的应用研究机构。例如，作为欧洲最大的应用科学研究机构，弗劳恩霍夫研究所每年承接 6000 ～ 8000 个产业项目，研究成果遍及集成电路、微电子、新材料等领域，MP3 等众多发明都是其研究的成果。此外，德国工业联合会还联合政府部门为企业和研究中心“牵线搭桥”，通过宣传和咨询服务帮助企业与基础或应用研究机构及时有效对接，提高企业的研发效率。

制定创新激励政策，助推技术创新。一是中央政府着力扶持中小企业创新，降低企业创新风险。联邦政府通过中小企业创新核心项目（ZIM）为中小企业研发提供直接资金补贴。对落后地区和雇员少于 250 人的企业提供高额补贴，单笔补贴上限高达 35 万欧元。整个项目资金可支撑中小企业约 55% 的研发活动以及 50% 的咨询服务。二是地方政府不断创新鼓励研发的政策工具。地方政府层面的资金主要用于促进大学、研究机构和企业的联合创新。巴伐利亚州经济、基础设施、交通和技术部就通过新能源发展项目、微系统技术项目、信息和通信技术项目等为联合创新提供资金支持。此外，一些州政府为雇员少于 50 人的公司提供创新券（Innovation Vouchers），可用于抵消企业向公共研发中心或私营研发部门支付的研发费用。每张创新券面值 2500 至 6000 欧元不等。截止 2013 年 3 月，有约 2600 家小企业向州政府申请创新券，其中 2000 家获批。

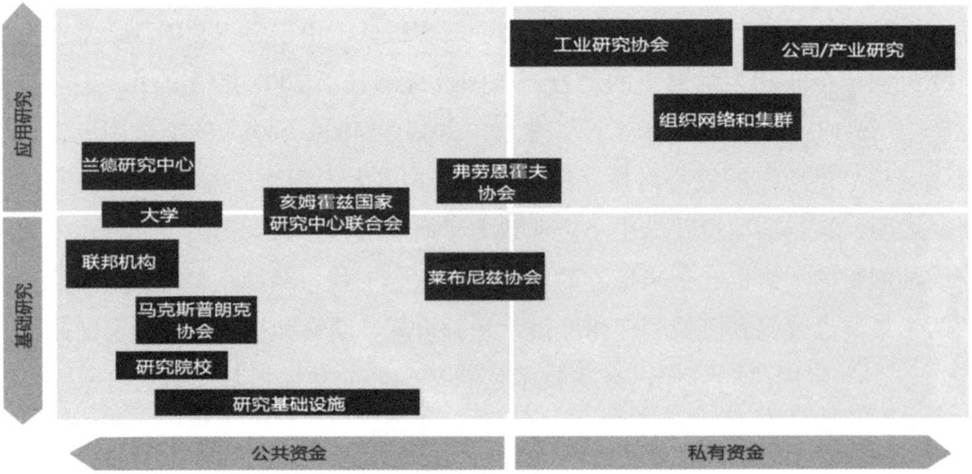

图 1　德国研发体系概览图

数据来源：赛迪智库整理

“双元制”人才培养计划，增强高技能劳动力储备。“双元制”教育是一种学校与企业密切结合的特殊人才培养模式。主要有三个特点：一是理论与实践结合，培养学生综合能力。“双元制”模式下，理论知识与实际操作能力、技能训练和职业培训并重，学生能够综合掌握专业技能、团队合作等职业素养，更具市场适应性和竞争力。二是培训具有针对性，企业与学生共同获益。企业根据需要提供培训项目，学生在培训结束后即可入职，减少了公司在劳动力市场的选择时间和成本。学生在真实的生产环境中学习技能，更接近工作需求，有利于激发学习积极性。三是具有灵活性。“双元制”教育与公司、协会、研究机构和政府部门等密切联系，可根据产业内职业需求的改变做出迅速调整。

二、借鉴及启示

加强技术创新引导，引发企业创新动力。一是完善技术创新引导政策。参考德国经验，贯彻落实“中国制造 2025”规划中的“创新驱动”方针，完善中央政府、地方政府鼓励技术创新的政策体系和制度环境。二是加强政府研发投入。目前我国研发支出占 GDP 比重为 2.09%，在加大研发投入的同时，要注重提质增效，同时吸引地方政府资金和社会资本投入，根据地区特点培育具有核心竞争力的产业集群，提高研发效率。三是构建协同创新服务平台。通过公共服务平台，规范服务标准，开展技术研发、评价、标准制定、质量认证、人才培养等专业化服务，为企业研发提供基础服务。

健全技术和创新体系，扶持制造业创新发展。一是支持自然科学、社会科学等基础研究。基础研究具有探索性、创造性、继承性、微利性等特点，政府资金应更多向基础研究倾斜，鼓励研究机构投身于基础研究，攻克对产业竞争力提高具有重要影响力的关键共性技术。二是注重产业应用研究，加快技术的商业成果转化。加大对应用研究的资金支持，打造一批商业转化和技术应用能力较强的科研机构，引导社会成本参与和支持应用研究，鼓励企业与应用机构的合作，共同促进创新技术的成果应用。三是完善创新成果信息共享平台。整合企业、大学及行业协会资源，提高信息和资源的普及度及便利化，及时分享交流新技术及新成果；加强国际间交流与合作，吸收国外先进的技术及管理理念。

提高职业教育水平，加大高端制造领域人才培养力度。一是改革职业教育，加强校企合作。借鉴德国“双元制”教育经验，改革职业教育理念，建立企业与学校定期沟通机制，企业传达最新技术应用及需求信息，为职业教育课程设置提供方向和指导；学校加强教学与企业技能的紧密对接，推动“订单式”培养，增加学生的实习机会。二是加快职业教育人才培养。针对目前我国用工热点，加强对职业教师的培养，注重引进高级研发人员以及技术人员，增加我国制造业“高、精、专”人才的储备。

本文作者：赛迪智库财经研究院　周　禛　关　兵

德国“智能服务世界2025”及其启示

2015 年 8 月，德国国家工程院发布“智能服务世界 2025”，这是继“工业 4.0”之后又一重大战略。它标志着德国在完成智能制造全球布局之后，将发展重点推向了智能制造的后端市场——智能服务，开始实施“智能制造 + 智能服务”工业发展新战略。德国的“智能服务世界 2025”明确提出了一个商业模式转变、两大基础支撑、三大智能服务平台层级架构、四项实施行动计划，值得我们认真研究。

一、“智能服务世界 2025”的内容

（一）一个商业模式转变

在智能世界，智能服务以用户为中心的新型商业模式，彻底颠覆了传统的以产品和服务提供商为中心的商业模式。采用数据驱动型商业模式，通过对海量数据的挖掘形成智能数据，在对智能数据分析整合后再形成精准化、个性化的智能服务。无论任何时候，用户总是希望获得精准的产品与服务组合，以满足自身需求，并将这种产品与服务组合整体视之为“一种服务”。智能服务用户可以是一般意义上的消费者，也可以是另一种分类里的公司雇员、居民、病人或游客，只要他们提出需求请求，无论何时何地，智能服务商均可为其配置正确的产品与服务，满足其不同的需求。另一方面，智能服务提供商需要深度了解用户的潜在偏好与需求，通过智能关联海量数据（即智能数据）将其转化为智能服务。此外，采用智能服务商业模式远比传统商业模式的边际成本低得多，这是因为“作为服务”的模式成本显著低于“所有权”模式成本。

（二）两大基础支撑

一是加快高性能数字基础设施建设。先进的数字基础设施是产业和社会颠覆式变革的关键性基础。为了有效保证智能服务实时数据的分析与传递，重点推进 5G 通信网络、高性能计算（HPC）基础设施、高容量 / 高性能通信网络、分布式计算基础设施等信息基础设施建设。加强传感器网络、物理信息网络、大数

据、云计算、5G 宽带网络等关键技术研发。二是强化高端人才培育。建立多层次的人才培训体系，优先培育数据科学家、数据分析师，加强在应用统计和经济数学、数据管理、软件设计、人机交互设计、编程与数码产品分析记忆等领域的培训。推动智慧教育服务体系的建设，将面对面培训与互联网实时培训相融合，推进平台用户与智能服务工作人员对新型复杂服务系统的了解与使用。

（三）三大智能服务平台层级架构

智能服务平台作为一个标准化、开放式、普适型的安全数字平台，采用“即插即用”方式，所有的机器、系统均可非常容易地实现与互联网数字平台无缝对接，有效汇聚制造和创新资源，从而催生智能服务，用户通过标准化服务接口或浏览器，在任何位置均可实现远程访问。基于智能服务平台，消费者—数字平台—工厂双向交互匹配会成为现实，进而推动个性化定制、跨企业协作、网络化制造与设计、数据服务、新的商业模式培育、智慧培训等多领域的衍生与拓展。

智能服务平台由三大层级架构组成。一是处于底部的网络化物理平台层。它建立在高性能信息基础设施之上，通过标准化的数据接口将智能物品、设备、机器等智能产品互联互通，以此构筑智能空间。二是软件平台层。作为异质性物理系统和服务的整合层，软件平台层会将网络化物理平台上产生的数据优化为智能数据，然后传送给智能服务提供商。三是服务平台层。服务平台层作为业务集成层，服务提供商在此基础上整合智能数据并由此开发智能服务。不同属性的人群均可在这一平台上实现无缝对接、高度自动化、完全兼容的协作，并用来分享知识、贸易信息、产品以及服务。

（四）四大实施行动计划

一是建立智能服务实施平台，重点推动智能服务平台在移动、机械装置，以及贸易和物流、健康和医疗、能源和消费等德国优势产业领域的应用。在此基础上搭建类似“工业 4.0 对话平台”的智能服务世界对话平台，推动建设跨学科研究咨询委员会、国家信息技术安全中心，培育智能服务软件产业集群。二是制定“数字平台技术”综合研究议程，重点推进智能服务端对端语义模型、个性化交互与大规模实时数据分析技术、可重复使用 / 开放 / 可互操作的软件模块、前瞻性数字平台安全系统等智能服务平台关键技术模块的研发。三是建立政策驱动型智能服务创新平台，加强政府与企业、研究机构、社会合作伙伴之间的对话，评估智能服务政策措施实施效果，以及商业模式创新，增强中小微企业的科技成果转化。

四是推动欧洲一体化数字市场进程，消除欧盟内部不同国家的数字市场准入障碍与歧视，努力寻求整个欧洲的广泛支持，在2016年前通过最新版欧洲数据保护条例。

二、战略意图

（一）巩固世界工业强国领先地位

在国际金融危机之后，全球数字化创新竞争进入白热化状态，德国亟须应对美国、日本、韩国，以及欧盟内部的英国、芬兰等国的优势竞争，以确保其工业的领先地位。同时，为了防范中国在制造领域高端超越，德国还试图拓展新的竞争领域。在技术创新、产品质量、智能制造等制造业硬实力方面，德国无疑已领先于全球，但在数字竞争、服务能力等软实力方面，目前尚未占据绝对领先地位。据统计，美国占据全球数字平台市场份额的64%，欧洲为29%，亚洲7%，其中德国仅占欧洲的31%。发布智能服务战略，引导企业向智能服务方向转型，有助于德国增强工业软实力，全面提升工业竞争力，确保其工业强国的领先地位不动摇。该报告还指出，智能服务有助于强化德国智能产品竞争优势。预计到2025年，智能服务可将德国制造业生产率提高30%以上。

（二）牢牢掌控价值链高端环节

数字技术快速推进全球经济服务化进程，高附加值环节逐渐由装备集成向价值链后端——产品服务市场转移，“事事即服务”、“产品即服务”、“基础设施即服务”等新型商业模式逐步成为全球的主流趋势。在智能服务时代，所有的商业模式创新均将依赖于数字平台的衍化创新，谁控制了服务平台，谁就控制了全球智能服务价值链的顶端。目前，全球有56家大型软件及云平台提供商、技术集成商，主要侧重于工业领域，缺乏对数字价值链的全局掌控。德国发布智能服务战略，以构建智能服务全价值链为导向，布局后端以客户为中心的智能服务应用市场及虚拟平台，就是要牢牢控制全球智能服务价值链的高端环节，确保德国在智能制造与智能服务领域全方位的领先地位。

（三）成为全球数字经济领导者

德国实施智能服务世界战略目的性较为明确，意欲通过掌控普适性智能服务平台关键技术，抢占数字经济时代的发展先机，从而成为全球数字经济的领导者与智能知识提供者。2014 年，德国正式提出智能服务的相关概念，同期设立 5000 万欧元专项基金，用于建立智能服务试验平台以及相关技术研发，并将智能服务纳入欧洲“地平线 2020”战略规划。与此同时，它在国内实施“2014 ～ 2017 数字议程”，加强数字基础设施与智能服务平台建设，优化智能服务政策环境。2015 年 8 月，德国工程院发布“智能服务世界——基于互联网的商业服务战略行动方案”终版报告，明确提出了德国要成为全球数字经济领导者的战略目标。

三、对我国的启示

（一）制定“智能制造 + 智能服务”全方位制造强国发展战略

高度重视智能服务的战略地位，契合“中国制造 2025”战略布局，尽快制定“智能制造 + 智能服务”全方位制造强国发展战略。应强化智能制造与智能服务深度融合，推动服务型制造向智能服务升级，实现智能领域制造端与服务端的全方位耦合。加快制定我国智能服务顶层设计，出台相关指导意见与行动计划，明确智能服务重点发展领域，提出有针对性的发展措施与实施方案。建立智能服务推广平台，在智能装备、能源电力、汽车、医疗、家电、交通、物流、农业等产业领域，实施智能服务试点工程，探索推广具有成熟盈利模式的智能服务。

（二）强化智能服务前瞻研究

构建以企业为主，研究机构、行业协会、政府协作参与的智能服务协同创新体系。密切跟踪德国、美国、日本等国家智能服务前瞻性研究成果，以及政策实施效果，加快制定智能服务平台技术路线框架图，筹建国家跨领域智能服务研发平台，推进我国普适性、开放性智能服务平台层级架构与相关组件的研发。重点布局智能传感器网络、网络物理系统（CPS）、大数据、云计算等技术研发，强化端对端语义模式、数据安全、实时数据分析技术、个性化交互，以及大规模实时数据分析等智能服务平台技术的前瞻性、系统性研究。加快推进行业协会制定行业数据采集规范与标准，尤其是传感器数据采集接口标准，增强云端数据的高效聚合。

（三）完善智能服务应用环境

强化传感器网络、网络物理系统（CPS）、大数据、云计算等智能服务技术基础设施建设，降低宽带网络资费，减轻企业智能服务平台运营成本。优化各行业领域的政策措施，清除企业跨领域智能服务的制度性障碍。积极推动重点行业领域建立统一的开放型数据平台，为企业的智能服务应用开发创造有利条件。筹办涵盖制造业、信息技术、服务业、能源、农业等跨部门智能服务专家论坛，探讨智能服务相关的制度设计、基础研究以及市场开发。要进一步创新智能人才培育体系，构建“线上线下”网络培训体系，建立智能服务平台研发人才、智能服务技能人才、智能服务管理人才三位一体的培训模式。

本文作者：赛迪智库产业政策研究所　周忠锋　郭灵康

美国应对产能过剩的经验及启示

近年来，我国一些重点行业的产能过剩问题十分突出，化解产能过剩矛盾成为今后一段时期我国加快工业转型升级的重要工作。第25届中美商贸联委会也将“产能过剩和减轻环境影响”作为战略性议题进行讨论。深入研究美国在工业发展过程中面临的产能过剩问题，借鉴其历史上的成功经验和做法，对我国化解产能过剩具有重要参考意义。

一、美国历史上如何化解产能过剩

加大对外投资输出过剩产能。1973年之前美国奉行“凯恩斯主义”，推崇“需求拉动供给”，通过创造新的市场需求来化解产能过剩。1939—1948年间，军工工厂、基建制造业的企业数目和规模都增加近50%，产能利用率也逐年上升。随着二战的结束，国际和国内需求急剧降低，1947年产能利用率降至70%。美国适时推出“马歇尔计划”，通过提供金融、技术、设备等多种形式的援助共计130亿美元帮助欧洲恢复经济。该计划一定程度上也帮助美国化解了部分过剩产能，到1951年产能利用率重新回到了80%以上。然而，过度依赖政府投资来刺激需求必然引起严重的通货膨胀，最终产生“一低两高”的滞涨现象。

依托市场调节机制化解产能过剩。1980年以后，里根政府采取减少国家对企业干预，奉行“供给创造需求”的里根经济学。1980—1985年，美国通过降通胀率，大幅度减税，减少行政审批事项，缩减政府开支，鼓励企业加快兼并重组，依托市场调节作用化解产能过剩，促使经济回到健康增长的轨道。到了1983年，美国经济开始回升，全年GDP增长了6.5%，生产性投入上升了1.1%；1984年第一季度的国民生产总值增长率达到了10.1%，工业开工率也突破了80%。

加快转型升级化解过剩产能。20世纪90年代以后，美国通过政府引导国防军工技术向民用转化等措施，有力推动了以信息技术为代表的高科技产业发展。针对21世纪初传统产业产能过剩问题，美国大力发展服务业和推动高新技术产业升级，经济重心逐渐转向第三产业，工业经济向信息经济转型，引领了全球信息化革命，美国由此摆脱了传统产业升级的难题，有效化解了过剩产能。

二、美国应对产能过剩的政策变化

从“需求拉动供给”到“供给创造需求”。美国的产业政策随着历次产能过剩导致的经济危机而逐步调整。1973年之前，美国奉行凯恩斯主义，着重解决需求侧的政策创新。无论是针对国内的铁路公路基建投资，还是利用“马歇尔计划”对欧洲投资，都是利用政府投资拉动经济增长。这种政府经济干预是解决当前产能过剩的办法，但往往也会导致下一轮经济周期里产能过剩。投资拉动刺激供给增长的同时也必然带来较快的通货膨胀。1980年，里根政府开始转变经济政策，以“供应创造需求”，通过创新驱动产业发展化解产能过剩，重视产业竞争力提升。在一系列政策的推动下，重化工制造业产能过剩逐渐缓解，第一产业的生产率及技术水平得到长足进步。而由第一产业转移到第三产业的就业人口，促进了服务业快速发展，经济持续增长了近10年。

从福利到工作的再就业培训工程。美国现代的福利制度和再就业培训工程，是伴随着历次产能过剩导致的失业问题同步建立的。19世纪50—60年代是产生和萌芽阶段。伴随着《人力开发和培训法》和《经济机会法》的建立，美国逐步确立了全覆盖的现代福利保障制度。此时的再就业培训已从早期的职业教育中分离出来，由劳工部直接管理，为经济困难的人特别是男性提供职业培训，对有三年以上就业经验的人和再就业人员予以培训。19世纪70年代是确立成熟阶段。1973年开始的新的经济萧条，使得政府在反思福利扩张产生福利陷阱的同时，主张政府在失业保险中的支出，强调福利受惠者的就业能动性。其主要立法如《工作培训伙伴法》和《再就业法案》等，都体现出政府责任向企业和个人转移、资金渠道不断扩展、培训服务多元化、公共服务私营化等特点。1988—1998年是重大调整和改革阶段。里根政府于1988年推出的《家庭支持法案》是再就业培训立法的重大变革。美国通过扩大职业培训和增加教育机会来减少贫困父母对社会福利的依赖程度，强制各州建立就业机会和基本技能培训项目，并以法律的形式确立了联邦政府在该项目中负担50%～72%的责任。美国现代的福利制度和再就业培训工程对化解产能过剩发挥了重要作用。

三、启示与建议

加快建设“一路一带”，推动亚太自贸区发展。一是进一步推动大湄公河经济圈、两廊一圈及泛北部湾经济圈等边境经济合作区建设，扩大与中亚、俄罗斯、蒙古的边境合作区建设；二是完善境外经济合作区的支持政策，鼓励推动钢铁、有色、建材、石化等重化工企业“走出去”，扩大境外经济合作示范区建设；三是加快对发达国家新兴行业的投资并购力度，鼓励国内企业与境外机构加强研发合作，利用全球创新资源提升产业竞争力。

引导军民融合发展，促进制造业的转型升级。一是借鉴美国经验，结合股权激励试点工作，研究建立对国防专利职务发明人的长效激励机制，包括期权、技术入股、股权奖励、分红权等，以调动和激发科研人员创新创业热情。二是研究建立国防专利在民用领域的转化应用机制、国防专利权益归属和利益分配机制。在确保国家安全和国防利益不受损害与影响的基础上，积极促进并引导国防专利向民用领域转移。三是建立完善的国防专利保密解密制度，对无需保密的及时解密，对解密后能够民用的国防专利技术，积极促进其转化应用。

加大对产能过剩产业兼并重组的支持。一是深入推进资本市场化改革，创建良好的市场生态。坚决取消各地自行出台的限制外地企业对本地区企业实施兼并重组的规定，积极探索跨地区企业兼并重组地区间利益共享机制。二是坚持兼并重组由市场主体自发推动实施，不搞“拉郎配”。政府要避免行政干预，提高并购重组的效率。三是深化金融体系改革，为企业兼并重组提供更多金融服务和工具。鼓励引入 PE 等股权投资基金成为企业的战略投资者、收购方等，并通过市场提供公开透明的退出渠道。

建立再就业培训服务体系，化解就业结构性矛盾。建立培训和就业服务相统一的再就业保障体系。在职业培训上，要加快建立职业培训法制体系，依法推进职业培训工作。积极发挥公共就业服务平台主渠道作用，提高培训的针对性。修订职业培训补贴的支付办法，实行“学时累积制”，在保证培训效果基础上鼓励劳动者参加弹性学时职业培训。在就业服务上，赋予就业服务机构法定职能，调动多方积极性。扩大就业服务覆盖范围，将退伍军人、刑满释放人员等特殊群体纳入就业服务范围。同时，积极鼓励社会力量开展就业服务，形成规范、统一、灵活的人力资源市场机制。

本文作者：赛迪智库世界工业研究所　吕　萍　陈永广　余　乐

美国创新战略趋势特征及对我国的启示

金融危机爆发后，美国政府先后在 2009 年和 2011 年出台了《美国创新战略：推动可持续增长和高质量就业》和《美国创新战略：确保我们的经济增长与繁荣》，推动经济复苏效果明显。随着产业和经济发展进入新阶段，美国政府即将出台新版创新战略，进一步保持其国际竞争优势。当前，我国经济发展进入增速换挡、产业转型升级的关键时期，分析美国创新战略的趋势特征，对我国落实创新驱动战略、建设制造强国具有重要启示。

一、2009 与 2011 年美国创新战略的特征分析

更加强调政府在创新体系中的重要作用。2009 年版美国创新战略构建了三层次的金字塔型创新主体框架，即以投资创新基础要素为塔底，促进市场创新为塔身，推动国家重点领域突破为塔尖。2011 年版美国创新战略保持了金字塔型的主体框架，但对具体内容进行了更新与完善。2009 年版美国创新战略建议政府适度介入创新系统，而 2011 版则强调了政府在创新系统中的重要地位，提出政府是创新的推动者。

更加重视对前沿领域技术的突破。2009 版美国创新战略明确发动清洁能源革命、支持先进车辆技术、推动医疗信息技术的突破。2011 版美国创新战略中，除了保留发动清洁能源革命和推动医疗信息技术的突破，新增加了加速生物技术、纳米技术及先进制造技术、推动空间技术的突破和创造教育技术巨大突破。同时提出了 5 项创新行动计划，分别是无线网络计划、专利改革计划、K-12 教育计划、清洁能源计划和“创业美国”计划。

更加紧贴经济发展的现实需求。2008 年金融危机的爆发使美国经济出现了连续 3 个季度的衰退，失业率大幅上升，经济形势十分严峻。针对于此，2009 年版美国创新战略的主题确定为“推动可持续增长和高质量就业”，力图通过技术创新帮助美国摆脱金融危机，尽快实现经济复苏。到 2010 年底，美国经济已经连续增长 6 个季度，可以说基本走出金融危机带来的衰退。2011 年 2 月，美

国政府发布的创新战略主题为“确保我们的经济增长与繁荣”，明确创新是美国实现经济可持续增长与繁荣的保障和关键。创新战略对美国经济增长的支撑作用十分显著，据统计，2009—2013 年间，美国制造业增长超过 20%，为同期 GDP 增速的 2.2 倍。

二、2015 年美国创新战略的关注重点

进一步扩大政府在国家创新体系中的作用。与 2009 版美国创新战略相比，2011 版创新战略已强调了政府是创新的推动者。通过分析 2015 年美国创新战略全民创意征集的主要问题，可以看出，在新战略中，不仅肯定了政府在推动创新中具有的积极能动作用，更强调了政府系统性作用的发挥，包括创新行动的计划、科技创新政策的制定、科技投资和研发模式的决策，以及在新兴领域中促进创新的新措施采用等，目的在于提高本国产业的创新能力，从而维持在国际竞争中的优势。

进一步重视创新生态系统的构建和完善。在 2011 年美国创新战略的金字塔结构中，强调了加强创新基础、培育创新环境和突破关键领域，三者相互促进，形成良性循环的链式关系。2015 年美国创新战略主要的关注问题中提出了加强联邦政府与地方的创新协作，推动地区创新生态系统的构建。这一提法与美国 2012 年开始实施的制造业创新网络计划有着相互促进、相辅相成的关系，通过建设创新中心等区域性的创新“连接单元”，完善地区创新生态系统，打通创新链条，健全国家创新网络，进而强化国家创新体系。

进一步强调制造业基础产业和自主创业。相较于 2009 年和 2011 年的创新战略，2015 年美国创新战略问题征集在“制造业和自主创新”的主题中，特别提出了支持新型经济布局下的自主创业，和重建美国“基础产业”体系两个新问题。近年来，美国制造业创新网络计划的实施，对制造业创新能力和竞争力的提升成效显著，在新的创新战略中，加强基础产业发展，进一步提升制造业竞争力，已成为重要的创新理念之一。同时，随着新一轮科技革命与产业变革对经济发展形态的重塑，如何在前景良好但风险较高的新兴技术领域和产业中降低创业成本，使其成为活跃的创新领域，也是美国最新创新战略的关注焦点之一。

三、对我国的启示

一是加紧落实《中国制造 2025》和双创战略。美国新版创新战略特别提出了制造业创新和自主创业。与之相应，我国 2015 年相继出台了《中国制造 2025》和《国务院关于大力推进大众创业万众创新若干政策措施的意见》。中美两国在新一轮竞争中，都将以制造业和创业作为创新支点，进一步推动国家科技进步与经济发展。因此，应加紧推动两大战略落到实处，否则就有可能在未来竞争中错失良机，再次拉大与发达国家的差距。

二是加快创建制造业创新中心。美国自 2012 年实施制造业创新网络计划以来，通过建设制造业创新研究院，对制造业复苏以及竞争能力的提升发挥了显著作用，在 2015 年的创新战略中也延续了这一思路。《中国制造 2025》战略提出了国家制造业创新中心建设工程，下一步应加快创新中心的创建，形成连接技术研发与市场的新型创新平台，打通创新成果的产业化通道，切实发挥创新对制造业发展和经济增长的引领支撑作用。

三是全面完善创新的生态系统。美国新版创新战略关注到地区创新生态系统的建设，从系统的角度营造创新环境，加强联邦政府与地方的创新协作。长期以来，我国的创新资源存在分散、重复和封闭等问题，更需要打造涵盖技术、人才、资金、政策等多要素互动融合的创新生态系统，形成制造业协同创新网络和平台，进而增强主体创新活力和产业竞争力。

本文作者：赛迪智库工业科技研究所　何　颖　石敏杰

美国国防部“开门搞创新”带来的启示

在美国国防预算趋紧、公私机构之间信任障碍趋深，以及新兴技术呈现商业化优先、市场化周期加快的趋势下，美国国防部积极寻求应对措施。2015 年 9 月 9 日，美国国防部部长造访波音公司，并参加了国防部高级研究计划局（DARPA）举办的“未来技术论坛”，强调其为维持美国军事技术优势而提出的“开门搞创新”理念。那么，美国国防部为维持美国在全球的长期军事技术优势都做了哪些努力？我国国防科技创新目前面临哪些挑战？美国的做法对我国有哪些启示？这些问题值得深入思考。

一、美国国防部寻求外部创新的主要做法

（一）高层领导高度重视，相关政策密集发布

美国高层多次表态，希望利用外部创新保持军事技术优势。现任国防部部长卡特上任不到一年，已两次造访硅谷、多次出席与国防相关的技术交流会，强调为了维持美国军事技术优势，国防部不仅需要传统大型供应商的创新技术，也需要其他各个渠道的创新技术；希望与高科技私营部门和学术机构建立长期稳固的合作关系，共同助力国防创新能力的提升。不仅如此，其他多位国防部高级官员也在多个场合都表示，希望强化与私营部门的互信合作关系，吸纳先进商业技术服务国防，并鼓励工业界对国防前沿技术加大投资。

多项政策引导外部创新成果快速嵌入国防系统。2014 年 11 月，国防部发布“国防创新倡议”（DII）作为美国国防科技创新发展的全面行动方案，明确提出对重要技术创新领域进行投资。2015 年 4 月，发布主题为“通过卓越和创新技术实现主导能力”的《更佳购买力 3.0》（BBP3.0）指令；8 月，又发布《加强独立研发的实效》白皮书，为 BBP3.0 中勾勒的独立研发（IR&D）倡议提供指导。除此之外，美国各军种也制定了吸收高技术企业参与研发项目的初步计划，比如海军的“快速创新单元”计划、陆军的“快速装备力量”计划，以及空军的“成

本缩减倡议”等。

（二）建立“线上＋线下”沟通对接平台

面向社会多渠道征集创新构想。一是建立专门网站，为国防技术创新需求发布、社会各类创新方案征集或技术人员相互交流提供开放的虚拟平台。如国防部的“国防创新市场门户网站”①“技术转移网站”②，国防情报局的“开放式创新门户”（OIG），海军的“孵化”（Hatch）众包创意平台等。二是举办论坛或其他活动，为获取新兴技术以及加速思想碰撞和交互、激发颠覆性创新概念的产生等，提供实体交流平台。比如，国防部举办的“关于新兴技术的国防科技研讨例会”“国防部实验室开放日”，DARPA 主办的“未来技术论坛”，美国空军研究实验室主办的“技术交流会议”等。

建立“内部—外部”直接联络的组织机构。国防部为加强与硅谷的联系，探知最新的颠覆性技术和新兴技术，在硅谷设立了国防创新实验单元（DIUx）。根据各军种的需求，下设相应的子单元。功能包括：一是快速识别可潜在用于军事领域的新兴技术，判断该技术与国防部相应业务部门技术需求的匹配关系，并协助通过技术匹配的高技术企业有效应对国防采办规则。二是寻求与国防部合作的硅谷高技术企业，可直接与 DIUx 团队或相关军种子单元进行联系。三是指导硅谷高技术企业开展涉及重大国家安全问题的创新性研究，并利用硅谷的创新资源发展新兴军民两用技术，同时允许创新项目失败。DIUx 建立的终极目的，是要将国防科技创新融入到硅谷的创新生态系统中去，有效提高从高科技企业获取创新前沿技术的能力和速度。

（三）建立稳健的国防科技创新保障机制

建立多元化的资金支持渠道。国防部针对学术界和工业界的资金支持方式各有侧重。对于学术机构，侧重拨款或资助。2015 年 6 月美国国防部宣布，将在未来 5 年向学术机构发起 22 项资助协议，总额达 1.49 亿美元，支持多学科基础研究。对于工业界，侧重设立基金或与风险投资机构合作等。比如，国防部设立“快速创新基金”，以解决中小私营企业在开展国防技术创新阶段的运营问题；DARPA 设立“种子基金”，以投资具有突破性潜力的先进技术；国防部与 In-Q-Tel 风投公司开展试验性的投资计划，“携手”为处于早期阶段的先进技术创新提

① 美国国防部国防创新市场门户网站：www.defenseinnovationmarketplace.mil
② 美国国防部技术转移网站：technologytransfer.amedd.army.mil

供资金。

建立顺畅的人才双向流动工作模式。国防部为了推进科技人才在国防系统和工业界、学术界之间顺利流动，2010 年实施信息技术交流项目（ITEP），重点关注网络安全、大数据、商业云服务等领域的人才双向流动。国防部和商业信息技术公司通过 ITEP 交换员工（调派时间为 3 个月～ 1 年），向彼此学习技能、经验和做法，有效推动了国防部与工业界建立密切联系并加速了创新。2015 年，国防部又提出允许私营公司派遣年轻技术人员在国防部工作一段时间。

建立有效的创新人才激励方式。各军种一般采用资金奖励或薪酬补贴的方式，吸引并激励优秀的高技术人才参与国防科技创新。2015 年 8 月，海军发起了创新奖励计划，对那些在自主系统、机器人、增材制造、数据分析等领域做出突出贡献的人或团队，给予一定资金奖励；同时，也着手建立新的激励机制，意在表彰那些在“孵化”众包创意平台上提交创新想法、积极推动创新想法改进与落实的人员。11 月，空军表示对部分网络空间防御作战人员按工作年限给予特别职务薪酬，如果工作年限在 6 个月至 1 年间，每月可领取 150 美元的额外补助；超过 1 年，则每月可领取 225 美元的额外补助。

二、我国国防科技创新面临的挑战

（一）军民协同创新缺乏政策引导和组织保障

一是缺乏对军民协同创新的针对性政策。尽管我国最新颁布的《中华人民共和国科技成果转化法》《深化科技体制改革实施方案》等法律法规新增了促进军民协同创新的相关内容，但目前并未出台具体的相关政策。军民协同创新的知识产权归属、使用、转化、补偿、奖励、侵权等缺乏政策保障。二是我国现行的科技管理体制存在军民分割、多头管理现象，军民协同创新具体由哪个机构来统筹协调尚无定论，对接效率受到影响。据部分地方和园区反映，在与军方和国家有关职能部门进行对接时，由于部门责任划分不清晰，对接工作难以有效开展，阻滞了先进民用技术及时进入国防系统。

（二）人才、信息流通渠道和创新资金来源受限

一是军地科技人才相对封闭的问题仍未得到有效解决。受军工体制相对固定的“小圈子”和“保密要求”等影响，军地科研人员之间的技术交流十分受限，活跃的网络交流平台严重缺乏，在一定程度上制约了国防科技创新效率的提升。

二是军事需求信息对技术创新的牵引作用有限。虽然我国已经建立了“全军武器装备采购信息网”“国家军民融合公共服务平台”,但囿于长期形成的“利益藩篱”,军事需求发布单位对外公开发布有效信息的数量和效果均不理想，在一定程度上造成意欲参军的民营企业开展技术研发创新缺乏针对性。三是目前国防科技创新的资金来源主要是财政投入，社会资本参与程度较低。

三、思考与建议

（一）完善国防科技协同创新的体制机制

一是结合国防和军队改革，优化军口和民口科技管理体制，建立统筹协调军民协同创新的组织机构。二是鼓励军事需求发布单位，瞄准制约国防关键技术创新的瓶颈和可能引起重大军事变革、具有重大影响的科研前沿技术，编制技术创新指南，在确保国家安全的前提下向社会公开发布，使民口单位在技术研发投入分配、技术路线图编制等方面做到有的放矢。三是建立军政产学研用协同创新的长效机制。以强基、强军两大工程以及国家重大科技专项等为抓手，围绕重点领域，建立包括政府、军工企业、民营企业、科研院所和高等学校等在内的产业技术创新联盟。四是强化政策引导，出台促进军民融合协同创新、加速先进民用技术快速进入国防采办系统、规范国防知识产权管理等相关政策文件，为国防系统快速引入外部创新提供政策保障。

（二）加强军方与科技型园区的交流合作

一是建立军方与国家自主创新示范区等科技型园区的对话机制。军方可在园区设立定点联络机构，及时跟踪具有潜在军用前景的新兴民用技术发展动态，并与军方需求进行技术匹配，同时搭建起技术拥有方与军方直接沟通的“绿色通道”；也可建立联席会议制度，围绕具体行业领域的国防技术创新，定期组织园区内的优势企业、院校与军方召开联席会议。二是允许工业界和学术界参与国防科技创新决策论证和国防重大科技项目建设。在确保国防安全的前提下，允许园区内高科技企业家和学术机构专家参与研究制定国防科技创新计划、政策和标准，以及全程参与到国防重大科技项目建设之中。三是选取中关村等典型科技型园区开展改革试点，先行试用军民协同创新知识产权政策、建立定点联络机构等，待条件成熟后，再向全国推广。

（三）强化人才、信息流通和资金多元化保障

一是拓宽军地科研人才交流渠道。依托现有的“全军武器装备采购信息网”“国家军民融合公共服务平台”“物资采购供应商库”以及其他军方网站，按要求设立虚拟交流论坛等网络交流平台；针对赛博空间、大数据、无人系统等军民融合高技术领域，组织开展权威性的技术交流会。二是建立有效的创新人才激励机制。对长期为国防科技创新做出突出贡献的人员或团队进行额外补助；建立高端技术人才进入国防系统的“绿色通道”；营造宽容失败的国防科技创新环境等。三是针对创新项目建立多元化投资机制。对于没有商业市场的军用技术研发创新，由政府直接资助；对于具有重大潜在军事应用价值和广泛民用市场的技术研发，可由政府引导社会资本参与设立“快速种子基金”或风险补偿等形式加以支持。

本文作者：赛迪智库军民结合研究所　杨少鲜

对《美国高端产业：定义、布局及其重要性》的思考

前不久，美国布鲁金斯学会发布的《美国高端产业：定义、布局及其重要性》（America’s Industries:Whatthey are，Where they are, and Why they matter），对美国高端产业进行了详细分析。当前全球竞争格局正在重塑，各国纷纷出手推动高端产业发展以抢占制高点，而我国经济发展也进入新常态，产业发展面临新挑战，必须抓住新工业革命的机遇，推进产业结构调整，促使产业链向高端发展。该报告的一些观点对推进我国高端产业发展具有一定的借鉴意义。

一、报告的主要内容

（一）背景

作为全球知名智库，布鲁金斯学会是美国著名的综合性政策研究机构，也是华盛顿的两大思想库之一。此前，布鲁金斯学会已经开展了 37 期关于“先进工业”的研究，在先进工业方面积累了丰富的研究成果，并对美国联邦和各州相关产业政策的制定产生了重要影响。例如，2012 年美国提出了国家制造创新网络计划（NNMI），瞄准制造业的高端领域，设立 15 家先进制造业创新中心，以促进美国创新，这一计划就源自于布鲁金斯学会的研究结论。

2008 年国际金融危机以来，美国转变了经济发展战略，开始实施“再工业化”。在奥巴马于 2009 年提出重振制造业战略构想之后，美国先后出台了《重振美国制造业框架》《清洁能源与安全法案》《先进制造业伙伴计划》《先进制造业国家战略计划》等政策措施。这些措施主要以科技创新为中心、以高端产业为发展重点，旨在打造美国的高端产业，吸引高端产业回流，重塑竞争优势。但目前许多先进技术的发展仍充满较大的不确定性，美国经济复苏的任务仍然较为紧迫。在此背景下，布鲁金斯学会经过长期研究，于 2015 年 2 月发布了该报告。

（二）主要架构

该报告全文共分为六个部分。第一部分是前言。对当前的美国经济形势进

行了简要分析，认为美国高端产业的发展具有一定的不确定性，政府应给予足够的重视。第二部分对高端产业进行定义，并论述了高端产业重要的原因。该报告给出了高端产业的两个界定标准，认为高端产业之所以重要，是因为它们是国家的关键性产业，代表了创新方向。第三部分评估了美国的高端产业。对美国高端产业的人均 R&D 支出、就业人数、产值等进行了具体分析。第四部分分析了美国高端产业的重要性、布局及竞争力。该报告用大量的数据和图表，对美国高端产业的重要性、布局及在全球的竞争优势进行了评估。第五部分则是进一步促进美国高端产业发展的建议，从创新、技能培训和生态系统建设等三个方面，提出了美国高端产业发展的着力点。第六部分是总结。认为美国高端产业的部分领域在全球具有一定的竞争力，但也有部分高端产业已经落后，因此建议政府、公众和私营企业在创新、技术和生态系统等领域内要加强合作。

二、值得关注的几个观点

（一）提出了美国高端制造业的标准

该报告对美国高端产业给出了两个界定标准：一是每个产业工人的研发支出应超过 450 美元，或者是位于产业的前 20%；二是产业队伍中获得 STEM（科学、技术、工程和数学）学位的人数必须高于全国平均水平，或者在本产业中所占比重达到 21%。同时符合这两个标准的产业就是所谓的高端产业。根据这一标准，该报告提出美国的高端产业共包括 50 个行业，涉及先进制造业（35 个）、先进能源行业（3 个）和先进服务业（12 个）。

值得注意的是，在该报告所提到的 50 个行业中，高端制造业有 35 个，占 70%。可见，高端制造业是美国高端产业的主体组成部分，主要包括航空航天产品及零部件、音频和视频设备、基础化学品、通信设备、计算机及周边设备，以及汽车、半导体和其他电子元件、船舶和造船、医疗设备和用品等行业。

（二）美国高端产业竞争力在下降

该报告认为，美国高端产业产品的贸易赤字较为严重，2012 年高达 6320 亿美元。在通信设备、计算机设备这些具有优势的行业，同样也出现了严重的贸易赤字。可见，美国高端产业的出口状况并不理想。

该报告认为，美国的创新优势出现了下降。美国的研发支出和专利数量在全球所占比重呈下降趋势，而且下降速度大于美国占全球 GDP 比重的下降速度。

美国创新在全球的主导地位在减弱。从人均专利申请数量来看，美国只有两个城市进入全球排名前 20，有 4 个城市进入全球排名前 50。

该报告还认为，美国高端产业正面临着劳动力供给的挑战，人力资本的缺乏导致产业竞争力下降。例如，在高端产业中，STEM 相关的招聘职位信息在线公布时间平均为 43 天，非 STEM 职位只有 32 天。而且，攻读该学位美国学生的分数要低于其他发达国家。

（三）敦促美国政府优先振兴高端产业

该报告认为，美国政府应充分意识到高端产业的重要性，它对总产出和就业的贡献巨大。1980 — 2013 年，美国高端产业产值年均增速为 5.4%，远高于美国经济年均增速。高端产业每年直接创造 2.7 万亿美元的增加值，占到美国国内生产总值的 17%。截至 2013 年，这 50 个高端产业雇佣了 1230 万名美国劳动力，与高端产业紧密关联的行业则为社会提供了 2710 万个岗位。高端产业直接或间接地提供了超过 3900 万个工作岗位，占美国就业人口总数的四分之一左右。

为此，该报告从三个方面提出了优先振兴高端产业的建议：一是创新。在更加开放和网络化创新的模式下，鼓励创新，为企业创造优势资源。二是提高员工的技能。通过实施行业导向和专业化的区域培训计划，为企业输送专业技术人。三是建设可持续发展的生态系统。通过对研究机构和基础设施的投资，加强区域产业社区建设，促进产业集群发展。

三、对我国发展高端产业的启示

（一）制定高端产业标准，防止高端产业低端化

布鲁金斯学会从研发投入和科技工人数量这两个角度对美国高端产业进行了界定。而我国现行的国民经济行业分类并没有对先进产业或高端产业进行划分，也没有对先进产业或高端产业制定一个新的标准。虽然部分行业提出了本行业的高端领域，比如，高端装备制造业重点包括航空装备、卫星及应用、轨道交通装备、海洋工程装备和智能制造装备等，但我国目前还缺乏系统的先进产业或高端产业标准，致使原本高端的产业低端化发展，比如机器人产业，我国生产的机器人多集中于低端领域，大多是用于搬运和上下料的工业机器人。因此，必须尽快针对高端产业的特点，制定出具体的界定标准。

（二）加快实施创新驱动战略，增强内生发展动力

美国的创新在全球已经处于领先地位，而该报告还建议美国进一步加快创新步伐。从我国情况来看，目前创新能力仍然较为薄弱，缺乏核心关键技术。我国 95% 的高档数控系统、80% 的芯片依赖进口，自动变速器全部依赖进口。要加快提高自主创新能力，就必须从以下方面做起。一是确立企业在技术创新中的主体地位。发挥市场机制对研发方向的导向作用，发挥大企业的引领和带头作用，激发中小企业的创新活力。二是加快突破基础材料、基础零部件（元器件）、先进基础工艺、产业技术基础等基础能力的瓶颈。三是支持大众创业、万众创新。激发亿万群众创造活力，培育创新人才和创新团队，培育经济发展新动力。四是建立产业创新生态系统，整合资源，推动全产业链协同发展。

（三）避免高端制造业重复建设，优化空间布局

该报告指出，在高端产业结构上，美国各大都市圈的聚集度虽然有所下降，但其产业各具特点，大致可分为服务业导向地区、制造业导向地区、特点不鲜明地区。从我国的情况看，目前高端产业的重复建设问题较为严重，比如光伏产业。因此，应围绕构建现代产业体系、实现转型升级的总要求，推动优势企业、优势产业集约集聚发展，优化高端产业空间布局。一是充分发挥主体功能区的引导作用，按照主体功能区的定位推动发展，避免恶性竞争，实现区域协调发展。二是以“一带一路”和“长江经济带”等战略构想为发展契机，提升中西部地区承接产业转移的能力，东部地区重点培育和引进高端产业，促进区域协调发展。

（四）加大人才培养力度，提供有力支撑

人才对于高端产业的发展极为重要，因此应加大对高端产业企业人才的培养力度。一是通过职业教育和技能培训，培养企业人才。在充分利用现有的职业教育资源的基础上，引导一批普通本科高等学校向应用技术类高等学校转型。二是运用新的培养模式培养企业人才。例如，进行校企联合，将高等院校与高端企业对接，采用校企联合招生招工、送岗送学等方式，提高对技术人才培养的针对性、有效性。三是积极引进急需高端人才，在现有的“千人计划”中，加大对企业急需应用和研发型人才的引入力度，并形成完善的后续培养和保障机制，最大程度地发挥人才资源优势。

（五）推进工业化和信息化融合，促进产业链向高端发展

目前新一轮科技革命和产业变革正在兴起，信息技术的应用带来空前的机遇，我国应进一步加强信息技术和制造技术的融合。一是依托“中国制造2025”，促进机器人、高档数控机床、增材制造装备、智能制造装备的生产。二是大力推动“互联网 +”战略的实施，推进云计算、物联网、大数据等技术在制造业中的应用，促进传统制造业转型升级。

本文作者：赛迪智库产业政策研究所　郧彦辉

从美国NNMI看我国智能制造发展

近年来，美国制造业就业人口不断减少。为扭转制造业不振的局面，在2009—2011年三年中，美国先后发布了一系列重振制造业的相关政策。2012年3月，奥巴马总统提出了建立“美国国家制造业创新网络”（下称NNMI），力图通过企业、大学、联邦政府机构的合作，推动先进制造业创新集群发展。为了促进智能制造的发展，2015年我国工业主管部门也发布《智能制造试点示范专项行动实施方案》，将智能制造作为今后两化融合的主攻方向，并于近日公布了46个智能制造试点示范项目名单。探究美国先进制造业创新网络的特点和主要做法，对推动我国智能制造健康发展具有重要意义。

一、NNMI的独特之处

（一）关注重点聚焦制造业前沿领域

NNMI既强调总体网络的构建与设计，也重视重点领域的培育和开发。从目前已经建立和正在启动的九个研究所来看，增材制造、数字化制造、轻量制造、合成材料制造、电力电子、半导体、光子集成、清洁能源、创新纤维纺织，已成为NNMI优先创立的领域。这些领域不仅为美国整体经济、地区经济和劳动力提供了高质量的发展机会和就业机会，而且也是研发和专利等创新活动的重点。此前美国政府也陆续实施过一系列推动高端制造业发展的举措，包括建立研究中心、创新中心、制定发展计划等，但其影响力和顶层设计的高度、深度，都不及此次。该网络全部由侧重于不同研究领域的制造业创新研究所（IMIs）构成，高校、企业、联邦机构和政府部门共同参与，实现了真正意义上的政产学研相互合作。

（二）支持方向侧重于技术产业化过程

不同于以往研发投资主要用于商业风险较低、投资回收快的技术应用阶段，NNMI更侧重于衔接技术发明的起步阶段与产业化生产阶段之间的转变过程。通过各领域和学术界的共同努力，从促进新技术研发、教育培训、生产过程以及产品分销等各方面，推动美国制造业加速发展。这些制造业创新研究所可为本土的初创企业和小微制造企业提供共享基础设施，帮助它们在技术创新、加速技术向市场转化等方面增加新的技能。各研究所作为创新网络的节点服务于本地区，将应用研究和产品研发相紧密连接在一起，聚焦于吸引投资和生产的重点技术领域。研究所联合其他研究机构和高校提供针对本领域的技术创新竞赛机会，并提供资金支持。

（三）选拔方面采用公开透明的竞争程序

NNMI 主要由美国高端制造业国家项目办公室（AMNPO）负责，美国商务部、国防部、能源部、国家科学基金会等多个政府机构及组织参与整个过程。制造业创新研究所的设立，需根据设立的时间和所需经费征求公众建议，之后由评审小组对其进行评估，从中选出最具竞争力的，再以规划或路线图的形式给予资金支持。主要评估因素包括：研发技术应是美国制造业所急需、对制造技术商业化有影响、中小企业的参与度、共用设施、教育培训、行业参与度等。这种公开透明的竞争性选拔程序，能够更好地在产业发展急需技术与产业竞争力整体水平提升之间进行综合权衡。

（四）通过可持续性年度计划实现资金投入

根据不同性质和技术领域，制造业创新研究所获得的资金支持有一定差异。在创立后七年内持续得到的资助中，启动阶段力度较大，随着研究所逐渐步入正轨，并能实现盈利，它获得的资助会不断减少。在七年内，前四年维持 15%—20% 的水平，此后逐步下降，至第七年为 8%。资金的后续投入会根据各研究所每年的实际表现进行调整，从成功案例、设施利用率等多个方面进行综合评估。2015 年初，美国相关政府部门纷纷为 NNMI 项目增加年度预算，美国商务部、国防部、能源部和农业部分别在 2016 财年预算中增加了 8000 万美元至 19.3 亿美元不等的预算额度，以支持今后 NNMI 创新研究所的设立。

二、我国发展智能制造应关注的问题

（一）与全球制造业发展趋势相互协同

智能制造现已成为全球制造业的发展趋势。美国的 NNMI 和工业互联网、德国的“工业 4.0”，以及日本最新的制造白皮书，都将智能化、数字化、网络化

作为提升制造业发展水平的重要抓手。从研发设计、生产制造到服务于制造业的物流、维护等整个过程，都将向个性化和数字化发展。无论是在生产流程还是生产设备的智能化方面，我国开展智能制造试点示范项目，都应与全球制造业发展趋势相互协同，从各国先进制造业的发展中得到启示并借鉴成功经验，前不久提出的“中国制造 2025”已将智能制造明确为制造业发展的“主攻方向”。

（二）着眼于全社会创新资源

我国是全球制造业领域的大国，但在研发水平上仍处于赶超阶段。从美国建立 NNMI 来看，每个先进制造业研究所的设立不仅有企业参与，而且会融入高校和研究机构，从先进技术出发寻求实现技术产业化的路径和模式，实现规模量产，最终诞生一批创新产业集群。我国目前遴选出的智能制造试点示范项目涉及行业广泛，包括航天、冶金、电子、食品、纺织、家电等领域，地域覆盖的范围也较大，遍及全国 21 个省市。从申报单位来看，目前我国智能制造试点示范项目主要由企业牵头，重点在生产车间、生产设备、生产服务等环节进行智能化试点，研究机构参与有限。如果能够调动更多的创新资源共同投入到智能制造发展方面，势必会有更大的成效。

（三）试点示范周期应具备可持续性

NNMI 项目设立的制造业创新研究所投入周期通常为七年，从最初的设备投入、基础项目资助到第四年开始的奖励性竞争项目，资助贯穿始终。各研究所根据各自的目标、完成情况、技术商业化成果，可获得 7000 万至 1.2 亿美元不等的资助。我国智能制造试点示范目前主要针对前三年制定了目标和任务，未来再根据实际情况进行相应调整。在智能制造试点中，无论是流程制造、离散制造等生产性升级改造，还是对产品、设备的嵌入式升级，或者是对物流、能源等生产性服务的改进和优化，都应注重长远影响。某些改进和升级的效果，可能要在一段时期内才能体现出来。

（四）资金支持来源多元化

一方面，NNMI 的资金支持不仅来自联邦政府的支持，还有来自非联邦政府资源提供的资金，体现方式主要是实物如生产设备和建筑物等。另一方面，融资渠道多元化是各创新研究所持续发展的保证，目前主要通过收取会员费、产品试制等形式对技术商业化进行资助。此外，联邦政府和其他机构的非 NNMI 补助也会通过知识产权费和捐赠等形式投入。因此，我国智能制造试点示范项目除了为企业带来影响力扩大和宣传效应的优势外，如果能将多元化的资金投入机制纳入其中，将更加有利于激发企业的参与动力并取得创新成效，有助于智能制造的未来发展。

三、对策建议

（一）优化制造业智能化发展的顶层设计

无论是NNMI，还是德国的“工业4.0，”都与所在国制造业产业发展有很深的渊源，主要理念都是从产业发展全局出发，将制造业发展推上了更高层次。相比之下，我国制造业目前在全球发展中虽然体量庞大，但质量还有待提升，特别是在制造业智能化的核心技术上，与欧美等发达国家还有不小的差距。因此，一方面要进一步优化现有的智能制造发展规划，从国家、地区、产业和企业不同层面有针对性地提出发展战略。另一方面，应组建制造业创新科研机构，从整体上把握未来制造业的发展方向，确定创新项目。

（二）增强优势资源的整合与管理能力

随着各国先进制造业的快速发展，我国对于智能制造相关产业的研究与探索也在不断深入。在经济全球化的背景下，可积极寻求机会，吸收国际上先进的制造理念，推动制造业发展。一是利用在IT技术、高端装备制造技术等方面的丰富经验和良好基础，助推制造业智能化发展。二是借助相关政策，鼓励制造业企业进行智能制造试点项目，完善生产性服务业发展和人才引进机制，通过各类智能制造的研讨会、展览会，逐步培育形成智能制造生态系统，从企业制造任务和社会资源两方面进行统一调度和计划。

（三）培育和发展新型制造业组织

一是引导先进制造企业加快向智能化、网络化生产方式转型。在组织模式和业务模式上不断创新，强调以用户为中心，实施平台化和开放共享的运作机制。二是保证从产品研发设计、生产制造、经营销售到售后服务整个生命周期，都能够实现用户参与与资源共享。三是在企业生产经营中，利用电子商务、在线定制等手段，使企业创新不拘泥于生产设备或生产技术等硬件方面，还要进一步扩展到组织形式、业务模式等软实力方面。

（四）利用市场竞争机制激发创造力

一是利用市场竞争机制，进一步发挥市场主体的创造力。作为市场主体的核心力量，企业只有积极研发并为市场提供新产品，不断满足消费者的潜在需求，并因此实现自身的效益，创新才会成为企业生存的不竭动力。二是遵循市场规律，借助智能制造试点示范项目实现企业整体创新实力的提高，而不是单纯为了智能化而智能化。三是为保证市场机制作用的发挥，应努力营造公平、开放、高效、合规的竞争平台，在资本投资和创新方面优化税收环境，通过良性竞争机制实现优胜劣汰。

本文作者：赛迪智库世界工业研究所　苍　岚

美国新材料产业发展机制带来的启示

2015 年 1 月 9 日，美国总统奥巴马宣布组建先进复合材料制造创新研究所，具体由以田纳西大学为首组建的联盟承担建设。该联盟由 122 家成员单位构成，其中包括 57 家企业、15 所大学及实验室、36 家联盟合作成员，以及 14 家其他实体。此次成立的先进复合材料制造创新研究所，是美国制造业创新网络框架下的第 5 个研究所，也是美国推进“先进制造业伙伴”计划的重要举措。截至目前，在美国制造业创新网络框架下，已成功组建了两所与新材料产业密切相关的创新研究所，即此前成立的轻质现代金属制造创新研究所，以及此次成立的先进复合材料制造创新研究所。这两个研究所未来将为美国新材料的开发和研究提供良好支持。那么，支撑美国新材料产业发展的机制和模式如何？对我国新材料产业发展有何借鉴意义？这些问题值得我们认真研究。

一、美国新材料产业的发展模式

（一）重点扶持新材料是美国推进再工业化的重要举措

美国十分重视新材料产业的发展，特别是近几年大力推进再工业化，新材料产业成为美国战略扶持的重点。2011 年出台的“材料基因组”计划，2014 年出台“材料基因组”战略规划，其规划目标更加细化，规划任务也更加具体化。

（二）链条式协同配合是主要发展模式

从美国新材料产业发展模式来看，先提出前瞻性的国家目标，然后依托能源部、国防部、航空航天局等重要部门，联合大学、企业、科研机构等单位组建联盟，以实现国家目标为主要目的，共同推进新材料的研究与发展。比如，在“材料基因组”计划中，就是先提出国家安全、能源、人类健康和福祉等国家目标，然后立足于国家目标的实现，开始项目征集与讨论，并最终选定轻质现代金属材料、先进复合材料等重点发展领域，然后围绕选定的重点领域将相关的大学、企业、科研单位集中起来组建联盟，能源部、国防部、国家科学基金会、企业、风险投资等对联盟进行支持，从而促进新材料产业整个链条的快速发展。

二、美国新材料产业的发展机制

（一）高度重视技术发展的科技管理机制

美国把新材料视为构成国民经济各领域的“积木块”，政府高度重视新材料技术的发展。从科技管理机制看，总统集中掌握了科学技术活动的最高决策权与领导权。美国设有总统科技顾问委员会（PCAST）、白宫科技政策办公室（OSTP），以便协助总统处理国家科技问题。OSTP 下设材料委员会（COMAT），用以协调政府有关计划中的新材料研究与发展活动。

除了 PCAST 和 OSTP 两个机构外，美国还设有国家科学和技术委员会（NSTC），委员会由总统亲自挂帅，成员包括副总统、国务卿、总统科技顾问，内务部、能源部、劳工部、教育部、国防部、交通部、农业部等各部的部长，以及国家航空航天局、国际科学基金会等政府机构的负责人。NSTC 将各部门紧密联系起来，更有利于科技政策和科技计划的制定与实施。2011 年美国总统执行办公室和 NSTP 推出“材料基因组”计划，2014 年再推出“材料基因组”战略计划。此外，美国还设有关键技术委员会，其将新材料技术列为影响经济繁荣和国家安全的六大关键技术之首，对新材料给予了更加充分的重视。

（二）培养与引进并举的人才机制

美国政府十分重视人才资源，不仅大力培养高技术人才，鼓励外籍高科技人员长期留美工作，还积极引进海外高技术人才。为了保持美国在高新技术领域的优势地位，美国曾对移民政策和配额制度做出过重大调整。2001—2003 年，美国对高科技人才引进的数额从每年的 11.5 万人增加到了 20 万。美国有一种专门发给外国到美国大学和科研机构做研究的交流访问学者，或政府项目交换留学生的 J 签证，持 J 签证的人一旦学习结束，最多允许 18 个月的实习期，之后必须回国参加两年以上的国内服务，才能再次赴美工作或移民。但这种签证有一条“部长特许”规定，一旦国外访问学者或留学生中有美国急需的顶尖人才，则只要任何一位部长签字，都可将 J 签证持有人变成移民或非移民。近十多年来，美国以优越的生活和工作条件留住了大量在美留学生。

此外，美国还积极引进海外高科技人才。比如，2006 年中关村管委会曾接待过一个美国参议员代表团，而代表团此行目的并非了解我国的芯片、软件和互联网，其真正意图是寻访世界顶级的纳米科学家。一旦发现，将会不惜成本和代价，把这样的科学家引进到美国，并为他建立纳米研究所，由其主持纳米技术的研究开发，而且不会下达任务，也不会有机构进行管理和约束，而研究经费亦无额度限制，由总统下令拨付。优厚的条件对美国引进海外高科技人才发挥了重要作用。

（三）强有力的制度保障机制

美国具有较完善的法律体系保证新材料产业健康发展。比如，《技术创新法》《技术评估法》《技术转移法》《国家合作研究法》等，它们为促进新材料的技术创新提供了法律方面的保障；其《发明人保护法》《乌拉圭回合协议法》《专利法》《商标法》《版权法》《不正当竞争法》等，则为新材料产业研究方面的知识产权提供了充分保护。另外，由于新材料属于高新技术企业，其初创企业一般规模较小，针对高新技术企业和中小企业发展，美国制定了相应的税收优惠、资金支持等一系列支持政策和措施，大大促进了新材料产业的发展。

（四）完善的风险投资机制

新材料企业特别是中小企业要进行创业，除了人才和技术，还需要大量的启动资金。新材料往往意味着新技术、新产品、新应用开发及新市场开拓，所以新材料企业面临的是高市场风险和高技术风险。但美国拥有完善的风险投资机制，企业通过分散募集风险资本，可以获得充足的资金，规避风险，并获得高于平均利润率的投资回报，这也为社会资金进入新材料产业架起了一道桥梁，从而推动美国新材料产业快速发展。据统计，美国有 4000 多家风险投资公司，居于世界首位。这对需要大量资金投入的新材料产业而言，无疑起到了“助推器”的作用。在美国，很多新材料企业在初创阶段都得益于风险投资的支持。

（五）紧密的产学研合作机制

早在 19 世纪 60 年代，美国就开始注重产学研结合，1862 年的《莫雷尔法案》是美国产学研结合的起源标志。20 世纪初期，辛辛那提大学提出学校和企业开展合作教育计划，此后美国产学研结合开始兴起。目前，美国开展校企合作教育项目的高校已超过 1000 多所。美国产学研结合不仅仅体现在校企合作教育方面，学校、企业、科研机构还积极合作创办科技园、科技研发中心、工程研究中心等，或者建立企业大学、社区学院等。紧密的产学研合作机制有效推动了新材料产业的快速发展。

三、启示及建议

（一）加强新材料领域的科技管理

一是由国家发改委、国防部、工业和信息化部、科技部、财政部、教育部、人力资源和社会保障部、环保部等部委组建科技领导小组，将新材料科技提升到国家战略高度。二是健全我国技术创新、技术评估、技术转移等方面的法律法规，为新材料创新技术的转化营造良好的制度环境。三是加强新材料领域知识产权保护，加大知识产权执法力度，大力打击各种侵权行为，降低新材料中小微企业知识产权申请和维持费用，免费向创新者提供知识产权基础信息等。四是建立健全我国标准化技术法规体系，加强标准化管理工作，建立良好的标准化技术工作机制。

（二）重视人才队伍建设

一是完善人才队伍培养机制，创新人才培养方式，加强专业人才队伍的建设，特别是要加强对创新型人才、复合型人才尤其是领军型人才的培养。二是建设开放型人才体系，放眼全球，积极引进一批发展新材料急需的创造型、复合型、外向型、领军型的高素质人才，特别是要不遗余力地引进全球顶级科学家。三是注重优化人才队伍结构，培养和造就一大批适应产业发展需要、层次结构分明、年龄结构合理、专业结构配套的人才队伍。

（三）不断完善产业发展保障制度

一是加大新材料产业的金融支持力度，通过企业孵化器与政府机构的合作，建立畅通的政策性融资、股权融资、债权融资等渠道；积极推动新材料领域的中小企业在创业板、新三板市场中直接融资；争取相关政策支持新材料企业在银行开展透支或贷款承诺业务。二是充分发挥风险资本的“发动机”作用，促进风险投资与新材料产业有效结合。三是建立新材料产业的担保保险机制，为我国新材料产业的发展提供保障，分散、转移风险。四是建立新材料的政府采购制度，保护我国新材料产业的发展。五是完善推进新材料领域军民融合发展的体制机制，加强技术研发，搭建军民两用技术研发平台和军民融合发展的服务平台。

（四）促进产学研紧密合作

一是发挥政府的导向作用，以企业为主体，以重大项目为纽带，以高校、科研机构和企业为依托，集合研发、生产、下游终端等各个相关环节的精英力量，共同推进新材料从设计、研发到生产、应用的产业化进程。二是以产业链条为纽带，促进产业链条上多家企业的耦合共生、协同发展，促进新材料产业从小到大再到强的快速发展。三是促进高校与企业开展合作教育，开办不同层次、不同类型和不同形式的合作教育项目；发挥现有职业技术学院的作用，与企业进行专业对接，为企业培养符合要求的技术人才；发挥高校重点实验室、科研中心等机构的作用，与企业积极开展研究项目合作，为企业培养创新型技术人才。

本文作者：赛迪智库原材料工业研究院　王兴艳

美国SBIC计划对我国扶持中小企业发展的启示

二战之后的1958年，美国政府担心在技术创新方面没有能力与苏联抗争，颁布了《小企业[①]投资法案》（Small Business Investment Act），旨在通过实施一项国家创新计划，让政府有限的财政资金最大限度地撬动民间资本，让其为创新创业型小企业提供融资支持。于是，小企业投资公司（Small Business Investment Company，简称SBIC）计划于1958年正式启动。

截至2014年6月，SBIC计划共投资16.6万个小企业创新项目，累计投资金额达670亿美元，成功培育出了苹果、HP、Intel、联邦快递等一大批著名的创新创业型国际级企业。目前，SBIC计划已成为美国政府最大的扶持小企业创新创业的风险投资项目，极大促进了美国创新型国家战略的实现。探究其发展，对制定我国中小企业创新、创业发展扶持政策有着重要意义。

一、SBIC计划的发展历程

（一）第一阶段（1958—1994年）：优惠利率贷款是主要募资模式

在这一阶段，SBIC计划主要是通过从美国小企业局获得优惠利率贷款的方式来获得政策性资金支持。1958年美国颁布《小企业投资法案（1958）》，批准设立了小企业投资公司（SBIC），具体由小企业局（SBA）负责实施与管理。SBA主要通过提供优惠利率贷款的方式为小企业投资公司提供资本支持。其间，SBIC计划一直在不断地进行制度修改，以探索适宜的操作模式。

（二）第二阶段（1994—2008年）：杠杆融资成为募资模式新突破

在这一阶段，SBIC计划的主要进展是创造出了杠杆融资方式，它包括债权担保融资和股权担保融资两种模式。1994年SBA在1985年对债务融资给予担保的基础上进一步完善了债券担保机制，允许小企业投资公司延迟优先支付，直

① 美国并不区分中、小企业，而是将其统称为“小企业”。美国的“小企业”与我国的“中小企业”基本可视为同一概念。

至累计获得利润。这种做法促进了小企业投资公司进行股权投资。其间，陆续颁布的相关法案有《小企业计划改进法案（1996）》《SBIC 技术性修正法案（1999）》《SBIC 修正案（2000）》等，SBIC 计划的相关制度得以不断完善。

（三）第三阶段（2008 年至今）：运营模式与机制逐渐成熟

2008 年国际金融危机爆发，美国于 2009 年颁布《美国复兴与再投资法（2009）》，对 SBIC 计划再次进行了修改。主要包括：调整杠杆融资规模的上限，对投资金额占小企业自有资本比例限制进行调整等。在这一阶段，小企业投资公司的主要运营机制趋于成熟，只需在一些具体操作指标上根据不同时期的发展情况进行调整。

二、成功经验

（一）采取完全市场化的模式运作

美国小企业投资公司是经美国 SBA 许可后设立的私人风险投资公司（类似“投资基金公司”），成立之初就定位于由私人部门运营，实行完全的市场化运作。具体做法是：由发起人向 SBA 提出申请，经 SBA 审核认定后给发起人颁发小企业投资公司牌照，之后，小企业投资公司便在 SBA 的监管下进行运作。小企业投资公司的典型形式是，一家期限为十年的有限合伙企业，私人出资人扮演着有限合伙人的角色（Limited Partners，简称 LP）。在投资方式上，2009—2013 年，在小企业投资公司的投资资金中，56% 是债权投资（如长期贷款），32% 是具有股权性质的债券投资（如认证股权），12% 是股权投资。

（二）杠杆担保是资金募集的主要模式

小企业投资公司的私人出资人每提供 1 美元资本，可通过 SBA 杠杆操作的方式获得约 2 美元的配套资金，双方共同形成 3 美元的资金池用于投资创新创业型小企业。SBA 的杠杆操作方法是，在公开资本市场上，为小企业投资公司募资提供本金及利息担保。具体有两种担保模式：一种是债权担保融资。例如，SBA 为小企业投资公司公开发行的较长期限债券提供担保，但担保债券杠杆融资额度不能超过私人资本的 3 倍。另一种是股权担保融资。例如，采取参与式证券方式。参与式证券是一种可赎回的具有优先权的权益型证券，SBA 可采取有限合伙人股份、债券（债券支付与盈利情况挂钩）和优先股三种形式购买或担保小企业投资公司发行的参与式证券，但股权担保杠杆融资额度不能超过私人资本的两倍。

杠杆担保融资的通常做法是，每年两次由银行将小企业投资公司的担保债券和担保参与式证券放入一个由 SBA 担保的信托账户，SBA 通过承销人向机构投资者出售信托基金，机构投资者购买后再从小企业投资公司获得本金及利息。截至 2013 年 12 月 31 日，SBIC 计划在账的可投资于创新创业型小企业的资金达到 199 亿美元。

（三）参与三方各自定位明确

小企业投资公司有私人投资者、SBA 和小企业投资公司基金管理人三个参与主体，各自定位如下。

私人投资者：一是充当小企业投资公司的有限合伙人；二是与小企业投资公司的基金管理人谈判基金的组织架构以及基金管理费率；三是进行必要的出资，以使初始资金规模达到SBA能够进行杠杆操作的基本要求，通常是1500万～2000万美元。

SBA：一是评估基金管理人是否合格，同时负责颁发 SBIC 牌照；二是提供约 2 倍于私人出资的担保资金，但上限是 1.5 亿美元；三是负责管理和监督小企业投资公司的投资行为。

小企业投资公司基金管理人：一是负责基金运营，包括协调有限合伙人（LP）间的关系，同时保证基金运作满足小企业局的有关规定；二是确定投资策略；三是甄别筛选投资小企业的机会；四是监控投资并负责投资退出。

（四）投资行为有明确的官方约束

为了确保 SBIC 计划能够充分实现政府的公共政策目标，SBA 一方面要求小企业投资公司必须投资于小企业。小企业被定义为“企业有形净资产少于 1800 万美元，并且上两年平均税后净收入小于 600 万美元；或者符合 SBA 的小企业定义”。另一方面，SBA 从“可以”和“不可以”正反两个角度对小企业投资公司的投资行为进行约束。“可以”的方面包括：一是可投资于地处美国或其属地的任何小企业，二是可控制一家小企业的最长时间只能是 7 年（SBA 特许情况除外），三是可使用债权投资（如贷款）、股权投资或具有股权性质的债券投资（如认证股权）。“不可以”的方面包括：一是不可以投资 49% 以上雇员都在美国或其属地境外的小企业；二是不可以投资项目融资、房地产、农业、金融中介机构等；三是不可以将投资公司 10% 以上的资金投资在一个公司。

2013 财年，SBIC 计划有 20% 的被投资企业都是成立年限不足两年的小企业，即处于种子期及初创期的小企业；30% 的是地处中低收入地区的小企业，或者是由妇女或少数民族拥有的小企业；年度平均每笔投资规模约 230 万美元，规避了单笔投资额度过低稀释投资效果的困境。2009—2013 年，在 SBIC 计划投资的小企业中，25% 属于制造业，14% 属于专业服务领域，12% 属于信息技术领域，9% 属于运输领域，7% 属于健康和其他保健领域；投资地域已经遍布全美 43 个州。

三、带给我国的几点启示

（一）改革财政科技专项筛选机制

目前我国财政科技专项资金支持中小企业创新的主要做法，是通过“立专项、编指南、征集项目、找专家论证、最后评审”的办法，对中小企业创新项目进行筛选。但从实际执行情况看，这一做法相对低效，取得的成果也比较有限。其主要原因在于中小企业的创新创业过程具有很大的风险，仅依靠企业申报材料及找专家论证的办法，要对中小企业千变万化的创新创业行为进行筛选评估，实际上有着极大的困难。

发达国家的成功经验表明，对创新创业行为筛选评估必须依靠市场化的专业投资机构。基于美国 SBIC 计划的运作基本是以市场化的“风投”模式为主，正好契合创新创业型中小企业高风险高成长性的特征，建议借鉴美国 SBIC 计划“风投”的运作模式，让市场化的专业机构成为我国中小企业创新创业行为的评价主体，改变财政科技专项支持中小企业创新的常用做法，进而推动我国财政科技专项筛选机制的改革。

（二）改革我国财政资金使用方式

目前我国大量财政资金使用是以补助和奖励形式为主，财政资金的杠杆效应未得到充分发挥，带动民间资本共同支持创新创业型中小企业发展的实际效果有待提高。同时，能够对中小企业创新创业行为给予支持的财政资金规模也非常有限。建议借鉴美国 SBIC 计划募资过程的杠杆担保模式，充分调动我国民间资本积极性，共同扶持我国创新创业型中小企业发展，并将其作为我国财政资金使用方式改革的一种探索。

（三）完善法律法规，改善制度环境

目前我国单独针对中小企业的法律仅有一部《中小企业促进法》，虽然起到了基础法律的作用，但其可执行效力受到严重制约，需要相关的配套政策。建议将“小企业投资公司”相关内容写入我国《中小企业促进法》及相关配套政策中，明确“小企业投资公司”运营模式的法律地位，从而保证我国施行中小企业投资公司计划时不会因为各种潜在的困难而搁浅。

（四）加强主管部门间的协调沟通机制

目前我国中小企业管理的相关工作分散在不同机构，每个部门仅能负责其中的一小部分。比如，工业和信息化部中小企业司名义上是全国唯一的中小企业主管机构，但实际上大量的中小企业相关工作及事权却分散在其他部委，致使中小企业扶持政策往往无法形成合力。建议强化我国中小企业管理部门之间的合作协商机制，明确中国版“SBIC 计划”的主管机构，以保证我国支持中小企业创新创业的政策措施能够取得更大成效。

本文作者：赛迪智库中小企业研究所　龙　飞

美国小企业信用担保体系对我国的启示

小企业在美国国民经济中具有重要地位，在稳定经济增长、创造就业机会、推动技术创新等方面发挥着重要作用。尽管美国企业融资渠道和方式较多，但小企业资产少、风险高等特点决定了其面临着难以获得金融机构贷款、融资成本高等问题。为此，美国政府借助高度发达的市场经济制度与金融体系，形成了较为完善的小企业信用担保体系，在帮助企业融资、推动企业发展方面发挥了重要作用，对我国具有重要借鉴意义。

一、美国小企业信用担保体系的特点

企业信用评级制度完善。由于美国社会监督机制较为完善，企业的经营行为大多比较规范，提供的财务报表等资料较为真实，信用评级公司提供的报告也较为可靠，得到社会的高度认可，信用评级制度构成了美国信用保证体系的主体。信用级别越高的小企业越容易从金融机构获得贷款，且融资成本越低。

政策性担保业务地位突出。为更好地支持小企业发展，美国成立了专门的政策性担保机构，如美国政府于 1953 年成立的小企业管理局（SBA），是以贷款担保形式引导金融机构向小企业提供贷款的政策性担保机构。SBA 总部设在华盛顿，下设 10 个区域办公室，各区域办公室下设地方办公室，负责直接向小企业提供服务，这种遍布全国、层次清晰的分布结构确保其开展小企业融资服务更加便利。同时，财政资金为政策性担保机构提供了长效扶持机制，如 SBA 的营运资金主要来源于财政补贴和借贷双方缴纳的手续费，SBA 为企业担保产生的代偿费用也由财政补贴支付。

政府与银行联合分担风险。美国政策性信用担保体系将银行作为企业融资链条的重要环节，银行不仅是发放贷款的债权人，同时也承担一定比例的赔付风险。以美国 7(a) 贷款计划为例，首先由参与该计划的金融机构按照法定要求和程序对小企业贷款申请进行审核并决定是否发放贷款，发放贷款后，再向 SBA 申请贷款担保。对符合条件的小企业贷款，SBA 承诺支付其未能偿还部分的 75%，剩余部分由银行承担风险。金融机构、政府、企业共担风险的机制降低了银行贷款风险，同时增加了金融机构对小企业的放贷金额。

金融市场体系成熟。美国的金融市场十分成熟，一些政策性信用担保项目并不需要联邦政府直接支付资金，可以依托资本市场和政府信用背书的形式运作，1958年开始运行的小企业投资公司（SBIC）计划即是成功的典型。以SBIC的主流模式——担保债券为例，SBIC首先要向SBA申请，获得SBA发放的支付凭证后，由代理银行向SBIC垫付相应款项，然后才能使用SBA提供担保的资金对小企业投资。SBIC的每一次提款将产生一项债券工具(debenture)，由代理银行持有至下次发行集合债券，由纽约梅隆银行管理的信托基金购买，该信托份额则对公众发售，代理银行实现资金回笼，SBA为信托本金和利息担保（违约债务将由国家财政支付），集合债券相当于准国债，投资信托基金能够将集合债券进一步证券化为“信托证书”，由承销商向公开市场发售，实现资金回笼。

二、对我国的启示

建立企业信用信息平台，完善企业征信体系建设。小企业普遍缺乏抵押物、质押物，难以满足金融机构贷款条件，使小企业“融资难、融资贵”成为世界性难题，美国完善的信用评级制度有效解决了这一难题。在我国，小企业发展水平较低，日常运营、管理制度不健全，存在账目不清晰、资产管理不规范等问题，因信用评级公司的信用评级报告不够精准，银行等金融机构难以甄别其信用情况，小企业凭借信用信息获取贷款的途径受限。尽管阿里巴巴等互联网平台已经开展信用借贷业务，通过企业交易、缴纳水电费等信息判断企业信用情况，再根据企业信用情况决定是否放贷，但是受制于互联网企业掌握信息数量有限、政府各管理部门信息平台没有打通等原因，受惠企业仅是很小一部分，因此，还需政府部门联合推动企业征信体系建设工作。随着企业征信体系不断完善，银行可以通过信用信息判断企业盈利情况与偿还能力，并决定是否放贷。这种情况下，小企业银行贷款需要抵质押的限制可以放宽，担保、再担保机构的角色也将弱化，企业融资环节将大幅缩短，融资成本开始下降，融资效率也能够得到提高。一是建议中国人民银行、工商总局牵头各有关部门，加快成立企业征信体系建设领导小组，完善顶层规划设计；二是加快打通各管理部门壁垒，搭建信息畅通的企业信用信息平台；三是加快社会信用体系示范城市建设，总结、推广优秀经验，多措并举推动企业征信体系发展。

探索多样化合作模式，鼓励保险等机构参与。我国部分地方通过“助保贷”、“风险池”等方式开展政银担、政银保等合作模式，由银行、政府、担保机构等共同承担风险，通过发挥财政资金的杠杆作用，降低银行与担保机构分担风险的比例，促进各方开展业务积极性的大幅提高，显著改善了小企业融资环境。尽管如此，在绝大多数地区银行仍然处于强势地位，不愿承担小企业贷款风险，要求担保机构承担绝大部分风险，这既弱化了银行对企业进行金融评估的职能，也不利于担保机构积极为小企业开展融资服务。因此，建议总结地方政银、政银担、政银保等模式，推广其经验与做法，让银行承担一定比例风险，承担对企业评估与追偿的责任，鼓励保险等机构参与小企业融资链条，全面激发再担保机构发挥作用，形成多方联合的风险分担机制。

创新财政资金支持方式，鼓励地方建立担保基金。美国小企业信用担保的补偿资金，每年由 SBA 向国会提出申请，国会批准后列入财政预算。相较于美国，我国的财政资金使用方式较为分散，通常中央财政对担保机构是通过业务补助、增量奖励、创新奖励的方式进行支持，这种分散的补助、奖励方式无法充分发挥财政资金的杠杆效应，并且由于单笔支持额度较小，财政资金的引导作用也无法得到有效发挥。一是建议中央从担保机构风险产生源头进行顶层设计，探索管理集中、补贴直接的财政资金使用方式，例如 2014 年中小企业发展专项资金通过设置代偿补偿资金的方式支持担保机构。二是部分地方政府可以通过设立“担保引导资金”、“贷款担保基金”等方式对财政资金集中管理，对银行、担保机构开展中小企业业务给予补贴和奖励，设立代偿补偿资金池进行统筹管理，提高财政资金的使用效率。三是中央财政可以通过资金注入、参股等方式鼓励地方建立担保基金，并总结、推广已建立地方担保基金省（市）的管理模式与经验。

本文作者：赛迪智库中小企业研究所　张　洁

美国“谷歌+安娜堡”智能交通双模式布局的启示

2015 年 7 月 20 日，美国密歇根大学宣布，其与美国交通运输部以及福特、通用汽车、本田、日产等企业共同建设的安娜堡车联网模拟城市“M City”正式投入使用，今后将作为无人驾驶汽车和车联网技术的试验场地。这是世界上第一个进行车联网和无人驾驶技术实测的立体化“未来城市”试验场，也是在谷歌无人驾驶技术取得重大突破后，美国在智能交通领域取得的又一重大进展。此举标志着美国智能交通领域已经完成了基于“谷歌 + 安娜堡”双模式系统战略布局。“谷歌 + 安娜堡”双模式对未来智能交通意味着什么？我国在车联网发展进程中应该如何布局？如何才能避免出现受制于人的不利局面？这些问题都值得我们深思和探究。

一、美国智能交通发展的双模式布局

（一）谷歌模式：着力推进汽车智能化

美国政府对汽车智能化高度重视，并注重发挥市场资本的作用，大力引导、支持和鼓励以谷歌为代表的 IT 企业、以福特为代表的汽车企业跨界研发，推进汽车无人驾驶技术的发展。作为无人驾驶技术的翘楚，谷歌的自动驾驶汽车已经取得重大进展，自 2009 年开始上路测试以来，目前已行驶 180 万英里。谷歌的新型无人驾驶汽车抛弃了传统汽车的方向盘、刹车踏板、加速踏板等众多重要元件，完全通过传感器和车载电脑进行操控。但由于受到道路、车辆及其他交通环境因素智能化水平的限制，谷歌目前的研究重点更多集中于车辆本身的智能化技术的应用，而在车车互联、车网互联、车路互联方面的进展极其有限。可见，谷歌的无人驾驶技术研发重心更多集中于车辆自身的智能化，目标是把握智能交通领域“汽车智能化”这一重要发展极。

（二）安娜堡模式：着力推进汽车环境智能化

汽车智能化技术发展属于系统工程，不仅需要车辆自身智能化水平的提升，还需要车、路、人、网的全面配合才能全面提高车辆的智能化水平，促进道路交通管理效率的提升，换言之，智能交通的实现不但需要车辆自身的智能化，更离不开交通环境的智能化。2015年，为推动车联网技术向V2V（汽车—汽车）和V2I（汽车—基础设施）阶段快速演进，实现车联网技术从虚拟场景向投产上路的实质性迈进，美国交通部联合密歇根大学在安娜堡投资建设了车联网模拟城市“M City”。这是美国第一个车联网技术封闭测试赛道，是V2V（和V2I通信技术的演练场，也是集虚拟与现实为一体的车联网技术综合实验室。该实验室的建立标志着车联网技术已经从概念逐渐进入实测阶段。对汽车环境智能化技术的务实推进而言，这种更趋真实场景的研究和测试尤其重要。安娜堡模拟城市的建成及开放测试意味着，在政府的大力推动下，美国不但掌握了汽车智能化发展的制高点，同时也抢占了汽车环境智能化发展的入口。

二、“谷歌＋安娜堡”双模式布局具有重大战略意义

（一）技术路线层面：标志着智能交通技术发展路线已然清晰

智能交通是一项庞大的系统工程，涉及车辆、道路基础设施及通信设施、行人等各方面的因素，仅靠汽车企业、互联网企业的技术研发将可能导致技术突破进展缓慢。只有通过汽车（自身）智能化、汽车环境智能化的协同配合和共同推进，无人驾驶技术才有望全面落地，道路交通效率才能大幅提升。目前，不少国家都看好准智能交通这片新蓝海，并开始进行布局，只是大都还集中于车联网的初级阶段，如车载娱乐、信息、导航等系统的智能化水平提升，以及人车互动应用的扩充。

美国在这一领域的布局极具前瞻性和杀伤力，其智能交通技术演进路线已经清晰呈现：通过谷歌无人驾驶技术的持续突破，抢占汽车智能化的制高点；通过安娜堡车联网示范区的深入推进，把控住汽车环境智能化的关键领域。以两大领域统筹并进获得综合优势，而非分散发展获得单独技术突破，进而完成智能交通系统的全面布局。“谷歌＋安娜堡”的双模式布局在充分显示美国发展智能交通的坚定决心和良苦用心的同时，也打破了各国在智能交通探索方面布局分散、技术路线模糊的困境，为智能交通发展提供了清晰的技术发展思路。

（二）发展进程层面：标志着智能交通已处于大规模应用前夜

从技术发展进程看，智能交通的发展大致分为四个阶段：一是路面设施的

联网，二是车辆自身的联网，三是车车联网，四是车、路、人、环境的统一和融合，无人驾驶真正实现。目前，美国智能交通的发展在无人驾驶领域和车联网技术领域都已取得重要突破。在无人驾驶技术领域，谷歌无人驾驶汽车已经全面进入道路实测阶段。继美国之后，德国、法国、英国、新加坡等国家也陆续开始启动无人驾驶汽车测试计划，无人驾驶在全球已经进入高速发展阶段。在车联网技术领域，安娜堡车联网模拟城市的正式启动意味着车联网 V2V（汽车—汽车）和 V2I（汽车—基础设施）技术全面进入实测阶段。通过在模拟城市中搭建各种道路交通场景，获得关于车对车、车对路、车对人、车对物的各种实测数据，为车联网技术的全面落地和应用推广提供可靠的数据支撑。因此，安娜堡车联网模拟实测的正式启动及深入研究，以及谷歌无人驾驶汽车道路测试的持续进行，都预示着车联网技术发展进程已经进入第三及第四阶段，车联网技术与大规模实际应用仅一步之遥，智能交通已经超越实验室及概念阶段开始全面步入人们的生活。

从产业化进程看，双模式战略为未来产业化做好了铺垫。两条主线从原始技术研发到应用集成再到实际路测，已经走出了实验室阶段，技术和产品原型不断完善，为大规模产业化奠定了基础。两条主线在前期探索过程中均集聚了大量参与企业，积累了大量技术专利，明晰了产业关键环节的划分，围绕这些关键环节初步形成不同领域厂商的配套分工方向，这些方面均预示着未来大规模产业化的格局基础初步形成。

（三）市场竞争层面：标志着美国已率先锁定两大关键入口

作为新型移动终端的智能汽车以及由智能汽车组成的 V2P、V2V、V2I 车联网系统，具有无法估量的市场潜力和广阔的市场空间。迄今为止，其应用边界还无法准确判断。BI Intelligence 在其关于车联网的深度分析报告中预计，到 2020 年，全球将有 2.2 亿辆联网汽车，其中或有 8800 万人会激活车联网服务。根据市场研究机构 IHS 报告显示，到 2017 年，全球车间通信系统产品的销量将达到 70 万套，到 2020 年达到 560 万套，到 2025 年将突破 5500 万套。未来包括硬件终端和运营服务在内的车联网市场价值将至少达到千亿美元。目前，除美国以外，日本、德国等国政府及各国整车制造商、互联网公司和金融公司都在积极布局、大力投资，争取能够抢占这一新兴产业的发展制高点，利用先发优势获得更多的投资回报。与其他国家相比，美国的市场布局战略更加全面：围绕汽车本身及车联网智能环境两条主线，对这两类潜在市场同时进行占领和共同推进。通过先期布局、先期锁定、先期技术突破、先期产业标准设定、先期专利固化进行系统化、全面化发展，牢牢把控住智能交通产业的两个关键入口，通过先发优势最终达到全面掌控全球智能交通产业市场的终极目标。

三、对我国的启示

（一）高度重视，提前布局避免被动

一是应充分认识到智能汽车及车联网技术对未来交通的颠覆性意义，认识到智能交通技术在提高道路交通管理效率、保障道路交通安全，以及提升人民福祉方面的重要作用，认识到它所具有的重塑未来整体交通格局的巨大潜力，如果忽视其发展必将导致战略性失误，还将带来丧失大量相关产业的未来发展机会，大好的市场会让位于人的严重后果。二是密切关注进展，跟踪趋势加强研究。我国相关部门应当对美国的智能交通领域最新进展保持密切关注，加强跟踪研究，洞察发展方向，确保在世界各国纷纷加强布局、智能交通成为未来焦点的背景下，在全球新一轮国际竞争中找准定位，跟上潮流，不落下风。三是树立紧迫意识，提前布局。基于未来迎接竞争的需要，要避免产业发展受制于人的被动局面，我国理应树立智能交通技术研发的紧迫意识和危机意识，提前布局。

（二）强化政府引导，加大投入寻求突破

一是强化政府在智能交通发展进程中的引导地位。针对现阶段我国尚未形成政府相关管理部门、整车制造厂、IT 企业及消费者之间有效协调机制的现状，可借鉴美国经验，发挥政府引导的作用，加大政策支持力度，建立以政府为主导、企业、科研院所共同参与、协同配合的联合推进机制，构建完整的产业链条，为 V2X（车与各类物体）的互联互通扫清障碍。二是探索多种方式加大关键技术的资金支持。探索推动成立以政府为主导、社会资本广泛参与的智能交通技术产业发展基金，对关键技术进行集中投入，实现核心技术的快速突破，缩短与先发国家的技术差距。

（三）完善发展环境，集聚资源协同创新

一是建立智能汽车产业发展联盟。针对智能汽车是集交通、汽车、信息技术于一体的新型移动智能终端的特点，应建立智能汽车产业发展联盟，整合整车制造厂商、零部件厂商以及电信运营商、大数据管理、物流、公共交通、保险行

业等多部门、多领域资源，形成合力，发挥各自优势、扬长避短、博采众长，形成协同创新模式实现关键技术的快速突破。二是制定统一标准，规范发展环境。针对智能交通设施、传感系统、车载终端、通信协议、测试评价，以及其他关键技术制定统一标准，以利于智能交通技术的发展和配套设施的建设，保证城市复杂多变环境下安全自动驾驶的全面实现。

（四）制定发展路线图，明晰路径和关键节点

一是科学规划，统筹安排。尽快出台国家级车联网产业发展规划，为产业发展指明方向。要充分利用政府和社会资本两种资源，集聚IT和汽车两类企业，面向国内和国际两类技术市场，加强统筹引导、激发创新活力，促使各方密切协同，共同推进。二是制定智能交通发展技术路线图。借鉴美国经验，明确智能交通的发展主线，明晰各自发展路径和关键节点，明确时间目标，有计划、有步骤地推进整体进程。三是推进车联网示范区建设。在条件成熟地区试点建设车联网示范区，推动车联网技术尽快走出实验室，为进入道路实测创造基础条件，推动产业化进程。

本文作者：赛迪智库电子信息产业研究所　潘江玲

中国制造向以色列学什么

以色列虽国小地贫、战乱频仍，却创造了二战后的经济奇迹，成为全球经济最发达的 12 大经济体之一，曾长期年均经济增长 10% 以上，在通信、计算机、高端装备、半导体等高附加值领域世界领先。当前，我国正全力推动“中国制造 2025”，力争到 2025 年，在全球产业分工和价值链中的地位明显提升。以色列创造奇迹的秘诀是什么，其发展工业过程中应用了哪些方法，选择了哪些路径，值得中国制造研究与学习。

一、以色列经济强在哪

一是工业体系非常发达。建国之后，以色列在严峻的环境中迅速崛起，由一个落后的农业国变为发达的工业国。一方面，无数次战争冲突刺激了军事工业发展。以色列国防工业体系非常完整，从事武器装备研制和生产的公司众多，军工产品遍及军用飞机、坦克、舰艇、导弹、精密电子系统等领域，军火出口在全球市场名列前茅。另一方面，民用工业技术尖端且成熟，新兴产业发展快速。信息产业现已成为以色列国民经济的重要支柱产业，软件产业成为国际软件业的主要力量。此外，在卫星图像、纳米技术、太阳能发电、生物技术等领域以色列均取得领先的成果。

二是农业科技实力雄厚。以色列虽然过半国土沙漠化，天干地旱，却是名副其实的农业强国。一方面，农业科技含量高。建成符合国情的节水灌溉和工厂化现代管理体系。90% 以上的农田、100% 的果园、绿化区和蔬菜种植采用了滴灌技术，所有奶牛场都实行计算机联网。在污水处理、海水淡化以及水土壤研究方面均保持世界领先。另一方面，农业产出效率高。以色列农业已形成高投入、高效益、高产出的良性模式。2% 的农业人口养活了全部国民，且农产品大量出口。蔬菜、水果的单产水平居世界前列。单头奶牛年均产奶量世界第一。

三是外向型经济蓬勃发展。自然地理和人文因素方面的特点，决定了以色列必须重视对外经贸联系，出口贸易在国民经济中起着举足轻重的作用。一方面，高科技产品出口世界领先。几大出口支柱包括电子、光学、飞机制造、医疗设备等高技术产业，且武器、工业产品出口以及国防装备需要推动尖端产品不断问世，使以色列保持了技术优势。另一方面，部分服务贸易出口具有领先优势。目前，以色列已成为仅次于欧盟、印度和美国的全球第四大电脑服务出口国。此外，以色列版权和许可出口收入超过 7 亿美元，成为全球出口前十强。

二、以色列创造经济奇迹的秘诀何在?

经济体制完善。以色列有着中东地区管理最完善、对财产权利保护最佳的经济体制。拥有“世界上最先进”的孵化器，能够产生全球影响的创业公司和创新产品层出不穷。第一，政府引导风险投资。政府在企业初创期给予扶持，替企业承担风险却不分享收益，尤其青睐处于种子时期的公司。第二，鼓励孵化器私有化。初创期资金问题解决后，孵化器转为由富有经验的专业投资者支持，决策不受国家干预。第三，时刻瞄准国际市场。由于国内市场有限，以色列国内企业自创业初期便将目光瞄准海外市场。目前，以色列在纳斯达克的上市企业仅次于美国和中国。

高度注重创新。虽然地域狭小，资源贫乏，但是以色列科研水平领先全球，人均创新企业数、科技研发支出比重居世界第一，科技的贡献率达到 90% 以上。以色列的创新具有鲜明特点：第一，政府创造条件推动创新。国家科技管理体制非常完善，且实行严格的知识产权保护制度。第二，中小企业为创新主体。企业对创新成果拥有完全的知识产权。在市场导向下，企业从很小的点切入，注重解决具体问题。第三，重视开展国际合作。与欧美发达国家的紧密联系，是推动其不断创新和高速发展的外部力量。目前，以色列已同欧盟、美国、日本、OECD 国家等全球重要的创新国家和国际组织达成合作协议。

人才队伍出色。实现科技立国，离不开高质量的人力资源后盾。以色列仅占世界总人口 0.2%，却拥有 162 位诺贝尔奖获得者。公民受教育率达 95% 以上，在全球仅次于瑞典。一方面，国家经历的苦难锻造了民族凝聚力和自强不息精神。特别是勇于创新、敢于挑战权威、永不满足的民族精神，是以色列持续发展的原动力。另一方面，尊重知识、崇尚智慧的传统决定了教育为本的理念。以色列注重启发式教育和课外教育，对教育的投入比重始终在全球名列前茅。第三，强制兵役制度培育了大量精英。学生在高中毕业后要服兵役两到三年。年轻人进入军事部门能接触最顶尖的军事技术并有接受精英培训的机会，这成为了最直接和高效的人才输送渠道。

三、启示与建议

一是健全的制度是建设制造强国的保证，必须深化体制机制改革。纵观以色列经济发展历史，其完善的体制环境为经济良性发展提供了必不可少的制度保障。当前我国制造业发展仍面临一系列矛盾和挑战，制造业大而不强的深层次体制机制问题依然存在。实现制造强国的战略目标，关键在于全面深化体制机制改革，为制造业发展营造健康的市场环境。

二是正确的方向是建设制造强国的关键，切实落实“一带一路”、“互联网+”战略。为解决国内资源不足、市场空间有限的问题，以色列与欧美等国保持了紧密的政治、经济联系，变消极因素为经济增长动力。目前，全球制造业处于深度调整期，“互联网+制造”日益成为制造业发展新常态。我国制造业转型升级任务依然艰巨，必须抓住创新驱动“新资源红利”期、“一带一路”战略“新全球化红利”期，落实推动“互联网+”行动计划，开展更大范围、更高水平、更深层次的区域合作，提升“中国制造”全球影响力。

三是创新驱动是建设制造强国的根本，必须推进大众创业、万众创新。以色列尽管人少地贫，却拥有令世界惊艳的高科技创新能力，这与其全民创新、敢于挑战权威、不怕失败的文化密不可分。目前，我国经济实现集约发展、高科技发展的任务趋紧，必须通过大众创业、万众创新，激发群众的创造活力，来增强经济内生动力，推动经济转型发展，增强全面深化改革的动力和活力，打造经济发展新引擎。

本文作者：赛迪智库产业政策研究所　杜雨潇　栾　群

从希腊产业结构看制造业的重要性

2015年8月11日，希腊宣布与国际债权人就第三轮国际援助的技术性协议达成一致，希腊有望在34亿欧元的主要债务正式违约前获得欧盟新的贷款，继续留在欧元区也成为可能。但大部分经济学家和政治评论家对希腊经济后续发展仍持怀疑态度，认为无论是欧盟的贷款，还是希腊承诺进行银行重组或削减开支，均无助于从根本上解决希腊的债务危机问题。

一、希腊债务危机久拖不决

（一）希腊主权债务危机的爆发

自2008年国际金融危机以来，希腊政府财政状况显著恶化，全球三大信用评级机构惠誉、标准普尔和穆迪不断调低希腊主权信用评级，直接导致希腊爆发主权债务危机。此后，希腊政府财政赤字和公共债务占国内生产总值的比例一直高于欧盟《稳定与增长公约》规定的3%和60%的上限。2009—2013年，希腊财政赤字占比分别为15.4%、10.5%、9.4%、8.7%、12.7%；公共债务占比分别为127.1%、142.8%、165.3%、157%、175%。在经济基本面不断恶化、金融体系动荡不安、失业率持续攀升，以及一次次罢工活动的冲击下，希腊经济发展举步维艰，数次处于债务违约的边缘。为了留在欧元区，希腊被迫实施改革以换取欧盟与国际货币基金组织提供的资金援助。

（二）实施“财政休克疗法”换取资金援助，留在欧元区

2010年5月，欧盟与国际货币基金组织同意向希腊发放总额为1100亿欧元的第一轮救援贷款协议，条件是希腊实施一系列新经济紧缩措施，包括裁减3万名公务员、月退休金超过1200欧元的退休者其退休金减少20%、个人所得税起征点从8000欧元降低到5000欧元等。2012年2月，希腊与国际组织达成第二轮救援贷款协议，救助金额为1300亿欧元。为此，希腊通过了新的紧缩法案，内容包括减少32亿欧元政府开支、私营部门最低工资标准降低22%、裁减1.5

万名公务员等。2015 年 8 月，经过艰苦谈判，希腊有望获得 860 亿欧元的第三轮贷款，交换条件是强制停止早退休、实施公共部门工资改革、税务系统改革、开放能源和制药市场等。

在过去五年多的时间里，虽然欧盟和国际货币基金组织提供了大量援助资金，希腊自身也被迫实施“财政休克疗法”，但仍然无法将希腊从债务危机的困境中解救出来。核心问题在于，援助资金主要用来弥补其短期的财政赤字或偿还债务，并且希腊被要求从“节流”的角度不断做出承诺。这些权宜之计既没有指出希腊发展的“开源”之路，也无助于其形成新的造血功能。要想真正解决希腊的债务危机，就必须从改变其单一的产业结构入手，不断增强经济发展活力和国际竞争力。

二、产业结构不合理是产生危机的根源

（一）从制造业看，在传统优势产业快速衰退的同时，新兴产业未能形成竞争新优势

2014 年，在希腊产业结构中，第一、二、三产业占 GDP 的比重分别为 3.5%、15.9% 和 80.6%。不难看出，当前希腊经济增长的主要来源在第三产业，而第二产业贡献持续走低。

一是未能保持传统支柱产业的竞争优势。希腊在 1956 年就开始发展造船业，并形成了以赫勒尼克、埃莱夫西斯、尼奥斯等船厂为代表的产业集群。其中，赫勒尼克曾一度成为地中海地区规模最大、最先进的造船企业。进入 20 世纪 80 年代，这些国有银行持股的造船企业受全球经济环境影响，加上生产效率低下、管理经营不善，进入亏损状态。1988 年希腊政府开始对本国造船业实施私有化改革，持股银行开始对外出售股份。由于设备陈旧，改造费用高昂，虽然政府提供补贴，但私有化进程并不顺利。进入 21 世纪，由于接单困难，很多船厂陷入停工状态，处于破产边缘，希腊最大的工业支柱轰然倒塌。

二是目前以食品加工和轻工业为主的制造业难以形成有效的经济支撑。在希腊现有的制造业构成中，以采矿业、食品加工和轻工业为主。采矿业多为初级加工，不仅工业原料依赖进口，大量加工设备也要从国外购买，产业发展规模和水平受制于人。食品加工业的机械化水平和生产效率相对较低。以橄榄油为例，西班牙和希腊都是橄榄油的重要产地，西班牙油橄榄的种植面积是希腊的 3 倍多，

橄榄油的产量是希腊的 2.5 倍，而其橄榄油产业从业人员只有希腊的 70%。此外，希腊轻工业发展主要依赖众多中小企业，并集中在纺织服装、手工业、皮革制品等领域。企业普遍存在竞争力不强、劳动者技能不高、融资渠道不畅、存续寿命不长等问题，很多企业的发展都有赖于政府援助和补贴。

三是新兴产业的培育发展和壮大有待时日。在新的世纪，希腊也力图在信息与通信、新能源、新材料、生命科学、生物制药、地震预报等领域形成新的经济增长点。虽然取得了一定成效，比如，其光能转换技术、节水浇灌技术、地震预测预报技术等已处于世界领先水平；在信息技术、通信设备和软件开发方面，政府加大了支持力度，生物制药领域实现了一些高端医药产品的批量生产和对外出口。但从整体看，这些新兴产业尚未形成规模。一方面，持续的经济危机导致其新兴产业方面的研发投入缺乏长期、稳定的资金支持；另一方面，跨国企业对希腊本土企业的发展形成了一定的挤压。以软件业为例，通过加强产品的本土化，IBM、ORACLE 等企业不断抢占希腊的软件市场，希腊本土企业发展受到了巨大威胁。

（二）从服务业看，外向型经济特征显著，航运和旅游业发展不稳定

在希腊的第三产业中，旅游业和航运业是长期以来的两大经济支柱。但这两大产业的外向度较高，易受环境影响，并会随之而产生较大波动，对希腊经济发展的稳定性提出了挑战。

就旅游业而言，希腊素有“欧洲后花园”的美称。目前旅游业占到了希腊国内生产总值的 20%，是希腊当之无愧的第一大产业，每 5 个希腊人中就有 1 人从事与旅游相关的职业。由于欧元下跌以及希腊采取的各种扶持旅游业发展的举措，比如改进签证程序、开通更多直飞航线等，希腊危机以来，其旅游业保持了较快发展。但在一片繁荣的背后，也需高度警惕潜在风险，尤其是频繁发生的罢工活动，会使游客对希腊的社会治安状况产生质疑。从希腊目前的经济发展状况来看，其紧缩政策还将继续，民众不满情绪也在不断积累，一旦发生大规模暴力流血事件，势必对希腊旅游业发展产生致命打击。

就航运业而言，作为巴尔干半岛最南端和欧洲的“南大门”，希腊航运业发展具有得天独厚的地理优势，在国际航运市场占有主要地位。但近年来，希腊航运业发展并不乐观。一方面是受到国内政局的影响。2015 年 1 月，希腊极左翼联盟赢得大选胜利，该联盟主张废除航运业的税收减免政策，以帮助国家摆脱危机，未来航运业发展因此将产生很大的政策不确定性。另一方面，由于国际航运市场长期低迷，尤其是2008年国际金融危机爆发之后，希腊有400多艘散货船因银行收紧信贷而被封存，占当时希腊海运总船只的10%。相应地，希腊航运业2009年的收入下降了27.6%，对经济的贡献率由原来的7%下降至1.2%。到了2012年，希腊航运业实现外汇收入133亿欧元，同比下降5.75%。预计航运业发展在短期内难有大的起色。

（三）从企业看，高税负下大企业不堪重负，中小企业缺少活力

为了应对这场债务危机，希腊政府以增税为手段填补财政亏空。2011年，希腊通过了新的物业税法案，新税法每年可为政府增加20—25亿欧元的财政收入。与企业和民众息息相关的标准增值税税率也从19%上调至2013年的23%，到2015年，甚至连公共交通和食品的增值税税率也从13%上调到23%。此后，希腊政府又宣布将对2014年的公司收入再征税，使公司所得税率达到29%，政府将从该举措上增加约14亿欧元的收入。经济的长期萧条加上不断攀升的经营成本，众多企业如可口可乐希腊瓶装公司、酸奶生产商FAGE、重工业公司Viohalco等，已开始将资产向海外转移。

此外，希腊政府于2015年6月29日宣布实施资本管制。其间，希腊银行停止对外营业，希腊人每张银行卡每天可以从银行自动取款机中提取不超过60欧元的现金。虽然进入8月，资本管制略有松动，但对实体经济尤其是希腊众多中小企业，已造成了无法挽回的负面影响。在过去五年中，希腊已有20万家中小企业倒闭，占其总数的1/4。2015年开展的一项问卷调查结果显示，在1000家中小企业样本中，有90%的企业业务量大幅下降，平均下降幅度达到50%，造成经济损失约38亿欧元。

三、几点思考

第一，希腊债务危机警示我们，虽然经济发展的高级化呈现出制造业占比下降趋势，但并不意味着制造业的重要性和地位也随之下降。制造业是一国经济长期持续稳定发展的根基所在，是实现农业现代化的重要前提，是服务业加快发展的重要动力，也是经济萧条时期抵御风险的中流砥柱，更是国家竞争力的核心体现，任何一个国家都要高度重视制造业的发展。

第二，对希腊而言，要想真正摆脱经济危机，必须从重构产业体系入手。比如，不断延伸现有产业上下游链条，在整体上提高附加值和国际竞争力；积极培育新的经济增长点，努力改变相对单一的产业结构。同时，还要积极营造有利于制造业发展的政策环境，比如，在科技创新方面给予税收减免，通过鼓励创新创业，不断增强制造业发展的内生动力。

第三，对我国而言，要从希腊危机中吸取教训，把制造强国建设摆在首要位置。按照《中国制造 2025》的要求，坚持创新驱动、质量为先、绿色发展、结构优化、人才为本，在加快传统产业转型升级的同时，力争在若干关键领域实现率先突破，走出一条中国特色新型工业化道路，加快制造强国的建设步伐。

本文作者：赛迪智库规划研究所　程　楠

国外加速数字红利频段释放带来的思考

数字红利频段是模拟电视所占用的无线电频率在向数字电视转换后释放出来的频率空间。当前我国数字红利频段是指 700MHz 频段 (698MHz- 862MHz)，该频段具有信号覆盖广、穿透性强等特性，适合大范围、低成本组网，经济价值极高。国际上，该频段的拍卖价格是 2.6GHz 等高频段的 30—40 倍。目前，大多数发达国家已完成或接近完成广播电视系统的模 / 数转换，印度、墨西哥等发展中国家也正在不断加快模 / 数转换的步伐。根据广电部门发布的相关规划，我国广播电视模 / 数转换预计将在 2020 年完成，700MHz 频段的释放尚需时日，数字红利的开发利用面临极大的挑战。

一、国际上数字红利频段的释放和开发步伐不断加快

ITU 明确模 / 数转换日期，发展新电信业务。ITU 的日内瓦 2006（GE-06）协议规定，2015 年 6 月 17 日以后，协议各国可以在原模拟电视频段使用数字服务，并且不需要考虑对邻国模拟业务的干扰问题。因此，2015 年 6 月 17 日普遍被认为是模拟电视服务退出的日期。随后，在 2007 年 ITU 世界无线电通信大会（WRC-07）决定数字红利频段将主要用以发展新的电信业务。

大部分发达国家已完成数字红利频谱的释放和规划。美国早在 2005 年就通过了数字电视转换和公共安全法案，明确了模 / 数转换后释放频谱的分配方案，其中 24MHz 用于公共安全业务，84MHz 用于商业业务。2008 年美国率先对 700MHz 数字红利频段进行了拍卖。欧洲方面，2011 年 6 月底，德国和瑞典首先完成了数字红利频谱的分配；大部分国家已经完成了模 / 数转换任务，将转换后释放的 790—862MHz 频段用于发展无线通信业务。2012 年欧洲议会又通过法案，要求所有欧盟成员国（除非个别豁免）应授权将 700MHz 频段用于无线宽带通信。亚太方面，日本、韩国、新加坡、澳大利亚、新西兰以及我国台湾地区均已完成模 / 数转换，并计划将数字红利频段用于 FDD-LTE 业务。

发展中国家地区迅速跟进。美洲方面，墨西哥、乌拉圭等美洲发展中国家

已经完成700MHz频段重新分配。亚太区方面，2010年，APT（亚太电信组织）推出了700MHz频段的2×45MHz FDD规划方案，印度、印度尼西亚、马来西亚、巴布亚新几内亚、哥伦比亚、厄瓜多尔、洪都拉斯等很多已经或接近完成模/数转换的亚太和拉美发展中国家都确定采用或考虑采用APT频段规划。截至2014年，巴西、秘鲁、智利、牙买加等国已经进行了700MHz频段的拍卖，印度计划2015年进行分配。

二、我国开发数字红利频段面临清退和再分配两大挑战

频谱清退滞后。数字红利频谱重新规划与开发的前提是频谱清退。在我国，由于频段清退涉及多方利益，需要考虑频率补偿和频率重置等多方面因素，如数字红利频段可用于移动通信，亦可用于超高清、3D等广播电视节目的播放，如何分配才能发挥最大效益还需多方论证。目前广电700 MHz频段的管理和清退主要取决于广电部门模/数转换的进度，根据最新的《地面数字电视广播覆盖网发展规划》，2020年基本建成全国地面数字电视广播覆盖网，地面模拟电视信号停止播出，释放地面模拟电视信号使用频段（700MHz频段）的时间由2015年推迟到2020年。因此，我国数字红利的释放至少要落后发达国家十年时间。鉴于在我国的小灵通频段（1900—1920MHz）清频过程拖延至今依然不能完成的情况，我国数字红利频段的释放任务必将更加艰巨。

重新分配分歧严重。一方面，电信部门认为数字红利频谱用于移动通信业务在国际上是大势所趋。研究表明数字红利频段用于移动通信业务产生的经济效益是现有广播电视业务收入的5—10倍。特别是在4G通信高速发展的今天，对于我国主导的TD-LTE来说，其频谱主要集中在2GHz以上的高频段，缺少1GHz以下的优质低频频谱，高频段频谱有利于提供网络容量，低频段频谱有利于实现网络覆盖，只有两者互相补充，才能达到最好的组网效果。将数字红利频谱用于TD-LTE将极大地促进我国4G网络建设和国际化的步伐。另一方面，广电强调随着行业的蓬勃发展和数字化进程的深入推进，电视节目频道数将进一步增加，对频率资源需求强烈，移动多媒体广播、高清电视、车载移动电视等新业务对频率的需求也更加紧迫。

三、加快我国700MHz频段数字红利开发的对策建议

立足现实，探索共同开发。国际上，将全部或部分数字红利频段用于移动通信业务已是大势所趋。我国应顺应国际潮流，实现接轨。短期来看，我国尚不具备大规模释放数字红利的条件，但可以纳入三网融合、宽带中国等范畴考虑。一是将数字红利频谱的释放与再规划纳入三网融合等部际战略协调机制，建立沟通、对话、协调和评估的机制、流程与方法。二是积极研究电信、广电共同开发利用数字红利频谱的可能。要充分利用三网融合双向进入的契机，探索中国广播电视网络有限公司和电信运营商利用数字红利频谱进行资本或业务间合作的可行性。

统一决策，及早规划。政府应当站在国家和公众利益的角度对数字红利频段及早进行重新规划和开发利用。与我国数字红利频段开发相关的各方涉及工信部、广电局、财政部、运营商、广播电台、设备供应商、消费者等，尚没有专门的协调解决机制和部门。因此，需设立一个涵盖各方相关权益的协调议事机构，统一做出决策。只有这样，才能敦促相关各方及早做好规划，将数字红利的利益最大化，推动产业进行产品研发、标准制定，完善产业链，让公众享受更好的产品和服务。研究表明发达国家和地区基本上提前4—6年进行数字红利频段的规划，发展中国家和地区提前10年以上规划数字红利频段，因此我国应尽快启动数字红利频段的规划，以解决低频频谱短缺问题，满足经济发展需要。

完善法律，高效统一管理。长远来看，我国需要完善频谱管理的体制机制，才能避免类似数字红利频段的困局。国内外的经验表明，集中统一的管理体制有利于频谱资源的高效管理。首先要从法律层面规范频谱资源管理。一是积极推动我国无线电立法工作，确认无线电管理体制机制，提高无线电监管的法律地位和效力；二是尽快出台《中华人民共和国无线电管理条例》修订版，在最新的征求意见稿中已有“无线电频率使用许可应当规定无线电频率使用期限。无线电频率使用期限不得超过10年”的明确条文，这将为频谱回收和再利用提供直接的法律依据；三是推动机构改革，改变各级无线电管理机构相对独立，机构设置不尽相同的局面，真正实现无线电管理工作的集中统一领导，从而推动频谱资源的优化配置和合理使用，提高频谱资源的利用效率。

本文作者：赛迪智库无线电管理研究所　滕学强

跋

2015年作为“十二五”的收官之年，对于工业经济而言，是压力与希望并存的一年。在去产能与工业通缩双重压力下，工业增速持续放缓，下行压力进一步加大。但同时，新技术、新业态、新商业模式加速涌现，供给侧结构性改革的政策推力渐显，带动转型升级与结构调整加速，工业长期向好的态势可期。

赛迪智库紧跟国内外工业和信息化领域的热点、难点问题，撷年度研究之精华，推出《赛迪回眸2015》。全书近四十万字，全视野、多维度地剖析了我国新型工业化的发展态势与未来走势，既涵盖对国际性问题的剖析、对战略性问题的解读、对前瞻性趋势的展望、对创新性态势的论述，也包括对具体性、实践性问题的调研和反映，并提出针对性和独创性的建议，以期对工业和信息化发展决策有所助益。

赛迪智库秉承“面向政府，服务决策”的理念，坚持“具体到抽象”的思维原则和“综合到分析”的研究方法，以创造力作为原动力，以市场化带动专业化，通过持续跟踪、长期积累为政府提供决策支持，通过实践调研、系统分析为行业提供专业指引。在此过程中，或与同仁存在相异观点，愿切磋求教，共同进步。

在本书付梓之际，我们要衷心感谢各级政府领导、业界专家和企业伙伴。赛迪智库在工业和信息化研究道路上取得的成果，离不开你们的大力支持和悉心指点。

2016年是“十三五”开局之年，我们将继续秉承“与时俱进、积微成著、尽善尽美”的研究理念，探索新趋势，思考新问题，积极建言献策，为深入实施《中国制造2025》，加快建设制造强国贡献自己的力量。

中国电子信息产业发展研究院 院长 卢山

二〇一六年一月

编 辑 部：赛迪工业和信息化研究院
通讯地址：北京市海淀区万寿路27号院8号楼12层
邮政编码：100846
联 系 人：刘 颖 董 凯
联系电话：010-68200552 13701304215
010-68207922 18701325686
传 真：0086-10-68209616
网 址：www.ccidwise.com
电子邮件：liuying@ccidthinktank.com